Thielicke-Brevier

# Thielicke-Brevier

*Meditationen*
*für jeden Tag*

Zusammengestellt und
herausgegeben von
Wolfgang Erk
und
Heinrich Kuhfuss

J. F. Steinkopf Verlag Stuttgart

Einband Roland Sauer. Gesetzt auf Linotype in Optima. Gedruckt und gebunden 1972 bei Wilhelm Röck, Weinsberg, Schwabstraße. Alle Rechte ausdrücklich vorbehalten. © J. F. Steinkopf, Stuttgart 1972
ISBN 3 7984 0246 9

Gott liebt uns nicht, weil wir so wertvoll wären, sondern wir sind wertvoll, weil er uns liebt.

Der Diamant des Evangeliums scheint in immer neuen Lichtbrechungen auf.

Auch die atheistischen Bereiche sind auf der Landkarte Gottes eingezeichnet.

Man muß Häresien wagen, um Wahrheiten zu gewinnen.

Es gibt nichts Beglückenderes als verwandelte Christenmenschen, und es gibt nichts Zersetzenderes als nur »angetippte« Christen.

Helmut Thielicke

# Zu diesem Buch

Wieviele Menschen mögen Helmut Thielicke gehört, wieviele ihn gelesen haben? Keiner vermag das zu sagen.
Tatsache ist, daß sein Name volle Säle garantiert, aber auch, daß der ständig wachsame und mahnende Zeitgenosse vielen unbequem ist.
Jedenfalls fühlen sich beide Teile angesprochen und ernstgenommen. Thielicke ist ein Mann des Dialogs. Er liebt das Gespräch sowohl in der Form des subtilen theologischen Streitgesprächs als auch in Form der handfesten Tagespolemik; er plaudert souverän bei gesellschaftlichen Anlässen und ist hörsamer Berater in seelsorgerlichen Einzelgesprächen.
Es soll nicht um eine laudatio gehen in diesen einleitenden Bemerkungen, aber wir meinen, eigentlich müsse man den Menschen kennen, um sein Werk voll verstehen zu können. Denn in seinen Veröffentlichungen ist er selbst immer mittendrin und stets in einem Dialog mit Partnern aus der Geschichte und der Gegenwart. Und daß die Gesprächspartner verstanden werden, liegt wohl daran, daß Helmut Thielicke immer vom Dialog mit der Hl. Schrift herkommt, die am tiefsten über den Menschen Bescheid weiß – und daß er zuvor auf das Gespräch zwischen dem geistlichen und dem natürlichen Menschen in ihm selbst gehört hat.
Wir möchten also nicht mehr und nicht weniger, als den ganzen Thielicke in ein Buch zu fassen. Viele haben den Wunsch gehabt. Wir möchten, daß sich die Leser in diesen Dialog, den Thielicke mit Theologie und Gegenwart führt, hineinnehmen lassen.
An einigen Stellen wird man die Zeitbezogenheit der Äußerungen spüren, etwa wenn es um die Atomwaffenfrage geht, um die gleitende Arbeitswoche oder auch um das Thema Glaube und Naturwissenschaft. Diese Themen sind heute nicht

mehr dran, sie gelten als abgetan – oder aber sie haben ihre Brisanz verloren und werden ohne die damalige Emotion unbefangen verhandelt. Aber daß das so ist, liegt nicht zuletzt an der unermüdlichen, klärenden, vertiefenden, vermittelnden Arbeit des Professors. Er hat Fronten geklärt und Fragestellungen vertieft.

Thielicke denkt von der Bibel her, und er führt zu ihr hin. In diese Bewegung möchte das Brevier einweisen, und es ist insofern ein modernes Andachtsbuch, das Meditationen bietet, den Leser abholt und ihm neue Ziele weist.

Die Herausgeber

Das Wort Gottes ist anspruchsvoll. Es will eine – wenn auch bescheidene – Zeitstrecke am Tage unser *einziger* Begleiter sein. Man kann selbst die ›Losungen‹ der Brüdergemeine nicht mit einem Ruck und als ganzen Happen hinunterschlucken, während man schon die Türklinke in der Hand hat. So etwas verdaut man nicht; das geht nicht in den Organismus über. Gott läßt es sich ganz einfach nicht gefallen, wenn unser Beten ihn im Telegrammstil abspeist wie einen lästigen Besucher, dem man nur einige Zentimeter den Türspalt öffnet, um ihn gleich wieder loszuwerden. Frühere Geschlechter und viele heutige Knechte Gottes sprachen und sprechen nicht umsonst von Schrift-»Betrachtung«. Das bekannte Fremdwort dafür ist: Meditation. Das bedeutet, daß man die Worte Gottes in seinem Herzen hin- und herbewegt, betrachtet, überdenkt und immer wieder auf sich bezieht. Dann und immer *nur* dann können diese Worte zu einer Gedankenmacht in uns werden, die gegen die anderen Mächte anzutreten vermag. Dann entsteht ein göttlicher Sog, der unsere Phantasie, unsere Gefühle und auch unsere Gedanken in sich hineinreißt. Wer weiß denn noch etwas von dieser Art Sog? Auch der heutige Mensch meditiert ja und betrachtet. Aber es ist beklemmend zu sehen, daß seine Meditation sich fast ausschließlich noch auf ein einziges Gebiet bezieht: das ist der Bereich des Geschlechtlichen. Hier richtet er seine Phantasie auf bestimmte Bilder, denkt sich mit seinen Gedanken Situationen aus, steigert sich in heimliche Ekstasen und läßt so einen Sog in sich entstehen, der ihn auf die Dauer notwendig ansaugen und in seine Wirbel zerren muß. Auch der Sorgengeist ist ein Geist der Meditation: Wir stellen uns Schreckensbilder der nächsten Zukunft vor und lassen auch hier Wirbel und saugende Kräfte entstehen, die uns als »Feuer, Wasser, Dolch und Gift« den Frieden nehmen.

## 2. Januar

Es gibt Zerreißproben, es gibt Grenzsituationen in unserem Leben, wo uns alles egal ist, wo unser Gehirn blutleer wird, dafür aber unsere Nerven fiebern und nur noch ein einziger Schmerz, eine einzige Angst, eine einzige Leidenschaft uns schütteln. Wenn es um bloße »Gotteserkenntnis« ginge und wenn das Evangelium nur eine Lehre von dieser Erkenntnis wäre, dann würde uns nichts mehr helfen. Als Petrus in den Wellen versinkt, ruft er nicht: »Herr, lehre mich, wie ich hinüberkomme!« Sondern er schreit: »Herr, hilf mir!« Und der Hauptmann von Kapernaum, dessen Bursche sich in Qualen windet, sagt nicht: »Jesus von Nazareth, kläre mich medizinisch auf, was hier zu machen ist, oder – falls nichts mehr zu machen ist – sage mir etwas über den Sinn des Leidens in der Welt, damit ich wenigstens geistig damit fertig werde!« Sondern der Hauptmann von Kapernaum sagt: »Herr, sprich nur ein Wort, so wird mein Bursche gesund.« Sie alle suchen doch keine *Lehre* über Schuld und Leid und Lebensrätsel. Sondern sie suchen den Heiland, der die Schuld vergibt, der das Leiden hinwegnimmt und der die Rätsel nicht intellektuell löst, sondern der uns vor der Qual des Rätselhaften erlöst. Gewiß, es gibt große und tiefsinnige Lehren in der Welt. Aber man muß sie eben begreifen können, und man muß sich auch in Situationen befinden, die der Vernunft genügend Atemraum gewähren. Das Große am Evangelium ist aber, daß es *allen* nahe ist: nicht nur den geistig Mündigen oder gar Großen – wie etwa Kant –, sondern daß Gott auch den »Blöden hold« ist, daß ihm Pascal mit seiner sublimen geistigen Gedankenwelt nahe sein kann, aber ebenso auch ein kleines Mädchen, das abends beim Schlafengehen betet: »Ich bin klein, mein Herz mach rein.« Das Neue Testament und auch die Lieder der Kirche weisen darauf hin, daß wir alle (auch wir mündigen, vernünftigen und intellektuell vielleicht auf Hochglanz polierten Leute) solche Augenblicke kennen, wo wir nur noch ein Häufchen Elend sind, wo wir nicht mehr geordnet und in sinnvollen Satzperioden sprechen, sondern wo wir nur noch »seufzen« können. Wer sein Heil bei einer Lehre oder auch bei einem christlichen theologischen Dogma sucht, ist verraten und verkauft, wenn er nur noch seufzen kann und vielleicht ein Nervenbündel ist. Denn Seufzen und Erkennen, Stöhnen und Denken sind zweierlei. Wer aber weiß, daß er es eben nicht mit dem »Es« eines Dogmas oder einer tiefsinnigen Erkenntnis, sondern mit einem lebendigen Herzen, eben mit dem Heiland zu tun hat, der ist dessen gewiß (und das ist so ungeheuer, daß man es nicht begreifen kann!), daß auch sein letzter Seufzer, daß die Satzfragmente und Wortfetzen der Sterbenden oder auch der Irren hier noch ankommen, hier noch gehört und in Liebe verstanden werden.

## 3. Januar

Wo Jesus Christus in mein Leben tritt, da gibt es Kettenreaktionen noch und noch. Da merkt auch meine Umgebung, da merkt auch mein Haus etwas davon. Denn es wird alles anders: Unsere Augen werden erneuert, und wir sehen plötzlich ein ganz anderes Bild unseres Nächsten als bisher. Das, was unser Leben so gewendet und umgestülpt hat, gibt uns keine Ruhe, bis wir weitergesagt haben, was uns als Glück widerfuhr und uns den Frieden schenkte. Wer im Licht steht, strahlt nun auch seinerseits Licht aus. Als Mose von dem Berge Sinai kam, mußte er sich förmlich verhüllen, weil die Begegnung mit Gott auf seiner Stirn einen allzu strahlenden Abglanz hinterlassen hatte. Niemand verläßt die Begegnung mit Jesus Christus so, wie er in diese Begegnung hineingegangen war. Denn Jesus ist der große Verwandler. Ein Weisheitslehrer kann das nicht leisten; denn sein Ziel ist, sich selbst überflüssig zu machen. Ein Schüler dankt ja seinem Lehrer schlecht, wenn er immer nur Schüler bleibt. Bei Jesus Christus aber geht es von einer Verwandlung zur anderen: Er gibt uns den Morgenglanz in die Frühe des Tages. Er umhüllt uns mit seinem Frieden, wenn tagsüber die Telefone schrillen und die Maschinen rattern. Und am Abend kann ich mich fallen lassen, weil seine Hand immer unter mir ist. Er ist mein Freudenmeister im Leben und mein Gefährte in der letzten Not. Und wenn das Weltgericht kommt, in dem ich bestehen muß, tritt er für mich ein, weil er mich unter Schmerzen zu sich gezogen hat und ich nun sein Eigen bin. Zwischen mir und jeder Finsternis steht nun der Mann aus Nazareth. Denn er hat mich bei meinem Namen gerufen, und nun kann es nichts mehr in der Welt geben, was zwischen mich und die letzte Erfüllung meines Lebens treten dürfte.

## 4. Januar

Man kann vor Goethes Faust oder den Dramen Shakespeares den tiefsten Respekt haben, und es mag von da ein belebender und grandioser Sturm in unser Leben gebrochen sein. Aber ob man dies alles in einem Saal krebskranker Frauen vorlesen und spielen dürfte? Ob diese Werke in das seelische Klima eines verpfuschten Lebens passen oder an das Grab eines geliebten Menschen? Offenbar sind das Worte, die für die Türme und Zinnen unseres Lebenshauses bestimmt sind; aber sie können keine Fundamente bilden, die uns in den Orkanen der Sinnlosigkeit, der rasenden Lebens- und Zukunftsangst tragen und bewahren. Nicht wahr, das klingt paradox? Aber es ist so: Das Wort Gottes scheint Sand zu sein. Ist es nicht höchst riskant, sein Leben auf eine Sache zu setzen, die so »unkontrollierbar« ist, die mit »Mythen« und Vorzeit zu tun hat, statt auf das Allernächstliegende, auf Fäuste und Ellenbogen, auf Instinkt und gesunden Menschenverstand zu vertrauen? Wie viele Namen- und Sandchristen wurden nicht vom Sturm des Krieges zerzaust; sie verloren das bißchen Glauben, das sie noch hatten, um nun als entlaubte Nihilisten und geistlich Verarmte nur noch zu vegetieren! Aber für den, der darauf zu treten wagt, der es einfach riskiert, mit Jesus Christus zu leben, für den erstarrt dieser scheinbare Sand plötzlich zum Felsengrund, auf dem er in sicherer Ruhe steht und auf dem er in die Wetter und Stürme hineinlacht, weil sie der Odem des göttlichen Mundes sind, und weil eben dieser Mund ihn bei seinem Namen gerufen hat, weil Gottes Fels ihn stehen läßt und Gottes Hand ihn hält. In alledem ist uns vor die Augen gemalt, warum das Wort Gottes das Fundament des Lebens ist: ganz einfach, weil es das Bleibende ist, weil es treu ist, und weil es darum keinen Augenblick geben kann, in dem es nicht gelten würde. Versteht Ihr? Keinen einzigen Augenblick: weder die Stunde, in der ich schuldig geworden bin – da richtet es mich und schenkt mir Vergebung; noch die Stunde, in der die Sinnlosigkeit wilder Katastrophen über mir zusammenschlägt – da weiß es von den höheren Gedanken, die über unserem Leben gedacht sind, und stärkt unseren Glauben mit der Verheißung dessen, was einmal von uns geschaut werden darf.

## 5. Januar

Wer in Jesus Frieden hat mit Gott, braucht keine Angst mehr zu haben vor dem, was die Vernunft als schreckliche Möglichkeiten der Zukunft zusammenspekuliert. Wer sich von Gott geliebt weiß, der scheitert nicht am Haß der Menschen. Wer sein Leben in die Hand Jesu gelegt hat, ist kein Knecht des Todes mehr. Wer um den Lobgesang der Engel weiß, weil er »heimgefunden hat zu seines Vaters Freude«, den schreckt das Feldgeschrei der Völker nicht mehr. Wer mit Jesus lebt, der die Welt überwunden hat, der weiß, daß auch sein armes und schuldvolles Leben durch alle Wehen des Sterbens, durch Grab und Todesnacht sicher zum Jüngsten Tag und an des Vaters Thron geleitet wird, wo die Tränen aller Augen getrocknet werden, wo kein Leid mehr ist und kein Geschrei und wo der Tod nicht mehr sein wird, sondern der Lobgesang der Erlösten: Gehe ein zu deines Herrn Freude! Wenn wir schon in diesem Leben der Ewigkeit zustreben, die Jesus Christus uns bereitet hat, wenn wir alles, was uns treffen mag an Schmerz und Freude, als eine Heim-Suchung der Liebe Gottes verstehen und Bereitung auf ein seliges Sterben – dann kann uns jeder Sturm nur zu diesem Hafen treiben, kann uns der finsterste Talweg nur vor die Pforte des Vaterhauses führen – in die Geborgenheit unseres Herrn, der in Ewigkeit bleibt und aus dessen Hand uns nichts reißen kann.

## 6. Januar

Jeder von uns hat bestimmte Bereiche in seinem Leben, die er nicht preisgeben und die er nicht ausliefern will. Vielleicht ist es mein beruflicher Ehrgeiz, der mich in ein schiefes Verhältnis zu meinem Kollegen und Konkurrenten bringt und der es mir unmöglich macht, mit ihm zusammen an der Tafel des Königs zu sitzen. Da steht der Neid, die Unsachlichkeit zwischen mir und meinem Nächsten und damit auch zwischen mir und dem König. Vielleicht ist es mein Geschäftsgebaren, das der König nicht wissen darf und das mit Recht das Licht seiner festlichen Säle scheut. Vielleicht liegt die Reserve, in der ich verharre, auch im Gebiet des Geschlechtlichen begründet: Alles kann Gott haben, nur dieses eine – nicht! An einer *anderen* Stelle will ich ihn gern in mein Leben hineinlassen, nur *hier* nicht, an dieser *einen* Stelle *nicht*. Ich bin ja gutmütig und wünsche niemandem etwas Böses und habe auch ein weiches Herz, bringe also viele erfreuliche Voraussetzungen mit; also kann er meine Nächstenliebe haben. Ich bin idealistisch und habe Schwung und großen Gestaltungswillen in mir; also kann er meinen Einsatz haben. Nur dieses eine nicht! Und es ist freilich nun sehr eigenartig, daß Gott an keiner anderen Stelle in mein Leben will; daß er sich partout in den Kopf gesetzt hat, nur über dieses schwierigste Gelände meines Lebens zu mir zu kommen. Es gehört zur Eigenart des Reiches Gottes, daß es nie nach dem Gesetz des geringsten Widerstandes verfährt, sondern daß es sich die dicksten Betonmauern meines Lebens aussucht, um hier und nur hier seinen Einzug zu halten. Wenn ich ihm hier nicht öffne, kehrt es überhaupt um, und zwar unter Garantie. Wissen wir, wo in unserem Leben jene dicksten Mauern aufgebaut sind? Es lohnt sich, darüber nachzudenken.

## 7. Januar

Die Freizeit, die von der Technik zur Verfügung gestellt wird, drängt darauf, sich auch von der Technik füllen zu lassen. Ich brauche nur an die ständige Geräuschkulisse zu erinnern, die mir durch das Radio zur Verfügung gestellt wird. Ebenso gibt mir das Fernsehen die Möglichkeit, in ähnlicher Weise, wie ein Insekt am Fliegenfänger klebt, am Fernsehschirm zu hängen. Ich nenne auch noch die neue Form des Massenreisens und der motorischen Unruhe. Der technische Lebensstil gibt mir die Möglichkeit, mein Leben ständig von außen her steuern zu lassen und jede eigene Bewegung und auf alle wachstümlichen Prozesse im eigenen Innern zu verzichten. Selbst die Liebespärchen haben, wenn sie am Waldrand lagern, ein Kofferradio neben sich, um sich durch Jazzrhythmen stimulieren zu lassen. Sie haben sich offenbar wenig mehr zu sagen. Und es scheint, als ob sie selbst erotisch nicht mehr mit eigenem Dampfe fahren, sondern sich technisch abschleppen lassen müssen. Die technisierte Welt der Massengesellschaft stellt darüber hinaus Amüsierfunktionäre zur Verfügung, die es ermöglichen, sich jederzeit von einem Vergnügungs- oder Rührungs-Service bedienen zu lassen. Hier geht es um die Frage, ob und inwieweit wir fähig und bereit sind, auf Konsumtion zu verzichten. Es scheint mir eine Erziehungsaufgabe ersten Ranges zu sein, die in ihrer Bedeutung noch nicht entfernt ins allgemeine Bewußtsein getreten ist, daß wir unsere Jugend dazu bringen und anreizen, den permanenten Anrufen nicht zu verfallen, die uns von der technischen Welt her erreichen, sondern sie dazu zu bringen, selber Subjekt zu werden, selber etwas zu tun. Man sage nicht, dieses Postulat setze eine Wandlung des Menschen voraus, die unserer Verfügbarkeit entnommen sei; um diese Art des Verzichts zu üben, und um diese Eigenständigkeit des Lebens wiederzufinden, müsse man eben den Sinn des Lebens wiedergefunden haben; denn nur der, der etwas mit sich selber anfangen könne, wisse auch etwas mit seiner Freizeit anzufangen. Das stimmt nur in einem allerletzten Sinne. In vorletzter Linie aber ist es doch so, daß uns viele Aufgaben erwachsen, um den Menschen überhaupt jener Ebene teilhaftig werden zu lassen, auf der die Sinnfrage allererst entsteht, und auf der er also Subjekt werden kann. Es kommt darauf an, daß alle Instanzen, die mit der Führung und Bildung der Jugend zu tun haben, ganz gleich, ob es die Schulen, die Gewerkschaften, Jugendverbände oder was immer sind, sich verantwortlich fühlen dafür, daß man wieder selber etwas zu unternehmen lernt, sei es, daß man wandert, Sport treibt, Theater spielt, singt, vorliest oder diskutiert, kurz: die Freiheit recht zu konsumieren lernt. Denn hier ist man frei, auch wenn man es erst lernen muß, diese Freiheit zu nützen. Jedes Managertum des Staates auf diesem Gebiete würde uns jedoch nur zu einem »Kraft-durch-Freude«-Rummel führen, der den Menschen gerade in funktionale Abhängigkeit treibt. Die Staatsjugend und also eine unmittelbare Leitung der Jugend durch den Staat wäre das Letzte, was ich uns allen wünschen würde. Wohl aber sind hier die Gremien gemeint, die mit Jugendarbeit zu tun haben. Der Staat selbst kann hier höchstens indirekt insofern wirksam werden, als er solche Aufgaben den Schulen mit überträgt. So wichtig diese Aufgabe auch ist – sie scheint mir einfach entscheidend für das innere Schicksal unseres Volkes –, so läßt sich das Freizeitproblem doch nicht im großen durch Gesetzgebung oder durch staatliche Verordnungen lösen. Hier kann die Erneuerung nur im kleinen beginnen. Man soll sich hier nicht vor kleinen Zahlen und kleinen Anfängen fürchten. Gerade die wesentlichsten Dinge müssen oft so im kleinen beginnen. Es ist dann schon dafür gesorgt, daß sie sich durch Zellteilung oder durch Knollenbildung fortsetzen.

## 8. Januar

Nietzsche hat die Menschheit einmal als »Ungeziefer in der Erdrinde« bezeichnet. Das mag ein bißchen stark sein, aber es drückt immerhin die erbärmliche Winzigkeit unseres Wesens aus. Und für so etwas sollte Gott sich ins Werk setzen? Friedrich der Große sagte – und diese Feststellung gehört nicht zu den geringsten Ergebnissen seiner Lebensweisheit – daß der Mensch eine Kanaille – ein Schurke – sei. Und auf derart fragwürdige Lebewesen sollte Gott so etwas Großartiges wie seine Heilsgeschichte verschwenden? Für so etwas sollte die Erlösung auf Golgatha geschehen sein? Es ist eine der dunkelsten Fragen, vor die uns unsere christliche Erziehung von Jugend an stellt, daß sie uns immer wieder um diese Verwunderung, um dieses Staunen betrügt, daß nämlich das Unerhörte uns zur Alltäglichkeit, daß das Wunder uns zur Selbstverständlichkeit geworden ist. Wir sind beinahe mit Gnaden, die uns im Getriebe der bürgerlich-christlichen Frömmigkeit zuströmen, ein bißchen zu sehr verwöhnt. Christliche Sattheit ist aber schlimmer als hungriges Heidentum. Das Wort von den Hungernden und Dürstenden steht nicht umsonst in der Bergpredigt. Wer diesen Hunger hat, hat die Verheißung, daß er satt werden soll. Vielleicht machen wir Christen an diesem Punkte immer Entscheidendes falsch: Wenn uns einmal jemand in einer Arbeitspause oder bei einem abendlichen Gespräch fragt – und sich sozusagen ein Herz zu dieser Frage faßt –: »Du, wie macht man das eigentlich, daß man den inneren Halt kriegt wie du, daß man so etwas wie Frieden hat und daß man auch in der Drecklinie des Lebens munter und getröstet durchhält?«, dann antworten wir oft falsch. Wir pflegen dann nämlich nicht selten zu sagen: »Nun, erst mußt du mal dieses tun und das lassen und außerdem so verschiedene dunkle Punkte in deinem Leben in Ordnung bringen. Du mußt richtig wollen, und eine volle Kehrtwendung machen!« Das hilft aber nicht weiter. Das nimmt einem den letzten Funken von Mut. So hat es wohl Luther gemeint, wenn er sagen kann: »Das Gesetz – der Gestellungsbefehl – ist wohl ein Wegzeiger, aber er ist noch längst nicht die Kraft in den Beinen. Darum macht uns dieses Gesetz nur noch elender.« Gott macht es jedenfalls anders: Gewiß, er fordert von uns Gehorsam. Wir müssen sogar unser ganzes Leben umstellen, und wir müssen alles loslassen, um Christus ergreifen zu können. Aber zuerst schenkt er uns etwas, zuerst lädt er uns ganz einfach ein.

## 9. Januar

Wir, die wir Jesus Christus kennen, haben zuerst die Freude zu verkündigen. Denken wir an den Beginn der Bergpredigt: Nirgendwo in der Heiligen Schrift werden wir so bis ins Innerste unseres Seins in Frage gestellt. Nirgendwo sind Forderungen von solcher durchbohrenden Unausweichlichkeit. Nirgendwo werden wir von einem so verzehrenden Licht angestrahlt, indem wir unser Am-Ende-Sein so bis ins letzte durchschauen müssen. Und doch beginnt dieses Kapitel mit dem vielfachen »Selig sind die . . .« Damit soll doch offenbar gesagt sein: Kommt einmal alle her, ich habe euch etwas zu sagen! Und was ich euch mitzuteilen habe, ist gewiß schwer. Es zeigt eure innersten Krisen und euer Am-Ende-Sein mit Gott auf. Aber zunächst, ehe ich davon rede, dürft ihr wissen, daß ich als Heiland mitten unter euch stehe, und daß euch, wenn ich so bei euch bin, nichts aus der Hand des Vaters reißen kann, auch nicht die größte Dunkelheit und das tiefste Scheitern. Erst darf ich euch sagen, daß die selig zu preisen sind, in deren

Mitte ich bin, die das Hungern und Dürsten in sich haben, die geistlich arm sind. Und nun, nachdem euch diese Seligkeit geschenkt ist und nachdem ihr von diesem unzerstörbaren Frieden mit dem Vater wißt, nun vernehmet, was von euch gefordert ist... Man hat soviel vom Geheimnis des Christseins begriffen, wie man von seiner Freude begriffen hat, und es ist gar nicht so, daß nur wir Menschen immer warteten und uns in Sehnsucht verzehrten. Auch ein Anderer wartet auf uns, und er steht schon in der Tür, um uns entgegenzukommen. Das tiefste Geheimnis der Welt besteht darin, daß Gott auf uns wartet, auf die Nahen und auf die Fernen. Wer das begriffen hat, der steht schon im flutenden Licht des festlichen Saals, auch wenn er noch mitten im finsteren Tale wandeln sollte. Der mag traurig sein und ist doch allezeit fröhlich, der mag arm sein und macht doch viele reich, der mag nichts innehaben und wird doch alles besitzen.

## 10. Januar

Die Berufungen Gottes, das Erbarmen des Vaters, das Wirken des Heiligen Geistes greifen auf mein natürliches Sosein zurück. Das Wunder der Wiedergeburt vollzieht sich an dem »Geborenen«. Die schöpferische Wandlung ergreift das Geschaffene. Indem sie aber »schöpferisch« und indem sie »Wandlung« ist, fügt sie sich nicht den Schemata des alten Selbst ein und unterwirft sich so nicht seinen Aufnahmebedingungen. Vielmehr wandelt sie auch die Schemata und damit die in sie eingeschlossenen Bedingungen. Zugespitzt ausgedrückt heißt das: Wir fragen nun nicht mehr »Wer bin ich und was kann ich infolgedessen glaubend und verstehend aneignen«? Vielmehr erfahre ich erst *an* diesem mir Widerfahrenden und mich Wandelnden, wer ich überhaupt bin. Gottes Wort schafft sich nicht nur den Hörer; sondern der Hörer erfährt, *was* er hören kann, erst an diesem Wort und gerade nicht durch eine vorlaufende Introspektion. Gerade diese Beobachtung drängt die Frage nach dem Selbst auf den thematischen Außenposten ab. Sie hört auf, eine eigene und erst recht eine vorlaufende Frage zu sein.

## 11. Januar

Es kommt im Leben letzten Endes nicht darauf an, ob einer ein Mann oder eine Frau mit dem berühmten »hellen Köpfchen« ist, sondern darauf, welches Licht diese Helle macht: ob er im Lichte Gottes oder in dem bengalischen Feuerwerk Satans steht. Es kommt auch nicht darauf an, ob er ein starker Kerl ist mit der genügenden Portion Energie und Tatendrang, ob er gut situiert ist; sondern es kommt alles darauf an, auf welchem Boden er mit seinen Füßen steht. Gibt der Boden nach, so nützen ihm die strammsten Beine nichts; dann verheddert er sich, je stärker er ist, nur um so rascher in den Schlingpflanzen weltlicher Vergänglichkeiten. Damit haben wir den Punkt in unserem Leben ins Visier bekommen, auf den Jesus hinweist: nämlich den Punkt, an dem es um das Fundament unseres Lebens geht. Jesus Christus sagt uns, daß dieses Fundament im Worte Gottes besteht, das man hört und tut.

## 12. Januar

Der wissenschaftliche Zweifel am Schöpfungsglauben beruht, wie mir scheint, auf einer falschen Fragestellung: Ich kann nämlich entweder fragen, woher der Mensch biologisch stammt, dann erhalte ich die Antwort: Er stammt aus vormenschlichen Tierformen. Ich kann aber auch fragen, wozu er da ist, worin seine Bestimmung und sozusagen das Thema seines Daseins besteht. Frage ich so, dann erhalte ich als Antwort der Bibel die Auskunft: Er ist zur Gotteskindschaft, zur Gemeinschaft mit Gott entworfen. Nun zeigt sich, daß ich diese beiden Fragen nicht miteinander vermengen darf. Sie liegen auf verschiedenen Ebenen. Darum drücken sie auch kein Entweder-Oder aus, genauso wenig wie es ein Entweder-Oder ist und sich gegenseitig ausschließt, wenn ich einerseits sage: »Die Matthäuspassion ist eine Abfolge physikalisch meßbarer Tonschwingungen«, und wenn ich andererseits die Aussage mache: »Die Matthäuspassion ist eine musikalische Form der Anbetung«. Auch diese beiden Aussagen liegen auf verschiedenen Ebenen und sind beide auf ihre Weise wahr. Macht man sich das klar, dann kommt man zu folgenden Konsequenzen: Am Glauben versündige ich mich nicht, wenn ich sage: Der Mensch hat sich in Jahrmillionen aus dem tierischen Bereich heraus entwickelt. Wie könnte die eine Wahrheit (die der Wissenschaft) einer anderen Wahrheit (der des Glaubens) widersprechen? Nein, am Glauben versündige ich mich nur dann, wenn ich zu behaupten wage: Von seinem tierischen Ursprung her kann ich das Wesen des Menschen, kann ich seine Bestimmung und sein Thema ableiten. Wenn ich das nämlich zu tun versuche, dann komme ich zu der Antwort: Der Mensch ist ein höheres Säugetier; er ist vielleicht ein Raubtier; auf alle Fälle aber ist er durch den Freß-, den Beute- und den Fortpflanzungstrieb bestimmt. Die Weltgeschichte wird dann ein Sonderkapitel der allgemeinen Zoologie. Doch ich muß mich noch genauer ausdrücken: Natürlich streite ich nicht ab, daß der Mensch – biologisch gesehen – ein Säugetier ist. Aber eben nur biologisch gesehen! In seinem Wesen ist er etwas anderes. Das Biologische ist nur ein Gefäß, das eine ganz und gar menschliche Ich-du-Beziehung birgt. Wenn ich nun dieses »Gefäß des Bios« zum »Inhalt« und also zum Selbstzweck mache, wenn ich also sage, das Triebhafte, die körperliche Seite sei der Zweck und die Sache selbst, dann wird die Beziehung der Menschen zueinander unmenschlich. Und der Partner, das »Du« ist dann nichts anderes als ein Glas Wasser, das ich herunterstürze und dann vielleicht an die Wand werfe. Dann ist der Partner also kein Mensch und erst recht kein Nächster für mich, sondern ein Ding und ein bloßes Instrument. Bei diesen Konsequenzen muß ich landen, wenn ich die Wissenschaft nicht nur als eine Auskunftei darüber benutze, wie der Mensch biologisch geworden ist, sondern wenn ich sie zum Glaubensersatz machen und von ihr wissen will, was der Sinn meines Lebens und was meine Bestimmung sei. Daher kommt es, daß die Bibel auch dort, wo sie von der Erschaffung des Menschen spricht, in gleichnishaften Bildern weniger von seinem Ursprung als von seinem Ziel, eben von seiner Bestimmung, spricht. Das macht uns der 139. Psalm in monumentaler Schlichtheit klar. Dort heißt es in modernen Übersetzungen: »Es werde!« »Du bist's, der meine Nieren gebildet hat, mich gewoben in meiner Mutter Schoß. Meine Knöchlein waren dir nicht verborgen, als ich im geheimen gebildet ward ... Deine Augen sahen mich als ungeformten

Keim, und in deinem Buche standen eingeschrieben alle Tage, die vorherbestimmt waren, als noch keiner von ihnen da war.«

## 13. Januar

Wenn man Gott verloren hat, dann hat man den Grund verloren, auf dem man steht. Insofern hat man sich selbst verloren. Man erschrickt vor der zurückbleibenden Leere. Nicht nur die Physik, auch der Mensch hat und kennt einen horror vacui. Diesem Schatten, der von nichts mehr geworfen wird (um ein Bild Jean Pauls zu gebrauchen), fürchtet der Mensch zu begegnen. Deshalb stürzt er sich in künstliche Füllungen. Diese Füllungen aber bestehen keineswegs nur in Exzessen. Auch eine bestimmte Form der Arbeit vermag diesen Dienst zu tun. Damit hängt es zusammen, daß die Verdrängung des Nichts mit großen Lebensleistungen zusammengehen kann, genauso wie die Verdrängung der Angst mit Heroismus. Aber gerade weil das so ist, tritt uns die Wahrheit des biblischen Gedankens entgegen, daß es nicht auf den Inhalt der Klammer, sondern auf das Vorzeichen ankommt.

## 14. Januar

»Ich glaube, daß mich Gott geschaffen hat.« Damit ist zum Ausdruck gebracht, daß ich nicht an ein Es, an die Schöpfung oder an eine ihrer Gestalten gebunden bin, sondern mit dem Es an das Du des Schöpfers. Es heißt eben nicht, wie man doch logischerweise erwarten sollte: Ich glaube, daß Gott die Welt geschaffen hat und »unter anderem« auch mich. Denn tatsächlich ist doch die »Welt« das Größere und Umfassendere, sozusagen das logisch Primäre, und ich selbst bin ein Staubkorn und ein Atom in ihrem Gefüge. Aber Luther fängt aus einem offenbar triftigen Grunde nicht so an; er entwickelt den Schöpfungsglauben scheinbar von der hintersten und letzten und gleichgültigsten Ecke her, nämlich von mir armseligem Individuum.Wäre es anders, wäre es also »logisch«, so verstünde ich mich von dem geschaffenen Kosmos bzw. von den einzelnen Schöpfungsgestalten her, unter denen ich dann nur eines wäre. Wäre es so, dann würde meine Geschöpflichkeit nicht dadurch charakterisiert sein, daß ich zu Gott in einem unmittelbaren Ich-Du-Verhältnis stünde, sondern dadurch, daß ich nur in einem mittelbaren Verhältnis stünde. Ich hätte ihn nur insofern, als er sich in den geschöpflichen Mittelgrößen offenbart (z. B. in der Gemeinschaft) und als ich ihm hier dienen könnte. Der bekannte Satz »Dienst an der Allgemeinheit ist Gottesdienst« verrät deutlich dieses verhängnisvoll entartete Denken. Ich habe dann Gott nur konkret in der Mittelgröße, der sogenannten »Allgemeinheit«, die (etwa als Volk oder als Familie oder als Bürgerschaft einer Stadt) seine Schöpfung ist. Den Schöpfer an sich, so wie er hinter seinen sichtbaren Vermittlungen steht, kenne ich nicht. Darum habe ich Zugang zu ihm nur durch die geschöpfliche Mittelgröße. Wäre es so, dann müßte Luthers Erklärung in der Tat beginnen »Ich glaube, daß Gott die Welt geschaffen hat und ›unter anderem‹ auch mich in meiner Individualität«.

## 15. Januar

Während im biblischen Schöpfungsbericht die Kreaturen – Gestirne, Pflanzen und Tiere – nur Objekt des schöpferischen »Es werde!« sind, wird der Mensch in der zweiten Person als »Du« angeredet. Er wird mit einem Auftrag und einer Bestimmung bedacht, die er ergreifen muß und auch verfehlen kann. Er wird also in eine Partnerschaft gegenüber dem Schöpfer berufen und muß reagieren. Er hat sich selbst in seiner Bestimmung zu ergreifen und wird, so könnte man mit Sartre tatsächlich sagen, zur Freiheit verurteilt. Entsprechend wird es ihm, wie die Sündenfallgeschichte zeigt, verwehrt, sich von dieser Subjektrolle wieder loszusagen und sich als einen schuldlos Bewirkten, Entführten, von der Kausalität Bedingten zu verstehen. Der Versuch, Schuld in Schicksal zu verwandeln, wird hier im Keime erstickt.

## 16. Januar

Wenn Gott mit dem Anspruch der Christusoffenbarung an den Menschen herantritt und ihn so plötzlich vor die Notwendigkeit stellt, Antwort geben zu müssen, wenn er also an ihn als schaffendes Subjekt appelliert und anknüpft, ohne daß dieses Subjekt doch wollen und vollbringen könnte (wie wir im Anklang an Phil 2 sagen können), so wird ohne weiteres klar, daß dieses neue, von Gott neu geschenkte Subjektsein des Menschen, oder genauer: daß dieses von Gott neu gesetzte und nicht nur vorausgesetzte Subjekt etwas qualitativ anderes ist, als das alte stumm und invertiert gewordene. Es ist kein aufbauendes Anknüpfen an eine vorhandene Gottebenbildlichkeit (im Sinne etwa des katholisch-thomistischen perficere), sondern Wunder und Neuschöpfung, Menschwerdung Gottes, und in all dem Zerbrechen dessen, was vor dem Wunder und ohne das Wunder in irregeleiteter Gottebenbildlichkeit glaubte leben zu können. Hier sind wir am tiefsten Punkt der Problemstellung angelangt. Denn hier wird die Frage laut, wie denn dieses neue in Christus geschenkte Subjektsein, dieses »neue Sein zum Vater in der Kindschaft« sich verhalte zu jenem verlorengegangenen, irregeleiteten Subjektsein, mit dem es doch durch die Identität des Menschen zusammengeschlossen ist.

## 17. Januar

Was tun Eltern, wenn sie eine Geburtsanzeige veröffentlichen: »Gott schenkte uns unser erstes Kind«? Damit meinen sie doch nicht, daß der liebe Gott das Kindlein direkt habe vom Himmel fallen lassen, sondern sie wissen sehr gut um das biologische Geschehen, das dieses Kind entstehen ließ. Sie wollen doch etwas ganz anderes sagen: Die Güte Gottes hat uns auf dem Weg über das »Biologische« dieses Kindlein geschenkt. »Es geht durch unsere Hände, kommt aber her von Gott«, singt Matthias Claudius. Und nun meine ich, daß man von hier aus (wenn man das begriffen hat) auch unschwer einsehen kann, daß Glaube und Naturwissenschaft sich gar nicht widersprechen, einfach deshalb nicht, weil ihre Aussagen auf verschiedenen Ebenen liegen: Können wir nicht dasselbe, was wir soeben von der Geburt des einen Kindleins, dieses einen Exemplars »Mensch« sagten, auch von der Menschheit insgesamt sagen? Können wir es nicht geradezu mit den Worten des Psalms sagen? Nämlich so: Du hast den Menschen schon als ungeformten Keim, vielleicht als Urschleim oder als Vormenschen früh gekannt; und dann hast du ihn an einem bestimmten Punkt dieser millionenjährigen Entwicklung bei seinem Namen gerufen, hast dich ihm kundgetan und vor dein Angesicht entboten, um ihn mit jener einsamen Würde des Menschseins auszustatten, die du keinem Tier gabst. Diesen einen Punkt, an dem Gott den Menschen so aus der Reihe der Kreaturen vortreten läßt und ihn zu etwas Besonderem macht, schildert der Text des ersten Buches Moses, wenn er sagt: Gott bläst ihm seinen lebendigen Odem ein, und also wird der Mensch eine lebendige Seele. Hier wird dieses erdhafte, noch in die allgemeine Kreatürlichkeit gebundene Geschöpf, das die Bibel unter dem Symbol des Erdenkloßes erscheinen läßt, hier wird dieser vormenschliche und noch ungeformte Keim plötzlich mit dem Hauch einer anderen Welt angeblasen und in jenen Raum versetzt, den man das menschliche Leben nennt.

## 18. Januar

Das Überraschende der biblischen Botschaft ist dies: Sie sieht das Gegenteil von Furcht und Angst in der Liebe. »Furcht« – man könnte hier genausogut sagen: Angst – »ist nicht in der Liebe«, heißt es in den Johannesbriefen. Das ist deshalb überraschend, weil hier nicht (wie man erwarten sollte) Haltung, Tapferkeit und Heroismus gegen die Angst ausgespielt werden. Das alles ist ja nur verdrängte, nicht aber überwundene Angst. Sondern die positive Macht, die die Angst überwindet, ist die Liebe. Was damit gemeint ist, verstehen wir nur, wenn wir die Angst in ihrer letzten Wurzel begriffen haben, so wie wir sie herauszuarbeiten versuchen: daß nämlich Angst gestörte Bindung und daß die Liebe die wiedergewonnene Bindung ist. Wer durch Christus erkennt, daß es einen väterlichen Weltgrund gibt und daß er geliebt ist, der verliert die Angst.

Er verliert sie nicht etwa deshalb, weil es jene bedrängenden Mächte nicht mehr gäbe. Auf dem Bilde Dürers »Ritter, Tod und Teufel« lauern sie alle noch am Wege. Aber sie haben keine Macht mehr über ihn. Wenn man ein Gleichnis will – in den letzten Fragen muß man ganz schlicht reden –, so könnte man sagen: Wenn ich an der Hand des Vaters gehe, wenn ich dieser Hand gewiß bin, habe ich auch im dunkelsten Wald keine Angst mehr.

## 19. Januar

Es gibt einen Punkt, in dem wir alle den Menschen der Urzeit verwandt sind, obwohl sie noch mit Pfeil und Bogen schossen und zu Fuß über Wüsten und Felder gingen, während wir Atomraketen starten und in Stratosphärenklippern von Pol zu Pol jagen: Für sie alle damals und für uns heute war Gott ferne und unsichtbar. Keiner hat ihn von Angesicht zu Angesicht gesehen. Sie alle hatten ihn nur im Spiegel und in einem dunklen Wort (1. Kor 13, 12). Eva sah nur den leuchtenden Apfel, der sich im paradiesischen Wind bewegte. Sie hörte nur die Worte der Schlange. Gott aber schien nicht mitzuspielen in dieser Szene. Er war ferne und wirkte unwirklich gegenüber der Faszination des Augenblicks. Nur in der Abendkühle hörte man von weither seine Schritte. Auch Kain sah Gott nicht. Er sah nur den verhaßten Bruder, den er erschlagen würde; dann sah er »rot«. Aber Gott war nicht in dieser Röte. Auch Noah sah Gott nicht. Er erblickte nur die unendliche aussichtslose Flut und sein einsames Schifflein inmitten der Leere. Und alles sprach gegen einen Retter und alles gegen eine Hand, die diesem Aufstand der Elemente gewachsen sein könnte. Und endlich: Auch die Menschen um den babylonischen Turm sahen Gott nicht. Sie waren verzaubert von dem, was sie selbst konnten und auf die Beine stellten. Sie waren die Vorfahren der Atomstrategen von heute und der Weltraumfahrt von morgen. Sie fühlten sich bestätigt, wenn sie so ins Grenzenlose schufen und niemand ihnen in den Arm zu fallen schien. Der Sputnik war ihnen realer als der »liebe Gott«. Keiner von ihnen sah Gott; sondern alle sahen etwas ganz anderes: sie *sahen* das, was sie liebten und haßten; sie *fühlten* das, was sie frieren und schwitzen ließ, und sie *wollten* das, was der heutige Tag von ihnen forderte: die Arbeit auf dem Feld und den täglichen Verdienst. Sie wollten ihr Essen und ihre körperliche Lust; sie wollten ihren Schlaf und ihren Besitz und ihr Prestige. Sie sahen und sie fühlten und sie wollten tausend Dinge – bloß nicht Gott. Der war ihnen sehr ferne: er war kaum noch wahr. Einige von ihnen aber waren ihm gleichwohl und auf andere Weise *doch* geheimnisvoll nah: Abel etwa und Noah und später Abraham. Sie waren ihm so nahe, daß ihnen die Angst ihres Herzens, daß ihnen Sintflut und Fremde kaum noch etwas ausmachten, daß Gott ihnen das Allerrealste wurde und sie in seinem Frieden lebten wie in Archen und Burgen und Heimstätten. *Aber* – sie hatten ihn eben doch nur so, daß sie an ihn *glauben* mußten.

## 20. Januar

Es gehört zu einem häufig gehörten seelenärztlichen Rat, daß der Mensch ein Hobby haben müsse. Er brauche dieses Spielerische jedenfalls dann, wenn er nicht vollends von der rationalen Zweckwelt konsumiert werden möchte, um dann später, verbraucht und überflüssig geworden, als eine Art humaner Müll abgestoßen zu werden. Das Hobby hat danach die Funktion, den Menschen in seinem Selbstsein, das heißt darin zu bestätigen, daß er nicht in der Welt der Zwecke aufgeht und sich nicht von ihr absorbieren läßt. Aus diesem Grunde also muß er eine Art zweckfreien Raumes in seinem Leben bilden, in dem er nur »spielt«. Denn die Erfüllung des Daseins-Sinnes transzendiert die bloße Zweckhaftigkeit der Funktionen. Wir leben nicht nur, um zu arbeiten; das hat sich inzwischen herumgesprochen. Die Einsicht in den therapeutischen Sinn des Hobbys enthält somit die These, daß der Einklang des Menschen mit sich selbst (daß also seine »Gesundheit« im gefüllten Sinne des Wortes), an den Sinn seines Daseins gebunden sei. Was heißt denn nun »Spiel«, und wer ist der homo ludens? Es genügt hier, vor allem drei Charakteristica des Spiels zu notieren, die wir aus der Fülle dessen herausgreifen, was etwa Johan Huizinga oder Friedrich Georg Jünger darüber zu sagen wissen: Das Spiel ist einmal und auf jeden Fall ein zweckfreies Tun. Jedenfalls hat es von Haus aus kein unmittelbar »produktives« Ziel, das etwa der Daseinsfristung diente. Sondern es wird erst möglich in der Bergung durch die gegebene Lebensmöglichkeit. Angesichts elementarer Bedrohung hört das Spiel auf. Wir können uns die Zweckfreiheit des Spiels nur leisten, weil ein Spielraum inmitten jener Bergung für uns freigesetzt ist. – Ferner steht das Spiel unter Spielregeln, die ein von allen Teilnehmern anerkanntes Gesetz sind. Diese Regeln begrenzen die Freiheit, die mich gerade spielen ließ, und legen mir eine vielleicht nur rebellisch ertragene Disziplin auf. Indem ich die Spielregel anerkenne, gebe ich mein Einverständnis zu erkennen, daß ich auch der Verlierer sein kann. Dieses Einverständnis besagt, daß ich mich für mein Verlieren nicht rächen, daß ich daraus keinen Ernst machen und aus der Partnerschaft auf dem Spielfeld keine Gegnerschaft im Leben machen werde. Die Spielregel grenzt also nicht nur meine Freiheit ein, sondern sie umgrenzt auch das Spiel selbst und legt eine Cäsur zwischen Spiel und Leben, zwischen Spiel und Ernst. Sie steckt das Spielfeld ab. Die Regel bewirkt aber noch ein letztes: Sie bezieht mich kommunikativ auf meinen Partner, der ja unter der gleichen Regel steht. Damit wacht die Spielregel über der Gemeinschaft: sie nötigt mich zum fair play.

## 21. Januar

Nichts wäre verhängnisvoller als eine Ideologisierung des Sportes, die überall da wartet, wo wir das unbeschwerte Spiel mit zeitlichen oder auch ewigen Zwecken befrachten und damit die Perversion frönen, aus Spiel Ernst werden zu lassen und es zu ideologisieren. Und doch hat mich in dem alten Turnerspruch: »Frisch, fromm, froh, frei« eines immer angerührt und nachdenklich gemacht: daß darin auch das Wort »fromm« auftaucht. Und ich glaube nicht, daß sich hier bei mir nur jene Freude äußert, die der Vertreter einer Branche empfinden mag, der plötzlich irgendwo und unverhofft sein Markenzeichen auftauchen sieht. Ich glaube vielmehr, daß in der Verbindung von »froh« und »fromm« eine Wahrheit aufleuchtet, die aus christlichem Wissen stammt. Froh-sein kann man ja nicht gebieten. Der Imperativ »Hab Sonne im Herzen!« ist infantil und albern. Ich kann mir die Sonnigkeit und die sunny-boy-Impulse doch nicht eigenmächtig besorgen, wenn ich de facto Trübsal blase. Wenn es schon um die Sonne geht, dann kann ich sie nicht künstlich in mein Herz hineinmanipulieren, sondern dann muß ich – Luther hat es einmal so ausgedrückt – aus dem dunklen Hause meines Lebens »in die Sonne springen«. Ich kann mich nur an der Sonne freuen, weil sie da ist, weil sie eben scheint und weil ich mich nur hineinzubegeben brauche. So ist das Erlebnis der Sonne immer ein Gleichnis gewesen dafür, daß mir die Erlösung bereitet ist, daß ich von ihr umstellt bin und daß ich sie nur anzunehmen brauche. Wo das Neue Testament von Freude spricht, wird sie mir niemals imperativisch geboten, sondern es wird mir eine frohe Nachricht gesagt, die Freude »auslöst«. Fromm-sein ist dann nichts anderes als der Zustand, in dem ich das dankbar registriere und mich dem Staunen hingebe, daß es eben so ist, und daß mir Chancen geboten werden, auf die ich natürlicherweise von mir aus nie hätte kommen können.

## 22. Januar

In den Katastrophen unseres Lebens haben wir alle eine neue Erfahrung gemacht. Wir sahen nämlich, daß auch die Angst, die Not, die Spannung vom Teufel benutzt werden können, um unsere Verbindung mit Gott abzuschneiden. Oft genug vollzieht sich dieses Abschneiden einfach dadurch, daß wir bis zum Letzten ausgefüllt sind mit Sorge, Erwartung, mit Konzentration auf notwendige wie ablenkende Tätigkeit – so sehr ausgefüllt, daß keine anderen Gedanken und erst recht nicht der Gedanke an Gott noch Raum haben. Ja, noch mehr können wir beobachten: Daß auch die Stoßgebete, die wir in den ärgsten Stunden zum Himmel schicken, oft schon an der Zimmerdecke mit schlaffen Flügeln herabfallen. Wie kommt das? Sehr oft sind unsere Angstgebete gar kein wirkliches Sprechen mit Gott, sondern ein Sprechen mit der Gefahr. Ich kann bei meinem Beten inmitten der Gefahr beobachten, daß ich im Beten gerade an mir selber festgehalten werde, weil die Übermacht meiner Sorgen oder meiner Ängste mich so im Bann hält, daß ich das Angesicht Gottes gar nicht richtig aufsuche. Mein Gebet ist dann nichts anderes als ein Aufstöhnen meiner inneren Beklommenheit, so, wie ich bei einem großen Schrekken unwillkürlich ausrufen kann: »Ach Gott!«, oder wie noch der alte Mann, wenn er von einer Leiter herabstürzt, in seiner jähen Angst den Urlaut »Mutter« ausstoßen kann, ohne daß er dabei an Gott oder an die Mutter denkt, sondern nur an die zerbrochene Sprosse und den Aufprall seines Körpers auf dem Boden.

## 23. Januar

Es gibt Leute, und vielleicht sind wir selbst diese Leute, die Gott um etwas Bestimmtes bitten: daß ihnen ihre Habe erhalten bleibe, daß sie ein Examen bestehen möchten, daß ein geliebter Mensch am Leben bleibe – Leute, deren Gedanken immer nur um den erbetenen Gegenstand kreisen und die sich von ihm bannen lassen, statt daß ihre betenden Gedanken das Angesicht Gottes aufsuchen, das Angesicht des Herrn also, der das Erbetene geben oder versagen kann und in beidem seine Liebe zu uns zeigt. Wir sehen hier eine große Gefahr unseres Betens, eine Gefahr, die uns hindert, zu einer wirklichen Stille im Sturm und zum Herzensfrieden einer echten und betenden Begegnung mit Gott zu kommen. Ich meine die Gefahr, daß wir an uns selber hängen bleiben und das Gebet nur eine trügerische Tempelkulisse ist, die wir um den Altar unserer eigenen Wünsche und Sorgen herumbauen. Es kommt alles darauf an, uns von dieser großen Selbsttäuschung unseres Betens frei zu machen. Wir gewinnen diese Freiheit am besten so, daß wir auf die Art achten, wie Jesus in der Stille mit seinem Vater verkehrt, wir denken dabei vor allem an sein hohepriesterliches Gebet (Joh 17). Dort spricht der Heiland zunächst und immer wieder einmal vom Dank und Lobpreis gegen seinen Vater und davon, daß er seinen Namen verklären wolle. So sucht er erst einmal das Angesicht seines Vaters, sucht seinen Blick, tastet sich hin an sein Herz, bis er seinen Schlag hört und sein Lieben spürt, und sucht die väterliche Hand, bis er sie ganz in der seinen hat.

## 24. Januar

Unser tiefster menschlicher Instinkt zwingt uns doch, einfach bei allen Unglücksfällen und Katastrophen nach dem Schuldigen zu fragen. Wir fragen nach dem Schuldigen eines Krieges; eine so entsetzliche Katastrophe kann doch nicht von ungefähr über die Völker kommen, es kann doch nicht die spielerische Laune eines Schicksals sein, daß Millionen in den Tod getrieben und alte Kulturen ausradiert werden? Wir ahnen, daß dies alles Gerichte sind. Und wo ein Gericht verhängt wird, da geht es um Schuld. – In allen Religionen der Erde bringen die Priester Sühnopfer und macht das Volk Bußgänge, wenn Krieg und Schrecken, Erdbeben und Feuer hereingebrochen sind. So tief ahnt man hier untergründige Zusammenhänge. Und selbst wenn wir für irgendein großes oder kleines Mißgeschick einen Schuldigen einfach nicht finden können, dann erfinden wir jemanden. So tief ist in uns Menschen das Gefühl dafür ausgebildet, daß hinter Krankheit und Tod, hinter Bomben, Ruinenstädten und zerrissenen Familien eine Schuld stehen müßte. Wir können nicht anders, als angesichts aller Schrecken und Wehen der Geschichte und unseres Lebens die bohrende und verwundende Frage Warum? stellen. Eine dunkle Witterung zwingt uns zu dieser Frage. Es ist die Witterung und die Ahnung dessen, daß es um Gericht und um Schuld geht. Wir erleben wieder einen jener Augenblicke, wo wir uns den Menschen um Jesus aufs engste verwandt fühlen. Ihre Fragen sind die unsren, ihre Herzensqual ist die unsere, wir stehen dicht hinter ihnen und fragen und sind ganz Ohr, als Jesus nun antwortet. Wir stehen mit unserer Warum-Frage nicht allein vor dem Herrn. Schon das zu wissen, tut gut und ist tröstlich.

## 25. Januar

Gott der Schöpfer ist keineswegs nur der »Uranfang« des Lebens; er ist keineswegs nur diejenige Größe, für welche die Woher-Frage zuständig wäre, so gewiß diese ja letzten Endes auf den »ersten Anfang« zielt. Sondern Gott der Schöpfer ist zugleich auch der, welcher einen bestimmten *Plan* und ein *Ziel* hat mit meinem Leben, zu dem er mich führen will, der mir also sagt, »wozu« ich da bin. Es ist deshalb sehr charakteristisch, daß Paulus nach der gewaltigen Geschichtsschau vom 9. bis 11. Kapitel des Römerbriefes in den Hymnus ausbricht: »*Von* Gott, durch Gott und *zu* Gott sind alle Dinge.« Anders kann man die Geschichte gar nicht beschreiben, als daß man sich durch die *Woher*-Frage (von Gott) und durch die *Wozu*-Frage (zu Gott) auf die beiden Pole führen läßt, zwischen denen alles geschichtliche Leben spielt. Nur der versteht darum seine Lebensgeschichte recht, der beides bedenkt: *woher* er stammt und *wozu* er da ist.

## 26. Januar

Wenn wir Christen von »Vorsehung« sprechen, kann damit nicht gesagt sein: daß wir in jedem Geschehen die Ursache »Gott« abzulesen vermöchten. Wir können ebenfalls keine Formel finden, in der die genannten Widersprüche der Geschichte aufgingen. Wir stehen vielmehr – wenn wir schon das Wort »Gott« in den Mund nehmen wollen – immer wieder vor dem *verborgenen* Gott, dessen Ratschluß wir nicht ergründen können. Hier stoßen wir auf das tiefste Geheimnis des Vorsehungsproblems: *Negativ* ausgedrückt besteht es darin, daß es eine Vorsehung im Sinne einer »sittlichen Weltordnung« bzw. eines ausgleichenden metaphysischen Weltmechanismus nicht gibt. An der Stelle, wo wir diesen Mechanismus suchen, steht der Vater Jesu Christi. Dieser *»persönliche Gott«* ist es, der »vorsieht«, der »beschließt«, dem es »gefällt«. *Das Geheimnis der Welt geht also nicht in einer Formel auf, sondern in einem persönlichen Ratschluß.*

## 27. Januar

Wie mancher von uns beklagt sich darüber, daß es um Gott so entsetzlich still sei und daß er vor allem, was mit Christus zu tun hat, stehe wie vor einer verschlossenen Tür. Schließlich meint er vielleicht sogar, es sei überhaupt nichts an der ganzen Geschichte, sonst müsse man doch mehr davon merken. –

Angesichts dieser Lage der Dinge müssen wir fragen: Sollte jenes tödliche Schweigen, jene beklemmende Stille um Gott nicht daran liegen, daß er schweigen will, und zwar einfach deshalb, weil es mit uns noch nicht so weit ist, daß er zu uns sprechen kann? Wie dem auch sei: Wir spüren sofort, daß es eine Frage unseres Lebens ist, die hier anklingt, und daß wir in einer sehr direkten und unüberhörbaren Weise in die Geschichte mit verwickelt sind. Die Geschichte setzt, wie gesagt, damit ein, daß verschiedene kirchlich und öffentlich angesehene Männer zu Jesus hingehen und fragen: Aus welcher Macht tust du deine Taten? Wer hat dir die Macht gegeben? Wer bist du? – Wie ist es zu dieser Frage gekommen? Jesus hatte durch seine Worte, durch seine Taten und seine ganze Art ungeheuren Eindruck auf die Menschen gemacht. Zunächst sprach er schon ganz anders als die anderen Prediger. Man sagte von ihm: »Er predigt gewaltig und nicht wie die Schriftgelehrten und Pharisäer.« Worin lag dieser Unterschied zu Schriftgelehrten und Pharisäern? Sprach er etwa leidenschaftlicher, packender, suggestiver, wußte er mehr von göttlichen Dingen zu sagen als sie? Das alles mochte stimmen, wir wissen es nicht. Aber jedenfalls war dies nicht das Entscheidende. Dieses Entscheidende lag vielmehr in folgendem: Die Prediger (also die Schriftgelehrten und Pharisäer) verkündeten mit großem Ernst den Willen Gottes in seinem Gesetz, sie sprachen von seiner suchenden Vaterliebe, von seiner Vergebung, von seinem Bund, den er mit den Menschen geschlossen habe. Jesus hat zwar dieselben Themen, spricht aber in einer umstürzend andern Art darüber – oder vielmehr: er spricht überhaupt nicht »darüber«, sondern indem er spricht, greift er handelnd und schöpferisch und völlig neue Tatsachen schaffend in alle diese Dinge um Gott ein. Steht er vor einem schuldbeladenen Menschen, dann hält er ihm keine Predigt, geschweige denn einen »Vortrag« über das Thema, daß Gott ein Richter sei, vor dem er vergehen müsse, daß Gott aber auch Barmherzigkeit habe und vielleicht einmal Gnade für Recht ergehen lasse, wenn man sich recht zu ihm stelle. Sondern wenn Jesus vor einem solchen Menschen steht, dann sagt er ihm in Vollmacht und auf den Kopf zu: »Dir sind deine Sünden vergeben!« Wenn er das aber sagte, spürte der Mensch, wie seine Ketten zu Boden fielen, er konnte aufstehen und als ein neues Geschöpf davongehen. Wenn Jesus zu einem Menschen sprach, dann war das mehr als ein »Wort«, dann war das ein Vollzug, dann war das eine schöpferische, eine neumachende Tat. Das konnte kein Mensch. Hier spürte man das, was in der Sprache des Neuen Testaments »Vollmacht« heißt.

## 28. Januar

Als Jesus in der Wüste war und vom Teufel versucht wurde, stand er vor einer berauschenden Perspektive. Der Teufel bot ihm alle Reiche und Länder der Welt an. Das war eine ungeheuer berückende Möglichkeit für ihn. Er hätte sie doch benutzen können, um nun den ganzen Erdkreis mit Macht als einer, der auch über diese Welt herrscht, zu »christianisieren«. Er hat diese Macht aus Satans Händen nicht angenommen, sondern ist in Wehrlosigkeit geblieben und ans Kreuz gegangen. Warum bleibt Jesus wehrlos und ohne Macht? Weil Jesus niemals den Menschen *zwingen* will, auf ihn zu hören. Gott zwingt niemanden, er hat Adam und Eva auch nicht gezwungen, den frevlerischen Griff zu unterlassen. Auch Jesus hat niemand gezwungen, er hat die 12 Legionen Engel im Himmel gelassen. Jesus tut nichts anderes als dies eine, daß er dich und mich ansieht, uns als Salzkörnlein ansieht, und daß er nun will, daß du und ich in seine Gefolgschaft treten, es mit ihm wagen, daß wir ihm unser Leben hingeben und dafür ein neues Leben finden. Das Reich Gottes beginnt also nicht mit der Politik oder mit der Wirtschaft (es *gibt* überhaupt keine »christliche Politik« und keine »christliche Wirtschaft«), sondern das Reich Gottes beginnt dort, wo Jesus uns anspricht, wo er uns zu der Entscheidung aufruft, es mit ihm zu wagen. Wir *können* ihn vorübergehen lassen – und er wird auch *dann* keine Engel alarmieren, um uns in seine Gefolgschaft zu zwingen. Es wäre ihm entsetzlich, wenn die Kirche jene Engel, aber dann jene dämonischen Engel der Macht, alarmieren würde, um die Menschen tyrannisch zur Gefolgschaft des Gekreuzigten zu nötigen. Jesus tut das nicht. Wir *können* ihn vorübergehen lassen. Wo aber ein Mensch ihn nicht vorübergehen läßt sondern sagt: Mein Herr und mein Gott! Gehe von mir hinaus, ich bin ein sündiger Mensch!, da wird er erfahren dürfen, daß Jesus *nicht* hinausgeht von solchen Menschen, sondern mit ihm in eine Bruderschaft tritt. Wo das geschieht, da hat wahr und wahrhaftig das Reich Gottes begonnen, und da ist es in Kraft getreten mitten in unserer Welt der Not und der Notverordnungen, mitten in unserer Welt der Kriege und des Kriegsgeschreis. Wo ein Mensch unter den Augen Jesu »ja« sagt, da *ist* schon das Reich Gottes, da ist die erste Insel im Meer des Blutes und der Tränen.

## 29. Januar

Die Frage des modernen Menschen »Kann man Gott überhaupt erkennen?« müßte von der Schrift her (Röm 1, 18 ff.) korrigiert werden, nämlich dahin, daß das Problem gar nicht lautet: Kann ich Gott erkennen?, sondern: bin ich bereit, Gott anzuerkennen? Bin ich bereit, seinen Willen zu tun? Denn nur, »wer den Willen tut meines Vaters im Himmel, wird inne werden, ob diese Lehre von Gott sei«, ob sich also Gott in seinem Zeugnis zu erkennen gibt und somit erkannt werden kann (Joh 7, 17). Nur, wer aus der Wahrheit ist, das heißt, wer die Wahrheit tut, wer aus ihr lebt, der hört hier die Stimme, niemand sonst (Joh 18, 37). Mit religiöser Begabung jedenfalls hat dieses Hören nichts zu tun, um so mehr aber mit der »Einstellung« meines Lebens. So springt also auch meine erkenntnistheoretische Frage nach Gott auf mich selbst zurück: Ich bin nun meinerseits gefragt, ob ich aus jener Anerkennung Gottes heraus lebe, in der allein ich meine Augen zu ihm erheben kann, um im Lichte des Glaubens etwas von ihm zu sehen. Wir sehen, wie verkehrt die Einstellung der »Apologetik« ist, wenn sie sich immer nur als die Antwortende und nicht mehr als die Fragende versteht. Die Kirche Jesu Christi hat im Namen Gottes die Welt viel mehr zu fragen, als sie zu antworten hat. Der christliche Glaube ist keineswegs eine simple oder geradlinige Antwort auf die Lebensproblematik des religiösen Menschen. Jesus antwortet sozusagen nicht, sondern er stellt uns zu allererst die tiefsten Fragen. Und diese Stimmung des fragenden Zugehens sollte auch unserer Botschaft erhalten bleiben.

## 30. Januar

In hintergründiger Weise bringt die Geschichte von Kains Brudermord die Zwielichtigkeit des menschlich Schöpferischen zum Ausdruck, wenn sie darauf hinweist, daß der ins Land Nod, ins Land »Nirgendwo« – in ein negatives Utopia gleichsam – verstoßene Kain eine Stadt gebaut habe, daß seine Nachkommen Erzgruben erstellt hätten, und daß auch die Repräsentanten der musischen Kultur, Geiger und Pfeifer, von ihm abstammten. Kains Geschlecht ist durchaus schöpferisch. Aber es ist merkwürdig: Je dichter wir an jene Wandteppiche menschlicher Kultur herantreten, desto deutlicher tritt auch der rote Faden hervor, der sich wie eine zuckende, blutige Arterie durch die Fülle der Gestalten windet: Die mütterliche Erde, auf der auch die größten Menschen wandelten, auf der sie Städte und Denkmäler und Dome erstehen ließen, Urwälder rodeten, die ozeanischen Elemente bändigten und die Seuchen bekämpften – ich erinnere an diesen Lobpreis des Menschen im Chorlied von Sophokles' Antigone –, diese Erde hat eben das Blut Abels getrunken. Und dieses Blut des Ermordeten und Mißhandelten taucht in Spuren und Rinnsalen überall auf. Kain, der »große Bruder« und Stammvater der Menschengeschlechter, meldet sich in geheimnisvoller Präsenz. In jeder Symphonie ist die Tonfigur des Todes und der Qualen irgendwo spürbar, an jeder dorischen Säule haftet irgendwo dieses Zeichen, und in jeder Tragödie klingt die Klage über Unrecht und Verhängnis auf. Gehören nicht zur Größe und zur apollinischen Helle der griechischen Kunst eben auch die Sklaven und die Entrechteten, das Elend der Fellachen und der Kulis? Stimmt die Behauptung denn wirklich: eine Statue des Phidias wiege alles Elend der Millionen antiker Sklaven auf? Um jener Ambivalenz des menschlich Schöpferischen willen, das Schöpfungsauftrag und zugleich blasphemische Verneinung der Geschöpflichkeit, das Demut und Hybris in einem ist, um dieser Ambivalenz willen, sage ich, klingt in jeder Kunst der Schrei nach Erlösung aus dem kainitischen Verbannungslande Nod auf. Darum ist jedes Kunstwerk, das dem Zwang des Gegebenen entrissen wurde, wie eine mühsam erstellte Oase in einer tödlichen Wüstenei.

## 31. Januar

Wir reden alle viel zuviel in der dritten Person von Gott. Wir diskutieren über die religiöse Frage, über das Gottesproblem, über den Sinn des Lebens und über weltanschauliche Fragen. Jedenfalls tun wir das, wenn wir einigermaßen lebendige Menschen sind und nicht mit völliger Oberflächlichkeit im Augenblick aufgehen. In all diesen Diskussionen und Überlegungen ist Gott nur der Gegenstand von Aussagen, aber kein Du, mit dem wir sprechen. Darum kommen wir als »religiös Interessierte«, als weltanschaulich bewegte Menschen auch so erbärmlich wenig vom Fleck. Darum finden wir dabei keinen Frieden. Das erste Wort in der Heiligen Schrift, in dem in der dritten Person von Gott gesprochen wird, ist das Wort in der Sündenfall-Geschichte. »Sollte Gott wirklich gesagt haben?« Und das war das Wort der Schlange. Wer nur in der dritten Person von Gott spricht, wer nur die religiöse Frage diskutiert, redet aus einem sehr tiefen Abgrund und aus großer Ferne. Die erste »Diskussion über Gott« wird immer vom Teufel ausgelöst. Das sollte zu denken geben. Am Kreuze aber spricht einer, der in dem untersten Abgrund steckt, der gleichsam bis auf die Sohle der Hölle hinabgedrückt ist, in der zweiten Person mit seinem Vater, hier sagt einer: »Mein Gott, mein Gott« und ist in alledem plötzlich erhöht und wird an die Brust des Vaters gezogen. Das sollte auch zu denken geben. Dieses Du, zu dem er sich durchringt, ist sein großer Triumph. Darum trägt der Gekreuzigte auf den romanischen Bildern die Königskrone und die Insignien der Majestät. Denn er ist zu Gott erhöht, weil er in der Tiefe der Verlassenheit nur dieses eine Wort sagte: Mein Gott! Er hat Gott für sich in Anspruch genommen. Und wo einer das tut, da versagt sich der Vater nicht. Darum bricht über der Golgathanacht schon das Osterlicht an.

## 1. Februar

Ich bin aufs tiefste beeindruckt von dem Buch des tschechischen Kommunisten Vitezslav Gardavsky »Gott ist nicht ganz tot. Ein Marxist über Religion und Atheismus« (München 1968). Hier kommt jemand aus dem Gedankenraum des Marxismus-Leninismus und aus dem Kraftfeld seines Immanenzglaubens und seiner Immanenzhoffnung. Er bezeichnet sich auch selber als Atheisten und ist davon überzeugt, daß er es ist. Ich denke nicht daran, dieses sein Bekenntnis zu bestreiten. Aber dieser Marxist liest die Bibel. Er liest sie auch mit den Augen und den Verstehenskategorien des *Marxisten,* so daß sich für den, der aus christlicher Tradition kommt, oft wunderliche, manchmal auch sehr faszinierende Perspektiven ergeben. »Dieses Buch« – gemeint ist die Bibel – »wird schwerlich ganz in Vergessenheit geraten«, sagt er, »die Menschen werden auch kaum jemals ihm gegenüber vollkommen gleichgültig werden« (33). Und ein anderes Mal: Die Bibel ist »zu jenen Büchern zu rechnen . . . , die man gelesen haben muß, wenn man nicht ärmer sein will als andere Menschen« (35). Und nun hat das ewige Wort, das in diesem Buch enthalten ist, seine Geschichte mit Gardavsky begonnen – eine Geschichte, wie sie immer von höherer Hand in Gang gesetzt wird, wenn jemand sich damit einläßt. Am Konfessionslineal gemessen ergeben sich freilich eigentümliche, theologisch sozusagen nicht »legitime« Linien. Aber was soll das? Wie das blutflüssige Weib (Mk 5, 25 ff) dem Herrn durch physischen Kontakt mit seinem Gewande zu begegnen suchte und ihn also im Rahmen eines magischen Denkschemas interpretierte, so versteht ihn dieser Autor im Denkschema einer marxistischen Anthropologie. Aber er hat ihn eben – wie jenes Weib bei Markus – am Saum seines Gewandes berührt. Er steht dem Christus noch nicht Auge in Auge gegenüber, er respondiert auch nicht mit einem christologischen Bekenntnis, er nähert sich gleichsam wiederum wie jene Frau – »von hinten«. Wird sich der Herr nun herumdrehen wie in jener Geschichte und dann fragen: »Wer hat mich angerührt?« Man möchte diesem Manne sagen: »Du bist nicht ferne vom Reiche Gottes« (Mk 12, 34). Es gibt gegenüber diesem Reiche ja nicht nur ein Entweder-Oder, sondern auch ein Näher- und Ferner-sein. Das gehört zur Menschlichkeit Gottes, die ja sehr viel tröstlicher ist als seine Göttlichkeit. Ich frage mich jetzt oft, was es bedeutet, daß ein Marxist kommen muß, der von einer ganz anderen Ecke, aus einem durch säkulare Ingredienzien desinfizierten Raum kommt und nun die Bibel neu entdeckt (ganz ohne die Vorbelastung durch eine Tradition entdeckt!) und sie gleichsam in einen jungfräulichen Boden hinein empfängt. Und dieser Mann sagt dann: Gott ist nicht ganz tot – während westliche Theologen, die Übermacht theistischer Überlieferungen abstreifend, von seinem Tode reden. Wie merkwürdig ist das alles – und wie verheißungsvoll. Wir reden von autoritären Strukturen und kündigen dem Gehorsam unsere Gefolgschaft auf. Gut – vielleicht muß das so sein, denn wir wollen – um mich eines gängigen Vokabulars zu bedienen – keine unmündigen Mitläufer, sondern Subjekte sein und uns dem Prozeß der Bewußtwerdung unterziehen. Aber gerade deshalb, weil wir so sein möchten, müssen wir »hörsame« Menschen sein, nicht gehorchende, aber horchende Menschen. Und liegt unser Elend nicht darin, daß wir gerade das weithin verlernt haben? Es gibt Studentengemeinden, in denen man sich heiß um Bewältigung der Gegenwart bemüht, und ich bin weit davon entfernt, den Ernst dieses Bemühens zu bestreiten. Aber ich sehe in den Programmen nicht mehr, daß man sich horchend um jenes ewige Wort sammelt und daß man diesem Worte lobend, dankend und fürbittend antwortet. Sind aber dann nicht nur alle nur »menschlichen« Worte ins Leere gesprochen, und geht dann nicht jener eigene und besondere Ton verloren, den wir inmitten alles menschlichen Geredes der Welt schuldig sind? Das ist die größte Sorge, die mich gegenwärtig bewegt. Und so verstehen Sie vielleicht, warum mich dieses Buch des Marxisten Gardavsky so angerührt hat. Es ist ein Zeichen der Hoffnung. Ein Marxist gibt Laut, weil ihn ein Ruf erreicht hat. Und wenn dieser Laut auch noch kein Gebet ist – jedenfalls nicht im Rahmen der gängigen theologischen Definition –, so wird er im Himmel gewiß vernommen. Hier wurde jemand bei seinem Namen gerufen und die Fortsetzung »Du bist mein« steht nicht in unserer Macht. Aber auch sie könnte in der Ewigkeit schon gesprochen sein. Und meine Bitte ist die, daß Sie diese Botschaft hören, daß Sie den Umgang mit dem ewigen Wort nicht aufgeben oder wieder beginnen möchten.

## 2. Februar

Der heutige Mensch trägt an den biblischen Schöpfungsbericht das naturwissenschaftliche Vorverständnis heran, daß die Welt in Jahrmillionen entstanden sei und daß sich der Mensch aus vormenschlichen Entwicklungsstufen erhoben habe. Daraus bildet sich eine Entwicklungslehre und, sofern diese sich selbst überlassen bleibt, so etwas wie eine evolutionistische Weltanschauung. – Die Aufgabe der Dogmatik wäre es, an dieser Stelle zunächst nach der negativen Seite zu zeigen, wieso der Sachgehalt des biblischen Schöpfungsberichtes ganz außerhalb dieser evolutionistischen Fragestellungen liegt, und ferner positiv zu zeigen, was er als Kerygma gerade diesem sich aus seiner Genese verstehenden Menschen zu sagen hat: daß nämlich das Geheimnis seiner humanitas, und also letzten Endes der imago Dei, sich nicht durch die genetische Orientierung nach »rückwärts« und »unten«, also nach den niederen Entwicklungsstadien, lüftet, sondern daß jenes Geheimnis nur durch die Orientierung nach »vorne«, das heißt, nach seinem Telos, und durch die Relation nach »oben«, das heißt zu Gott, verstanden werden kann. Hier gilt das Carlyle-Wort, daß der Mensch nicht ein wenig mehr als die Kaulquappe, sondern ein wenig niedriger als die Engel sei.

## 3. Februar

In der jüngsten Vergangenheit war unsere theologische Arbeit dadurch belastet, daß der Historismus uns als immer schwerer werdende Fracht niederdrückt. Ich will das, was man mit historisch-kritischer Schriftforschung bezeichnet, damit weder schmähen noch in seiner Notwendigkeit bestreiten (wie käme ich auch dazu!). Gegenüber der kritischen Frage nun, wie es »an sich« gewesen oder nicht gewesen sei, kam das »Mea-res-agitur« zu kurz, und aus dem Christus praesens (dem gegenwärtigen Christus) drohte der Jesus praeteritus (die vergangene Jesus-Gestalt der Historie) zu werden. Die Last der Vergangenheit drohte unseren gegenwärtigen Lebensaugenblick zu erdrücken, und manchmal schien es mir so, als ob Nietzsches Kritik des Historismus in seiner Schrift »Vom Nutzen und

Nachteil der Historie für das menschliche Leben« unmittelbar auf unsere Situation anwendbar sei. Heute nun ist als neue Bedrohung an die Stelle des Perfectum das Futurum getreten, oder – anthropologisch ausgedrückt – der Mensch in seiner offenen Möglichkeit, die »Ontologie des Noch-nicht«, wie Ernst Bloch gern sagt. »Mensch sein heißt, auf dem Wege zu etwas anderem sein.« Das damit gegebene utopische Moment droht – wenn ich einmal von ernsthaften Gedankengehalten absehe, die *auch* darin enthalten sind! – unseren gegenwärtigen Lebensaugenblick ebenso zu entrealisieren, wie es vorher die Vergangenheitsfixierung getan hat. Darum bin ich gegenüber den neuen Theologien der Hoffnung überaus skeptisch. Das notorisch Ungeschichtliche dieses Denkens scheint mir darin zu bestehen, daß man genauso, wie man vorher statt von »Geschichte« von »Geschichtlichkeit« sprach, nun statt von »Zukunft« von »Zukünftigkeit« und statt von Hoffnung von »Hoffnungshaftigkeit« sprechen müßte. Es bewegt mich nun, wie kritiklos man auch im theologischen Lager dieser fata morgana nachjagt und wie man meint, hier sei der Stein der Weisen und ein neuer Zugang zur Eschatologie gefunden. Wahrscheinlich führt diese sehr emotional bestimmte Tendenz daher, daß jahrzehntelang kraft des Bultmannschen Existenzialismus der isolierte »Augenblick«, das »Jetzt und Hier« und damit ein sehr abstrakter Begriff von Gegenwart das Feld beherrscht hat, während man nun mit Macht aus dieser Gefangenschaft im Praesens in die offenen Möglichkeiten des Futurum ausbricht. Aber ich sehe bei dieser modischen Futurologie noch einen weiteren Impuls am Werke, jedenfalls bei den *theologischen* Gefolgsleuten des »Prinzips Hoffnung«: Man läßt sich von der These des Säkularismus, die Welt sei eine in sich ruhende Endlichkeit, ein nach außen geschlossener Kräftehaushalt, bannen wie ein Kaninchen, das durch den Blick der Schlange fixiert ist. Aus der ehrlichen Leidenschaft, bei seiner Verkündigung *solidarisch* mit den Zeitgenossen zu sein, räumt man den ideologischen Prinzipien dieser Zeitgenossen auch Herrschaft (exuosia) über sich *selbst* und damit auch über seine *Verkündigung* ein. Da uns im Namen dieser Prinzipien aber jeder »Blick nach drüben verrannt« ist, da wir uns dann nicht mehr unter der Herrschaft und Führung eines Gottes wissen, in dessen Hand das Größte wie das Kleinste geborgen ist, so bedrängt uns die Vision einer in sich festgelegten und eigengesetzlichen strukturierten Endlichkeit, in die wir als verwehender Partikel eingeklemmt sind – die Vision einer Welt ohne Transzendenz. Da das Loch nach oben verstopft ist – wenn Sie mir diese etwas mythologische Redeweise gestatten –, gibt es nur noch die Flucht nach vorne, gibt es nur noch das Loch, durch das unsere Gegenwart sich in die *Zukunft* hinein öffnet. Allein in dieser Zukunft liegt noch so etwas wie eine offene Möglichkeit, hier gibt es noch das nicht Berechenbare. Und dieses Noch-nicht: könnte uns das nicht erlösen von der Fragwürdigkeit und Fixiertheit des Jetzt? Deshalb frage ich mich, ob manche Formen heutiger Zukunft- und Hoffnungsversessenheit nicht eine Art Ausfallerscheinung sein könnten, ein Surrogat für verlorene Transzendenz. Ob wir damit den Menschen aber nicht Steine statt Brot geben? Ob wir sie damit nicht doch wieder dem alten Trott dessen überlassen, was der alte Adam, dieser »arme Madensack« (Luther) an Möglichkeiten aus sich herausgibt und an vergeblichen Wegen schon immerfort gegangen ist, seit er das Paradies verlassen mußte? Weil mir persönlich diese Sackgasse, in die wir uns gegenwärtig hineinmanövrieren, als solche aufgegangen ist, darum habe ich mich in meinen theologischen Prolegomena »Der evangelische Glaube« darum bemüht und auch darauf konzentriert, den Sinn von Transzendenz neu zu verdeutlichen – nicht restaurativ und zu jener guten alten Zeit hinüberschielend, in der das alles noch fraglos geglaubt wurde, sondern angesichts und inmitten unserer neuen und kritischen Denkformen. Wenn einem diese Dinge aufgegangen sind und man dabei keiner völligen Verblendung verfallen ist, dann wird man zwar Sinn dafür haben, daß ein Christ auch revolutionäre Aufträge haben kann und unter Umständen an Strukturen rütteln muß; man wird dann aber sehr betont nicht mehr von einer »Theologie« der Revolution reden, weil hier der Fremdkörper einer abstrakten Zukünftigkeit zu wittern ist und weil die Theologie zur christlichen Ideologie zu werden droht.

Ich bin schon oft von sehr ernsthaften Menschen und gerade von jungen Suchern gefragt worden: »Woran merkt man denn eigentlich, daß es Gott gibt? Woran erkennt man überhaupt, daß man glaubt?« – »Die großen Christen, wie etwa Luther oder Franz von Assisi«, so sagt vielleicht einer, »hatten offenbar so etwas wie eine Gottesbegegnung. Ich habe so etwas nie gehabt. Ja, wenn Gott vom Himmel herunter riefe: Hier bin ich! – das wäre ein unsagbarer Trost. Dann wüßte man wenigstens, woran man wäre. Dann würde ich in die Knie gehen. So aber weiß ich's eben nicht.« Mir geht es immer nahe, wenn jemand so zu mir spricht. Denn in solchen Worten meldet sich doch die Ehrlichkeit des verzweifelten Suchens. »Ich höre wohl die Glocken« – so mag solch ein Sucher denken –, »und ich habe auch eine Ahnung davon, daß sie Frieden läuten. Ich will ihnen gerne folgen, ich möchte gerne diesen Frieden haben. Aber ich weiß nicht, wo die Glocken hängen. Also weiß ich auch nicht, in welcher Richtung ich laufen muß. Und ich möchte doch ehrlich, ich möchte mir selbst gegenüber unerbittlich sein. Darf ich denn religiös kapitulieren und mich von den Glocken faszinieren lassen, nur weil ich mich nach den Altären und ihrem Frieden sehne? Wäre es nicht eine feige Flucht nach oben, wenn ich mich einfach zum Chor der Beter gesellte – nur deshalb, weil mir einige dieser Leute imponieren oder weil ich sie wegen ihres Haltes beneide und weil ich um jeden Preis auch so einen Halt haben möchte?« Was soll man einem solchen ernsten Sucher sagen? Sicher denkt der Seelsorger zuerst daran, welches Glück es ist, wenn ein Mensch unter der Inkongruenz zwischen dem, was er ist, und dem, wozu er bestimmt ist, leidet. Das Leiden der Suchenden, der von ganzem Herzen und doch vergeblich Suchenden, ist eine »göttliche Traurigkeit« (vgl. 2. Kor 7, 10), die mit Verheißungen gesegnet ist. Jesus selbst preist die, die das Hungern und Dürsten nach der Gerechtigkeit in sich haben, selig, obwohl sie doch von der Qual der Ungewißheit bedroht und obwohl sie vom Nichts angefochten sind. Denn *daß* sie überhaupt suchen und *daß* sie unglücklich in sich selbst sind, ist ja bereits ein Zeichen dafür, daß Gottes Geist an ihnen arbeitet und daß sie von der Fieberkrise einer kommenden Heilung geschüttelt sind. »Wir würden dich nicht suchen können, Gott, wenn du uns nicht schon gefunden hättest.« Gott meldet sich eben durchaus nicht immer auf »religiöse« Weise. Er kann sich im Bereich sehr weltlich erscheinender Themen nahen, indem er uns eine soziale oder eine menschliche Frage vorlegt, indem er sich erkundigt – nun wahrscheinlich nicht nach den Menschen, die ich erschlagen habe, sondern nach den Menschen, an denen ich etwas versäumt und die ich übersehen habe.

## 5. Februar

Der »Christ« ist eine Person, in der sich alle Lebensgebiete überschneiden: Er ist Staatsbürger, ist Träger eines Amtes oder Berufs, hat seine Position in der Gesellschaft, ist Vater und Mutter oder Sohn und Tochter. Er hat vor dem Angesicht Gottes ständig sachliche Entscheidungen zu vollziehen, er muß sie verantworten und für sie eintreten. Er muß auch Parteinahme auf sich nehmen, muß zu Oppositionen bereit sein, möglicherweise sogar zu revolutionärem Handeln, also zum Umsturz oder zur Unterwanderung von Strukturen. Dabei kann Liebe zu Gott und dem Nächsten ein weltliches Handeln von sehr verschiedener Programmatik in ihm aufrufen. Das wird ihn aber bei aller Verschiedenheit, ja Gegensätzlichkeit konkreter Wege nie die *Koinonia,* die Gemeinschaft derer übersehen lassen, mit denen er im Letzten des Glaubens verbunden bleibt, so sehr sich die Wege im Vorletzten auch trennen mögen. Man kann eine Bruderschaft des Glaubens bilden, auch wenn die einzelnen über Rassenfragen, Ost-West-Probleme oder Wehrpflicht und Wehrdienstverweigerung ganz verschieden denken. Die »Kirche« aber ist, im Unterschied zum differenten Auftrag der einzelnen Christen oder christlicher Gruppen, jener Ort der *Koinonia,* an dem das alle verbindende Wort gehütet wird, – jener Ort, aus dem die einzelnen (im Namen dieses *einen* Wortes) dann ganz verschiedene Aufträge empfangen mögen. Gewiß gibt es Situationen, in denen die Grenze zwischen der »einen« Kirche und dem »verschiedenen« Auftrag der Christen fließend werden. Es gibt Grenzsituationen – denn um diese geht es –, wo auch die Kirche insgesamt zu einem gemeinsamen Wort an die Welt aufgerufen sein kann, wo sie etwa – um ein Wort Bonhoeffers zu gebrauchen – nur dann gregorianisch singen darf, wenn sie für die Juden schreit. Auch Martin Luther King, der nicht nur die einzelnen Christen, sondern der seine Kirche selbst zum Aufstand gegen die Rassendiskriminierung rief, ist ein solches Beispiel. Es geht dann um die prophetische Ausnahme, um die exzeptionelle Vollmacht, wenn ein solcher Aufruf erfolgen kann. Es muß aber ein verhängnisvolles Gefälle zur Politisierung der Kirche und zur Zerreißung des Leibes Christi entstehen, wenn der berühmte »Jedermann« kommen darf und für seine noch so reelle Meinung als einzelner Christ die Kirche »also solche« in Anspruch nimmt. Wir stehen heute immer wieder vor der bedenklichen Erscheinung, daß man sich dieses prophetische Amt anmaßt und »kritische Kirche« in einer Weise sein will, die nur zerstörend wirkt und nicht nur der Liebe, sondern dem Glauben selbst entgegen ist. Dann wird wirklich die Kirche zum Ort der Diskussion und zu einem Sprechsaal, statt zur Stätte des Hörens und der betenden Antwort. Ich glaube, daß an dieser Stelle die Hintergründe dessen sich enthüllen, was wir an konkreten Erfahrungen vor uns haben. Hier ist auch der Grund dafür zu suchen, warum ich meinte und meine, gegenüber gewissen Forderungen, die bei meinen Michaelisgottesdiensten erhoben wurden, hart bleiben zu müssen, und auch hart geblieben bin.

## 6. Februar

Nur unter dem Evangelium ist mir ja wirklich die Weltüberwindung geschenkt. Nur in der Gemeinschaft Jesu bin ich den bedrängenden Mächten des Todes, der Verzweiflung, der Angst, der Einsamkeit entnommen. Nur in der Gemeinschaft mit Jesus lebe ich schon jetzt im Anbruch der neuen, der kommenden Gotteswelt, so daß die alte Welt mich gar nicht besitzen kann, so sehr ich noch in ihr lebe. Nur unter der Herrschaft des Evangeliums, das heißt unter dieser geschenkten, von Jesus geschenkten Weltüberwindung, kann es letzlich so etwas geben wie ein »Spiel«, wie Erlösung von der Schwere, wie echtes Entrücktsein, das nicht mit der Schmetterlingsexistenz einer holden Ahnungslosigkeit erkauft ist. Die Kunst bekommt ihren letzten christlichen Sinn vom Ende der Welt her, von dorther also, wo die Welt *wirklich* und nicht nur in einem sozusagen künstlerischen Augenblickstraum überwunden ist; von dort her bekommt sie ihn, wo Gott alles in allem sein wird. Da ist die Welt wirklich überwunden. Vom Ende der Welt her schaut man gleichsam auf sie zurück wie auf ein Spiel; hier gibt es so etwas wie ein Lächeln. Und Luther hat sogar in diesem Sinne etwas vom *Humor* Gottes gewußt, denn der Humor ist genauso wie die echte Kunst auf die Weltüberlegenheit gegründet.

## 7. Februar

Der ruhende Pol inmitten aller verwirrenden Unruhe ist die Treue Gottes. So wahnwitzig wir Menschen auch mit unserer Idee der Machbarkeit aller Dinge sind, so verrückt wir auch alles auf den Kopf stellen, wir kriegen die Schöpfung Gottes nicht kaputt. Nicht etwa deshalb kriegen wir sie nicht kaputt, weil sie so solide wäre (o nein, sie wird einmal abgebrochen werden, und das Meer wird nicht mehr sein; Sonne und Mond werden ihren Schein verlieren, und die Sterne werden herabstürzen), sondern weil Gottes Liebe, weil einfach seine Treue unbeirrbar ist. Alle Confusio hominum, alle Verwirrungen der Menschen in ihrem persönlichen Leben, in der großen Politik, alle jene vielen Künste und Leerläufe, durch die wir weiter von dem Ziel kommen, bringen doch Gott nicht von *seinen* Zielen ab. Es kommt letzten Endes eben doch nicht, trotz allem Chaos, aller Torheit und aller Sünde, zu einem wirren Knäuel, sondern durch alle Labyrinthe der Geschichte, selbst durch den Ost-West-Konflikt und auch durch alle Wirrungen unseres persönlichen Lebens führt Gottes roter Faden fein säuberlich hindurch. Und er weiß, was er will, und er tut, was er weiß. Vielleicht werden wir einmal, wenn wir vor Gottes Thron aus am Jüngsten Tag zurückblicken, voller Staunen und Überraschung sagen: »Ja, wenn ich das geahnt hätte, als ich an den Gräbern meiner Lieben stand und alles zu Ende zu sein schien; wenn ich das geahnt hätte, als ich das Gespenst des Atomkrieges auf mich zukriechen sah; wenn ich das geahnt hätte, als ich vor dem sinnlosen Geschick einer endlosen Gefangenschaft oder einer tückischen Krankheit stand; wenn ich das doch geahnt hätte, daß Gott durch alle diese Wehen nur seine Entwürfe, seine Pläne vorantreibt, daß mitten in meinem Sorgen und Mühen und Verzweifeln *seine* Ernten reifen und daß alles auf seinen letzten königlichen Tag zutreibt und zudrängt! – wenn ich das gewußt hätte, dann wäre ich stiller und getrösteter, ja dann wäre ich wohl auch heiterer und von größerer Gelassenheit gewesen.« Wenn wir uns einmal klarmachen wollen, wie sich diese Gewißheit in einem Menschenleben auswirkt, brauchen wir nur den Herrn selber anzusehen. Was alles drängt nicht in ihm zu einer wilden, ja rasanten und vielleicht nervösen Aktivität!

## 8. Februar

Wer alles für machbar hält, muß auch alles machen *wollen*. Und wer alles in seine Hand genommen hat, muß diese Hand nun auch ständig bewegen. Er kann sie nicht mehr ruhig halten. Unsere Überaktivität, die uns ständig auf einem Karussell fahren und uns trotz aller Geschwindigkeit dennoch nicht vom Flecke kommen läßt, sondern zum Schwindel führt, kommt ja gar nicht daher, daß wir so nervös wären oder daß wir keine Zeit mehr hätten. Sondern es ist genau umgekehrt: Wir sind nervös und haben keine Zeit, weil wir meinen, es ginge nicht ohne uns, und weil wir uns selbst so maßlos wichtig nehmen – wir Parvenus in dieser alten Firma Schöpfung! Darum können wir auch weithin nichts aus der Hand geben und anderen anvertrauen. Darum halten wir alles krampfhaft fest und machen uns so noch einmal kaputt. Oh, es hängt alles mit den letzten Entscheidungen unseres Lebens und gar nicht so sehr mit der Medizin oder mit Fragen des Lebensstiles zusammen! Und weil wir die Konkursmasse der Schöpfung so in eigene Regie übernommen haben, weil wir nun alles selber machen und darum immer und unablässig irgend etwas *machen* müssen, darum kommen wir auch aus den ständigen Sorgen nicht heraus. Denn wer alles an sich gerissen hat, an dem hängt nun auch alles. Darum quälen wir uns mit der Frage herum, wie wir morgen unser Examen bestehen, was aus unseren Kindern werden soll und was zu geschehen habe, wenn die Konjunktur einmal aus ist. Wir sind förmlich umstellt von lauter uns bedrohenden Möglichkeiten. Wir haben ja verlernt, damit zu rechnen, daß Gott es ist, der die Lilien kleidet und die Vögel unter dem Himmel ernährt, daß er uns unsere tägliche Brotration zuweist und daß sein Reich auf alle Fälle kommt.

## 9. Februar

Die Kunst bekommt ihren letzten Sinn vom Ende der Welt her, von dorther also, wo die Welt wirklich und nicht nur in einem künstlerischen Augenblickstraum überwunden ist. Und deshalb hat es eine tiefe Bedeutung, daß gerade der Lobgesang der Engel für die Kirche immer das Ur- und Vorbild aller Kunst, besonders der Musik, gewesen ist. Wir finden darum auf den alten Bildern immer wieder die musizierenden Engel als Zeichen für diesen letzten Sinn, den die Kunst hat. *Warum* ist dieses Musizieren der Engel am Ende und über der Geschichte, dieses Musizieren in der verklärten Gemeinde, der letzte Sinn aller Kunst? Weil dieses Singen der Engel und der verklärten Gemeinde das Lob Gottes aus dem Munde *derer* ist, für die die Schrecken der Welt überwunden sind, die wirklich nun »darüber« stehen, die in der Freiheit des »Spieles« darüber stehen. Die Engel Gottes und die verklärte Gemeinde singen nicht aus *Sehnsucht* nach Weltüberwindung, sie singen nicht wie das Kind im dunklen Wald, das einen Augenblick die Schauer der Düsternis vergessen möchte, sondern sie singen und musizieren aus der *geschenkten* Weltüberwindung heraus.

## 10. Februar

Der Satz »Gott ist« besagt in dieser Allgemeinheit und Isolierung überhaupt nichts. Was er allenfalls besagt, ergibt sich aus dem Kontext, in dem er steht. Auf Grund dieses Kontextes stellt sich dann erst heraus, ob dieser Satz eine bloße »Vorgabe« ist, die ich zunächst akzeptieren müßte, ob mir also erst *nach* Annahme des Satzes »Gott ist« die Mitteilung, Gott habe sich offenbart, er wolle »mein Gott« sein, relevant werden könne. In Gestalt einer solchen Vorgabe wäre der Satz von der Existenz Gottes in der Tat nichts anderes als spekulative Metaphysik. Einer Zeit, die im praktizierten Atheismus, in der »in sich ruhenden Endlichkeit« oder gar angesichts des »Todes Gottes« zu leben meint, könnte dieser Satz weniger als nichts bedeuten und müßte mit Recht als eine zeitbedingte axiomatische Annahme interpretiert werden. *Oder* aber es stellt sich heraus, daß sich dieser Satz innerhalb der geschehenden Begegnung mit Gott, innerhalb seines Mich-angehens gesprochen wird. Dann ist er die legitime Umschreibung dessen, daß hier etwas von *außerhalb* und *an* mir geschieht, daß Gott kein bloßes Implikament meiner Existenz ist und lediglich als Woher meines Umgetriebenseins angesprochen werden kann. Wie könnte er dieses Implikament auch sein, wenn das Wort, in dem ich auf ihn bezogen werde, meine alte Existenz doch gar nicht *erreicht,* sondern wenn es statt dessen Wiedergeburt schafft und das *neue* Selbst bewirkt? Allenfalls könnte ich sagen: *Gott* impliziere sich selbst. Aber indem er das tut, *verwandelt* er eben, so daß der Begriff des Implizierens genauso überholt wird wie der der Anknüpfung. Gerade diese Begegnung mit dem schöpferischen Worte Gottes stellt mich in mehrfacher Hinsicht vor das Transzendierende, vor die Widerfahrnis des Gegenübers: Genauso wie ich mir als Wiedergeborener selbst gegenübertrete (weil ich eben aus meiner alten Existenz heraustrete), so erfahre ich darin auch das Gegenüber *Gottes,* der jenen Einbruch in meine Existenz bewirkt und die Zäsur zwischen dem alten und dem neuen Selbst setzt. In diese Erfahrung des Gegenüber, in diese Widerfahrnis des verwandelnden und Wiedergeburt bewirkenden Geistes (wir erinnern an die Nikodemusgeschichte!), ist die reflexive Äußerung »Gott ist« in der Tat eingeschlossen. Sie ist sogar so weit darin eingeschlossen, daß dieses Sein Gottes als etwas ausgesagt werden muß, das sein Reden und seine Zuwendung zu mir transzendiert und das den Rand seines An-sich am Horizont unseres Glaubens auftauchen läßt. Wer das »Mein Herr und mein Gott«, wer die Relation Gott–Selbst, Gott–Selbstbewußtsein ernst nimmt, muß die Zuwendung Gottes als *Wunder* aussagen. Das aber ist nur möglich, wenn – wie wir es ausdrückten – das Sein Gottes sein Tun und Reden überragt und wenn Tun und Reden so als Entschluß sichtbar werden, in dem Gott sich zu mir bekennt und »mein Gott« sein will.

## 11. Februar

Ich kann durch keine Gewalt der Hand Gottes, die in mein Leben ragt und nach der *meine* Hand gegriffen hat, entrissen werden. Ich bin in der Hut dieser Hand. Deshalb kann ich singen »in gar sichrer Ruh«. Dieses Singen »in gar sichrer Ruh« braucht dabei durchaus kein Choral zu sein, es braucht auch keine geistliche Musik zu sein, es kann durchaus ein Volkslied, ein Liebeslied oder eine Mozartsonate sein, die ich spiele oder spielen höre. Es kommt bei all diesen Dingen gar nicht primär auf den religiösen oder weltlichen Gegenstand an, und es braucht durchaus nicht so zu sein, daß ich frömmer würde, wenn ich Jesus male. Man kann Jesus furchtbar gottlos malen, und man kann eine Landschaft als Christ malen. Es kommt dabei durchaus nicht auf den religiösen oder weltlichen Gegenstand an, sondern es kommt ausschließlich auf den *Standort* an, den ich einnehme, daß ich nämlich in der Hut meines Herrn stehe, der die Freude ist, und daß unter dem Schirm dieser Freude Ruhe und Weltüberwindung da sind und deshalb Spiel und Schwerelosigkeit möglich werden.

## 12. Februar

*Gott schafft den Menschen neu, zu dem er redet und den er in die Kindschaft erhebt.* Wir können dies Geschehen nur als *Wunder* empfangen. Denn das Wunder ist allein durch *den* charakterisiert, begründet und »interessant«, der es tut, nicht aber durch die Art und Weise, »wie« es geschieht. Darum ist die Rede von »Anknüpfung« immer eine uneigentliche Rede, weil in ihr heimlich die Frage nach dem »Wie« mitschwingt. Sie ist eine Rede, die zur Verständigung einen Grenzbegriff verwendet und ihn – wie ein Lehrer gleichsam – ad usum delphini mit Kreide an die Tafel schreibt, um ihn im nächsten Augenblick wieder wegzuwischen. Und wenn wir als wißbegierige Schüler mit Nikodemus dennoch fragen: »*Wie* mag solches zugehen –«, so ist ihm wie uns nur dies eine gesagt, *daß* Gott also die Welt geliebt habe (Joh 3, 4. 9. 16).

## 13. Februar

Eine allgemeine Ontologie, die über das Sein oder Nicht-Sein Gottes und der Götter Aussagen zu machen vermöchte, gibt es nicht. Versuche dieser Art, wie sie etwa in den Gottesbeweisen vorliegen, sind nicht nur erkenntnistheoretisch indiskutabel, sondern in ihnen pflegt Gott auch als blasses, unwirkliches Gedankenbild, als der unverbindliche »Gott der Philosophen« (Pascal) aufzutauchen, dessen An-sich-Sein zwar behauptet wird, der aber nichts »für mich« ist. Was so bezüglich der Aussagen über Gott selbst und sein An-sich-Sein inzwischen zur opinio communis in der Theologie geworden ist, sollte auch auf die Aussagen über die Eidola angewendet werden. Hier gibt es gleichfalls keine Aussage über Sein oder Nicht-Sein »an sich«, sondern nur über das, was das Eidolon »für mich« ist. *Ist* es aber etwas für mich (wie für den »schwachen Bruder« bei Paulus), so »ist« es auch, das heißt es gewinnt ontische Qualität und damit mehr als bloß psychoanalytische Relevanz. *Das Nichtige kann ins Sein gerufen werden.* Es kann eine Macht werden, die mich in Verfügung nimmt, selbst wenn ich selbst es war, der das Nichtige seinem Inkubationszustand entriß und es virulent werden ließ, der also jenes dämonische Widerspiel zur göttlichen Erweckung aus dem Nichts vollzog. Es geht hier um jene Beseelung, jene Lebenseinhauchung, die Nietzsche meint, wenn er sagt: ». . . wenn du lange in einen Abgrund blickst, blickt der Abgrund auch in dich hinein.« Der Abgrund ist das Leere, in gewisser Weise das Nichts selbst. Als inhaltslose Leere vermag er kaum einen Gegenstand für meinen Blick zu bilden. Und doch: lasse ich mich mit ihm ein, wende ich ihm meinen Blick zu, gewinnt er Macht über mich. Ja: er wird aus einem Gegenstand, an dem mein Blick zu haften sucht, plötzlich zu einem Subjekt, das selber blickt, das mich hypnotisiert, so daß mit einem Male etwas »ist«, was eigentlich *nicht* ist. Dieses eigentliche Nichts-sein der Eidola und dieses De-facto-danndoch-etwas-Sein, dieses Für-mich-Sein umschreibt genau die Ambivalenz der biblischen Aussage über die Götter. Innerhalb der Herrschaftszone Gottes, innerhalb des Glaubens also, in dem Gott der eine und einzige für uns ist (1. Kor 8, 6; Kol 1, 16 f.), sind die Götter entmächtigt, in die Nichtigkeit des Nicht-Seins geworfen. Sie sind und bedeuten mir nichts mehr, und Götzenopferfleisch kann ich wie ein Nahrungsmittel verzehren, dem keinerlei sakrale oder pseudosakrale Qualität anhaftet. Außerhalb jenes Glaubens aber gewinnen die Götter Macht und üben dämonische Bannung aus. Mag *ich* es denn sein, der die Geister rief, indem sie gerufen *sind* – und zwar nicht nur herbei-, sondern aus dem Nichts ins Sein gerufen –, haben sie eine Geschichte mit mir, die ich nicht plante und über die ich nicht mehr verfüge? Nun gehen sie ihrerseits mit mir um und entführen mich, wohin ich nicht will. Nun werden sie jener Abgrund, der zwar leer ist und doch einen bannenden Blick hat. So also löst sich jene polare Struktur der ambivalenten Aussagen über die Götter auf: Indem ich vom Glauben her zurückblicke auf die entmächtigte Welt des Mythos, werden die Götter zu Nichtsen. Doch ich weiß, daß diese ihre Nichtigkeit nicht für die gilt, die sich Gott als *der* Quelle und *dem* Licht versagen. Hier sind sie »Mächte«. Und alle Torheit, die dem Vergänglichen die Hoheitsprädikate Gottes beimißt, alle Verblendung, die mich Schöpfer und Geschöpf verkehren läßt, ändert nichts daran, daß dämonische Potenzen auf den Plan treten.

## 14. Februar

Der Satz »Gott ist« steht nicht als Vorgabe an der Spitze theologischer Aussagen, sondern er ist eine Variation des Satzes »Du bist«. Diese Äußerung in der »zweiten Person« ist seine Urfassung. Die Äußerung in dieser Form aber setzt die vollzogene Begegnung, setzt die neue Existenz voraus und macht damit sichtbar, daß der Satz seinen Ort *innerhalb* der Relation Gott–Selbst, Gott–Selbstbewußtsein hat und nicht *vor* dieser Relation. Ontisch aber geht, wie nicht genug betont werden kann, das »Gott ist« jeder Relation voran, besteht unabhängig von ihr und würde selbst dann in Kraft sein und bleiben, wenn sich das Schweigen der Urzeit aufs neue ausbreitete, wenn die Sonnenfinsternis einer totalen Verstokkung um sich griffe und wenn keine Relation Gott–Selbstbewußtsein mehr zustande käme, sondern nur noch die Steine schrien (Lk 19, 40).

## 15. Februar

Eine der größten Anfechtungen, wir können auch sagen: eine der schmerzlichsten Hilflosigkeiten gegenüber dem göttlichen Gerichtsgeschehen, besteht darin, daß wir keine Korrespondenz von Schuld und Strafe feststellen können, wo er nach unsern Postulaten im Wetter der Gerichte herniederfahren und klare Exempel statuieren müßte. Es ist aber keineswegs so, daß etwa »nichts« geschähe, wenn Gott zu schweigen und passiv zu sein scheint. In seinem Schweigen und Passivsein kann sich *gerade* das Gericht vollziehen, ja es vermag sogar darin zu *bestehen*. In der Sprache des Glaubens bedeutet dies beides nämlich, daß Gott seinen Arm abzieht und die Menschen sich selbst überläßt, daß er sie an die Konsequenzen ihres Tuns hingibt und sie damit dem Selbstgericht ausliefert. Gerade die Augenblicke, wo der Gottlose sich durch das Schweigen Gottes in Sicherheit fühlt und der göttlichen Gerichte spottet, weil er den schauerlichen Akt des göttlichen Gewährenlassens mit der Nichtexistenz Gottes verwechselt, gerade in diesen Augenblicken kann der Glaube die Gerichte Gottes mit beklemmendem Alpdruck über der Welt lasten sehen, so sehr, daß er den Losbruch offener Zornesgewitter geradezu als Erlösung von der Unheimlichkeit des schweigenden Gerichtes erleben kann.

## 16. Februar

Das scheinbare Schweigen Gottes über der Welt, der scheinbare Nichtvollzug des Gerichts darf nicht so erklärt werden, daß uns Menschen die »Antenne« für diese Zusammenhänge fehlte, als ob also der Eindruck des Schweigens Gottes nur ein falscher akustischer Eindruck wäre, den unsere ertaubten Ohren und verstockten Herzen hervorbrächten. Nein: Das Schweigen des Richters ist eine *objektive* Erscheinung, es gehört zum wirklichen »Stil« der göttlichen Gerichte. *Gott kann wirklich schweigen.* Er richtet keineswegs nur – oder besser: er richtet sogar kaum dadurch, daß er den Frevler durch Blitzstrahlen oder durch sonstige »Katastrophen ex machina« richtete, sondern er richtet im schweigenden Gewähren-lassen: So hat er die Leute um den babylonischen Turm an ihrer eigenen Gottlosigkeit zugrunde gehen lassen. Sie gingen ja zugrunde, obwohl und weil er *nicht* eingriff. Indem er *nichts* tat, ließ er sie in ihrer Gottlosigkeit der Zerstreuung anheimfallen. Darum war sein Schweigen höchste Aktivität. Das, was er da geschehen »ließ«, kam einem Herniederfahren und Verwirren gleich. Gott war in ihrer Selbstverwirrung mächtig, indem er – »zusah«. In diesem Sinne richtet er die Gottlosen durch sein Schweigen und durch den Entzug des Wortes: Er hört also damit auf, die Aufmerksamkeit des Menschen zu fesseln und läßt ihn schmerzlich zurückprallen, wenn er dann doch nach dem Worte hungert und es zu *spät* herbeizwingen will: »Wisset wohl: es werden Tage kommen – so lautet der Ausspruch Gottes, des Herrn – da will ich Hunger ins Land senden, nicht einen Hunger nach Brot und nicht einen Durst nach Wasser, sondern darnach, das Wort des Herrn zu hören. Da werden sie dann von Meer zu Meer wanken und vom Norden bis zum Osten umherschweifen, um das Wort des Herrn zu suchen, und werden es doch nicht finden« (Amos 8, 11 f.). Mit anderen Worten: Der Eindruck des Schweigens Gottes darf nicht »psychologisch« begründet werden, denn es geht um eine Wirklichkeit (also nicht bloß um einen »Eindruck«!), die man nur »theologisch« erfassen kann. Auch die Gerichtspredigt wird deshalb nicht künstlich und krampfhaft nach »Eingriffen« (konkreten Bestrafungen usw.) suchen dürfen, um den Eindruck des Schweigens Gottes, der besonders zu bestimmten Zeiten über den Menschen lastet, zu beseitigen und der Gemeinde aktive Gerichtseingriffe zu demonstrieren. Sondern sie hat dieses erfahrene Schweigen Gottes stehen zu lassen und das scheinbare otiosus-sein Gottes als Aktivität im höchsten Sinne verstehen zu lehren. Das Verbergen des Angesichtes Gottes ist Gericht in höchster Potenz; und indem sein Mund schweigt, vermag er, die Steine der zerstörten Städte schreien zu lassen. Das ist gleichsam die vornehmste Art des göttlichen Gerichtes: in seinem Nichtstun tut er alles.

## 17. Februar

Gott ist Grund, Ziel und Sinn auch meines Daseins und insofern dann ebenfalls meines Denkens, Handelns und Wollens, des mir Denkmöglichen sowie meiner Freiheit. Ich habe die Welt nur, insofern Gott sie mir gibt und sie mich sehen läßt. Ich habe Gott nur, insofern er sich mir zuwendet, in diese meine Welt eingeht und sich mir erschließt, mir das Licht gibt, in dem ich ihn sehe. Darum läßt sich die Beziehung von Gott und Welt nur trinitarisch umschreiben: Gott ist als Schöpfer der die Welt Begründende. Er ist als Erlöser der der Welt Zugewandte, durch die Inkarnation in sie Eingehende. Und er ist als Heiliger Geist der, der die Bedingungen und Mittel zur Verfügung stellt, sich erkennen zu lassen. Er ist insofern nicht nur der *Gegenstand* der cognitio Dei, sondern auch ihr *Grund.* Er ist nicht nur der, den ich erkennen darf, sondern er ist auch das Dürfen dieser Erkenntnis. Er umgreift das Seiende der objektivierbaren Welt und das Subjekt des Objektivierens.

## 18. Februar

Wir finden in den Heilungsgeschichten des Neuen Testaments niemals eine Erörterung darüber, von welcher Einzelschuld der Aussatz oder der Schlagfluß oder die Blindheit oder anderes rühren mag, sondern wir sehen die Schöpfungswidrigkeit des *konkreten* Leidens eingefügt in die *allgemeine* Unordnung und Schöpfungswidrigkeit dieses Äons, die in der Urschuld gründet. Genauso wie die Wunder Jesu nur Einzeldemonstrationen, nur zeichenhafte Akte sind, hinter denen als eschatologischer Sinn das Neuwerden *aller* Dinge im Reiche Gottes aufleuchtet, genauso ist auch das Einzelleid eine Demonstration des äonischen Gesamtleidens einer in Unordnung gefallenen Welt und ist auch das konkrete Gericht einer Katastrophensituation eine verkleinerte Darstellung des universalen Gerichts, das den Charakter unserer noachitisch verfaßten Welt bestimmt. Im Grunde gehört es zu jedem seelsorgerlichen Handeln, daß es am *actus* den *habitus* klarmachen muß.

### 19. Februar

Der in der Mitte des Lebens nicht mehr vorkommende Gott kommt auch bald an seinen Rändern nicht mehr vor. Die Grenze, an die er zuerst verwiesen wurde – etwa im Deismus – ist nur ein sehr vorübergehender, zugiger Aufenthalt. Was nicht mehr prägend auf das Leben selbst wirkt, wird selber unlebendig. Die Strategie ideologischer Diktatoren zeugt von einem dämonischen Wissen um diese Gesetze; sie betreibt Theologie im negativen Modus. Sie erlaubt den esoterischen Kultus in sakralen Räumen; aber sie sperrt ihn vom Leben aus und hindert ihn, prägend auf die Mitte des Lebens, auf den Alltag, auf die Ordnungen einzuwirken. Man ist sich darüber klar, daß beim Gelingen dieses Experiments Gott selbst – auch der Gott des Kultus – gemordet würde. Das Mausoleum, in das man Gott sperrt, ist sozusagen eher in Funktion als der Dolch, mit dem man ihn umbringt. Der weltlos gewordene, an die Peripherie von Kultus und Überwelt verbannte Gott, kommt nicht mehr im Leben vor, gibt ihm keine »Form« mehr. Insofern »ist« er nicht mehr, so gewiß man ein Sein Gottes nicht ohne sein Wirken als Kosmokrator zu denken vermag. An die Stelle des prometheischen Attentats tritt der Giftmord in homöopathischen Dosen. Unter Lobgesängen und doxologischen Erhebungen wird Gott an die Grenze der Welt geleitet und schließlich ins Überweltliche abgeschoben, bis er sich selbst ad absurdum führt und das entleerte Diesseits das so entstehende Vakuum mit seinen utopischen Mythologemen füllt und den selbst erdichteten »Gott Hoffnung« inthronisiert.

### 20. Februar

Wenn der junge Karl Barth in einem berühmt gewordenen Wort sagte, als Theologen sollten wir zwar von Gott reden, wir seien aber Menschen und könnten insofern nicht von ihm reden, dann ist bei Barth dieses Nicht-Können anders begründet als bei Kant, wenn dieser die Unmöglichkeit der Gottesbeweise und das Nicht-Auftauchen Gottes in unserem Erfahrungshorizont aufzeigt. Wenn wir von Gott »als Menschen« sprechen können, dann hat das seinen Grund darin, daß wir von uns aus nicht über die Gott–Mensch–Relation verfügen, sondern daß sie in der freien Verfügung Gottes liegt. Nur in seiner Zuwendung zu uns, in seiner Selbsterschließung werden wir ermächtigt, von ihm zu sprechen. Diese Ermächtigung erfolgt also nur so, daß unser Sprechen von ihm ein Nachvollzug dessen ist, daß er zu *uns* spricht, über *sich* zu uns spricht. Darum sollen wir »beides, unser Sollen und Nicht-Können, wissen und eben damit Gott die Ehre geben«. Wir geben ihm diese Ehre, indem wir die Herstellung der Relation, in der allein von ihm geredet werden kann, nicht für uns in Anspruch nehmen, sondern sie seiner Freiheit zurechnen. Es ist also das Wunder seiner Selbsterschließung, wenn bei uns das Unmögliche möglich wird.

## 21. Februar

Der letzte Sinn der Kunst kommt immer, so merkwürdig das klingen mag, im Singen der Märtyrer und der Engel zum Ausdruck. Chambon hat in seiner »Geschichte des französischen Protestantismus« berichtet, daß es in den Leiden der französischen Revolution für die Christen so etwas gab wie den Sterbestil des »singenden Todes«. Der singende Tod: so sind sie zum Sterben gegangen. Und nun wage ich zu sagen: In diesem Grenzfall kommt der letzte Sinn der Kunst überhaupt zum Ausdruck. Ganz einfach deshalb nämlich, weil sie, Märtyrer und Engel und verklärte Gemeinde, diejenigen sind, die die Welt überwunden haben, und weil sie in der neuen Welt sind, wirklich *sind*. In jener Welt also, die die sentimentale Kunst nur dichten konnte. Das Evangelium gibt uns also kein neues Kunstrezept an die Hand, auch keine neue Kunst*theorie*, sondern es gibt uns ein neues Leben in der Gemeinschaft mit Jesus. Es gibt uns eine neue Existenz. Und darum, weil es uns ein neues Leben, eine neue Existenz gibt, gibt es uns auch einen neuen *Ausdruck* dieser Existenz in der Kunst. Damit hängt es zusammen, daß die Musik unter der Erlösung – wenn ich einmal so sagen darf – sich auch nicht um den *Menschen* dreht, daß sie keine bloßen Seelengemälde gibt, wie wir das in der modernen verweltlichten Musik immer wieder finden. Sondern sie stößt uns gerade von den Menschen weg zu einem von Menschen abgelösten objektiven Gesetz. Das fällt sofort auf an der heiligen Musik von Johann Sebastian Bach, wenn wir diese Musik etwa, um einen sehr extremen Gegenpartner zu nennen, mit der Musik Richard Wagners vergleichen. Bei Bach ist kein Stürmen und Drängen von unten nach oben, bei Bach ist auch nicht der Versuch, innere Gefühle nach außen zu projizieren, sondern in Johann Sebastian Bach steht der Mensch vor uns, der ganz dem Empfangen, dem Hören hingegeben ist und der deshalb selbst kaum noch eine Rolle spielt. Man kann geradezu folgenden Satz aufstellen: Je verweltlichter und christusloser die Kunst wird, um so *subjektiver* wird sie. Sie zeigt uns dann den Menschen, der ganz eng an sich selbst gebunden und deshalb auch mit sich selbst und dem lyrischen Ausdruck seiner Seele beschäftigt ist, der sich also immer nur selbst zum Thema hat. Und umgekehrt: Je »christlicher« die Kunst ist (– diese grammatische Steigerungsform ist mir unsympathisch, aber Sie verstehen schon, was ich meine –) um so mehr neigt sie zum Objekt, zum Hören, um so mehr vollzieht sie sich vom Standort der Weltüberwindung aus.

## 22. Februar

Der Mensch kommt zu sich selbst nur, indem er zu Gott kommt. Abgesehen davon verfehlt er sein Selbst. Das wird am Gleichnis vom verlorenen Sohn deutlich: Wenn dieser Sohn sich vom Vater sein Erbe auszahlen läßt, um in die Fremde zu gehen, sucht er im Grunde sein Selbst. Er fürchtet, daß er es im Vaterhaus nicht finden könnte. Denn zu Hause steht er unter einer gebietenden Autorität, in einem durch die Eltern bestimmten Wertsystem und in einer Tradition, die ebenfalls bestimmt, was man tut und was man nicht tut. Das alles scheinen heteronome Einflüsse zu sein, die ihn zum Objekt eines Gegängeltwerdens machen, ihm aber nicht die Freiheit eigener Entscheidung und also einer »autonomen« Subjektrolle einräumen. Nur in der Fremde kann er – so mag er spekulieren – der sich selbst Bestimmende sein. Insofern sucht er sich selbst. Es zeigt sich aber, daß er sich selbst nicht findet. Denn indem er sich von der »höheren« Autorität des Vaters löst, gerät er unter die Diktatur dessen, was wir das Inferiore nannten: nämlich in den Ausstrahlungsbereich der Triebe, des Ehrgeizes und der Angst. Als er endlich am Schweinetrog endet, weiß er, daß Freiheit nicht das Gegenteil der Bindung, sondern nur eine Form der Bindung ist. Beim Vater ist er frei, ist er Kind im Hause; draußen (extra relationem) ist er Knecht des Inferioren. Darum findet er beim Vater sein Selbst, während er es draußen verliert. Denn sein Selbst ist nicht – wie er wohl wähnte – eine in sich beruhende Entelechie, sondern sein Selbst ist die Existenz des Kindes, also eine gelebte Relation. Diese Existenz wird nicht dadurch frei, daß sie sich aus der Kindschaft löst (denn die Alternative zur Kindschaft ist die Knechtschaft), sondern dadurch, daß sie zu einer mündigen Kindschaft führt. Darum ist die Versicherung der Freiheit, die uns mit dem Worte zuteil wird: »Alles ist euer!« gekoppelt mit der anderen Feststellung: »Ihr aber seid Christi!« Damit wird deutlich, daß Theonomie und Autonomie auf dieser Ebene keine Gegensätze sind, und zwar deshalb nicht, weil Gott für den Menschen kein heteros nomos ist. Denn indem der Mensch bei Gott ist, *ist* er ja gerade auch bei sich selbst; indem er *nicht* bei ihm ist, verfehlt er sein Eigentliches, sein Selbst.

## 23. Februar

Alle Arbeit an der Öffentlichkeit Gottes hat *darin* zugleich ihre *Grenze,* daß der Gemeinde Jesu zwar gesagt ist, daß Jesus Christus alle Gewalt im Himmel und auf Erden gegeben sei, daß sie aber eben *nicht* die Verheißung besitzt, sie werde nun auch selber die Welt und damit auch ihre Öffentlichkeit gewinnen. Es ist ihr im Gegenteil verheißen: daß sie verworfen und gehaßt sein würde. Darum wird der Öffentlichkeitsanspruch der Kirche Jesu nie das Pathos der Welteroberung in sich enthalten können. Der neue Himmel und die neue Erde werden nicht *errichtet,* sondern sie kommen uns von der andern Seite *entgegen*. Die *eigentliche* Öffentlichkeit Jesu Christi wird von diesem Äon nicht aus sich herausgehen, weil seine Weltherrschaft hier noch sub tecto crucis verborgen bleibt. Bei allem Reden über die Öffentlichkeit müssen wir uns darum hüten, daß wir ja nicht unter der Hand »Theologen der Glorie« werden möchten. Die *eigentliche* Öffentlichkeit Jesu Christi ist vielmehr als jene eschatologische Enthüllung zu beschreiben, der das letzte Buch der Bibel Ausdruck verleiht, wenn es die Wiederkunft Christi auf den Wolken des Himmels als das *Öffentlichwerden schlechthin* beschreibt, als ein Öffentlichwerden nämlich insofern, als ihn nun *alle* sehen müssen: Der Glaube darf schauen, was er geglaubt hat. Und der Unglaube *muß* schauen, was er *nicht* geglaubt hat.

## 24. Februar

Die Kunst außerhalb des Hoheitsbereichs Gottes, die Kunst diesseits von Gott, *entartet;* und zwar entartet die gottlose Kunst nach zwei Richtungen hin: Entweder im Sinne des Satzes *l'art pour l'art,* das heißt »Die Kunst um der Kunst willen«. Dieser französische Satz bedeutet: »die Kunst hat ihr eigenes Maß, die Kunst hat es nur mit dem Schönen zu tun und läßt sich darüber hinaus von niemandem, auch nicht von Gott, ihre Kreise stören oder auch nur beeinflussen.« Überall, wo dieser moderne Grundsatz von der Eigengesetzlichkeit der Kunst (daß nämlich die Kunst nur in sich selbst hineinzuhorchen hat) proklamiert wird, wird die Kunst bindungslos und entfesselt. Man braucht dazu nur einmal die Musik der letzten 30 Jahre anzuhören, um eine Ahnung von dieser Entfesselung und diesem Chaos zu bekommen. Sie drückt sich in Drittel- und Sechsteltönen aus und wird zum tönenden Abbild der inneren Wirrsale und Ordnungslosigkeit ihrer Hervorbringer, die aus der Ordnung mit Gott herausgebrochen sind. Und diese Ordnungslosigkeit wirkt sich ihrerseits im Verfall des Kunstwerks selbst aus. *Die andere* Möglichkeit der Entartung besteht darin, daß die Kunst außerhalb von Gott zur *Tendenz*kunst wird, das heißt die Kunst läßt sich für irgendeinen Zweck als Reklame oder Propagandamittel gebrauchen und wird damit zu einer käuflichen Hure. Was diese letztere Entartung der Kunst ohne

Gott angeht, so sind hier Theater und Kino wohl ungleich gefährdeter noch als die Musik. So wirkt sich auch hier wieder das gleiche Grundgesetz aus: Abgesehen von den Geboten Gottes gibt es, auf lange Sicht gesehen, nur den Weg des Zerfalls. Es gibt keine Politik, keine Wirtschaft und keine Kunst, die, ohne in höchste Lebensgefahr zu geraten, Gott auszuklammern vermöchte. Gott läßt seiner nicht spotten!

## 25. Februar

Der Utopist will nur das Reich und nicht den Herrn. Darum kann er nicht warten, und darum versteht er sich selbst als den Heiland, der es bringen kann. Darum steht die Zeit nicht in Gottes Händen, sondern sie wird zum Stoff seines Terminkalenders. Wenn er aber an sich irre wird (und wie sollte das ausbleiben!), dann wird die Utopie zur Apokalypse, der Prophet wird zum Existentialisten, und die Bilder der Hoffnung werden zu Visionen der Angst. Das ist die Selbstgefährdung des Ideals, das ist – inmitten seiner Doppelgesichtigkeit – der Sieg des dunklen Antlitzes über das helle.

## 26. Februar

Wer ein Christ sein will, wird von seinem Herrn immer und sofort an die Arbeit gestellt. Und die Verheißung, daß Gott uns alles aus lauter Gnade schenken will, ist nichts für faule Bäuche. Die Gnade Gottes ist keine Schleuderware, die uns nachgeworfen wird, und sie ist alles andere als billig. Wir müssen um die stille Stunde in unserem Tagewerk ehrlich kämpfen und unter Umständen früher aufstehen. Wir müssen uns ein Verzeichnis der Menschen machen, für die wir beten, müssen manchen harten und schweren Gang tun, wenn Gott das von uns haben will. So hat das Warten auf unseren Herrn wahrlich nichts mit Passivität zu tun. Warten heißt nicht, daß wir die Daumen drehen sollen, bis etwas passiert. Das wäre eine schläfrige und langweilige Sache. Wer kein lebendiger Beter ist, wird sehr schnell ein umtriebiger, leerlaufender Täter. Er steht dann plötzlich vor der beklemmenden

Frage: *Warum* rackere ich mich so ab? Es hat ja alles keinen Zweck. »Was soll uns denn das ew'ge Schaffen, Geschaffenes zu nichts hinwegzuraffen?« Jedes lebendige und von Herzen kommende Gebet ist wie ein Blinkzeichen in der großen Nacht der Welt, ein Leuchtfeuer, das wir entzünden, damit der Herr sieht, wo wir stecken und wo er uns finden kann. Jedes Gebet ist ein Zeichen, daß wir noch wachen; und nicht nur das: Es ist zugleich ein Licht, das uns auch wach und frisch erhält und das die Häupter hochreißt, weil sich unsere Erlösung naht.

## 27. Februar

Wir dringen mit jeder neuen Erkenntnis immer tiefer in die große Freudenbotschaft ein und werden deshalb selbst immer freudiger. Oder ist es keine Freude, zu wissen, daß Jesus Christus mir nicht nur persönlich zur Vergebung meiner Sünden hilft, sondern daß ich auch wissen darf, daß er (dem ich nicht zu gering bin mit meiner Schuldverhaftung, die er auf sich nehmen will, dem ich nicht zu gering bin mit meinen Sorgen, die ich auf ihn legen darf), daß dieser Herr *zugleich* der Herr ist, der im Wetter des Krieges und in den Wehen des Kosmos da ist, dessen Hand schwer auf dem Erdkreis lastet, der aber nur darauf wartet, daß er die Hand öffnen kann zu einer segnenden Gebärde, damit wir alle an ihm gesund werden. So kommt alles darauf an, daß wir ganz persönlich die Gebote Gottes auf unser Gewissen und unsere Verantwortung nehmen und es nun einfach einmal wagen, mit Gott zu leben, und zwar unbedingt und von heute an. Wir wissen ja jetzt, was dazu gehört, dieses Wagnis mit Gott zu vollbringen. Jesus hat es auf eine ganz kurze Formel gebracht. Jesus hat ja immer das Größte im Leben in sehr verblüffender Einfachheit ausgedrückt. Jesus sagt: »Du sollst lieben Gott, deinen Herrn, von ganzem Herzen, von ganzer Seele und von ganzem Gemüte.« Das sei die Zusammenfassung und der Sinn aller Gebote. In dieser inneren Ordnung mit Gott ist dann auch die äußere Ordnung der Welt gegeben.

## 28. Februar

Es gibt schlechterdings kein Gebiet der Wirklichkeit, wo wir von der Veranwortlichkeit vor Gott entbunden werden. Es gibt kein chemisches Laboratorium, es gibt kein Kartenzimmer irgendeines Generalstäblers, es gibt keinen Kontorschemel, wo wir nicht unter den Augen Gottes etwas nur für uns und im hermetisch verschlossenen Raum unserer Innerlichkeit oder Sachlichkeit lebten und wo wir nicht von ihm die Parole zu empfangen hätten. Ob ich Eisenbahnschaffner, ob ich Künstler, ob ich Politiker oder Wirtschaftler oder Geschäftsmann bin, ob ich Ehemann oder Junggeselle bin, niemals kann ich sagen: Geschäft ist Geschäft oder Trieb ist Trieb oder Kunst ist Kunst, um dann unter diesem Motto meine eigenen Kreise zu ziehen und mir allen Ernstes einzubilden, hier habe Gott nicht hineinzureden. Ich kann nicht sagen, dieser Gott hat seinen Mund höchstens in den für ihn reservierten und alltagsenthobenen Sonntagsmorgenstunden aufzumachen oder hat ihn nur nach meiner Pensionierung, wenn ich nicht mehr im Besitze meiner vollen Lebenskräfte bin und privatisiere, oder nach meinem zweiten Schlaganfall aufzumachen, aber in die Härte des Alltags und seinen Existenzkampf, in die Welt der Erotik oder der Kunst gehört er nicht hinein; da spricht der Ellbogen, da spricht die Faust, da spricht der Fanatismus, da spricht und reizt das Blut, da spricht die Eigengesetzlichkeit des vermeintlich »Schönen«. Nicht wahr: es ist für uns alle eine wichtige und überraschende Schau der Dinge, daß Gottes Gebote seine totale Herrschaft über alle Lebensgebiete, nicht nur über den einzelnen Menschen in seiner privaten Sittlichkeit, in seinen privaten Rechten und Freiheiten bedeuten.

## 29. Februar

*Gott ist die Realität unseres Lebens.* Er ist der schlechthin entscheidende Geschichtsfaktor. Daran, daß eine ganze Welt, daß zum Beispiel das Abendland die Gottesfrage unter die Füße träte, müßte es zugrunde gehen. »Das Volk ohn' Gott ist tot«, und zwar einfach deswegen, weil man ohne diesen Faktor nicht leben kann, und wenn wir das nicht glauben wollten, dann müßten wir es in einer Gottlosengeschichte des Abendlandes durchexerzieren. Es lösen sich dann nämlich, und das zeigt die Realität der Wirkung Gottes, die Bande des Vertrauens, es zerbricht der Respekt vor dem Menschenantlitz. Der Mensch gilt nichts mehr. Wir sehen es heute. Was gilt er denn noch? Und woran liegt dies Nichtgelten? Sollte es nicht daran liegen, daß der Faktor Gott eben aus dem Horizont unseres Jahrhunderts verschwunden ist? Die Keller, in denen nach jenem Wort Nietzsches die wilden Wölfe heulen, werden dann aufgebrochen, und die Raubtiere erfüllen das *ganze* Haus. Die selbstzerstörerischen Instinkte kennen keine Zügel mehr und reißen die Mauern einer gottlos gewordenen Zivilisation selber ein. Das ist der zentrale Blickpunkt, auf den ich Sie in allen diesen Stunden führen möchte. Der schlechthin entscheidende Faktor der Geschichte ist Gott, und *nicht* die stärksten Bataillone oder das Rohstoffpotential oder die beste politische Begabung. Stehen wir denn nicht alle erschüttert vor der Ohnmacht der gigantischen Mordinstrumente, deren Mutter, die Technik, offenbar keine fröhlichen Kinder gebären kann, sondern ihre eigenen Kinder nur töten und fressen muß? Jedenfalls das steht fest: Gott ist nicht ein Faktor unserer Innerlichkeit. Wäre er nur das, dann könnten wir Menschen heute, wo die Welt in Flammen steht, auf dieses bißchen Innerlichkeit verzichten.

## 1. März

Die Antwort auf die Frage: »Wie kann Gott das zulassen?« liegt nicht in einer Patentlösung, so daß man sagen könnte: Ich weiß es ganz genau, *»darum«* und *»darum«* läßt Gott diese ganzen Wirrsale zu, sondern die Antwort auf die Frage: »Wie kann Gott das zulassen?« besteht in der *Buße*. Darf ich Ihnen allen deshalb ein seelsorgerliches Geheimnis verraten, das mir selbst beim Nachdenken über die Gebote Gottes klargeworden ist? Alle Anklagen gegen Gott hören in dem Augenblick auf, wo ich mich selbst zu verklagen lerne, wo ich es also lerne, daß ich es selber bin, der Gott daran hindert, einen Stützpunkt und einen Brückenkopf seines Reiches in unserer Welt zu bauen. Und die Faust, die ich anklagend gegen Gott emporrecke, sinkt ohnmächtig herab in dem Augenblick, wo ich gelernt habe, sie an meine eigene Brust zu schlagen. »Sage mir, wie sehr du mit Gott haderst, und ich will dir sagen, wie wenig du dich in Frage stellst. Sage mir, wie sehr du an Gott irre bist, und ich will dir sagen, wie sehr du von dir selbst überzeugt bist.« *Unsere Welt kann innerlich nicht genesen, solange sie immer nur nach Vergeltung der uns zugefügten Nöte und Verzweiflungen ruft, solange sie nicht von der Sühne spricht.* Das haben wir bei den Geboten gelernt: sie umfassen die ganze Welt und meinen zugleich mich ganz persönlich.

## 2. März

Wie kann Gott das zulassen? Wie kann er die Welt diesem Chaos, dieser Grausamkeit, diesem Meer an Blut und Tränen überlassen? Ist das nicht ein Zeichen – das steckt doch hinter diesen Fragen –, daß die Gottesherrschaft eben zu Bruch gegangen ist? Ist er nicht ein Gott ohne Welt geworden, so wie es Könige ohne Land gibt? Ist Gott nicht ins Jenseits emigriert und überläßt seine Welt ihrer eigenen Selbstzerfleischung? Ich möchte jedem, der so fragt und spricht (und das bin ich auch selber), doch immer wieder die Gegenfrage stellen: »Hast du dich denn selbst der Herrschaft Gottes als ersten Stützpunkt zur Verfügung gestellt? Wo soll er denn sonst beginnen anders als bei dir?« So spricht nämlich das Neue Testament von der Welt. Das Neue Testament gibt uns keine allgemeine Weltanschauung, keine Lehre von der Welt und ihren Menschen, sondern alles, was über die Welt gesagt ist (und es ist wahrhaftig über jedes Lebensgebiet etwas gesagt, von der Kunst bis zur Wirtschaft), spricht die Schrift immer direkt auf den Menschen zu, gleichsam so, daß sie ihm die Pistole vorhält und fragt: Wo ist denn Gott bei *dir,* bist *du* bereit, dich Gott zu erschließen und zur Verfügung zu stellen? So fragt also das Neue Testament nicht im Sinne einer allgemeinen Ideologie oder Welttheorie, sondern im *Anspruch:* Du bist der Mann, bei dem der Stützpunkt des Reiches Gottes einsetzen soll. Und deshalb müssen wir diese Frage: »Wie kann Gott das zulassen?« umformulieren: Besteht das Geheimnis der Weltordnung, in der wir heute leben, wirklich in einem »Versagen« Gottes? Oder besteht es nicht vielmehr in einem »Sichversagen« des Menschen – –? Liegt es nicht daran, daß in dieser Welt eben jene Störung mächtig geworden ist, die uns das 3. Kapitel des ersten biblischen Buches berichtet?

## 3. März

Ich las einmal von einem alten Schauspieler, der im Sterben lag und in seiner Not einen alten Freund und Kollegen an sein letztes Lager rufen ließ. Nachdem er ein bißchen gestöhnt und sich sehr unruhig gezeigt hatte, bat er seinen Freund schließlich, ein Vaterunser zu beten. Doch in schmerzlicher Selbstironie erwiderte der: »Bedaure, mein Lieber, aber ich habe keinen Souffleur.« Vielleicht hätte er in dieser Stunde des Ernstfalls viel darum gegeben, wenn er die tröstenden und haltenden Worte aus seinem Gedächtnis hätte abrufen können: »Dennoch bleibe ich stets an dir« – »Meine Gedanken sind nicht eure Gedanken« – »Ich habe dich bei deinem Namen gerufen; du bist mein.« Es ist merkwürdig: Über einem Gebet, das seine Premiere erst im Augenblick der hereingebrochenen Not erlebt, geht der Vorhang kaum noch hoch; es ist nicht »eingespielt«. Es scheint die Zimmerdecke nicht mehr durchstoßen zu können, und der Kontakt mit Gott, zu dem ich da schreie, stellt sich nicht mehr ein. Ein solches Gebet wird allzu leicht in die Panik des Augenblicks eingesaugt, statt diesen Augenblick zu durchstoßen und den Hauch des Friedens hereinzulassen. Denn der Glaube ist ein Samenkorn, das wachsen muß, um zur Zeit der Ernte die Frucht bereitzustellen. Das geht langsam und braucht seine Zeit. Jeder Seelsorger weiß um die Verlegenheit an manchen Sterbebetten, wenn er etwas Geleitendes, Helfendes sagen soll – jetzt, wo die Zeit kurz geworden ist. Da müßte man nach solchen Worten greifen können wie nach einer Frucht, die auf dem Acker dieses Lebens gewachsen ist. Wie aber kann man säen und ernten in der gleichen Stunde?

## 4. März

Für uns Menschen ist der andere, der sogenannte Nächste, in der Regel der Träger irgendeiner Funktion. Für Gott ist kein Mensch nur Träger einer Funktion, sondern eben ein *Mensch* – einer, dem er Anteil an seiner Ewigkeit gibt, dessen Schmerzen er zu seinen eigenen Schmerzen macht. Die Qual der Menschen ist die Qual des Herrn. Das meint der Satz: Also hat Gott die Welt geliebt, daß er seinen eingebornen Sohn gab ... Für Gott aber ist kein Mensch erledigt, denn dieser Mensch (wir alle!) ist ein Stück seiner selbst; dieser Mensch (wir alle!) ist sein Eigentum. Menschen mögen die panische Angst, die während eines Fliegerangriffs in einem verschütteten Stollen ausbrach, nie vernommen haben. Das Erdreich deckt die Explosion des Jammers mit seiner Ruhe zu. Über den Massengräbern wuchert das Gras. Die Schreie der Irren verhallen hinter schalldichten Mauern. Die Seufzer der Sterbenden werden vergessen, weil das Leben weitergeht. Die verzweiflungsvolle Angst, die würgende Leere in uns halten wir vor fremden Augen verborgen. Bei Gott aber kommt das alles an; das stumme Blut schreit zu ihm empor. Denn wir leben in seinem Herzen, und *unser* Leiden ist *sein* Leiden. Im Kreuz von Golgatha ist aller heimliche und offene Jammer der Welt verdichtet und zu einem Schmerz in Gott geworden. Nur darum, weil wir ihm nahegehen – während unsere Mitmenschen in weiter Ferne vorüberwandern und keine Ahnung von uns haben –, kann er uns trösten, wie einen seine Mutter tröstet.

## 5. März

Sehr oft sind unsere Angstgebete gar kein wirkliches Sprechen mit *Gott,* sondern ein Sprechen mit der *Gefahr. Wir* können nämlich folgende Beobachtung machen: Es kann sein, daß ich etwa eine Bombe herunterpfeifen oder eine Granate heranheulen höre. Vielleicht breche ich dann in ein Stoßgebet aus: »Herr, hilf!« aber ich blicke dabei gar nicht auf den Helfer, sondern auf das Geschoß, das auf mich zukommt. Wir können also bei unserem Beten inmitten der Gefahr beobachten, daß ich im Beten gerade an mir selber festgehalten werde, weil die Übermacht meiner Sorgen oder meiner Ängste mich so im Bann hält, daß ich das Angesicht Gottes gar nicht richtig aufsuche. Mein Gebet ist dann nichts anderes als ein Aufstöhnen meiner inneren Beklommenheit, so wie ich bei einem großen Schrecken unwillkürlich ausrufen kann: »Ach Gott!«, oder wie noch der alte Mann, wenn er von einer Leiter herabstürzt, in seiner jähen Angst den Urlaut »Mutter« ausstoßen kann, ohne daß er dabei an Gott oder an die Mutter dachte, sondern nur an die zerbrochene Sprosse und den Aufprall seines Körpers auf dem Boden. Es gibt auch Leute, und vielleicht sind wir selbst diese Leute, die Gott um etwas Bestimmtes bitten: daß ihnen ihre Habe erhalten bleibe, daß sie ein Examen bestehen möchten, daß ein geliebter Mensch am Leben bleibe – Leute, deren Gedanken immer nur um den erbetenen Gegenstand kreisen und die sich von ihm bannen lassen, statt daß ihre betenden Gedanken das Angesicht Gottes aufsuchen, das Angesicht des Herrn also, der das Erbetene geben oder versagen kann und in beidem seine Liebe zu uns zeigt.

## 6. März

Vielleicht ist dies das Letzte, das uns in den Zeiten innerer Dürre, wortloser Verzweiflung und wirbelnden Umtriebs bleibt: daß es einen Ort in der Welt gibt, wo die Verbindung mit dem Vater nicht abreißt: Das ist das Gebet dessen, den das Neue Testament unseren »ewigen Hohenpriester« nennt. Da treiben wir Menschen im Schifflein unseres Lebens dahin, bedrängt und umzingelt, immer wieder so entsetzlich gottes-

*leer* und angster*füllt,* immer wieder so, daß wir nichts fühlen von seiner Macht. Aber nun gilt es einfach: Einer muß wachen, einer liegt im Gebete für uns alle! Einer hört nicht auf, unsere kalte und fühllose Hand in die ewige Hand des Vaters zu legen. Christus steht auf dem Berge und betet, während die Jünger mit dem Tode ringen und während ihr Mund verschlossen ist. Schon mancher hat es mir bezeugt, und ich habe es selbst erlebt, welch ein Trost es in aller geistlichen Einsamkeit und Gebetsmüdigkeit ist, zu wissen, daß irgendwo daheim betende Gemeinden sind, daß es Brüder und Schwestern gibt, die nun an meiner Stelle die Verbindung mit Gott, die das Loben und Danken und die ewige Fürbitte aufnehmen. Wir alle sind auch im Gottesdienst nicht nur zu unserer *eigenen* Erbauung versammelt, wir sind dort versammelt zu solcher Stellvertretung, die uns der betende Heiland lehrt.

## 7. März

Es kommt nicht nur auf den *Inhalt* der Fürbitte für unser Volk und für die ganze dahinjagende und nicht hörende Welt an, sondern es kommt zunächst einmal auf die ganz nackte und bloße Tatsache an, *daß* überhaupt Fürbitte in ihrer Mitte geleistet wird. Es kommt sozusagen auf die bloße Existenz der Beter an. Es ist eben keineswegs gleichgültig für ein Volk, ob eine kleine Schar von solchen in ihm ist, die stellvertretend das Ganze in ihr Gebet aufnehmen. Es ist nicht gleichgültig, ob in einem Volk getauft, gebetet, das heilige Abendmahl gefeiert wird, selbst wenn die meisten es nicht verstehen oder hören.

## 8. März

Das Vaterunser ruft uns bezeichnenderweise die Bitte zu: Führe uns nicht in Versuchung; laß uns gar nicht erst in die kritische Situation *kommen!* Die Bitte lautet eben nicht: Führe uns aus der Versuchung *heraus* – wenn wir einmal drin sind! –, sondern sie lautet: Führe uns nicht in die Versuchung *hinein!* Haben wir uns erst versuchen lassen, dann rauscht das

Blut, die Neugier flackert hoch, und die Leidenschaften kochen. In einer derartigen Situation ist dann unsere Entscheidungsfähigkeit gelähmt. Darum kommt soviel darauf an, daß wir nicht erst *in* der Versuchung zu beten beginnen, also erst, wenn der Aufruhr schon in uns tobt. Es ist uns auch nirgendwo verheißen, daß wir dann überhaupt beten können. Darum kommt alles darauf an, daß unser Gebet schon in der Stunde der *Nüchternheit* einsetzt: am Tagesbeginn also, wo wir noch nicht gefangen sind, weder gefangen in der Umstrikkung durch unser Blut noch gefangen in der Hast der täglichen Abwicklungen, sondern wo der Tag noch vor uns liegt und die Wünsche und Begierden noch nicht die Väter unserer Gedanken sind. Viele von uns, die mit dem Beten nicht fertig werden und die sich doch danach sehnen, sollten es einmal so versuchen. Sie sollten nicht erst solange warten, bis sie sich in der Hochspannungszone des gefährlichen Baumes befinden – und wie oft sind wir jeden Tag in seinem Ausstrahlungsbereich! –, sondern sie sollten zu diesem Dienst in der ersten und letzten Stunde des Tages antreten. Alles, was mit Gott zu tun hat, läßt sich nämlich nicht in Türspalten klemmen und nebenbei und nach Laune absolvieren. Wir müssen schon für Gott in planvoller Weise einige Minuten am Tage aussparen, in denen er dann *alles* für uns ist. Wer die Zeitung liest und nebenbei noch einen Radiogottesdienst hört, oder wem Gott gut genug ist, auf ein x-beliebiges Stoßgebet in irgendeiner verfahrenen Situation reduziert zu werden, der hat nichts gehört und hat auch nichts gesprochen und darf sich deshalb nicht wundern, wenn er der Verzauberung durch den gefährlichen Baum vollends verfällt.

## 9. März

Beten allein besagt noch gar nichts. Man kann es ganz falsch machen. Wir können es als betende Menschen genauso verkehrt machen wie ein ungeübter Radfahrer, der den Zusammenprall mit einem Baum vermeiden will, aber ihn vor lauter Angst und Sorge so fest fixiert, daß er mit voller Wucht auf ihn zufährt. Wie wir beten sollen, das lehrt uns Dürers Bild von Ritter, Tod und Teufel, das ich immer wieder in unser Gedächtnis rufen muß. Am Weg dieses ritterlichen Reiters lauern Gespenster und gräßliche Unwesen. Der Ritter aber übersieht sie alle. Er kann überhaupt keinen Blick für sie haben, weil dieser Blick an der heimatlichen Burg in der Ferne haftet. Auf diese Burg reitet er zu. Gerade dadurch, daß er sein *Ziel* im Auge hat, bleibt er dem Zugriff der Gespenster und ihrer Anfechtungen entzogen, braucht sich also gar nicht damit abzugeben. Ich möchte als Beispiel einen sehr speziellen Fall anführen, an dem deutlich wird, wie wir den Versucher aus unserem Gebet herauskomplimentieren können: Wenn ein junger Mann von der Wildheit seines Blutes angefochten ist, wenn es ihm ernst damit ist, in diesem Kampf mit blanker Wehr zu bestehen, dann wäre es ganz falsch, die versuchlichen Bilder der Phantasie ständig zu fixieren und dann gegen sie anzukämpfen oder auch gegen sie anzubeten. Der Versucher sähe es nur zu gerne, wenn er uns zu einem Ringkampf mit unseren Lüsten und Begierden animieren könnte, denn dann sind wir sehr wahrscheinlich die Unterlegenen. Und schließlich drängt sich die verabscheute Phantasie auch noch in unser Gebet und füllt es bis zum Rand aus. Je mehr wir die Bilder unserer Phantasie fixieren, wenn auch als *Feinde* fixieren, desto mehr gewinnen sie Macht über uns. Wir sollen die Versuchungen an unserem Weg vielmehr so bekämpfen, daß wir das *positiv* machen. Wir sollen sie nicht feindselig und mißtrauisch anstarren, sondern wir sollen auf das positive Ziel, auf die Burg, auf die Heimstatt am Horizont blicken. Für den jungen Mann heißt das, daß er nicht betet: Herr, bewahre mich vor dem und dem, was mich fast erdrückt und zerreibt; du kennst ja mein verfluchtes Blut! Sondern daß er umgekehrt und positiv betet: Ich danke dir, Herr, daß du mir die Kraft in meinem Blut geschenkt hast. Gib, daß ich sie zu deiner Ehre und zu deinen Zielen verwende! Gott ist immer positiv. Es gibt nichts, was wir nicht dankbar aus seiner Hand entgegennehmen dürfen. Solange wir es aus Gottes Hand nehmen, kann uns nichts passieren.

## 10. März

Von außen sieht die Bekehrung eines Menschen sehr oft trivial aus. Wer nämlich nicht am eigenen Leibe erlebt hat, wie das ist, wenn plötzlich unsere ganze belastete Vergangenheit durchgestrichen und wenn der Schuldschein zerrissen wird; wer nicht erfahren hat, wie das ist, wenn man einfach angenommen wird und neu beginnen kann; ja, welches Fest es ist, zu erleben, wie der Vater uns keinen Augenblick vergessen hat, und wie er die Arme öffnet, um uns an sein Herz zu drücken; wer das nicht selbst erfahren hat, der kann ja gar nicht anders, als in der Bekehrung eines anderen Menschen nur die klägliche Kapitulation eines impotent gewordenen Sünders oder die Panikhandlung eines Verzweifelten zu sehen. Man kann eine Bekehrung, man kann *überhaupt* die göttlichen Wunder nie »von außen« begreifen. Es gibt eben gewisse Wahrheiten, die man nicht einsehen kann, sondern die man durchmachen muß.

## 11. März

Es gibt für das neutestamentliche Denken, für das christliche Denken überhaupt, keine »Ehe auf Zeit«. Es gibt keine Ehe etwa nur für den Zeitraum, solange der andere für mich körperlich schön oder anziehend ist oder mir Kinder schenken kann. Das würde ja nur bedeuten, daß der andere mir lediglich Mittel zum Zweck wäre, daß das Mittel sich dann erübrigt, wenn der Zweck, etwa das Kinderzeugen, erfüllt wäre. Darum spricht wiederum das Traugelöbnis in einem tiefen Satz davon, daß die beiden einander Treue geloben, »bis der Tod sie scheidet«. Hier fällt sozusagen wie ein schwerer Stein in die Freude des hochzeitlichen Tages das Wort *Tod!* Und doch liegt das Entscheidende darin, daß hier an diesem Freudentag, an diesem Höhepunkt des Lebens, die Bibel gleichsam den Blick ausschwärmen läßt über das *ganze* Panorama des Lebens, bis in die graue nebelverhängte Ferne, wo der Horizont ist, wo der *Tod* ist. Bis dahin gilt die Treue, weil der andere ein Kind Gottes ist, das ich mit mir zum Himmel zu nehmen habe, und das nicht Mittel zu dem Zweck ist, damit ich ein kleines Lebensstadium besser und leichter durchschreiten kann. Das ist der Sinn des Treuegelöbnisses »bis daß der Tod euch einst scheiden wird«. Darum kann eine eheliche Liebe auch nicht bloß auf die *erotische Liebe* gegründet sein. Denn die erotische Liebe ist ja dem Rhythmus von Anziehung und Abstoßung unterworfen. Das ist einfach ein psychologisches Gesetz. Sie läßt auch nach, wenn lange Krankheit oder das Alter kommen. Ehen auf Erotik allein zu gründen würde heißen, sie allein auf den Körper und seinen Verfall zu gründen. Es geht überhaupt nicht primär um zwei Körper, sondern es geht um zwei Menschen, es geht darum, daß ich im andern einen unendlichen Wert vor Gott, daß ich im andern sein Teuererkauftsein, sein Geliebtsein erkenne.

## 12. März

Dieser Tage las ich in einer Veröffentlichung der SS folgende Geschichte: Ein Soldat erzählt: »Wir saßen in einem Blockhaus am Westwall. Ein Urlauber kam zurück und erzählte von seinen Erlebnissen in seiner großen Heimatstadt, z. B. von einer prächtigen Revue, in der die Reize und Schwächen des weiblichen Geschlechts in lebenden Bildern vorgeführt wurden. Zuletzt kam die Darstellung Treue. Als der Vorhang aufging, war die Bühne leer. Dann kam ein großer Bernhardinerhund.« Ich kann mir nicht vorstellen, was dieser Herr Varietédirektor sich dabei gedacht hat. Wahrscheinlich hat er sich auf Kosten des Ansehens der deutschen Frau einen kleinen Zynismus gegönnt. Aber der Sinn dieses Bildes sitzt tiefer, und der Mann hat, ohne eine Ahnung davon zu haben, ungewollt eine biblische Ansprache über das Wesen der Treue gehalten, nämlich folgende: Wenn die Ehrfurcht vor dem anderen als einem unantastbaren Ebenbilde Gottes geschwunden ist, dann kann das spezifisch Menschliche, dann kann also das, wozu Gott uns geschaffen hat, nämlich die Treue und die Bindung aneinander, *nicht mehr am Menschen gezeigt werden.* Statt dessen muß man ein *Tier* zitieren. Das heißt nichts Geringeres als dies: Wenn Gott aus unserem Gesichtsfeld entschwunden ist oder wenn wir ihn hinausgejagt haben, dann hört auch der Mensch auf zu existieren, dann ist die Bühne leer. Dann kann man nur noch diesen Bernhardinerhund darüberlaufen lassen, und dann kann der antike Philosoph noch einmal mit seiner Laterne über die Märkte gehen und sagen: Ich suche Menschen.

## 13. März

Wir kennen alle jenen einlullenden Mandolinenklang, den Sirenengesang der falschen Todüberwinder, die nichts anderes können, als sich dauernd »siegreich« von diesem »letzten Feinde« »abzusetzen«. Sie sagen, es gebe nur den natürlichen Rhythmus von Frühling, Sommer, Herbst und Winter, den Rhythmus des ewigen Kommens und Vergehens. Und der Tod, sagen sie, sei nichts anderes als der Ab-Takt in diesem Lebensrhythmus. Das alles sei so natürlich, daß man sich nicht aufzuregen brauche. Auch die Sylvesternachtbräuche sind für diese Stellung aufschlussreich. Wie kommt es, daß man toben, schießen, brüllen und singen muß? Muß man etwas übersingen, überbrüllen, übertönen, weil man in dieser letzten Nacht sozusagen das Gras der Zeit wachsen hört? Man muß dieses Wachsen der Zeit einfach übertönen, weil man es nicht hören mag? Ist es wirklich nur der natürliche Zeit-Rhythmus, der uns immer wieder an Ende, Tod und Vergänglichkeit alles Menschlichen gemahnt? Es ist doch merkwürdig, daß man folgendes immer wieder beobachten kann: Es gibt kaum einen Arzt, der einem Sterbenden zu sagen wagt, welcher höchst »natürliche« Vorgang ihm jetzt bevorsteht. Warum darf man über diese »natürlichen« Dinge nicht reden, warum muß man lügen, wenn sie so natürlich sind? Sollte vielleicht noch etwas ganz anderes, als man denkt, hinter dem Sterben sichtbar werden?

## 14. März

Ich las kürzlich im Tagebuch eines jungen gefallenen Fliegers folgenden Bericht: Er wollte einen Fliederstrauß pflücken, und wie er das Gebüsch auseinanderbiegt, findet er unter dem blühenden Busch die halbverweste Leiche eines Soldaten. Er fuhr zurück –, nicht etwa, weil er noch keinen Toten gesehen hätte, – er fuhr zurück, weil ihn der Widerspruch anschrie zwischen dem toten Menschen und dem Blütenbusch. Wäre er auf einen verwelkten Fliederbusch gestoßen, er wäre nicht so erschrocken. Ein blühender Fliederbusch wird auch einmal ein verwelkter Busch werden – das ist wirklich nur Ausdruck des Lebensrhythmus –, aber daß der Mensch da in seinem verwesten Zustand darunter lag, das war etwas, was nicht da hineinpassen wollte, deshalb zuckte er zurück. Er hat es gespürt, daß dieser tote Kamerad irgendwie in Gegensatz stand zu dem Lebensplane des Schöpfers. Er hat es gespürt, daß der Tote wie ein Fremdkörper in der blühenden Gotteswelt lag. Er hat eine Ahnung davon bekommen, daß der Tod des Menschen eine Unnatur ist. Dieser junge Flieger war mit alledem der Welt des Neuen Testaments und seiner Botschaft vom Tode schon näher als die Leute, die immer von der Natürlichkeit des menschlichen Todes faseln.

## 15. März

Vor uns steht das Bild des Herrn, wie er durch das Land geht, wie er die Kranken heilt, wie er seine tröstende Hand auf die Bekümmerten und Schwermütigen legt, wie er Sünden vergibt, wie er Tote erweckt. Wenn wir dieses Bild des heilenden und vergebenden Gottsohnes einmal genauer anschauen, dann sehen wir, daß das Neue Testament diese ganze Welt mit ihrer Unordnung, diese Welt der Schuld und des Todes, des Leides und der Tränen sozusagen zusammen schaut. Hier gehören Sünde, Schuld, Leid, Krankheit und Tod alle zusammen. Sie sind nur verschiedene Seiten einer entgleisten, einer aus den Fugen geratenen Welt. Darum ist auch für Jesus Christus der Tod nicht einfach ein natürlicher Abschluß des Lebens: Es ist nicht natürlich und in Ordnung, es ist nicht gottgewollt, wenn dieser dunkle Geselle kommen und Fäden der Freundschaft, der Ehe, der Liebe einfach zerreißen darf. Dieser dunkle Geselle dürfte nicht einfach kommen und in die Schöpfungswelt Gottes einbrechen.

## 16. März

Immer wenn ich am Sterbebett oder an einem Grab eines wirklichen Christen stehe, empfinde ich es: Das ist ein Mensch im Frieden mit Gott, sozusagen an der Hand Gottes, und nun muß er davon »wie ein Vieh«. Darf der Tod sein? Darf diese Grenze, darf dieser Abgrund noch sein, wenn einer an der Hand Gottes, an der Hand des lebendigen Gottes ist? Das ist sozusagen der Protest, der immer in uns aufklingt, wenn wir eine Ahnung bekommen von dem Leben, zu dem der Mensch eigentlich bestimmt ist. Und Hölderlin hat recht, wenn er sagt: »Gott möge mir verzeihen, aber ich verstehe den Tod nicht in seiner Welt«. Wir können das Geheimnis des Todes nur verstehen, wenn wir die Auflehnung des Menschen wider Gott ernstnehmen, wenn er uns als der »Sünde Sold« deutlich wird. Deshalb nämlich ist die Todesschranke aufgerichtet, die uns belehrt, daß wir Menschen hinter die Grenze der Vergänglichkeit, daß wir zum Staube und unter das Gericht gehören. Denn im Grunde möchte jeder von uns Gott sein, und Nietzsche hat wieder einmal sehr drastisch und wahr aus der Schule geplaudert, wenn er sagt: »Wenn es einen Gott gäbe, wie ertrüge ich's, kein Gott zu sein?« – So ist der Mensch, und deshalb stehen die Cherubime mit dem hauenden Schwert vor der Ewigkeit Gottes: »bis hierher und nicht weiter!« Das ist der Tod als Gericht, als Ende. So versteht ihn die Schrift.

## 17. März

Wenn wir in der U-Bahn oder im Omnibus oder hinten im Fond unserer Limousine sitzen, wenn das Telefon einen Augenblick schweigt und die Sekretärin mit ihrem Terminkalender einen Augenblick verschwunden ist, dann sollten wir einmal nicht nach unserer Zeitung oder dem nächsten Aktenfaszikel und nicht nach irgendeinem Knopf, sei es am Radio oder sei es an der Klingelleitung, greifen. Sondern dann sollten wir, nicht ohne Atem zu holen, einmal sagen: »Ehre sei dem Vater und dem Sohne und dem Heiligen Geiste, wie es war im Anfang, jetzt und immerdar und von Ewigkeit zu Ewigkeit.« Das gibt Distanz und Frieden. Wir können diese

Worte dann auch noch meditierend umkreisen: Ehre sei »dem Vater« – das heißt doch: Ehre sei dem, der mich in diesen Augenblick meiner Tagesgeschäfte geschickt hat, der mir meine Mitarbeiter anvertraut und der letzten Endes über alles das entscheidet, was ich nun zu entscheiden habe. Ehre sei »dem Sohne«. Der Sohn ist niemand anders als Jesus Christus, der für mich gestorben ist. Darf ich mich nun – ich, für den er doch solche Schmerzen gelitten und dem er die Ewigkeit aufgeschlossen hat – in Lappalien und lauter Nichtigkeiten vertun und verzetteln? Muß nun das *Eine,* was not ist, mir nicht ständig gegenwärtig sein und das Vielerlei relativieren, es ein bißchen dämpfen und in Schranken weisen? Für wen oder für was ist denn Christus gestorben: für meine Ladenkasse, für ein Augenzwinkern meines Chefs, den ich bei Laune halten muß, für meinen Fernsehapparat oder andere Belanglosigkeiten? Oder ist er nicht vielmehr gestorben für die Kollegin neben mir, die sich mit etwas herumschlägt, oder für meine Kinder, die ich kaum noch sehe? Und was die Kinder anbelangt: Ist er für ihre Ernährung und Garderobe gestorben oder für ihre Seelen, die ich nicht kenne, weil das Vielerlei sich zwischen ihren Seelen und mich drängt? Ehre sei »dem Heiligen Geiste«. Oh, ich bin voller Geist, ich bin nicht unterbelichtet. Ich habe auch Gefühl und Herz und Gemüt und Phantasie. Aber halte ich noch still, damit ein ganz anderer mich mit seinem Geist durchdringen und mir den Sinn für die wahren Dringlichkeitsstufen des Lebens geben kann? »Wie es war im Anfang, jetzt und immerdar und von Ewigkeit zu Ewigkeit.« Wie sind wir hier umfangen von ewigen Händen, umwölbt von dem Bogen einer verläßlichen Treue und gegründet auf Fundamente, wie sie der Flugsand der täglichen Routine niemals zur Verfügung stellen kann. Wenn wir diese kleine Übung immer wieder anstellen, werden wir schon bald erfahren, daß das kein mystisches Getue ist und erst recht keine innere Emigration, durch die wir uns den täglichen Pflichten entzögen. O nein, wir werden auch unserem Berufe ganz neu zurückgegeben, wir werden zu Realisten in einem neuen Stil, denn wir wissen um das Große und das Kleine, wir wissen das Eigentliche und das Uneigentliche zu unterscheiden.

Was soll die Kunst überhaupt mit Gott zu tun haben? Ist die Kunst nicht ein Bereich, der es lediglich mit dem »Schönen« zu tun hat und der deshalb jenseits von Gut und Böse liegt, der also weniger als nichts mit moralischen Werturteilen und also wohl auch nichts mit Gott zu tun hat, wenigstens nicht in dem Sinne, daß er von dieser Instanz irgendeine Normierung zu empfangen hätte? (Die Frage der »göttlichen Inspiration« des Künstlers steht auf einem anderen Blatt.) Schiller hatte zwar das Theater einmal als eine »moralische Anstalt« bezeichnet, dafür aber auch von Nietzsche den Spottnamen eines Moral-Trompeters von Säckingen einstecken müssen. Damit hat Nietzsche eben zweifellos sagen wollen: man darf keine fremden, moralisierenden, gängelnden Normen oder Absichten in den Bereich der Kunst hineintragen. Deshalb stellen wir nun die Frage: Hat Kunst – und ich meine jetzt keineswegs nur die »kirchliche« und »religiöse« Kunst – wirklich nichts mit Gott zu tun? Geht es nur um den Kult des Schönen »diesseits von Gott«? Um diese Frage zu prüfen, versetzen wir uns einfach einmal in einen Konzertsaal. Wir nehmen an, daß auf dem Programm eine Beethoven-Symphonie steht, also eine große Repräsentantin »weltlicher« Kunst. Die Stimmung im Konzertsaal gleicht zweifellos der einer Andacht. Auf den Gesichtern werden sich bald die Züge einer echten Ergriffenheit, vielleicht darf ich sogar sagen: einer echten Entrücktheit abzeichnen. Mir kommt es dabei gar nicht so sehr darauf an, festzustellen, daß es vielleicht ähnliche Gefühle sein mögen wie bei einer religiösen Andacht, wie bei einer religiösen Feierlichkeit. Auf den Vergleich solcher Gefühle gebe ich sehr wenig. Viel gewichtiger ist zweifellos die *Ursache* dieser Gefühle der inneren Ergriffenheit und Entrücktheit. Wir fragen deshalb: Woher stammt im Konzertsaal dieses Gefühl der Andacht? Die Kunst, gerade im Konzertsaal, löst uns vom Alltag. Der Mensch schafft sich in der Kunst (nicht nur als Schöpfer und Nachschöpfer, sondern auch im Kunst*genuß*) *eine neue Welt,* in der er sich von der alltäglichen Welt, von der Welt der grauen und sich stoßenden Realitäten, gelöst weiß und die ihm deshalb so etwas wie Entspannung, Herausholung und Erholung gönnt und damit die Kraft für die Rückkehr in den Alltag gibt.

## 19. März

Die Reformation, sowohl in ihrer lutherischen wie in ihrer calvinistischen Form, versteht den Sündenfall nicht als etwas, das das Schöpfungsgut im ontischen Sinne vernichtet, sondern als etwas, das dieses Schöpfungsgut total durchdringt und es insofern als unerlaubt erscheinen lassen muß, dieses Schöpfungsgut in intakte Restbestände einerseits und in Verlustquoten andererseits aufzuteilen: Wenn »Schöpfung« ein Beziehungsbegriff ist, das heißt wenn sie als Schöpfung »von« und »vor« Gott verstanden wird, dann wird die Störung dieser Beziehung zwar total sein, aber sie wird nicht das Schöpfungssein einfach annullieren. Allerdings kann man nicht mehr den Versuch machen, ontisch unberührte Bezirke *extra* relationem auszumachen: Wenn etwa, um ein Beispiel zu gebrauchen, in einer Ehe, also in einer Relation zweier Personen, das wechselseitige Vertrauen geschwunden ist, dann bleiben die ontischen Eigenschaften beider Partner zwar bedingt erhalten. Sie stehen aber alle unter dem Vorzeichen dieses Bruches der Kommunikation, das heißt keiner kann sie mehr rein am anderen sehen. Sie erscheinen alle – nicht nur die sogenannten »bösen«, sondern auch die sogenannten »guten« Eigenschaften – unter dem Verdikt, daß sie die Vertrauensunwürdigkeit mit bewirkt haben, und nehmen so an der Störung der Relation teil.

## 20. März

Christlicher Realismus besteht darin, daß er nie das Absolute wollen darf (weil dieser Wille die utopische Form des Götzendienstes wäre) und daß er durch diesen Verzicht auf die Alternative zwischen dem schwärmerisch *und* dem schauerlich Absoluten, zwischen der Illusion des Weltfriedens *und* der Illusion eines Gleichgewichts der Atomriesen *an die nächsten und realisierbaren Teilstücke von Aufgaben gewiesen wird:* Das Vaterunser lehrt uns nicht, um die komplette Brotration zu bitten, die unsere Ernährung bis ans Ende unserer Tage sichert, sondern um das Stück Brot, dessen ich »heute« bedarf. Das Evangelium heiligt die nächste Wegstrecke, nicht die Fernziele.

Dadurch unterscheidet es sich von den Utopien. Das Wort Gottes ist eine Fußleuchte, die nur den nächsten Schritt erhellt und den übernächsten vertrauend erwarten läßt, sie ist aber kein Scheinwerfer, der Riesenstrecken übersehbar macht. Und genauso wie der Glaube sich genötigt sieht, vertrauend ins Dunkle zu gehen und sich führen zu lassen, ist ihm als Aufgabe auch nur die nächste Rate eines zu Tuenden, nicht aber das explizite Programm alles ferneren Tuns zugewiesen. Darum eignet dem Glauben und der ihm entstammenden Liebe so etwas wie der Stil der *Improvisation,* der Hinwendung zum Allernächsten. Statt allgemeiner Aufrufe zu den Absoluta eines Weltfriedens oder eines totalen Verzichts auf Atomwaffen, die wirkungslos verhallen und die zugleich – ohne die Legitimation des Ärgernisses zu besitzen! – belächelt werden, weil sie den Bereich der »Bedingungen« übersehen, ziemt es der Kirche, zur Demut der kleinen Teilstücke aufzurufen und Mut zu machen, die Sorge für den heutigen Tag als Aufgabe zu übernehmen und sie nicht im Namen von Utopien zu verachten oder zu verwirren.

## 21. März

Der Krieg täuscht über seinen Schuldcharakter immer wieder dadurch hinweg, daß er ja keineswegs nur in Selbstbehauptungsakten mit Hilfe von Vernichtungen besteht, sondern daß er in allen seinen Formen – selbst in seiner imperialistischen und brutal-egoistischen Form – zugleich die Tugenden des Opfers und der Nächstenliebe gedeihen lassen kann, daß er also das fragwürdige Vorzeichen vor einer Klammer zu sein vermag, innerhalb deren sich »ethische Summen« ergeben. Gerade weil der Mensch das Glück des Friedens ebensowenig wie alle anderen Formen des Glückes ohne Gefährdung erträgt, wie er vielmehr der Gefahr einer Verweichlichung und Erschlaffung dabei erliegt, darum kann ihm der Krieg als elementares und faszinierendes Therapeuticum erscheinen, das ihn vor Degeneration beschützt und ihn über sich selbst hinauswachsen läßt. Es wäre deshalb falsch, den Krieg in allzu direkter Weise auf einen Exzeß des Egoismus, auf Machtrausch und Blutgier zurückzuführen. Er übt vielmehr seine Faszination nicht zuletzt durch seinen Appell an die *Größe* des Menschen aus. Man mag auch an das »monumentalische« Schiller-Wort denken:

Aber der Krieg läßt die Kraft erscheinen,
Alles hebt er zum Ungemeinen,
Selbst dem Schwachen erzeugt er den Mut.

Wir können diesen Appell des Krieges an die Größe des Menschen und an das, was »uns bei den Kriegsleuten auffällt«, durchaus ernst nehmen. Es wäre sogar Selbstbetrug, den respektgebietenden Charakter eines Soldatentums zu verleugnen, das durch die Front geprägt ist. Man kann diesen Appell aber verhängnisvoll falsch verstehen. Das ist etwa dann der Fall, wenn man meint, der Mensch entferne sich durch den Frieden und durch die ihm innewohnende Gefahr der Verweichlichung und der Preisgabe des Elementaren von seiner schöpfungsmäßigen Bestimmung; der Friede sei also – pervers. Und darum müsse sich der Mensch durch das schöpfungsmäßig verordnete Stahlbad des Krieges soweit regenieren, daß er seinen Schöpfungsentwurf wieder einhole.

## 22. März

Evangelische Beichtseelsorge wird niemals darauf ausgehen können, einen möglichst lückenlosen Katalog begangener Aktsünden zu erforschen, um aus diesen Einzelsteinen das Mosaik der Gesamtschuld zusammenzustellen. Sondern sie wird die gebeichtete Einzelschuld (den »actus«) benutzen, um an ihr den Gesamthabitus klarzumachen und ihren Zusammenhang mit diesem habitus aufzuzeigen. Sie wird den Verstoß gegen die zweite Tafel der Gebote darauf zurückführen, daß wir gegenüber der ersten Tafel nicht in Ordnung sind und uns also in dem Habitus vorfinden, daß wir »Gott *nicht* über alle Dinge fürchten, lieben und vertrauen«. In genauer Entsprechung hat auch die seelsorgerliche Gerichtspredigt das konkrete Akt-Gericht (zum Beispiel den Krieg, aber auch entsprechende Fakten des Einzellebens) auf das Habitusgericht unserer gesamtäonischen Situation zurückzuführen. Dies und nichts anderes heißt: die Gegenwart sub specie aeternitatis sehen. Dazu bedarf es keiner wagenden Einzeldeutungen oder prophetischen Charismata. Hier geht es *um das prophetische Amt der Kirche selber.*

## 23. März

In der Botschaft vom Kreuz als dem Wort der Versöhnung geht es um ein echtes Zerfallensein von Gott und Mensch, das durch eine *Tat,* nämlich durch das Opfer des eingeborenen Sohnes, gnadenvoll überwunden wird. Und eben diese Tat, die eine zerbrochene Gemeinschaft wiederherstellt und Versöhnung stiftet, macht es deutlich, daß hier ein personales Gegenüber konstitutiv im Mittelpunkt des Heilsdramas steht: hier ist die Person des Menschen, die sich versündigt hat und hoffnungslos verantworten muß. Und dort ist Gott, der als der Heilige und Gerechte, als der Zornige und Rechenschaftsfordernde in Distanz zu dem Sünder steht und dem gegenüber es ruchlos wäre, ihn als den Inbegriff aller Gegensätze zu verstehen, als den Indifferenzpunkt sozusagen, der über dem Heiligen und der Sünde läge. Statt dessen weist er den Sünder von sich und zieht ihn durch die Tat des Golgathageschehens dann doch zu sich. Man kann darum das Versöhnungsgeschehen des Neuen Testaments nur mit personalen und ethischen Kategorien verstehen – was natürlich nicht heißen kann, daß es im Rahmen einer wie immer gearteten Ethik so zu postulieren wäre und daß es aufhören würde, ein Wunder, ein kontingentes Geschehen und eine Nachricht zu sein, die wir uns niemals selber zurufen können. Mit der ›ethischen Kategorie‹ soll nur gesagt werden, daß dieses Geschehen uns allein zugänglich wird, wenn wir wissen oder es spätestens von ihm selber erfahren, daß sich hier die ethische Grundwirklichkeit meldet, nämlich das Gegenüber von Ich und Du, und zwar in jenem äußersten Falle, wo es um den Gegensatz von Gott und Ich geht.

## 24. März

Wie sollte man das Kreuz von Golgatha anders verstehen können als so, daß Gottes Heiligkeit hier in einem Kampf mit seiner Gnade ist: Er geht ja über die Sünde des Menschen nicht einfach verzeihend hinweg, sondern er setzt sich selbst ein und wirft sich in die Waagschale, indem er seinen »eingeborenen Sohn gibt«. Golgatha ist ein Schmerz in Gott. Und selbst auf die Gefahr hin, daß das anthropomorph (oder mythologisch!) klingen sollte, würde ich sagen: Hier geht es um Selbstüberwindung Gottes, um einen Kampf mit sich selbst. So sehr ist da von einem lebendigen Herzen die Rede. Die geringste Abweichung von dieser These führt sofort zum »göttlichen Prinzip« und damit in eine Wüste, in der lebendiger Glaube nicht mehr wachsen kann. Hier müssen wir das Wort von den großen Taten Gottes ernst nehmen. Es geht nicht um das »göttliche Gesetz« eines Geschehens, sondern Gott selbst *tut* etwas. Er spricht, so geschieht's. Und indem er spricht und tut, »entschließt« er sich. Darum liegt auch sein Tun nie auf der Linie unserer Postulate, sondern darum handelt er an uns im Namen seiner Freiheit. Darum stehen wir seinem souveränen Willen gegenüber. Indem er so eine Geschichte mit uns eingeht, bewegt er das Herz seiner Knechte und begnügt sich nicht damit, ihnen den Federhalter oder den Gänsekiel zu führen.

## 25. März

Das größte Schweigen ist das Kreuz gewesen. Da durfte die Nacht der Finsternis ihr letztes Aufgebot gegen Gottes Sohn entsenden; da waren die Dämonen losgelassen und die grausigsten Urinstinkte seit Adams Fall entfesselt. Gott aber sagte nichts dazu. Nur ein Sterbender schrie laut in dies Schweigen hinein und fragte, warum, ja warum ihn denn Gott verlassen habe. Gott schwieg auch dann noch, als selbst die stumme Natur in einer erschütternden Geste zu reden begann und der Sonne ihren Schein entzog. Die Gestirne schrien, aber Gott schwieg. Doch gerade hier enthüllt sich auch das große *Geheimnis* dieses Schweigens: Eben diese Stunde, da Gott mit keinem Wort und keiner Silbe antwortet, war die Stunde der großen Weltenwende, war die Stunde, wo der Vorhang im Tempel zerriß und Gottes Herz mit all seinen Wundern vor uns aufgetan wurde. Indem er schwieg, hat Gott mit gelitten; indem er schwieg, ist er die Bruderschaft des Todes und der Tiefe mit uns eingegangen und hat um alles gewußt (während wir meinten: er ahnt von nichts oder er ist gar tot) und hat hinter dunklen Kulissen das Werk seiner Liebe getan. Von dieser Golgathanacht des Schweigens leben wir alle. Was wären wir ohne das Kreuz? Was wären wir ohne das Wissen, daß Gott seinen Sohn in die schweigenden Abgründe und dunklen Täler zu uns schickt, daß er uns ein Gefährte des Todes wird – während darüber seine »höheren Gedanken« gedacht werden und schon mit Macht auf Ostern zudrängen, um dort jene Erfüllungen zu bringen, von denen wir keine Ahnung haben.

## 26. März

Die Offenbarung ist eines unter allen Umständen nicht: Sie ist nicht eine Radiowelle, die an eine auf sie eingestellte »Antenne« des menschlichen Ohres anklänge. Paradox könnte man sagen: Das Wort muß erst die Ohren machen – »neu« machen – und das Herz in die Wahrheit bringen, ehe es verstanden wird, in dem, was es sagt. Wäre das Wort eine Radiowelle, so wären ja alle, die es hörten, Christen; oder so müßten wenigstens alle, die sich seiner Predigt verschlössen, einen bewußten und programmatischen Akt negativer Entscheidung gefällt haben. Nein: das Wort überwältigt nicht die Ohren, daß sie hören müssen; sondern es stellt nur einen Anspruch an die Ohren. An diesem Punkt wird der tiefste, im Wesen der Offenbarung gründende Zusammenhang zwischen Wort und Wunder, zwischen Hören und Sehen deutlich: Genauso nämlich, wie das Wort sich zu den Ohren verhält, verhält sich das Wunder zu den Augen: Auch das Wunder überwältigt die Augen nicht, so daß sie von der aufblitzenden Glorie des Christus geblendet würden und die Menschen »automatisch« in die Knie sinken müßten, sondern auch das Wunder stellt nur einen Anspruch an die Augen: Es steht als aufgerichtetes Zeichen da, als ein Zeichen, an dem niemand vorübergehen kann, ohne die Frage zu stellen: In wessen Namen und aus welcher exousia geschieht das? (Matth 21, 23) Daß diese Frage gestellt und entschieden werden muß, das ist der Anspruch des Wunders – mehr nicht. Genau so also, wie Wort und Wunder die beiden Seiten der gleichen Offenbarung Gottes sind, so gehören auch »Hören« und »Sehen« als die beiden Funktionen des gleichen Menschen zusammen, jenes Menschen, an den sich das Wort Gottes wendet. Wie töricht wirkt von hier aus der Gedanke, daß im wunderhaften Geschehen das Wort aus seiner Unsichtbarkeit in die kontrollierbare Sichtbarkeit übersetzt, der Glaube zum Schauen gebracht würde.

## 27. März

Welcher theologische Sinn liegt nun darin verborgen, daß der Staat wesensmäßig kein Welt-Staat, sondern daß er wesensmäßig ein institutioneller Ausdruck für *die geteilte Welt* ist? Der Weltstaat wird in der Antichrist-Tradition nicht als ein Friedensreich der Erfüllung und als Abschattung des eschatologischen Gottesreiches, sondern als eine pseudomessianische Nachäffung dieses Reiches und als dämonischer Aufstand begriffen. Wenn wir nach dem Grunde fragen, warum der so mythisch geschaute Welt-Staat diese Züge des Antichristlichen und des Aufstandes besitzt, werden wir auf theologische Überlegungen verwiesen, die wir im Zusammenhang der Ordnungs- und Staatslehre bereits angestellt haben: Der Staat als Notinstitution zwischen Sündenfall und Gericht ist nämlich, wie wir gesehen haben, in dem Sinne zweideutig, daß Gott *einmal* die chaotische Tendenz der gefallenen Welt mit den Mitteln dieser gefallenen Welt selbst bekämpft – er stellt im Sinne von Gen 9, 2–6 Gewalt gegen Gewalt –, und daß sich *ferner* im Staate jene Mittel der gefallenen Welt institutionalisieren. Der Staat, so haben wir geradezu formuliert, ist nicht nur eine Objektivierung des göttlichen Erhaltungswillens, sondern er ist zugleich eine Objektivierung des menschlichen Selbstseinwollens, er ist eben »auch« die Transformation des menschlichen Einzelegoismus in jenen kollektiven Egoismus, den man seit *Macchiavelli* als sacro egoismo bezeichnet. Gerade weil der Welt-Staat keine immanenten Grenzen an anderen Souveränitäten und Staatsegoismen fände, und weil also hier ein gegenseitiges Sich-in-Schranken-halten fehlte, darum würde im Welt-Staat der Zug zur Maßlosigkeit »nach oben« liegen. Der hybride trend des Menschen und seiner Institutionen, *alles* zu wollen, würde in dem Augenblick, wo er auf der horizontalen Ebene gesättigt wäre, sich in vertikaler Richtung Luft machen, er würde Rebellion wider Gott werden und er würde eben dadurch zur Rolle des Antichrist verleiten. Der Welt-Staat wäre gleichsam die posthume Wiederholung der Situation vor dem babylonischen Turmbau: Gerade die noch in sich einige, eine Art Welt-Staat bildende Menschheit entbindet ihre geballten Aufstandskräfte in Richtung der Vertikale, weil das Begrenzungsthema auf der horizontalen Ebene eben noch nicht – beim eschatologischen Welt-Staat dagegen »nicht *mehr*« – gegeben ist. Die Niederschlagung dieses Aufstandes durch das göttliche Gericht vollzieht sich so, daß Gott die Sprachen verwirrt und also die Aufstandskräfte teilt, daß er *die geteilte Welt* zustande kommen läßt.

## 28. März

Man könnte den Widerstand des Christen gegenüber dem totalitären Regime so charakterisieren, daß er nicht deduktiv bestimmt ist – indem er von dem Protest gegen die Ideologie ausginge –, sondern daß er induktiv vorgeht, indem er an konkreten Maßnahmen einsetzt, die er dann bekennend als »Symptome« interpretiert. Der bekennende Protest gegen die Einzelmaßnahmen wird seinen Zeugnischarakter dadurch gewinnen, daß er nicht nur im Namen eines allgemeinen Sittengesetzes protestiert, sondern daß er die inkriminierte Maßnahme als die logische Konsequenz einer weltanschaulichen Grundentscheidung richtet. (So war etwa im Dritten Reich gegen die konkrete Maßnahme der Vernichtung »lebensunwerten Lebens« in der Weise zu predigen, daß diese Maßnahme als Ausfluß der mythisch-antichristlichen Blut-und-Boden-Doktrin erschien.) Die Kirche wird sich bei dieser Form des Widerstandes davor hüten müssen, daß sie als »christliche«

Weltanschauungsmacht gegenüber einer »ideologischen« Weltanschauungsmacht erscheint. Sie darf also *das* gerade nicht tun, was von den weltlich-politischen Trägern eines Widerstandes oder gar einer Revolution gefordert werden muß: Sie darf nicht im Namen einer eigenen (zum Beispiel naturrechtlich bestimmten) Staats- oder Gesellschaftsprogrammatik widerstehen. Sie muß aus dem gleichen Grunde sehr genau zwischen geistlich-seelsorgerlichen und zwischen sachlichen Ermessensfragen unterscheiden, deren letztere innerhalb der Christenheit verschieden beantwortet werden können und darum niemals Gegenstand eines Bekenntnisses, einer Synodalentscheidung und somit einer Gewissensbindung sein können. Andernfalls wird der Leib Christi getrennt. Indem die Kirche so die Menschen nicht unter dem Aspekt sachlicher Ziele, sondern seelsorgerlich anspricht, gilt für sie nicht der Auftrag, eine Gegenmacht gegenüber dem falschen Staate zu sein, sondern das Gesetz der »Unterwanderung« wirksam werden zu lassen. *Je mehr lebendige Christen ihrer Verkündigung geschenkt werden, um so mehr tritt dieses Gesetz der Unterwanderung in Kraft.*

## 29. März

Wie manches, was uns an Schrecklichem oder Schönem in unserem Leben begegnete, war eine heimliche Botschaft, die Gott uns schickte und die er uns selbst überbrachte. Wir erkannten ihn aber nicht. Vielleicht begegnete uns ein Mensch – ein nackter, gefangener, hungernder, einer, der uns nötig hatte –, wir aber zuckten vor ihm zurück und erkannten nicht den Bruder unseres Heilandes in ihm. Daß er an Krebs dahinsiechte, stieß uns ab und erinnerte uns peinlich an die eigene Hinfälligkeit. Die melancholische oder mürrische Kollegin am benachbarten Arbeitstisch, die sich vergeblich sehnte, daß ein Wort der Güte ihren Eispanzer auftaute, wirkte so erkältend und beelendend auf mich, daß ich ihr auswich. Und derweil war doch die vierte Nachtwache angebrochen, und ein anderer kam in alledem über die Wogen zu mir. Aber ich war nicht darauf gefaßt, daß er verhüllt war in meinem leidenden oder auch abstoßenden Nächsten oder daß er sich in einem Ereignis versteckte, das wie ein Schicksalsschlag auf mich niedersauste. Ich war auf einen Choral, auf Orgelklang und fromme Gefühle gefaßt. Jeder Filmregisseur weiß ja, welches erbauliche Behagen man damit auf den Polstersitzen erzeugen kann. Aber ich ahnte nicht, daß der Herr meines Lebens in solcher Maskierung, daß er so entfremdet und als solches Phantom in mein Leben treten, daß er mir Aufgaben stellen und mir Botschaften senden würde, deren Segen so unerkennbar eingewickelt war. Wir würden alle diese vierte Nachtwache in unserem Leben ungerührt und ahnungslos vorübergehen lassen, wenn er nicht selber zu uns spräche: »Habt keine Angst – ich bin es!« Wir erkennen den Herrn nie an seinem Äußeren. Da ist er immer verhüllt (sei es, daß er durch Elend und Wunden entstellt ist, oder sei es, daß er wie am Ostermorgen in verklärter Gestalt vor uns tritt). Wir erkennen ihn immer nur an seiner *Stimme,* wenn er uns sagt: »Habt keine Angst – ich bin es!« Wo wir diesen Zuspruch inmitten unserer Verwirrung hören, wo wir hören, daß uns die Angst genommen werden soll, daß jemand stärker ist als die bedrängenden Elemente und daß uns eine Zuflucht in allen Wettern und in all unserer Verwetterung geschenkt ist: da wissen wir, daß er nun selber da ist.

## 30. März

Ein Aufstand, der ohne das potentielle obrigkeitliche Äquivalent getätigt wird, entbehrt notwendig der inneren Autorisierung, weil er nur im negativen »Anti ...« stecken bleibt, weil er also nicht im Namen des zu verbessernden Staates, sondern im Namen der Staats*feindschaft* antritt und insofern das obrigkeitslose Chaos provoziert. Zugleich wird hier noch einmal deutlich, daß das Revolutionäre nur im weltlich-politischen Raum ausgetragen werden und daß es niemals die *Kirche* zum Subjekt haben kann. Denn nur weltliche Institutionen können den wesensmäßig weltlichen Staat konstituieren und also die obrigkeitliche Nachfolge stellen. Weil die Kirche, ohne theokratisch und also schwärmerisch zu werden, diese Rolle nicht übernehmen kann und darf, muß es ihr auch verboten sein, eine gegen das herrschende System *selbst* gerichtete Opposition zu betreiben. Sie ist prinzipiell keine potentielle Obrigkeit und besitzt folglich nicht die Vollmacht zu revolutionärer Opposition. Läßt sie sich aber doch zu ihr hinreißen, so vergeht sie sich nicht bloß an ihrem eigenen Wesen, sondern sie tastet auch das Wesen der *Obrigkeit* an: Denn da sie ihre Obstruktion nicht im Namen einer positiven Größe, eben jener potentiellen Obrigkeit, betreibt, kann sie nur negativ zersetzend wirken.

## 31. März

Auch die pervertierte Obrigkeit konserviert noch einen Rest von Ordnung, selbst wenn diese Ordnung sich nur (vielleicht auch selbst da nur halbwegs) auf die Verkehrsregelung und die Finanzgebarung bezieht, und wenn auch in seinem entarteten Recht das *Postulat* der Rechtlichkeit wenigstens noch als dunkles Zeichen lebendig ist. Dieser Rest von Ordnung ist immer noch besser als das blinde Chaos eines bellum omnium contra omnes, gegen das die Erhaltungsordnung des Staates ja eingesetzt ist. Sofern der Staat auch nur eine Spur dieser seiner heilsgeschichtlichen Funktion wahrnimmt, wird er immer noch gegenüber dem Chaos zu vertreten sein, *wenn* denn das Chaos die einzige Alternative bilden sollte. Allerdings ist es die Frage, ob es nicht Situationen gibt, in denen diese Alternative nicht besteht, und in denen deshalb der Staat selbst bereits auf der *Seite* des Chaos ist. Neben der negativen Voraussetzung einer untauglichen Obrigkeit müssen also noch andere Prämissen erfüllt sein, wenn sich die Möglichkeit der Revolution ernsthaft aktualisieren soll, zumindest sollte eine neue Obrigkeit potentiell bereits da sein und eindeutige Zeichen ihrer Vollmacht besitzen.

## 1. April

Immer wieder erschüttert es mich in Ostergottesdiensten, mit welcher Selbstverständlichkeit die Nachricht aufgenommen wird, daß Christus auferstanden sei. Wer wirklich begriffen hätte, was das heißt, den würde es von den Sitzen lupfen. Und ich habe wenigstens gelegentlich auch die große Erschütterung bemerkt, die sich einstellte, wenn eine vollmächtige Predigt die Osterbotschaft wirklich begreifen ließ. Wenn sie uns aufgeht, dann sind wir plötzlich von Leben umzingelt, wo wir vorher die Hypotheken unserer Vergangenheit im Rükken und eine von Sorgen umstellte Zukunft vor uns hatten. Dann sieht das Leben plötzlich anders aus, und man wird dann auch anders *leben*. Es wird sich eine Umwertung aller Werte vollziehen: Wir werden lächelnd dem ins Angesicht sehen, was uns bisher die Nerven verlieren ließ; und wir werden Dinge fürchten lernen, die wir bisher begehrten oder für harmlos hielten. Aber wenn an Ostern nur das christliche Normalvokabular zum Abrollen gebracht wird, denkt die Gemeinde nur: »Ja – das Übliche. Wir kennen es längst. Gut, daß es nochmal gesagt wird. Wir brauchen *einmal* im Jahr diese Wiederholung von Konfirmandenstoffen.« Und wenn dann noch eine lange Liturgie dabei ist, die die zeitgebundene Predigt nicht durch das Statuarisch-Überzeitliche *ergänzt*, sondern nur als weiteres Durchwalzen konventioneller Stoffe erlebt wird, dann ist der Kreislauf des Selbstverständlichen und ist die Langeweile im höheren Chor komplett. Wir müssen die Dinge offenbar in unserer Sprache interpretieren, damit sie verstanden werden können. Ich habe einmal mit Studenten den Versuch gemacht, daß sie Predigten anzufertigen hatten, in denen die konventionellen Begriffe wie Gott, Sünde, Gnade und so fort nicht vorkamen. Sie mußten umschrieben werden. Ich halte diese Übung für gut, auch wenn sie nur interimistische Bedeutung haben kann. Denn wir sollen uns jene Worte auf der Kanzel ja nicht abgewöhnen; wir sollen nur eine Entziehungskur angesichts ihres leichtfertigen Gebrauchs machen. Wir sollen die Versuchung besiegen lernen, die alten Worte wie ein Glasperlenspiel in immer neuen Variationen zusammenzusetzen, weil die Seelen dabei unterernährt bleiben und zugrunde gehen.

## 2. April

Das österlich gesprengte Grab ist nichts Anderes als die gewaltige Durchbruchstelle, wo der Fürst des Lebens eine Bresche in die Front des Feindes getrieben hat. Ihn konnte der Tod nicht halten in diesem gepanzerten Grabtresor, er hat ihn gesprengt. Und der große Osterjubel besteht darin, daß er deshalb auch uns nicht in der Gefangenschaft des Todes lassen kann. »Lässet auch ein Haupt sein Glied, welches es nicht nach sich zieht?« – Sollte der dunkle Tod stärker sein dürfen als die Hand, in der wir geborgen sind, sollte er stärker sein dürfen als der Treubund, den der Heiland mit seinen Jüngern schloß? Sollte er uns doch noch zu Waisen machen können? Wir wären die elendsten unter allen Menschen! Aber wir sind ja gottlob nicht elend, sondern sind die Jünger und Brüder des Auferstandenen, sind seine »Gesellen« (P. Gerhardt), die er durch Hölle und Tod reißt. Eines bleibt freilich bestehen: Wir müssen wirklich und auch weiterhin durch den Tod, er bleibt uns nicht erspart, auch uns Christen nicht. Auch Jesus ist wirklich gestorben. Aber eines ist entscheidend anders geworden: dieser Tod kann uns jetzt nichts mehr anhaben. Er ist wohl noch eine Schlange, sagt Luther, aber dieser Schlange ist der Giftzahn herausgebrochen. Die Schlange ist noch da, sie ist auch noch schrecklich. Daß der Horizont unseres Lebens noch von dem schrecklichen Schuppenpanzer der Todesschlange umgeben ist, ist schrecklich, und der germanische Mythus weiß im Symbol der Midgardschlange davon. Aber etwas ist anders geworden für uns Christen: daß nämlich diese Schlange, die um unser Leben herumliegt, tot ist. Für den, der das erkennt, hat sie die Schrecken verloren. Der biologische Tod, den wir noch sterben müssen, ist selbst entmächtigt und ist selber tot. Wir müssen es uns ganz praktisch vorstellen, daß dieser Tod wirklich selber tot ist: er darf uns ja nicht mehr aus der Hand Gottes reißen, er darf uns nicht mehr vorlügen: »Lasset uns essen und trinken, denn morgen sind wir tot«. Er darf uns nichts mehr vorlügen, als gäbe es eine ewige Todesnacht mit ihren schweren Gedanken und ihren noch schwärzeren Wirklichkeiten oder auch ihrem gähnenden Nichts. So schrieb Gorch Fock seiner Frau: »Wenn du hören solltest, daß unser Kreuzer versunken und niemand gerettet sei, dann weine nicht. Das Meer, in das mein Leib versinkt, ist auch nur die hohle Hand meines Heilandes, aus der mich nichts reißen kann.« Und er wußte gewiß, daß das Meer ein furchtbarer Schlund sein kann!

## 3. April

Die Christenheit bejaht den »relativen« Wohlfahrtsstaat, weil der ihr aufgetragene Dienst an den Armen und die Verheißungen, die diesem Dienste gelten, nicht bedeuten können, daß die Armut als solche kultiviert werden müsse. Auch der Auftrag ärztlichen Helfens kann ja nicht bedeuten, daß die Krankheit erhalten werden müßte, um jenem Auftrage Möglichkeiten seiner Realisierung zu bieten. Andererseits hat die Christenheit vor der Illusion zu warnen, als ließe sich der Zustand der Armut und Hilflosigkeit prinzipiell beseitigen und statt dessen ein Zustand sozialer Perfektion erreichen, innerhalb deren menschliche Not absolut überwunden wäre. Denn *einmal* wird nur die *Relation* von Armut und Wohlstand verändert; die Kraßheit des Gegensatzes wird gemildert; aber der Unterschied als solcher bleibt auch innerhalb verfeinerter und höherer sozialer Wertsysteme bestehen. *Ferner* gewinnt bei der zunehmend enger werdenden internationalen und interkontinentalen Verwobenheit der Völker die Verantwortung für die Armen anderer Nationen (etwa in den Entwicklungsvölkern) ein zunehmendes Maß an Dringlichkeit. *Endlich* und vor allem verändert sich bei zunehmender sozialer Vervollkommnung die *Form* der menschlichen Misere. Genauso wie die Verfeinerung antibiotischer Heilmethoden nicht die Infektion als solche aus der Welt schafft, wie sie vielmehr gleichzeitig eine Resistenz der Bakterien hervorruft und damit ganz neue Krankheitsbilder schafft, so werden auch durch die radikale Wohlfahrtstherapie neue pathologische Formen der Gesellschaft und neue Armutsformen provoziert: So wird etwa der Gegensatz zwischen äußerer Perfektion und innerer Degeneration um so schmerzvoller hervortreten (wie das schon heute in den radikalen Wohlfahrtsstaaten zu beobachten ist). Äußerer Wohlstand, der nicht von inneren Äquivalenten begleitet wird, führt zu Langeweile, Lebensangst und einer hilflosen Verfallenheit an die Außensteuerung des Lebens.

## 4. April

Man weist oftmals perhorreszierend darauf hin, welche Entwürdigung es vor der Zeit des Wohlfahrtsstaates bedeutet habe, auf die »private Wohltätigkeit« angewiesen zu sein, die, ganz abgesehen von ihrer planlosen Improvisation und also ihrem technischen Ungenüge, den Kranken, Armen und Hilflosen vom »guten Willen« seiner Wohltäter abhängig gemacht und ihm keinerlei Ansprüche zugebilligt habe. Darum sei er zum Almosenempfänger degradiert worden. Bloßes Objekt des Willens anderer zu sein, widerspreche der Personwürde. Partner zu sein und also Ansprüche zu haben, sei ihr dagegen angemessen und habe darum ethische Dignität. Diese Argumentation hat etwas Bestechendes. Sie verblüfft auch dadurch, daß sie dem christlichen Verständnis von Person gerecht zu werden scheint und daß sie damit den Vertreter christlicher Diakonie in die paradoxe Situation bringt, das christliche Anliegen gerade auf einer Seite gewahrt zu sehen, die seine eigene diakonische Gestalt der Nächstenliebe möglicherweise bestreitet oder jedenfalls eine Tendenz zu dieser Bestreitung in sich enthält. Ohne daß Wahrheitsmomente in jener Argumentation bestritten werden sollten, so ist festzustellen, daß sie das Gegenüber von Fürsorge als staatlich geregeltem Rechtsakt und Fürsorge als Funktion »privater«, improvisierender Liebe falsch sieht und sich dadurch den Zugang zur ethischen Problematik jener staatlichen Fürsorge-Apparatur verbaut. Schon der Ausdruck »private Wohltätigkeit«, der dem Begriff des »Almosenempfängers« korrespondiert, ist die sprachliche Degenerationsform einer Größe, die bei Leibesfrische »Liebe« hieß. Die Liebe als caritas und agape entwürdigt den anderen nicht, sondern sie ehrt ihn und stellt sich mit ihm auf die gleiche Ebene: Der Spender weiß sich selbst als einen, der Gott gegenüber der ohne Verdienst Empfangende ist und der darum seinem Nächsten gegenüber so handeln muß, wie an ihm selbst gehandelt wurde. Er ist mit dem Nächsten in der Solidarität des Empfangens vereinigt. Und weiter: Auch der, dem er gibt, ist für ihn nicht »Objekt« irgendeiner Wohltätigkeit, sondern er ehrt im anderen den heimlichen Christus, den teuer Erkauften, das Ebenbild Gottes und die »fremde Würde«. So waltet hier statt des beklagten Subjekt-Objekt-Verhältnisses zwischen Geber und Empfänger eine Partnerschaft in der »letzten« Dimension. Jeder von beiden ist Subjekt und Objekt in einem: Der Geber ist Subjekt als der Gebende; der Empfänger ist Subjekt, weil er Träger eines Segens ist für den, der sich seiner annimmt. Und weil er so Träger dieses Segens ist, ist er eben der »Schatz der Kirche«; darum hat er jenen schöpferischen Auftrag, wie er bei *Bernanos* und *Raabe* aufleuchtet.

## 5. April

Eine Fragestellung, die darin stecken bleibt, nur nach dem Gegenüber von Staat und Kirche zu fragen, droht immer unfruchtbar zu bleiben, weil sie eben nur eine institutionelle Fragestellung bliebe und deshalb ungeeignet wäre, die gerade entscheidende Personalität der Liebe in den Blick zu bekommen. Zuständigkeitsfragen sind ja niemals letzte Fragen. Vielmehr muß die Fragestellung in *dem* Sinne weiter vorgetrieben werden, daß wir nach der Struktur des Staates selbst und nach den Möglichkeiten fragen, die ihm zur Wahrung der personalen Chance und damit zur Wahrung der unmittelbaren Nächstenliebe zur Verfügung stehen. Um in dieser Richtung weiter zu denken, bedarf es zunächst einer genauen Analyse der Entstehung und der Form des Wohlfahrtsstaates. Nur in der realistischen Begegnung mit den Phänomenen und so auch mit dem komplizierten Geflecht aus geschichtlicher Zwangsläufigkeit und willentlicher Programmatik können wir hoffen, dem Wohlfahrtsstaat gerecht zu werden und ihn nicht vorzeitig zu dämonisieren, also im Negativ stecken zu bleiben. Es ist jedenfalls sinnlos, im Namen des Evangeliums historische Prozesse und gegebene Zustände zu verneinen. Der Auftrag für den Christen lautet vielmehr, in dem Raum der scheinbaren Eigengesetzlichkeit das vollziehende Wort der Freiheit auszurichten. Es ist ein *positives* Wort.

## 6. April

Wir sollten dem anderen gegenüber nicht in erster Linie »gerecht« sein, sondern wir sollten ihn lieben und ihn halten. Das kann man nur, wenn man zur Vergebung bereit ist. Und man kann nur zur Vergebung bereit sein, wenn man erfahren hat, daß Jesus Christus mir ja auch *meine* Sünde vergibt und mir eine neue Chance einräumt. Dieses Vergeben ist gar nicht so einfach. Es ist nicht deshalb so schwer, weil wir uns grundsätzlich dagegen sperrten. O nein, so stur sind wir ja gar nicht. Sondern es ist so schwer, weil wir so gerecht sind und weil wir in unserem Gerechtigkeitswahn auch die Last der Vergebung wieder auf beide Partner verteilen und mit der Vergebung nun abermals »gerecht« umgehen möchten. Wir sagen nämlich: »Nun gut, wenn der andere in sich geht und mich um Verzeihung bittet, dann will auch ich ihm vergeben, dann ziehe ich nach.« Wir machen die Vergebung zu einem Gesetz der Gegenseitigkeit. Und das klappt nie. Denn nun denkt jeder: »Der andere muß anfangen«, und paßt höllisch auf, ob der andere ein kleines Blinksignal mit seinen Augen zu mir sendet oder ob zwischen den Zeilen seines Briefes ein ganz kleiner Hinweis zu erkennen ist, daß er bereut. Ich stehe immer auf dem *Sprunge,* zu vergeben (denn ich weiß auch als ganz säkularer Mensch: es geht im Leben nun einmal nicht ohne Vergebung; die Gesellschaftsmaschine würde sich sofort heißlaufen ohne dieses Öl); aber ich springe dann doch nie. Ich bin viel zu gerecht. Vergebung – das ist ihr Geheimnis – ist nämlich niemals ein Nachziehen, wenn der andere mit seiner Reue vorangegangen ist; sondern Vergebung ist immer Initiative. Sie ist Initiative, oder sie ist nicht. Das Leben verläuft im allgemeinen ja nach dem Echogesetz: Ein Nachbar spielt laut Radio. Ich klopfe an die Wand. Er schimpft; ich brülle. Er grüßt mich nicht mehr. Ich sehe ein Loch in die Luft, wenn er an mir vorbeikommt. Das ganze Leben ist ein einziges Reagieren und Echo-Geben im guten und im bösen Sinne. Das ist fast ein Naturgesetz. Nun heißt Vergebung, daß dieses Naturgesetz durchbrochen, daß in dieses verstrickende Netz an *einer* Stelle ein Loch gerissen wird. Das geht nur durch Initiative, das heißt wörtlich: daß einer einen neuen Anfang macht und nicht mehr bloß verfahrene Anfänge fortsetzt.

## 7. April

Liebe und Planung, Liebe und Vorhaben stehen in Spannung zueinander. Der lebendige Anspruch des Du ist in seinem Kern nicht institutionalisierbar, sondern er steht quer zu aller Ordnung; er taucht inmitten ihrer als Störung, als Aufgabe zum Preisgeben aller geplanten Ordnung auf: So wie der Geist weht, wo er will, wie er nicht »auf Flaschen zu ziehen« und nicht in Ordnungen einzufangen ist, so ist auch der Nächste ein Widerfahrnis, ein Herausrufendes und so also etwas, das nicht zum Element einer Ordnung normalisiert werden kann. Darum ist Liebe wesensmäßig mit *Improvisation* verbunden. So wird selbst von einem geordneten Dienst am Menschen – wenn etwa der Pfarrer seine Routine-Besuche in der Gemeinde macht oder wenn die Predigtvorbereitung oder die seelsorgerliche Sprechstunde auf seinem Termin-»Plan« steht – der unmittelbare Anruf des Nächsten, das Entbotenwerden zu einem aktuellen Notfall, als Störung empfunden und kann sogar ernste Pflichtenkollisionen auslösen. Liebe ist Unmittelbarkeit. Ordnung ist Mittelbarkeit.

## 8. April

Für den unter Rechtfertigung existierenden Christen beruht die Selbstachtung, man könnte auch sagen: die ›Ehre‹ auf der Tatsache, daß uns Gott als der Vergebende in seine Gemeinschaft aufgenommen hat und daß uns die Schuld nicht aus dieser Gemeinschaft herausreißen kann. Die Tatsache, daß uns diese Gemeinschaft »allein durch den Glauben« zuteil wird, befreit von der Tendenz, hinsichtlich der »Werke« ein moralisches Alibi erbringen und sie dementsprechend entweder zu Verdiensten verklären oder als schicksalhafte Produkte einer Zwangssituation erklären oder die Situation selbst aus einer tragischen Weltsituation ableiten zu müssen. Die Vergebung erlaubt, realistisch zu sein. Darum erhält sie »gesund«.

## 9. April

*Das Elternrecht ergibt sich aus dem Soll-Gehalt der Elternschaft; der empirische Zustand der Elternschaft aber droht es zu diskreditieren.* Durch diesen Typus Mensch und »Namen«-Christ wird die Omnipotenz des Staates immer neu heraufbeschworen und wird der Staat zur Inanspruchnahme eines Erziehungsmonopols förmlich gedrängt und verführt. Inmitten einer willenlosen, und das heißt immer: inmitten einer ziellosen Masse droht sich stets die stärkste Kommandostimme durchzusetzen. Hier werden selbst inmitten demokratischer Staatsgebilde totalitäre trends förmlich ausgelöst. Denn Unmündigkeit ist der Zunder, an dem sich die totalitären Feuer entzünden. Daraus ergeben sich folgende Aufgaben für die Kirche. *Negativ:* Das christliche Elternrecht ist – wir sagten es bereits – nicht formalrechtlich in dem Sinne zu vertreten, daß man christliche oder Konfessionsschulen für den statistisch zu erhebenden, sogenannten »christlichen« Bevölkerungsteil fordert. Das würde in einer entsprechenden kirchlichen Schulpolitik zu Heuchelei, Gewissensfriktion und Fassadenchristentum führen. *Positiv:* Die Kirche muß sich in ihrer Verkündigung die jungen Eltern besonders angelegen sein lassen. Sie muß sie zur Erkenntnis und dann auch zur Wahrnehmung ihrer Vollmachten sowie zu gezielten und legitimen Akten des Delegierens anleiten. Es darf keine Schaffung von Ordnungen – weder von Schul- noch auch von Kirchenordnungen (etwa von liturgischen Reformen!) – geben, die von oben herab, zum Beispiel auf dem Vertrags- und behördlichen Verhandlungswege, konstruiert sind. Sondern es dürfen nur Ordnungen erstellt werden, die von unten her gewachsen, allerdings auch in ihrem Wachsen »von oben« her angeregt und gefördert sind. Praktisch heißt dies, daß das Zustandekommen und die Wahrnehmung des Elternrechts von Eltern*gemeinden* auszugehen hat, die sich am Wort Gottes gebildet haben. Nur diese können mehr, als verwirkte Rechte zu verpachten (welcher Nonsens steckt in diesem Versuch!). Sie können wirklich »delegieren«. Nur so kann in diesem Bereich geistlich »legitim« gehandelt werden.

## 10. April

Wenn wir Christen sagen, daß dieser Eine die Schuld und den Tod überwunden habe, dann machen wir uns dieses Bekenntnis oft viel zu leicht. Wir sagen und denken uns oft: Nun, er war eben allmächtig, er hat den Todesengel einfach abkommandiert, er hat ihn nicht an sich rangelassen. Doch, er hat die Wehen des Flüchtlingslebens, der Einsamkeit und des Sterbens geschmeckt, und er hat genau in demselben Grabe gelegen, in dem wir alle einmal liegen werden. Er ist auch gefangen gewesen, er ist auch in die Hände der Menschen gefallen. Er ist auch gemein behandelt worden. Er hat das alles sehr wohl »an sich ran« gelassen. Sonst wäre er nie unser Kamerad und Bruder. Ich will ein Bild gebrauchen: Wir sind von feindlichen Mächten umzingelt. Wir sind sozusagen wie oft Soldaten im Kriege im Kessel des Todes. Da hat er nun wiederum nicht kraft irgendeiner Allmacht die umschließenden Mächte abkommandiert, sondern er ist bei uns im Kessel gelandet. Er hat die Angst und die Not der Eingeschlossenen auf sich genommen – er hat nun den Kessel von innen her gesprengt. Verstehen Sie: von innen. Er hat genauso in der Versuchung zur Sünde gestanden wie wir; der Teufel hat auch ihn angeblinzelt und zu hypnotisieren versucht. Aber er ist mit ihm fertig geworden. Er ist durch den dunklen Gang des Sterbens gegangen, aber er hat die Wand auf der andern Seite durchstoßen, er hat den Grabesdeckel hinweggesprengt. Dann nimmt er den, der an seiner Hand geht, auch mit hindurch, auch durch die Einsamkeit des letzten Stündleins. Er erspart uns den Tod nicht. Aber er geht mit. Wir sind wie Kinder in einem nächtlichen Wald: Das Mondlicht läßt bizarre Schatten entstehen. Unheimliche Geräusche berühren unser Ohr. Aber wir gehen an der Hand des Vaters. Darum ist ein geheimer Bannkreis um uns geschlagen, und das Unheimliche darf nicht mehr nach uns greifen. Auch der Gedanke darf uns nicht mehr bedrängen, wir seien dieses Herrn nicht wert. Wer oder was will uns scheiden von der Liebe Gottes?

## 11. April

Liebe macht nicht nur erfinderisch, sondern zunächst einmal finderisch. Die Liebe, wenn sie wirklich da ist, hilft uns nicht nur Wunden heilen, sondern vor allem Wunden entdecken. Nur darum ist auch mit der Mutterliebe das tiefste Verstehen verbunden. Denn die Mutter versteht ihr Kind schon, ehe es sagen kann, warum es weint, und vielleicht schon, ehe es überhaupt weint. Sie versteht es nicht deshalb, weil sie alle Fächer der Säuglingspflege in Theorie und Praxis studiert hätte, sondern weil sie es liebt. Sage mir, wieviel du vom Leiden deiner Menschenbrüder weißt, und ich will dir sagen, wie sehr du sie geliebt hast. Und immer, wenn wir das heimliche und vielleicht bewußt verschwiegene Leid eines Menschen übersehen haben, vernehmen wir den Herrn des Jüngsten Tages, der uns sagt: »Ihr seid die Liebe schuldig geblieben, sonst hättet ihr es erkennen müssen. Denn die Liebe spricht ja gar nicht nur aus der helfenden Hand, sondern vor allem aus der Wachheit eures Blicks. Ich suche den wachen Blick eurer Liebe«, spricht der Herr des Jüngsten Gerichtes, »in der ganzen Ewigkeit vergebens. Er muß wohl unterblieben sein«. Wenn deshalb das Evangelium uns immer wieder berichtet, daß Jesus weiß, was im Menschen ist, und daß er ihn also versteht und bis in sein Innerstes durchschaut, dann liegt das daran, daß er ihn liebt. Vielleicht können wir nur deshalb den Gedanken ertragen, daß Gott uns bis ins Letzte durchschaut, ja, daß er auch unsere unerkannte Sünde ins Licht vor seinem Angesicht stellt (wie entsetzlich ist dieses Heraustretenmüssen der Schuld aus der Tarnzone ihrer Heimlichkeit!), weil wir wissen: Es geht ja hier gar nicht um eine so theoretische Eigenschaft Gottes wie um seine sogenannte »Allwissenheit«, sondern es geht darum, daß er uns so unendlich liebt. *Darum* versteht er uns so genau.

## 12. April

Der christliche Glaube ist wesensmäßig nur im Rahmen einer Entscheidung zu vollziehen. Die Entscheidung zum Nicht-Glauben, etwa in Form eines offenen Atheismus oder eines militanten Antichristentums, wie sie in den ideologischen Machtstaaten vorliegt, ist immerhin eine *echte* Entscheidung. Die Ideologisierung des Christentums dagegen ist auch insofern unsachgemäß, als sie diese Entscheidung umgeht oder besser: als sie diese Entscheidung bis zur Unkenntlichkeit entstellt und sie nur noch indirekt und in höchst hintergründiger Weise vollzieht: Denn die Ideologisierung des Christentums macht es möglich, sich seiner auch als Nicht-Glaubender zu bedienen. Das harmlos und fromm gemeinte, theologisch aber mehr als ungeschützte Wort Kaiser *Wilhelm I.*, daß »dem Volke die Religion erhalten bleiben müsse«, kann auch von jemandem gesprochen werden, der nicht wie der alte Kaiser als persönlich Glaubender die politischen *Auswirkungen* des Glaubens konstatiert. Es ist vielmehr möglich, rein pragmatisch zu konstatieren, daß der Glaube die Regierbarkeit der Menschen erleichtert, daß er tatsächlich als »Opium für das Volk« verwendbar ist, daß er mit seiner Jenseitshoffnung die Misere des Diesseits ertragen hilft und darum die herrschende Klasse von reformerischen Pflichten entbindet, und daß er endlich zum Fanatismus stimulieren kann, wenn man den Menschen einredet, es gehe bei einer sozialen Aufgabe oder bei einem Kriege um die Sache Gottes. Auch wenn man den Glauben nicht glaubt, ist er verwertbar. Man ist in diesem Falle nicht »gegen« den Glauben – indem man etwa eine antichristliche Entscheidung fällte –, sondern man bejaht ihn, man versetzt sich auf einen christlichen »Standpunkt«, aber man steht gleichwohl außerhalb des Glaubens und bejaht nur von außen her seine politische Verwertbarkeit. Man nimmt ein sich absolut Verstehendes relativ in Anspruch. Insofern ist man zynisch. In diesem Sinne werden wir sagen dürfen, daß die Idee des christlichen Abendlandes – selbstverständlich nicht *nur* und erst recht nicht *ursprünglich*, aber doch *weithin* – zu einem Schlagwort im ideologischen Sinne geworden ist, zu einer Parole etwa, die als Gegen-Ideologie zum östlichen Geiste verstanden wird. Die sich darin äußernde Gestimmtheit wäre etwa so zu umschreiben: In Ermangelung einer eigenen militanten Ideologie, die der östlichen adäquat wäre, greifen wir auf die Werte der christlichen Tradition zurück, um uns mit ihrer Hilfe als eine gewisse Einheit zu empfinden.

## 13. April

Das 13. Kapitel der Apokalypse ist ein antithetisches Korreferat zum 13. Kapitel des Römerbriefes. Obwohl es sich mythischer Stoffe bedient, ist der zeitgeschichtliche Hintergrund des römischen Imperiums, das sich nicht nur als Staat, sondern auch als heilsgeschichtlich-religiöse Institution versteht und insofern ideologisch-totalitäre Züge wenigstens andeutet, unverkennbar. Von da aus ergibt sich die Frage, ob und inwieweit diese Interpretation des römischen Imperiums für das Verständnis der modernen ideologischen Tyrannis herangezogen werden könne, ohne daß dem Texte Gewalt angetan und er aus seiner geschichtlichen Lokalisierung gewaltsam entfernt wird. Man wird darauf erwidern dürfen, daß der Text der Apokalypse das römische Imperium nicht in der Weise eines Chronisten beschreibt, sondern es theologisch deutet. Theologische Deutung aber heißt, ein geschichtliches Phänomen so zu interpretieren, daß in ihm sein exemplarischer Charakter als »Fall« in der Geschichte mit Gott zur Erscheinung kommt. Diese Geschichte mit Gott ist die Bewegung der von Gott geschaffenen Welt zwischen Sündenfall und Gericht. Sie ist darum eine Geschichte der Bewahrung und des Aufstandes, der Ordnungen und der Verkehrung von Ordnungen. Während Paulus das römische Imperium nun so interpretiert, daß in ihm die Züge einer bewahrenden und vorläufigen Ordnung Gottes hervortreten, stellt der Apokalyptiker an eben diesem Imperium die »andere« Seite dieser Geschichte mit Gott heraus: daß der Staat sich aus seiner Vorläufigkeit, seiner Beauftragung und also aus seiner Relativität befreit und sich in seiner Endgültigkeit als einen Herrn von eigener Gnade und also als *absolut* proklamiert.

## 14. April

Das Schlagwort ist die *Wortfigur der Entpersönlichung,* und zwar in doppelter Hinsicht: *Einnmal* insofern, als für den Schlagenden der andere, also der Geschlagene, nicht Person, sondern Gegenstand, nämlich Träger einer Kraft ist, die entweder gewonnen und dem eigenen Kräftepotential eingegliedert werden soll oder die als feindliche Kraft vernichtet werden muß. In beiden Fällen ist der Adressat des Schlag- und Propaganda-Wortes also eine Kraft und keine Person. *Ferner* ist das Schlagwort ein Signum der Entpersönlichung insofern, als es sich nicht an den Personkern, also nicht an den Menschen als Überzeugungsträger wendet, sondern als es sein Nervensystem affiziert. Es arbeitet mit optischen und akustischen Stimulantien. Wo personhafte Gemeinschaft (auch personhafte *Volks*-Gemeinschaft) zerbrochen ist, gibt es keine allgemein vorhandene Ich-Schicht mehr, in der Überzeugungen gebildet werden könnten. Ja noch mehr: Dort, wo es noch eigenständige Personbereiche gibt, werden sie abgebaut, weil die Proportion gilt: Je mehr personhafte Substanz, um so größer die Immunisierung gegen »nervöse« Steuerung von außen; je mehr Gesinnung, um so stärker die Abwehr gegen den Eindruck durch die Sinne. Darum sagt Simone *Weil* mit Recht: »Die Propaganda hat nicht das Ziel, die Menschen mit einer echten Gesinnung zu durchseelen. Sie verstopft und vermauert vielmehr alle Öffnungen, durch die der Geist einer echten Gesinnung Einlaß finden könnte; sie bläht die Seele mit nichts als einem Fanatismus auf.« Darum werden die gewachsenen, personhaft gefüllten Gemeinschaften atomisiert. Das Kollektiv ist statt einer Gemeinschaft ein loses Konglomerat unverbundener, durch keine Normen mehr aufeinander bezogener Partikel. Das Kollektiv ist darum – paradoxerweise – die kollektive Form der Einsamkeit. Innerhalb der personhaft unverbundenen Glieder des Kollektivs herrscht nur noch *eine* Gemeinsamkeit: die der inferioren Ich-Bereiche, nämlich der Nerven. Nur indem die Nervensysteme von gleichen und gemeinsamen Einflüssen und von dem gleichen Kraft- oder Schwachstrom der Propaganda durchrieselt werden, ergibt sich eine gewisse Homogenität. Diese stellt freilich nicht, wie das bei personhaften Gemeinschaften der Fall ist, eine fundierte Bindung her, sondern hält nur solange vor, wie jene Vibrierung der Nerven künstlich und von außen her erzeugt wird. Im gleichen Augenblick, wo jene Elektrisierung aussetzt, zerfällt die künstliche Fassade der so erzeugten Scheingemeinschaft.

## 15. April

Ideologie ist in einem doppelten Sinne antichristlich: *Zunächst* gegenüber dem *Christen*; und zwar insofern, als sie die Gebundenheit des Christen als Bestreitung und Verkürzung ihres eigenen Bindungsanspruchs und damit als Opposition verstehen muß. *Ferner* ist die Ideologie antichristlich gegenüber dem *Christentum*; und zwar nicht nur deshalb, weil es jene den Christen binden und ihn verhaften wollende Größe ist, sondern auch deshalb, weil das Christentum als Ideologie eine *überwundene Klassenstufe* darstellt. Es ist also im Sinne des materialistischen Denkens nicht nur unwahr, es ist auch im Sinne des dynamischen Gesichtspunktes nicht nur feindliche Bindungsmacht, sondern es ist außerdem im historischen Sinne auch reaktionär, es ist als religiös ideologischer Überbau nicht mehr mit der Basis der »heutigen« gesellschaftlichen Situation synchronisiert. Von da aus ergeben sich noch weitere theologische Konsequenzen der Ideologie: *Im Rahmen der Ideologien degeneriert das Wort.* Denn das Wort lebt davon, daß es eine letzte Wirklichkeit aussagen darf, daß es das Medium des *Bekenntnisses* ist und diesen seinen Ursprung auch in allen anderen Formen seiner Aussage gegenwärtig sein läßt, ganz gleich, ob es mitteilendes Wort ist (und auf das »Letzte« der Wahrheit) oder ob es gestaltendes Wort ist (und auf das »Letzte« des Wesens) oder ob es richtendes Wort ist (und auf das »Letzte« der Gerechtigkeit bezogen ist). Das Wort lebt ferner davon, daß es Stiftung und Ausdruck oder Abbruch und Kündigung von Kommunikation zwischen Personen ist. Seine tragende Macht für die Gemeinschaft reicht vom Liebesschwur bis zum Todesurteil.

## 16. April

Sorge ist eine mit Zittern und Zagen an die Zukunft gestellte Frage. Sie ist die bange Frage, wie es denn werden soll. Denn diese Zukunft ist ja voll bedrohender Möglichkeiten. Da ist die gefährdete Ernte, die von einer unbarmherzigen Sonne verbrannt wurde; da sind die bedrängenden Fragen der Weltpolitik; das Knistern im Weltgerüst scheint mehr und mehr in das Geräusch des Berstens überzugehen, und wir warten auf den Augenblick, wo der Einsturz dieses mühsam in Balance gehaltenen Gerüstes erfolgt und wo die wilden Flammen einer neuen Katastrophe aus den Fenstern schlagen. Wir wissen es eben ganz einfach, wie das ist: hungern müssen, vertrieben werden, in die schrecklichen Hände der Menschen fallen. Wir wissen es, wie das aussieht und sich anhört, wenn die Heimstätten stürzen und wenn es keine menschliche Hilfe mehr gibt. Wir wissen es deshalb, weil unsere eigenen Augen die rote Glut gesehen und unsere Ohren das Stürzen und Fallen und die Schreie gehört haben. Wundert es uns, daß wir Sorgen haben, dies alles könne wiederkehren? Wir wissen, zu welchen Qualen diese unsere Welt fähig ist. Sollten diese Sorgen deshalb Sünde sein? Ist das Wissen und Erlebthaben des Grauens, das Wissen darum, was alles »möglich« ist, Sünde? Ich glaube das nicht und meine vor allem, daß wir auf diese Weise nicht an jenes Geheimnis herankommen, das Jesus im Auge hat, wenn er vom *Ungehorsam* und von der *Schuld* des Sorgens spricht. Denn dies alles, was ich soeben erwähnte: die Erlebnisse, die uns wissend gemacht haben und die darum auch die Zukunft so besorgniserregend sein lassen – dies alles gehört zum Bereich jener Dinge, die von außen her in unsern Mund, in unsere Augen und Ohren hereingekommen sind. Und eben dieser Bereich – so hat es der Herr einmal ausgedrückt – verunreinigt den Menschen nicht (Matth. 15, 15 ff.); lediglich das, was aus dem Herzen kommt und von innen nach außen dringt, verunreinigt uns und macht schuldig. In diesem unserem Herzen steigen ständig die argen Gedanken wie giftige Sumpfblasen empor, und zu diesen argen Gedanken gehört auch die Sorge. Hier ruht deshalb das Geheimnis des Sorgengeistes; hierhin müssen wir blicken.

## 17. April

Das Gegenteil der Sorge ist der *Glaube*. Es ist der Glaube, der um die Ungewißheit der Zukunft weiß und der allen Rätseln und scheinbaren Sinnlosigkeiten des Schicksals standhält, der einfach sagt: Dennoch bleibe ich stets an dir. Ich bitte zu bedenken, daß er nicht sagt: Dennoch bleibe ich stur auf meinen

Beinen stehen: »was mich nicht umbringt, macht mich stärker«. Das könnte jeder Büffel auch sagen, wenn seine Gehirnmasse ihn nicht hinderte, einen philosophischen Satz zu denken. Sondern der Glaube sagt: Ich falle vielleicht und bin oft hilflos, aber du hebst mich auf. Mein Verstand steht schier still oder wird irre angesichts des Übermaßes an Leid in der Welt, aber du *lässest* mich nicht, und so hält dich dann auch *meine* Hand fest. Denn ich darf es ja wissen, daß deine Liebe ihren Weg auch in der größten Dunkelheit hat. In diesem Sinne ist der Glaube das Gegenteil der Sorge. Und so hat es der Herr selber ausgesprochen, wenn er sagt: »Fürchte dich nicht, glaube nur!« (Mark 5, 36). Wenn wir uns dieses Vertrauen schenken lassen, dann bekommen wir ein wenig von der königlichen Freiheit der Kindes Gottes zu schmecken, und unter der Hand verändert sich unser ganzes Verhältnis zur Zukunft. Unser erstes Interesse gilt nicht mehr der Frage (der bangen und zweifelnden Frage), ob Gott helfen wird, sondern es gilt der andern Frage (der fröhlichen, gewissen und gleichsam neugierigen Frage), *wie* Gott helfen wird. In diesem Sinne sagt Pascal einmal, es sei herrlich, im wilden Wetter auf einem Schiff zu fahren, wenn man wisse, daß es nicht untergehen könne. Das ist die stürmische Freude des Christenlebens, das ist auch sein Lachen und sein Humor und seine sieghaft überwindende Kraft, daß unser Leben nun ein solches Schifflein ist, in dem Jesus Christus schläft und das nicht untergehen kann.

## 18. April

Der protestantische Ethiker kann sich nicht auf ein festliegendes und gegebenes System normativer Prinzipien berufen, das ihm erlaubte, alle Fälle unseres Daseins zu subsumieren und durch Deduktionen aus obersten Prinzipien zu konkreten Weisungen zu kommen. Statt dessen muß er, vom Gegenstand seines Glaubens her auf die konkreten Fakten zugehend und von ihnen her dann zurückfragend, jene Weisungen erst *finden*. Das dem Akte des Suchens damit innewohnende Ausmaß an Entscheidung führt, wie wir schon feststellten, zu einer unvergleichlich größeren Variationsbreite möglicher Lösungen, als sie bloßen Deduktions- und Subsumtionsvorgängen innewohnt. Es ist darum nicht sachgemäß, die größere Verschiedenheit protestantischer Ethiken – gerade in politicis! – nur negativ als Ausdruck von Unsicherheit zu werten. Es ist vielmehr sachgemäß, nach der Berechtigung jener *Prinzipien* zu fragen, die sich in solchen Folgen auswirken. An *dieser* Frage fallen die Entscheidungen. Und sie fallen zweifellos nicht bei Überlegungen, die nur in pragmatischer oder ästhetischer Weise darüber befinden, welche von beiden Arten der Ethik leichter zu handhaben sei und ihren Benutzern ein größeres Maß an Entscheidung abnehme; oder auch welche von beiden Arten der Ethik (die homogen geschlossene des Katholizismus oder die polyphon bewegte und gelegentlich atonal-regellos scheinende des Protestantismus) einen erfreulicheren und geschlosseneren Eindruck mache. Diese unsere These über die richtige und über die falsche Entscheidungsfrage dürfte uns übrigens mit unserem katholischen Gesprächspartner durchaus verbinden. Es ist ein gutes Zeichen des Miteinanders der beiden Konfessionen, daß das Gefühl der Gemeinschaft nicht in dem Maße wächst, wie die Differenzen verschwiegen und überspielt werden, sondern wie wir falsche Frontstellungen korrigieren und an den zentralen Punkten der *wirklichen* Verschiedenheit das Gespräch der Wahrheit einsetzen lassen.

## 19. April

Wir heutigen Menschen neigen dazu, alles zu psychologisieren und damit zu verharmlosen. Neid ist für uns so etwas wie ein Komplex, wie irgendein Minderwertigkeitsgefühl, das möglicherweise auf ein Jugendtrauma zurückgeht. In Wirklichkeit passiert aber viel mehr, wenn wir neidisch sind. Und da das Neidischsein ein elementarer Vorgang in uns ist, da er zerrüttend, quälend und zerstörend sein kann, müssen wir hier sehr genau hinsehen. Was ist also Neid? Wenn ich neidisch bin, sehe ich den anderen nicht mehr als »Menschen«, nicht mehr als jemanden also, den Gott mir so, wie er ist, auf den Weg gestellt und mit bestimmten Gaben und Erfolgen ausgestattet hat, sondern ich sehe nur noch etwas *an* ihm, und zwar meist eine Äußerlichkeit. Vielleicht sehe ich in dem anderen nur den Autobesitzer, während ich mich selbst auf dem Fahrrad abstrample. Vielleicht hat er auch nur einen stärkeren Wagen als ich, oder sein Kind hat eine Puppe, die augenrollen und »Mama« sagen kann, während das meine mit einer billigen Volksausgabe aus dem Warenhaus spielt (und sich dabei sehr wohl fühlt!). Oder die Nachbarin hat eine bessere Staubsaugermarke oder der Kollege einen Arbeitsplatz näher am Fenster. Oder ein Parlamentarier zählt nach jeder Rede die Druckzeilen, die die Presse darüber bringt, und ärgert sich, wenn sein Konkurrent im Durchschnitt zwölf Worte mehr für sich verbuchen kann. Oder eine Filmdiva mißt nach, ob ihr Bild in der Illustrierten nicht ein paar Quadratzentimeter kleiner ist als das ihrer Nebenbuhlerin. Oder: Kain paßt auf, ob Abel mit seiner Herde nicht einen höheren Jahresertrag herauswirtschaftet, als er – Kain – das mit seiner Landbestellung fertigbringt. Es ist unglaublich, an welchen Nichtigkeiten sich der Neid entzündet, und wie sehr ich also den anderen, den ich beneide, insofern degradiere, als ich in ihm nur noch den Träger solcher Nichtigkeiten sehe. An diesen vordergründigen Unterschieden, an diesen kleinsten Prestigedifferenzen kann ich mich förmlich zerreiben. Das kann mir die Nachtruhe rauben. Den anderen Menschen sehe ich darüber gar nicht mehr. Er ist für mich nur noch – und wie schrecklich ist das! – der Repräsentant von kleinen und belanglosen Vorteilen.

## 20. April

Eine der hervorgehobenen Formen kirchlicher Untreue besteht darin, das Kerygma von der christlichen Weltoffenheit zwar noch zu vernehmen, jedoch das zu überhören, was uns zu dieser Offenheit *ermächtigt*. Der Zuspruch »Alles ist euer« wird von dem ihn Umfangenden und Begründenden gelöst: ». . . ihr aber seid Christi« (1. Kor 3, 22 f). So käme es gleichsam zur Säkularisierung eines geistlichen Wortes, dem nur noch die freischwebende Idee der Freiheit entnommen würde. Ein Neben- und Abfallprodukt des originalen Satzes würde zum Eigentlichen gemacht. Insofern veruntreut eine Kirche, die allzu unmittelbar »Weltoffenheit« demonstriert und ihre Botschaft so als den dernier cri, als das notorisch Moderne zu empfehlen meint, ihren Auftrag. Aus einer Akkommodation, die mit der Adressierung ihrer Botschaft in der Tat gegeben ist, wird eine Assimilation. Das Willkommengeschrei, mit dem die Welt dieses kirchliche »Fleisch von ihrem Fleisch« im ersten Akt der Assimilation zu begrüßen pflegt, weicht schnell der Vergleichgültigung einer Größe, deren Adressenmaterial zwar auf dem neuesten Stande ist, die aber über keine Pakete und keine Brieftexte mehr verfügt, die damit zu versehen wären. Die Freigabe der Zuwendung zur Welt ist also kein Akt, den der christliche Glaube nur *einmal* in einem historischen Augenblick ausgelöst hätte, der aber dann zurückträte und irrelevant würde. Daß es freilich immer wieder doch dahin kommt, macht gerade, wie wir sahen, die Ambivalenz der Säkularisation aus und läßt auch ihre säkularistische Variante erscheinen: nämlich die *Inanspruchnahme* der vom Glauben eröffneten Freiheit und die gleichzeitige Preisgabe ihres *Grundes*. Demgegenüber versteht sich der Glaube nicht nur als Eröffnung der neuzeitlichen Freiheit für die Welt, sondern auch als deren bleibende Bedingung. In dem gleichen Augenblick, wo er die von ihm ausgelöste Freiheit nicht mehr begleitet – wo also der Sohn sich vom Vater lossagt –, wird aus der Freiheit für die Welt eine neue Gestalt der Welthörigkeit. Nun wird die Welt wieder Heilsinstitut: sei es in dem banal alltäglichen Sinn, daß man sich das Gesetz des Handelns von ihr diktieren läßt und auch den Zuspruch der Rechtfertigung von ihr empfängt (»C'est la vie!«), sei es in dem metaphysischen Sinne, daß sie zum Raum utopischer Erwartungen und Erfüllungen, zum Tempel des Deus-spes gemacht wird. Deshalb halten wir die entscheidende These im Auge: *Der Grund für das, was die Freiheit ZUR Welt gibt, ist das gleiche, das auch die Freiheit VON der Welt gibt,* so gewiß es - so gewiß »Er« – nicht von dieser Welt ist und sie insofern transzendiert.

## 21. April

An sich leben wir Menschen ja nach dem Gesetz des geringsten Widerstandes, das heißt wir tun das, was die meisten tun. Wir leben in den Tag hinein. Und die Bahn des geringsten Widerstandes ist hier als der breite Weg bezeichnet. Auf dieser Straße sind wir von Natur alle, wenn wir »in Gesellschaft« dahinleben. Nun schreckt uns Jesus auf, indem er uns ein Halt zuruft. Es geht darum, einen ganz bestimmten Eingang zu finden. Das ist unbequem. Auch der Weg, auf den dieser Eingang führt, ist unbequem und eng. Man kann sich da nicht einfach gehen lassen und zuchtlos umherschwärmen, denn rechts und links ist Abgrund. Damit will er sagen: Die Bahn des Christenstandes ist nicht einfach. Oft ist es bequemer, kein Christ zu sein. Man kommt da viel leichter und hemmungsloser und unbeschwerter durch in dieser Welt der Lüge, in der ein Christ als Ausnahme stehen und als leuchtendes Signal eines anderen Reiches leben soll. Man käme skrupelloser und leichter voran in dieser Welt der Brutalität, in der der Christ Liebe üben, in dieser Welt der Angst, in der der Christ eine Quelle des Friedens sein soll. Wer das alles von vornherein nicht will, kann diesen schmalen Weg nicht gehen. Jesus ist uns immer zuerst ein Widerstand, eine Unbequemlichkeit, ein zugerufenes »Halt«. Wer das nicht wahrhaben will, verfälscht ihn und macht ihn zu jenem sanftsüßlichen Nazarener, den wir von kitschigen Bildern kennen. Aber diese Entscheidung für ihn und den schmalen Weg bedeutet nicht nur eine Scheidung von unserer bisherigen Bahn, sie bedeutet nicht nur die Bereitschaft, sich ihm einfach einmal anzuvertrauen und ganz neue, abenteuerliche und fremde Wege führen zu lassen. Sondern die Entscheidung bedeutet auch Scheidung von anderen Menschen.

## 22. April

Die Art, in der wir die Welt ernstnehmen, ist nur ein Nachvollzug der Art, wie Gott sie ernst nimmt. Und die Privilegien, die der Neuhumanismus der humanitas zuerkennt, sind wiederum präfiguriert im »Humanismus Gottes«. Der Dialog zwischen Evangelium und Neuhumanismus vollzieht sich allerdings nicht so, daß das Evangelium die säkulare These der humanitas, die es zwar »respektiert«, nun einfach übernähme, daß es an sie wie an eine fixe Gegebenheit »anknüpfte« und sie nur überhöhte. Wo sich vom Evangelium her Anknüpfungen ergeben, vollziehen sich vielmehr gleichzeitig Revisionen. Nicht einmal die an Jesus gestellten Fragen bleiben unverändert stehen, sondern werden durch Gegenfragen revidiert. Das bedeutet nicht, daß sie ignoriert oder schlechthin diskreditiert würden. Daß es nicht so ist, zeigt sich – auf einer freilich ganz anderen Ebene – beim Umgang Jesu mit den Pharisäern: Ihre Intention, Gott zu dienen, wird durchaus nicht bestritten. Doch auf eben dem Boden dieser ihrer Intention erreicht sie nun die Frage, ob sie das, was sie möchten, auch tun, ob sie es auf diesem Boden des Gesetzes überhaupt tun *können* und ob sie statt dessen nicht sehr viel mehr dem Sohne gleichen, der sein Ja spricht, aber das Nein tut (Mt 21, 28 ff). Das Evangelium knüpft folglich an die von den Pharisäern eingenommene Position an und stellt sie auf ihrem eigenen Boden in Frage. Diese Position verfällt also nicht einfach dem Verdikt der Abwegigkeit oder des Unwesentlichen, sondern sie wird auf- und ernstgenommen, sie wird vom Evangelium als ein Terrain akzeptiert, auf dem weitergefragt und dann auch in Frage gestellt wird. Wo dagegen gar keine Position mehr wäre und statt dessen das Vacuum der puren Indifferenz gähnte, könnte das Evangelium mit seinem »Ich-aber-sage-euch« (Mt 5, 28. 34. 39. 44) nur ins Leere stoßen. Ganz entsprechend würde sich der Dialog des Evangeliums mit dem säkularen Neuhumanismus vollziehen. Auch hier könnte das Leitbild der humanitas die Ebene der Anknüpfung, des Weiterfragens und der Revision bilden. Dabei sind der Phantasie für mögliche Gespräche mit *Wilhelm von Humboldt* oder *Karl Marx* keine Grenzen gesetzt: *Humboldt* müßte sich etwa fragen lassen, ob seine Weise, die Entfaltung der menschlichen Entelechie zur Spitzenmaxime zu machen, überhaupt noch ein Ernstnehmen der Weltdinge gestatte. Ist nicht jede sachliche Arbeit – etwa die staatsmännischer Kulturtätigkeit – ausschließlich dem Kriterium unterstellt, ob und inwieweit sie die Persönlichkeit des also Tätigen zur Entfaltung bringe oder aber hindere? Ist hier für Dienen und Opfer der Persönlichkeit irgendein Raum? –

*K. Marx* müßte sich fragen lassen, ob die Bewertung des Menschen nach seiner Stellung im Produktionsprozeß ihn nicht selber – ungewollt! – zur Funktion und zum Produktionsmittel mache, so daß er zwar als Steuermann der Maschine die Spitzenstellung in der Hierarchie der Mittel einnehme, gleichwohl aber eben »Mittel« sei und als Mittel behandelt werde? Beide wären also zu fragen, ob sich die von ihnen ausgesprochene Privilegierung der humanitas auf dem geistigen Boden durchhalten lasse, den sie betreten haben, ob also – um in dem zitierten Gleichnis zu bleiben – dem Ja des Sohnes zur humanitas nicht ein de-facto-Nein entspreche, wenn der Mensch einerseits introvertiert und in sublimem Egoismus nur nach Selbstverwirklichung trachtet und wenn er andererseits als Spitzenfunktionär in die dingliche Hierarchie der Mittel eingegliedert ist.

## 23. April

Der eigenständige Wert des Menschen, wie ihn der säkulare Neuhumanismus proklamiert, wird vom Evangelium aufgenommen und nicht schlechthin destruiert. Denn auch das Evangelium verkündet die Privilegierung der humanitas gegenüber Dingen, Kreaturen und Institutionen. Das »Aufnehmen« der säkular-humanistischen These vollzieht sich freilich in Verbindung mit dem radikalisierenden und in Frage stellenden »Ich-aber-sage-euch«. Das, was dieses »Ich-aber-sage-euch« meint, greift an die radix jener These: Es befragt sie im Lichte der vom Evangelium vertretenen »fremden Würde« des Menschen, ob sich die immanente Begründung des humanen Würdeprädikates durchhalten lasse und ob es im negativen Fall überhaupt ein Würdeprädikat gewesen sei. Die humanistische These, daß der Mensch ernstzunehmen sei, wird also im Lichte des *letzten* Ernstnehmens, nämlich des Ernstnehmens Gottes, mit der Gegenfrage bedacht, ob sie den Ernst menschlichen Seins überhaupt ausgedrückt habe. Dies aber bedeutet, daß die säkular-humanistische These von der Eigenständigkeit des Menschen in der Tat aufgenommen, eben darin allerdings dann radikalisiert und revidiert wird. Auch hier will das Evangelium nicht in die Leere der Indifferenz, sondern es will auf Positionen stoßen, die es mit dem »Ich-aber-sage-euch« aufnehmen und radikalisieren kann. Das Gesetz Mosis *ist* eine solche Position; aber auch der Humanismus ist eine: und andere Ismen vertreten wieder andere. So bahnt sich das Evangelium einen Zugang zu der neuzeitlich entdeckten Eigenständigkeit der Werte und weiß den Menschen auch in diesem Gehäuse zu finden, weiß ihn *so* zu finden, daß der säkulare Mensch seinerseits ebenfalls seine Fragen und Werte in ihm wiedererkennt. Was ihm zugemutet wird, ist nicht die Deklassierung oder die Eliminierung seiner Werte, sondern die Bereitschaft, diese Werte »taufen« zu lassen und sie dem Sterben und Auferstehen zu überantworten. Was er gewollt hat – die humanitas –, tritt ihm im Evangelium als neue Schöpfung entgegen, die die Erinnerung an die alte nicht verleugnet, sie vielmehr durch das »Ich-aber-sage-euch« ständig in Erinnerung ruft.

## 24. April

Ideale und Leitbilder sind die bildlich visionäre Verdichtung von Zielen, die wir in ungeteilter Ergriffenheit ansteuern, und die uns deshalb nicht nur in der Abstraktion des Gedankens, sondern auch in der Bildschicht berühren. Indem wir ihnen nachhängen – ein früher gebrauchtes Bild darf noch einmal anklingen –, gleichen wir Kindern, die mit ihrem Baukasten Häuser und Städte errichten und die in diesen Gebilden ihrer spielenden Hand wie in einer wirklichen Welt zu leben meinen. Wenn es Abend geworden ist, kommt der Vater, und wir müssen unsere Träume abbauen. Sollen wir nun gar nicht erst zu bauen beginnen, weil wir ja doch wissen, daß eben der Abend kommen wird, an dem alles aus ist? Oder ist nicht dies die Größe und das Geschenk unserer Kindschaft, daß wir unter den Augen des Vaters spielen und träumen dürfen, und daß wir seines Rufs gewärtig bleiben, um die Klötze wieder einzupacken? »Ich kenne keine andere Art, mit großen Aufgaben zu verkehren, als das Spiel«, sagt *Nietzsche*. Sollte deshalb das Ideal, das so gern zu einer schwirrenden, faszinierenden und irrealen Leuchtkugel wird, nicht einmal fröhlich in die Luft geschossen werden dürfen, statt im Magazin zu verkommen? Man sollte zwar wissen, worin Wahrheit und Irrtum des Ideals bestehen. Aber wie makaber wäre die Vorstellung, man müsse nun seine Ideale tantenhaft hüten und in einer gezähmten Bravheit erhalten. Wer aus Angst vor dem Unkraut an jedem Hälmchen herumtastet, kaum daß seine Spitze aus dem Erdreich reckt, der jätet wider Willen auch die Ähren in spe aus. Jeder, der die Leidenschaft zu großen Zielen besitzt, muß auch von seinen Zielen träumen können. Denn man braucht kein Phantast zu sein, wenn man Phantasie hat. Wer ergriffen ist, ist auch in seiner Bildschicht ergriffen. Und wer Großes will, der »will« gar nicht nur, sondern den peitschen auch seine Leidenschaften und den treiben die Leitbilder. Träume aber, die ständig kontrolliert und mit Ordnungsrufen bombardiert werden, die also nicht frei ausströmen können, sind gar keine Träume, sondern nur angstvolle Krämpfe. Nochmals: Der Mensch muß träumen können und – er muß auch bereit sein, aus seinen Träumen aufzuwachen. Der Imperativ: »Seid nüchtern und wachet!« heißt nur: Seid *bereit* zur Nüchternheit und *laßt* euch wecken! Wer das Wachbleiben und die Nüchternheit zum Selbstzweck, zur Tugend, zu einer Eigenschaft und also zum »Werk« macht, wer das alles nicht mehr ein bloßes Attribut seines Glaubens sein läßt, der verfällt dem Krampf eines permanenten Gähnens und wird zum Zeugen jener Langeweile und jenes Grau-in-Grau, das den Herrn der Christenheit zur Karikatur macht und die Weltkinder vor ihm fliehen läßt, ehe sie noch ein einziges seiner Worte vernahmen.

## 25. April

Das Eingehen Gottes in die Welt ist auch ein Eingehen in unsere Begriffe und Vorstellungen; es ist die Akkomodation Gottes. So werden die Griechen und die Juden je auf ihre Weise (1. Kor 1, 22–24) nach Gott fragen und von ihm reden, die Parther und Meder und Elamiter hören mit *ihren* Zungen von den großen Taten Gottes reden (Act 2, 8–11). Wer dieses Eingehen Gottes in unsere Sprache verschmäht und sich in der Glossolalie über diese Weise seiner Fleischwerdung erhebt, läßt die Grenze zum Doketismus hin offen werden (1. Kor 14, 4 ff). Ekstase und Enthusiasmus sind eine Weise der Selbsterhebung, die der Herablassung Gottes in seiner Weltzugewandtheit widerstreiten. Aber auch hier zeigt sich, daß der Begründer nie in das Begründete eingeschlossen ist, daß es nie zur Identität kommt, sondern daß die ontologische Differenz auch hier erhalten bleibt: Gottes Wort bleibt nie an das menschliche Wort gebunden, so daß es ein für allemal eine fixe und unveränderliche Gestalt angenommen hätte. Er ist nie der schlechthin Eingegangene, sondern er ist der bleibend Eingehende. Insofern transzendiert er beständig die Welt, in die hinein er sich erschließt. Das kommt konkret darin zum Ausdruck, daß Griechen und Juden, Magier und Aufgeklärte, Idealisten und Existentialisten die großen Taten Gottes jeweils neu und in ihrer Sprache sagen müssen, daß sie sie nicht in der einmal gegebenen Sprachgestalt übernehmen können. Wir können so nicht an das Bekenntnis der Väter glauben, sondern wir müssen unseren eigenen Glauben bekennen. Nur das Bekenntnis der Väter zu glauben würde heißen, von der irrigen Annahme auszugehen, daß es ein Eingegangen-*sein* der großen Taten Gottes in eine definitive Sprachgestalt gebe, während es in Wahrheit um ein immer neues Eingehen, um ein *währendes* Wehen des Geistes geht.

## 26. April

Gott ist gewiß Grund, Ziel und Sinn alles Seienden und alles Geschehenden. Dieser Sinn aber ist nicht als Prinzip zu begreifen und zu formulieren, sondern er ist geglaubter Sinn. Daß er Gegenstand des Glaubens ist, bedeutet, daß wir diesen Sinn nicht »sehen«, d. h. daß wir ihn nicht in seinen Manifestationen verfolgen können: So glauben wir etwa, daß Gott gerecht, daß er die Liebe ist und daß er Heil will. Wir erkennen aber nicht die Relationen, die die uns erschlossene Wirklichkeit zu diesem Thema der Gerechtigkeit, der Liebe und des Heiles hat. Wir glauben dem, der die höheren Gedanken über uns denkt, aber wir können sie nicht nach-denken. Unsere Wirklichkeit stellt uns keine Transparenz für diese Gedanken zur Verfügung. Wir *sehen* immer wieder das Sinnlose; aber wir *glauben*, daß darin Sinn gedacht wird. Wir glauben an das Thema; aber wir sehen nicht die Relation zwischen Thema und Ausführung. Diese Ausführung ist unter der Decke des Kreuzes (sub cruce tectum) verhüllt; Gott erscheint uns unter dem Gegenteil (sub contrario). Das geschieht aus zwei in sich völlig heterogenen Gründen: Es geschieht *einmal* deshalb, weil Gott nicht dem Bilde entspricht, das wir uns von ihm machen. Er ist z. B. nicht der Gott des Hiob in dessen Anfechtungsperiode, der Gott als Chiffre für die ausweisbare Korrespondenz von Schuld und Strafe, Verdienst und Lohn. – Und Gott erscheint *zweitens* unter dem Gegenteil, weil er sich liebend in die Gestalt der Niedrigkeit, in die »Ungöttlichkeit« des Kreuzes begibt. Wenn er nicht aufweisbar, wenn er nicht als ontisch-historisch vorkommend ausgemacht werden kann, so ist das nicht durch religionsphilosophische Hintersinnigkeit zu begründen, etwa damit, daß Transzendenz nicht objektivierbar sei und daß die »Tiefe« der Wirklichkeit nicht als Wirkliches vorkomme. Nein: seine Nichtausweisbarkeit, sein Nicht-erscheinen gründet darin, daß er aus liebender *Herablassung* verwechselbar ist und daß er kraft seiner Solidarität mit dem Menschen selber als menschlich-allzumenschlich erscheint: sei es als psychisches Phänomen (wie bei *Feuerbach),* sei es als religionsgeschichtliches Phänomen, das – wie die Inkarnation – in vielerlei Analogien eingebettet ist. Gerade weil so Gott als der Sinn nicht greifbar ist wie ein Prinzip, zu dem alle Weltphänomene in Beziehung gesetzt oder aus dem sie abgeleitet werden können, weil er vielmehr der ist, dessen höheren, in ihrer Ausführung unerkennbaren Gedanken wir glauben, bleibt uns ein geschlossener Sinnzusammenhang der Welt unverfügbar. Wir stehen vor der Offenheit des Abenteuers, vor der ständigen Überraschung. Jede unerwartete Wendung in dem, was wir erkennen, jedes uns überfallende Erlebnis, das im Felde unseres Glaubens scheinbar nicht unterzubringen ist, reißt die immer wieder entstehenden Systeme vermeintlich christlicher Meinungen auf, die sich heimlich in unseren Köpfen und Herzen gebildet haben. Deshalb liegt die Theodizeefrage allenthalben und jederzeit auf der Lauer. Diese ständige Präsenz der Frage, wie Gott dies »zulassen« könne und warum er es gerade so füge, ob er überhaupt »sei«, ist ein Indiz dafür, daß unser Glaube ins Offene drängt, daß er die Endgültigkeit heimlich gebildeter Prinzipien in Frage stellt und gegen ihre Herrschaft revoltiert. Darum kommt er über das Bekenntnis »Dennoch bleibe ich stets an dir« nie hinaus.

Der Gedanke, daß Gott der Herr der Geschichte sei und daß er uns seine Absichten mit der Menschheit enthüllt habe, hat freilich oft genug die Vermutung gezeitigt, eben doch solche Spekulationen über einen christlich legitimierbaren Geschichtszusammenhang anzustellen. Es ist aber sehr charakteristisch, daß christliche Glaubensaussagen über die Geschichte nie beim Ganzen der Geschichte, sozusagen bei ihrem Großraum einsetzen – ebenso wenig, wie die Aussagen über die Schöpfung beim Großraum des Universums einsetzen. Vielmehr beginnen alle Aussagen dieser Art statt im Großen im Detail: bei der höchst persönlichen Glaubenserfahrung mit dem Du Gottes selbst. Es ist darum durchaus sachgemäß, wenn *Luther* die Erklärung des Ersten Artikels nicht so vollzieht, daß er sagt: Gott habe die Welt »im Großen« erschaffen und unter anderem dann auch mich, sondern daß er mit dem Satze beginnt: Ich glaube, daß Gott »mich« geschaffen hat. Genauso verhält es sich mit der Entstehung des israelitischen Gottesglaubens. Hier wird Jahwe im Detail, in der Begrenztheit eines kleinen Lebenszusammenhanges als der Gott erfahren, der Israel aus Ägypten geführt hat. Erst von da aus ergibt sich dann die Gewißheit des Glaubens, daß er auch der Herr der Völker, der Gott des »Ganzen« sei. Zuerst wird er in der Unmittelbarkeit des Glaubens als der Bundesgott, als »unser« Gott, erfahren. Und erst daraus wird das dieser Erfahrung einbeschlossene Wissen vom Herrn der Welt und der Geschichte überhaupt expliziert. Der Gott, dem alle Ewigkeit zugeordnet ist, taucht in Davids Dankgebet erst auf, als er ihn als den Gott seines Hauses und Volkes gepriesen hat (2. Sam 7, 17 ff). Die eschatologische, mit einer Erfüllung der Gesamtgeschichte zusammenhängende Erwartung, daß es zu einer Wallfahrt der Heidenvölker zum Berge Zion komme (Mt 8, 11), entstammt der aus persönlichem Glauben folgenden Gewißheit, daß Christus auferstanden ist, genauer: daß er *mir* auferstanden ist.

## 28. April

Das Ideal ist in seiner innersten Substanz zwielichtig: Es hat einmal 1. eine Seite der Wahrheit. Es weiß nämlich darum, daß der Mensch mit seiner Bestimmung nicht kongruent ist, daß er sich in seinem Wesen nicht »hat«, sondern sich zu allererst »suchen« muß. Das Ideal hat aber *auch* 2. eine dämonische Seite, weil es die Gewißheit enthält, daß der Mensch entweder dieses Ziel erreichen oder sich doch auf den Weg zu ihm machen und sich seiner in Annäherungswerten bemächtigen könne. Erst wenn wir es so sagen, können wir den entscheidenden Grund dafür nennen, warum das Reich Gottes nicht als Utopie interpretiert werden kann: Gott, und nicht der Mensch, ist der Herr des Reiches Gottes. Der Herr aber ist mehr als sein Reich. Wer dieses Reich zur Utopie macht, stellt es *über* den Herrn. Ihm liegt dann mehr am Zustande des Friedens, der Gewaltlosigkeit und der Sattheit als an dem, der das alles schenkt und dessen Hand wichtiger ist als das, was sie gibt. Der johanneische Christus sagt einmal nach der Speisung der Fünftausend: »Ihr sucht mich nicht darum, daß ihr Zeichen gesehen habt, sondern daß ihr von dem Brot gegessen habt und seid satt geworden« (Joh 6, 26). Damit will er zu verstehen geben: Ihr sucht nicht *mich,* sondern ihr sucht die Sättigung. Ihr sucht nicht die Gabe, insofern sie transparent ist für den Geber, sondern ihr sucht die Gabe als Selbstzweck. Ihr sagt nach jener Speisung nicht »Amen«, sondern »Mahlzeit«. Ihr sucht nicht den Retter, sondern die Rettung. Ihr sucht nicht meine Hand, sondern die Pfennige in meiner Hand – so wie jemand, der beim Heranrauschen der Bombe in seinem Keller ein Stoßgebet zum Himmel schickt und es im nächsten Augenblick wieder vergessen hat, da es ihm um seine Bewahrung ging und nicht um die Anwesenheit des Bewahrers. Die Augen, die nach Brot gieren, können nicht warten. Nur wer die Hand ansieht, die es gibt, kann sagen: »Aller Augen warten auf dich, und du gibst ihnen ihre Speise zu seiner Zeit« (Ps 145, 15). Wer das Brot ohne die Hand sieht, verliert die Zeit. Er reißt alles in den Augenblick.

## 29. April

Wir Deutschen müssen anscheinend immer so lange Prinzipien reiten, bis alles kaputt geht. Wo wir doktrinär sind, wächst kein Gras mehr. Auch wenn Erfahrungen bei unserer in vielem unglücklichen Natur notwendig sein sollten, so fragt man sich doch besorgt, was alles dabei zerschlagen wird und wieviele Menschenopfer es fordert. Und doch *dürfen* wir nicht am Kern dieser unserer Jugend irre werden, auch wenn unser Vertrauen nicht billig zu haben ist, wenn es vielmehr schwer errungen werden muß. Gerade *wenn* wir sie aber lieben, kann es uns nicht erlaubt sein, immer nur beide Augen zuzudrükken; wir müssen ihr auch entschlossen entgegentreten und dürfen mit unserer Mißbilligung nicht hinter dem Berge halten. *Ihr größtes Leiden ist die Widerstandslosigkeit und der feige Opportunismus, auf die sie bei den Älteren immer wieder trifft.* Im Grunde ist sie dankbar, wenn man ihr die Leviten liest. Sie sehnt sich sogar nach Autorität. Ich weiß, wie verwegen ein solcher Satz heute klingt. Aber ich weiß, was ich damit sage.

## 30. April

Kaum je habe ich meine Arbeit im Hörsaal, Seminar und Sprechstunde mit solch beglücktem Schwung getan wie in diesem Semester (1969). Manchmal habe ich das Gefühl, von all den Gesprächen und den mancherlei gemeinsamen Unternehmungen förmlich aufgefressen zu werden. Aber von wem ließe man sich lieber auffressen als von seinen Studenten! Von jeher bot ich die vierte Vorlesungsstunde jeder Woche als Colloquium an. Doch vergingen oft ganze Semester, ohne daß das in Anspruch genommen wurde. Man hielt auf dem Katheder seine Monologe, forschte vielleicht mit Hilfe von Einzelgesprächen nach studentischen Fragen und suchte seine Darbietungen auf diese Weise ein bißchen dialogisch zu beleben. Es ist jedenfalls eine Frucht der studentischen »Unruhe«, daß in punkto Colloquium dic Dinge grundlegend anders geworden sind: An jedem Donnerstag gehen nicht nur die Hände der Fragenden und Diskussionswilligen hoch, sondern es können auch vervielfältigte Korreferate mit kritischen Kommentierungen und Anregungen herumgereicht werden. Im Foyer des Audimax stehen nachher nicht selten noch diskutierende Gruppen zusammen, und neuerdings suchen wir weitere zusätzliche Stunden, um die Gespräche fortzuführen. Auch hierbei sind die gesellschaftsstrukturellen Fragen, auf die man in den letzten Jahren in vielfach steriler Einseitigkeit fixiert war, zwar keineswegs ausgeklammert; sie sind nur auf den Stellenwert begrenzt, der ihnen zukommt; sie haben den totalitären Charakter der Ausschließlichkeit verloren.

## 1. Mai

Auch unser geistliches Leben ist ganz einfach ein Stück *Arbeit,* und ich freue mich immer, daß es so etwas gibt wie das Wort Gottes-»Dienst« und daß es nicht heißt »Gotteslust« oder »Gottesvergnügen«. Frisches Öl und eine lebendige Flamme erzielt man nur so, daß man sein Gebet ständig mit alledem verbindet, was einen täglich erfüllt und bewegt. Ich muß Gott, wo immer ich bin – im Bett oder in der U-Bahn oder in meiner Limousine –, von meinen Freuden erzählen und auch von meinen Sorgen. Ich muß an den kranken Nachbarn denken und auch an den Kollegen, mit dem ich vielleicht überquer bin. Ich kann es auch so machen, daß ich die einzelnen Bitten des Vaterunsers bete, aber nicht einfach so pauschal, sondern so, daß ich sie auf mich anwende. Ich sage zum Beispiel: »Vergib uns unsere Schuld«, und spezifiziere das nun genauso, wie man eine Rechnung spezifiziert: »Vergib mir, daß ich meinem Geschlecht immer wieder unterliege. Vergib mir, daß ich mich ständig von Sorgen umtreiben lasse und das Vertrauen nicht aufbringe, mich von dir führen zu lassen. Vergib mir meinen Neid und meinen Ehrgeiz.« Dann wird unser Gebet lebendig, weil wir unser ganzes Leben selbst hineinnehmen und weil das Gebet so einen *Sitz* in unserem Leben gewinnt. Genauso ist es mit der Bibel. Auch sie, die doch ein Licht auf unserem Wege sein will, kann verrußen. Das passiert immer dann, wenn ich sie ohne Gebet lese und wenn ich mich nicht ständig frage: »Was will Gott *mir* damit sagen?« Wenn ich mich ihr nur in pflichtmäßiger Anstandslektüre widme, wird sie bald von der dümmsten Illustrierten oder von den Tagesnachrichten meines Morgenblättchens zugedeckt, so wie ein stärkerer Sender einen schwachen übertönt.

## 2. Mai

Welcher eschatologische Sinn liegt speziell in der Ablehnung des Eides durch Jesus? Darauf wird man nur antworten können, daß die Notwendigkeit, das gegebene Wort durch eine Schwurformel zu verstärken, einen Hinweis darauf enthält, daß unser »nacktes« Wort zu schwach ist, daß es gleichsam ein zu geringes spezifisches Gewicht hat und einer zusätzlichen Panzerung und Gewichtigmachung bedarf. Diese Ausfallserscheinung rührt daher, daß in diesem Äon eben die Lüge herrscht. Das Schwören ist also ein Hinweis auf den usus der Lüge. Die Wahrheit ist in diesem Äon das Außergewöhnliche, ja geradezu die Ausnahme. Darum legt sie auch außergewöhnliche Beteuerungsformeln nahe, darum gibt es Ehrenworte und in besonderen Schicksalsbereichen, die den Fluchtweg der Lüge besonders nahelegen und die Verbindlichkeit des Wortes hochgradig gefährden, den Eid. Wer also bei Gott schwört, der ruft ihn nicht nur zum Zeugen dafür an, daß er jetzt und hier die Wahrheit spricht, oder einen ernsthaften Entschluß bekundet, sondern der ruft ihn eben auch und gleichzeitig zum Zeugen dafür an, daß er in einem Äon der Unwahrheit lebt, und daß die jetzt geäußerte Wahrheit sozusagen die Ausnahme von der Regel ist. Jesus macht also darauf aufmerksam, daß der Eid ein pudendum und daß es darum höchst fragwürdig ist, den Namen Gottes in Zusammenhang mit einem derart kompromittierenden und kompromittierten Unternehmen zu bringen. Die im Eide vorliegende erhöhte Form der Wahrheitsbeteuerung ist ein Zeichen dafür, daß wir »normalerweise« in einer Welt der Unwahrheit leben. Es wäre deshalb richtig, die Wahrheit nicht in dieser Weise die Ausnahme sein zu lassen – und darüber hinaus ihren Ausnahmecharakter durch die Eidespraxis noch permanent zu bestätigen, – sondern den Wert des »normalen« Wortes zu heben, es also wieder ein wirkliches »Ja, ja – Nein, nein« sein zu lassen. Es ist Einbildung zu meinen, daß in einer Welt der Lüge selbst die Ausnahmesituation des Eides vom Zugriff der herrschenden Unwahrheit freigehalten werden könnte. Solange es keine grundlegende Regeneration des Wortes selbst gibt, wird die Unwahrheit auch den Eid selbst zersetzen: entweder so, daß ich mich einer reservatio mentalis befleißige und mir Fluchtwege aus der Verbindlichkeit des Eides offenzuhalten suche, oder so, daß ich Gott in seiner Souveränität als Zeugen, Richter und Rächer nicht mehr ernst nehme, sondern ihn zu einem Pfande mache. Die moderne Parallele dazu mag man in den Versuchen sehen, Gott zu einem bloßen Instrument zu machen, das Floskeln religiöser Feierlichkeit zu liefern hat und nur die psychische Eindrücklichkeit der Eidessituation erhöhen soll. So enthält die bloße Tatsache der Eidespraxis, ja: so enthält gerade die Unmöglichkeit, in diesem Äon auf eine derartige Praxis verzichten zu können, ein Gericht.

## 3. Mai

Für Luther ergibt sich das Problem des Krieges innerhalb seiner Zwei-Reiche-Lehre. Und diese wieder ist nur von der Überlegung aus zu verstehen, daß die uns aufgetragene Liebe sich in ihrer Gestalt tiefgreifend modifiziert, je nachdem, in welcher Dimension unseres Daseins sie geübt werden soll: So wird in der Erziehung die Liebe zugleich mit Strafe verbunden sein. Und in der Welt der Politik kann das Gute nur »gepanzert leben«. Das bedeutet: ist die Welt ungerecht, gibt es in ihr räuberische Zugriffe der Gewalt, dann übe ich die Liebe zum Nächsten so, daß ich ihn schütze, und werde zum Mörder, wenn ich ihn unter die Räuber fallen lasse – zumal ich durch ein laisser faire in diesem Falle das Gelichter nur ermunterte und damit die Welt eben jenem Chaos überantwortete, das Gott durch das arcere malum des Staates gerade zu bannen wünschte. Im Medium des Politischen erfährt die Gestalt der Liebe also eine Art Brechung. Sie ist nicht mehr in einem unmittelbaren und ungebrochenen Sinne Gutes-tun und Gutes-wünschen, sondern sie gewinnt insofern eine dunkle Kehrseite, als ich die Liebe nur noch in gleichzeitiger und unter Umständen gewaltsamer »Auseinandersetzung« mit denjenigen Mächten üben kann, die meinen Nächsten bedrohen. Für sich selbst kann der Christ zwar gehalten sein zu leiden; aber er darf seinen Nächsten und also auch sein Volk nicht leiden lassen, sondern er hat dem Leidenerregen zu wehren: »Ein Christ bist du für deine Person, aber gegen deinen Knecht bist du eine andere Person und schuldig, ihn zu schützen« (Luther). Freilich kann Luther auch für den einzelnen Christen das Recht der Notwehr anerkennen. Er kann dann stellvertretend obrigkeitliche Funktionen wahrnehmen und dem in der Räuberei lauernden Chaos als Ordnungsmacht entgegentreten. Allerdings muß bei solcher Notwehr eindeutig der Fall vorliegen, daß der Christ als Bürger, als homo politicus, und nicht als geistlicher Amtsträger gemeint ist. Als Vertreter der Kirche hat er, wenn er in dieser Eigenschaft gemeint ist und angefallen wird, zu leiden. Die Grenze zwischen den beiden Reichen geht also mitten durch den einzelnen hindurch. Überträgt man diese Interpretation der Liebe in den überpersönlichen Bereich der Ordnungen, so kann auch das Kriegführen unter dem Aspekt der Liebe erscheinen. Denn zunächst gilt es zu bedenken, daß die Übertragung der Schwertgewalt an die Obrigkeit im Liebesratschluß Gottes gründet, weil er die Frommen und Friedfertigen schützen und der ungerechten Gewalt wehren möchte. Wer sich diesem Auftrage fügt, vollzieht diesen Liebesratschluß Gottes für seine Person nach und tut darum ein Werk der Liebe, wenn er die Seinen schützt. Es ist also auch »der christlichen Liebe Werk, daß man eine ganz Gemeinde mit dem Schwert schütze und verteidige und nicht leide, daß sie beleidiget werde«.

## 4. Mai

In der Welt des Widerstreits muß das Recht verteidigt werden, und die Liebe muß sich möglicherweise in der Anwendung der Schwertgewalt bewähren. Gegenüber einem rabiaten und zu jeder Gewalttat entschlossenen Gegner wäre es grotesk, passiv zu sein oder sich auf gutes Zureden und auf diplomatische Einwirkungen beschränken zu wollen. Ein solcher Gegner versteht die Entschlossenheit der Liebe nur, wenn sie die Entschlossenheit ist, das ihr Anvertraute gegebenenfalls mit Gewalt zu schützen. Von diesem Verständnis der durch das Reich zur Linken alterierten Liebe kann für Luther keine prinzipielle Infragestellung des Krieges akut werden. Er ist einmal auf die Erhaltung der überpersönlichen Ordnung gerichtet, die im gottgewollten Institut des Staates ihre oberste Repräsentation hat. Ferner gewinnt der Kriegsdienst auch den unmittelbar persönlichen und mitmenschlichen Charakter des Liebe-Übens, weil er sich unter Opfern für den Nächsten einsetzt. Statt um eine grundsätzliche Infragestellung des Krieges kann Luther auf dieser Denkebene nur um eine Begrenzung des Krieges und des Rechtes zum Kriege wissen: 1. Ein Recht zum Kriege kann es nicht geben, wenn statt des weltlich-obrigkeitlichen Schutzamtes und des in seinem Rahmen vollzogenen Liebesdienstes nur der Egoismus, nämlich Ehre, Ruhm und Expansionswille, die Motivation zum Kriege bilden. 2. Ein Recht zum Kriege kann es nicht geben, wenn der Krieg zu scheinbar geistlichen Zwecken geführt wird, wenn er also Kreuzzugscharakter besitzt: sei es in dem Sinne, daß die Christenheit (qua »Christenheit«!) sich verteidigt und als nur zur Selbstbehauptung, aber nicht zum Leiden bereit ist, oder sei es, daß sie den Türken statt mit den geistlichen Waffen des Wortes mit dem fleischlichen Arm der Gewalt zu überwinden trachtet.

## 5. Mai

Durch seinen Verbindlichkeitgrad ist der Eid insofern charakterisiert, als die eidliche Aussage unter der Verantwortung vor Gott und im feierlichen Bekenntnis dieser Verantwortung vollzogen wird. Der Eid transzendiert also die Partnerschaft von Eidgeber und Eidnehmer, weil er sich auf eine Größe beruft, der gegenüber das eidlich eingegangene Verhältnis selbst und als solches in Verantwortung steht, so daß es unmöglich wird, dieses Verhältnis als endgültig und selbstzwecklich zu verstehen. Dieser Charakter des Eides ist deshalb wichtig, weil in ihm bereits gewisse Grenzen der Eidverpflichtung eingeschlossen sind: Sie ergeben sich daraus, daß das partnerschaftliche Verhältnis niemals selbst der Maßstab für die Verbindlichkeit des Eides sein kann, weil es möglich ist, daß die Partnerschaft ihrerseits durch die im Eid angerufene »dritte« Größe in Frage gestellt werden könnte. Es sieht nur im ersten Moment paradox aus – aber es ist wirklich so –, daß gerade die Anrufung Gottes und damit die höchst denkbare Steigerung des Versicherungsgrades zugleich Momente der Relativierung in sich enthält: Diese Momente können etwa dann virulent werden, wenn sich die eidlich eingegangene Partnerschaft in Widerspruch zu dem begibt, unter dessen Anrufung und Zeugenschaft der Eid abgelegt wurde. Wenn aber so die Anrufung der die Partnerschaft transzendierenden Instanz zum Wesen des Eides gehört, verliert ein ohne diese Anrufung abgelegter Eid seine eigentliche Qualität. Er wird dann im besten Falle zu einer Beteuerung, zu einem Versprechen oder zu einem Gelübde. Der prinzipiell »kastrierte« und also seines Wesens beraubte Eid – im Unterschied zu dem Eid, der in einer therapeutischen Abstinenz vorübergehend »vereinfacht« wird –, jener Eid also, der programmatisch »atheistisch« sein soll, findet sich charakteristischerweise gerade in solchen Staatssystemen, deren Ideologie die restlose Preisgabe der Person und damit die Vorbehaltlosigkeit der Verpflichtung fordert, die sich also selbst zu einer Endgültigkeit und zum Selbstzweck machen. Wir halten also fest: Die sogenannte religiöse Formel ist für den Eid konstitutiv. Ihr Fehlen läßt den Eid zu einer nur beteuernden Versicherung werden, die – jedenfalls nicht offiziell – keine Momente der Relativierung des Eides und der im Eid eingegangenen Partnerschaft in sich enthält. Ohne die religiöse Formel wird der Eid also insofern qualitativ verändert, als er nur noch eine Form der Versicherung mit erhöhtem quantitativen Nachdruck wird.

## 6. Mai

Fragwürdige und abwegige Ideale, wie sie etwa der Nationalsozialismus erzeugte, sind nicht durch Entmythisierung und Ernüchterung zu überwinden, sondern nur durch legitime Leitbilder: durch Leitbilder nämlich, die der Liebe entstammen. Die bloß entmythisierende »Aufklärung« würde nur eine Schicht der Rationalität berühren, die – für sich genommen – kaum imstande sein dürfte, jene Dynamik geschichtlichen Handelns auszulösen, die sich überall da ergibt, wo alle Dimensionen der Person – *auch* der Wille, *auch* die Phantasie, *auch* die Bildschicht – tangiert werden. Deshalb wird man auch der geschichtlichen Potenz des Marxismus-Leninismus kaum dadurch gewachsen sein können, daß man ihn rational widerlegt, sein Ideal der klassenlosen Gesellschaft etwa als eine Ideologie und also wiederum nur entmythisiert. Das würde der untaugliche Versuch sein, die Dynamik ideologischer Besessenheit mit der Intellektualität einer nur verneinenden Aufklärung zu überwinden – ein absurdes Unternehmen. Wir können das falsche, das ideologisierte Ideal nur mit dem wahren, also dem *legitimen* Leitbild bekämpfen. Wie könnte dies ein anderes Leitbild sein als das Bild, das unsere Liebe erzeugt: Weib und

Kind, die wir nicht versklavt sehen möchten; lebendige Gemeinschaften, die nicht zu Kollektiven werden sollen; eine Freiheit, die nicht zur Hörigkeit des Funktionärs werden soll. Für diese personale Füllung des wahren Ideals scheint es bezeichnend zu sein, daß Jesus überhaupt nicht von der »Struktur« des Reiches Gottes spricht, daß es darum nicht einmal andeutungsweise unter dem Aspekt der perfekten Dingwelt erscheint, sondern daß er es bringt, indem er zu seinem konkreten Nächsten geht. Es ist dort mitten unter uns, wo er liebend und wirkend »da« ist, das heißt: wo die Lahmen gehen, die Blinden sehen und den Armen das Evangelium gepredigt wird (Mt 11, 5). *Albert Schweitzer,* der hier eine gewisse paradigmatische Bedeutung hat und sicher befähigt war, spekulative Utopien zu ersinnen, konzipiert keine ideale Gesellschaftsordnung, in der die Ehrfurcht vor dem Leben oberster Verfassungsgrundsatz wäre, sondern er geht nach Lambarene und lebt die Ehrfurcht vor dem Leben *so,* daß sie als *Leitbild* dem Akte eines sehr konkreten Liebens entsteigt und auf diesen Akt begrenzt bleibt, also nicht lieblos und utopisch umhergeistert. Viel wichtiger im Sinne des legitimen Ideals, als mit *Eugen Rosenstock* für das Ideal einer planetarischen Gesellschaft zu schwärmen, wäre es deshalb (was nun *Rosenstock* allerdings auch wieder gefordert hat), daß es für die junge Generation der Industrieländer einen Friedensdienst zur Aufbauhilfe in den unterentwickelten Ländern gäbe. Hier wäre das Ideal personenhaft gefüllt, weil es der Liebe zu konkreten Menschen entstammte, an die andere konkrete Menschen sich gewiesen sehen.

## 7. Mai

In den letzten Jahren bedrängt mich zunehmend eine Beobachtung: daß immer mehr junge Theologen – oft die besten – zurückzucken, wenn mit dem Examen der Übergang ins Pfarramt naht. Das was sie hier erwartet oder zu erwarten scheint, kommt ihnen vielfach wie ein Schreckgespenst vor, das sie während der Studienzeit tunlichst verdrängten. Der deutsche Theologiestudent ist im allgemeinen völlig von seiner akademischen Arbeit absorbiert. Obwohl uns Lehrern das eigentlich willkommen sein müßte – weil es sich ja als Fleiß, Konzentration und Engagement kundgibt –, ist uns das doch oft unheimlich. Kann ein Studium so ausgesprochen losgekettet werden von dem Berufsziel, dem es letzten Endes dienen soll? Wann taucht je in einer Seminardiskussion oder im Anschluß an eine Vorlesung die Frage auf: Wie kann ich dies oder das für meine Verkündigung fruchtbar machen? Oder: Was bedeutet dies und das (zum Beispiel die historische-kritische Schriftforschung) für die Aufgabe, ja für die »Möglichkeit« der Verkündigung? Dieser Vorausblick auf das spätere Leben scheint aus der jungen theologischen Existenz wie verbannt, er scheint verdrängt zu werden: eine eigentümliche Umkehrung des *früheren* Verhältnisses von Studium und Amt. Denn einstens konnte man den Seufzer vernehmen, was einem der theoretische Kram auf der Universität denn für die Praxis nützen könne. Demgegenüber stellt man heute die rhetorische Frage, was einen der Blick auf die *Kanzel* denn nütze, wenn man mit dem Problem des historischen Jesus, mit der Relation »geschichtlich-historisch« oder mit der Krise des Subjekt-Objekt-Schemas befaßt sei. Würde dieser Vorausblick nicht gerade zur Unsachlichkeit verführen? Müßte er nicht die Unerbittlichkeit, die Radikalität unserer Fragestellungen stören? Welcher eigentümliche Wandel der Dinge!

## 8. Mai

Ich frage mich, ob die Gemeinden nicht instinktiv spüren, daß die jungen Theologen, die sie von unseren Fakultäten beziehen, durch ihre theoretische Arbeit so etwas wie eine Lähmungsspritze bekommen haben könnten, daß ihnen alle Spontaneität mündiger Kinder Gottes genommen zu sein scheint und daß man ihre theologische Bildung im wesentlichen an den Hemmungen erkennt, die sie nun als Verkündiger haben. Ich bemühe mich jedenfalls, mir die Vorstellung eines »schlichten Gemeindegliedes« einmal klarzumachen, ohne sie damit einfach für richtig zu erklären und ohne vor allem die Begründung zu übernehmen, die jenes Gemeindeglied sich nun selbst dafür gibt oder die ihm von den vielen Gegnern der Universitätstheologie (was ist das überhaupt?) eingeredet wird.

Etwas ist jedenfalls »dran«, das müssen wir zugeben. Auch ich habe aus meiner Sprechstunde und aus unzähligen Gesprächen mit meinen Studenten den Eindruck, daß die theologische Arbeit ihnen die Möglichkeit des Predigens fraglich erscheinen und sie davor zurückschrecken läßt. Sicher ist das nicht *nur* negativ zu interpretieren! Jede tiefer dringende Reflexion nimmt einem zunächst – mit vollem Recht! – die Naivität, zwingt einen zu Infragestellungen und vollzieht so einen Akt der Läuterung. Wie in Kleists »Marionettentheater« ist zwischen die primitive und die geläuterte Naivität die Reflexion eingeschaltet. Und diesen Dienst tut uns auch die Theologie mit ihren oft männermordenden Fragestellungen.

## 9. Mai

Die Methode ergibt sich aus der *Sache*, der ich mit methodischen Mitteln nahekommen will. Infolgedessen muß ich, ehe ich die Methodenfrage anschneide, bereits ein vortheoretisches Wissen um meinen Gegenstand haben. Das heißt praktisch: Ehe ich die angemessene *Methode* für ein Thema des Glaubens wähle, muß ich *glauben*. Und indem ich das tue, habe ich bereits jenes vortheoretische Verhältnis. Die Beziehung zur Sache geht insofern immer der Wahl meiner Methoden und der methodischen Arbeit selbst *voran*. Bei uns aber scheint das ins Umgekehrte pervertiert zu sein: Als kaum zwanzigjähriger Student, der kaum die Sache der Theologie in den Blick bekommen hat, lerne ich Methoden. Ehe ich das Alpenmassiv der Texte Genesis 1–3 angeschaut habe und vielleicht durch diesen Anblick überwältigt wurde, ehe auch dieses Panorama in die Gesamtheit meiner Lebenslandschaft eingefügt wurde, werde ich ins mineralogische Labor geführt und mache Mikroschnitte durch die Gesteine. So sieht man vor lauter Bäumen den Wald nicht mehr. Man vergißt die Stellung der einzelnen Arbeitsgänge im Ganzen der Theologie. Es kommt zur Elephantiasis einzelner Glieder, und der organische Zusammenhang des Ganzen wird verzerrt.

## 10. Mai

Viele Jahrhunderte hindurch bekämpfte man die Armut en detail, medizinisch ausgedrückt also durch Symptomtherapie. Man nahm den einzelnen Fall von Hunger und Elend zur Kenntnis, und die Christenheit trat ihm entgegen durch Almosen und Armensuppen, durch liebende Zuwendung im einzelnen und vielleicht auch durch diakonische Organisationen. Karl Marx aber brachte hier insofern eine kopernikanische Wendung, als er die Ursachen der Armut systematisch untersuchte und sie in strukturellen Verhältnissen der Gesellschaft fand, nämlich in ihrer kapitalistischen Verfassung. Die so vollzogene Diagnose eines Fehlers im System rief nach entsprechender systematischer Therapie. Ein patriarchalisch eingestellter Fabrikbesitzer, der für seine Leute sorgte, soziale Härten verhinderte und bei unverschuldeter Notlage in die eigene Börse griff, ein solcher Patriarch mußte nun gerade als gefährlich erscheinen, weil er durch seine Symptomtherapie das strukturell bedingte Krankheitsbild verschleierte. Ein brutaler egoistischer Kapitalist ließe es viel unverhüllter hervortreten und machte durch sein Verhalten erkennbar, wo die sozialen Ketten eigentlich drückten.

## 11. Mai

Die Kirche hat im politischen Bereich die Aufgabe, die Gebote und Verheißungen Gottes aus ihrer *falschen* Beschränkung auf die private und persönliche Sphäre zu befreien und in ihrem öffentlichen Anspruch geltend zu machen. Die Kirche kann das *nicht* so tun, daß sie politische und soziale Programme erstellte, sondern sie kann das nur so tun, daß sie die »an Gottes Wort gebundenen Gewissen« auf die Aktualität der göttlichen Gebote auch und gerade inmitten sachlicher Entscheidungen aufmerksam macht, daß sie damit der politischen Apathie der Christen und der Privatisierung des Glaubens als einer Manifestation des *Unglaubens* entgegenwirkt und die Königsherrschaft Gottes über alle Lebensgebiete proklamiert. Hierbei hat sie zwei Fehler zu vermeiden: Sie muß sich einmal davor hüten, ihre politische Predigt in abstrakten und leeren Gewissensappellen sich erschöpfen zu lassen. Denn das Gewissen wächst und »wird« überhaupt erst in den Entscheidungen und also auch in den sachlichen Entscheidungen, die es zu fällen hat. Sie hat sich über die sachliche Thematik jener Entscheidungen zu informieren und inmitten der kontrovers gewordenen Sachfragen die *seelsorgerliche* Thematik herauszustellen. Die Kirche hat sich *ferner* davor zu hüten, sachliche Ermessensfragen und sachliche Programme a limine zu verwerfen oder ebenso a limine als christlich und »den Geboten Gottes entsprechend« zu legitimieren oder gar eigene Programme aufzustellen. Die Kirche ist die *Seelsorgerin aller Christen,* wo immer sie im Hinblick auf ihre sozialen oder politischen Überzeugungen auch stehen mögen. Die Theologie und die Theologen sind aufgerufen, von der theologischen Mitte des christlichen Glaubens, also von der Rechtfertigungslehre her, eine Antwort auf die Frage zu suchen, was ein von Gott gelehrtes und ein von Gott in Frieden gebrachtes Gewissen für den Weg des Christen in der Welt und damit für die Welt der Arbeit, der Politik, der Gesellschaft *selbst* zu sagen und zu bedeuten hat.

## 12. Mai

Es ist sehr merkwürdig: Jesus hat ausgerechnet die *Armen* seliggepriesen, das heißt die, denen alles aus den Händen gesunken ist, die Einsamen, Hungernden und Dürstenden. Warum hat er das getan? Nur deshalb, weil er etwas *vor* hat mit allen diesen. Vielleicht muß uns allen einmal, wie jenen Armen, der Boden unter den Füßen wanken, damit wir fragen: Wo ist denn der *wahre* Grund, auf den ich mein Leben gründen kann? Gerade die Stunden, wo uns alle menschlichen Sicherheiten entsinken, wo wir arbeits- und berufslos auf der Straße liegen, wo die Menschen sich von uns zurückziehen, wo die Häuser in Trümmer sinken und es kalt um uns wird, weil die liebsten Freunde tot sind, diese Stunden, in denen wir nicht mehr weiter wissen, können die gesegnetsten unseres Lebens sein, weil uns Gott dann einmal *alles* sein will: Vaterhaus und Freund, Mutterhand und Speise für den kommenden Tag, der Ort, wo wir unser Haupt hinlegen, und das Herz, in dem wir Ruhe finden können, wo wir wieder einmal ganz wie die Vögel unter dem Himmel und die Lilien auf dem Felde sind, die sagen: Ich habe gar nichts, und jetzt muß deine Hand mir alles sein.

## 13. Mai

Indem die Verkündigung angeeignet, ausgesprochen und weitergesagt wird, ist sie schon in die Reflexion aufgenommen, wird sie zu dem gegebenen Inventar von Begriffen, zu Fragen und Zuständen unseres Daseins, zur Situation der Hörer und vielem anderen in Beziehung gesetzt. Das bedeutet nun: Das, was verkündigt und weitergesagt wird – auch wenn es um berichtete Fakten geht, die mich so unbedingt angehen wie die Geschichte Jesu –, liegt immer schon in *interpretierter* Gestalt vor. Dieser Interpretationsvorgang *ist* aber bereits »Theologie«. So hat etwa Matthäus in der genannten Sturmstillungsgeschichte dem Wunder einen bestimmten sekundären Rang zugewiesen und es nicht (wie noch bei Markus) im Sinne einer »Begründung« des Glaubens berichtet. Er hat es vielmehr zur »Illustration« des Glaubens gemacht. Hier wird also nicht nur berichtet und verkündigt, sondern im Berichten und Verkündigen zugleich eine bestimmte theologische These vertreten. Eben diese theologischen Thesen sind nun nicht ohne weiteres auf den gleichen Nenner zu bringen. Sie bringen sozusagen ein »perspektivisches« Moment in die Berichte, das die Einheit des Berichteten durch die Disparatheit der Standpunkte zu zerreißen droht. Läßt sich hinter dieser Disparatheit der theologischen Aspekte die Einheit des Kerygma noch ausmachen, läßt sich das sozusagen Kanonische, läßt sich das primäre »Monon« noch finden, das sich dann in der Reflexion diskursiv zerlegt hat? Offenbar müßte das doch möglich sein, wenn wir predigend die Bibel auslegen sollen. Denn wäre es nicht möglich, hätten wir nur die Wahl zwischen den in der Bibel, etwa im Neuen Testament, uns angebotenen Theologien. Wir könnten dann Paulus-, Johannes- oder Matthäusjünger, aber keine Bibelchristen mehr sein und müßten das sola scriptura aufgeben.

## 14. Mai

Wenn das an der Verkündigung entstandene geistliche Leben noch jung, zart und unentwickelt ist, wenn es sich also noch nicht im eigenen Zeugnis ausgesprochen und insofern noch nicht die Selbstlegitimation des Zeugnisses erfahren hat, dann hat die Frage nach der Interpretation sozusagen noch keinen »Ort« in der eigenen Existenz. Sie ist dann ja nicht als Rückfrage nach dem kerygmatischen Grund des Glaubens möglich. Wenn mir in diesem sehr unfertigen Zustand dann plausibel gemacht wird, daß die biblischen Texte theologisch sehr gegensätzlich profiliert sind und daß ich den dahinterstehenden kerygmatischen Kern nur durch Interpretation zu gewinnen vermag, dann erfolgt insofern eine falsche und verhängnisvolle Weichenstellung, als das Mißverständnis entstehen muß: erst wenn ich diese Reflexionen durchschritten habe, kann ich glauben und verkündigen. Diese Misere entsteht folglich dadurch, daß der Schüler die Dinge anders hören muß, als der Lehrer sie gemeint hat. Der Lehrer hat die Erfahrung seines Glaubens, und für ihn ist die Interpretation Rückfrage. Der Schüler hat jene Erfahrung so nicht, und so wird die Interpretation für ihn eine Vorauskonstruktion.

## 15. Mai

Manchmal, wenn ich früher in einer Jugendherberge übernachtete oder auf irgendeinem Jungenlager war, entlud sich unsere überschüssige Kraft in allem möglichen nächtlichen Unfug. Wir überfielen harmlose Schläfer oder verkleideten uns als Gespenster und amüsierten uns, wenn in den dunklen Stuben eine kleine Panik ausbrach. Das nannten wir: »Der Heilige Geist kommt.« Das wird wohl auch heute noch der Spitzname dafür sein. Warum eigentlich gerade dieser Name? Sicher wollten wir damit sagen: Wir treiben heute nacht ein ganz verrücktes Zeug. Und der Heilige Geist hatte für unsere Vorstellung wohl etwas mit Verrücktheit zu tun. Wer mit dem Heiligen Geist zu tun hat, muß etwas überkandittelt sein. Das haben die Zuschauer des Pfingstereignisses, wie man in der Apostelgeschichte nachlesen kann (bitte! Es steht Kapitel 2) ja auch gemeint. Sie konstatierten: Die Jünger, über die der Geist gekommen ist, haben in Wirklichkeit zu tief ins Glas gesehen. Das ist alles, und man sieht es ihnen auch ohne Blutprobe an. Aber diese Rechnung geht nicht glatt auf. Denn immerhin haben diese Leute sich für das, was sie angeblich im Delirium sahen, ins Gefängnis sperren, sie haben sich steinigen und schikanieren lassen. Das sollte zu denken geben. Denn alkoholische Visionen pflegen dem Katzenjammer zu weichen. Auf keinen Fall läßt man sich dafür den Kopf abschlagen. Seinen Kopf gibt man im allgemeinen nur für etwas her, das man im Zustande realistischer Nüchternheit als eine Sache von äußerstem Range festgestellt hat, als eine Sache also, für die auch bei schärfster Kalkulation der Preis des Lebens nicht zu hoch ist. Wer einmal diese Geschichten um Pfingsten herum nachliest, wird finden: Hier sind Leute, die äußerst nüchtern kalkulieren und argumentieren. Und auch die Berichte selbst sind sachlich und mager wie Polizeiprotokolle.

## 16. Mai

Manchmal erscheinen die innerlich und äußerlich reichen Menschen gerade als die am meisten gefährdeten. Denn alles, was unser Leben groß macht und fasziniert – unser Geld oder unsere Vitalität, unser Geliebtwerden oder unser glückliches Temperament – kann zwischen Gott und uns treten. Das alles können wir egoistisch genießen. Auch die Freunde, die wir uns machen, und die Hilfe, die wir spenden, können wir egoistisch genießen. Selbst die größten aller Gaben: »Gut, Ehr, Kind und Weib«, können der Preis sein, für den wir unsere Ewigkeit verkaufen. Und diese Verkaufsaktion kann schon ganz einfach und sehr verborgen damit einsetzen, daß wir den Lazarus vor unserer Tür verachten. Nun geht das Geschehen zwangsläufig weiter. Es geschieht nämlich das, was bei jedem von uns einmal mit tödlicher Sicherheit eintreten muß: Es geschieht, daß der Reiche stirbt. Und indem es so mit ihm wortwörtlich »zu Ende geht«, sieht er sich in die Gottesferne verstoßen. Jetzt zeigt sich, wie furchtbar anders die Maße sind, mit denen *Gott* unser Leben mißt. Wie töricht haben wir uns selbst eintaxiert, und wie töricht lassen wir uns von anderen eintaxieren! Da sitzt der reiche Mann in der Hölle und sieht von da aus seine eigene Beerdigung. Manchmal, zu seinen Lebzeiten, hat er sich in wollüstigen Augenblicken seiner Eitelkeit vorgestellt, wie prunkvoll sie sein würde. Wie viele Wohltätigkeitsvereine würden mitmarschieren, und sicher würde ihn der beste Prediger der Stadt in den Himmel heben, während die so tausendfach von ihm beschenkten Armen in die Taschentücher schluchzten. Und nun sieht er diese seine Beerdigung tatsächlich. Aber er sieht sie von der Hölle aus. Und hier ist die Optik dann plötzlich und geheimnisvoll verändert. Es ist alles so beklemmend anders, als es seiner koketten Phantasie erschienen war. Gewiß, sie ist prunkvoll. Aber dieser Prunk erfreut ihn nun nicht mehr, sondern tut ihm weh, weil er in schreiendem Widerspruch zu seinem eigentlichen Sein steht. Er hört, wie eine Schaufel Erde donnernd auf seinen Sarg fällt, und dazu spricht sein bester Stammtischfreund die Worte: »Er lebte das Leben um seiner selbst willen.« Da will er dazwischenrufen (aber niemand hört ihn): »Ich habe mein Leben verfehlt; ich leide Pein in dieser Flamme!« Da fällt die zweite Schaufel nieder, und wieder schollern die Erdklumpen auf seinem Mahagonisarg: »Er hat die Armen der Stadt geliebt«, sagt eine andere Stimme. – »Oh, wenn ihr die Wahrheit ahntet!«, möchte der reiche Mann dazwischenschreien, »ich leide Pein in dieser Flamme!« Und nun wirft der Religionslehrer, der beliebte Abbé der Gesellschaft, die dritte Schaufel: »Er war so religiös. Er hat uns Glocken, Glasfenster und einen siebenarmigen Leuchter gestiftet. Friede seiner Asche!« Und wieder schlagen die Erdklumpen rummelnd auf seinem Sarg auf. Oder ist es das Donnern des höllischen Kraters? »Ich leide Pein in dieser Flamme!« Wie anders, wie erschreckend anders sind die Maße Gottes!

## 17. Mai

Warum nehmen wir, wenn wir unter uns sind, die lieben Mitmenschen so gern zwischen die Zähne, warum tun das die Kollegen so gern, wenn sie am Stammtisch, und die Damen, wenn sie beim Kaffeeklatsch sitzen? Woher stammt diese eigenartige Freude, die manchmal geradezu Wollust ist, die privaten Schwächen und vielleicht die heimlichen Amouren der Großen dieser Welt tuschelnd und mit gespieltem Entsetzen aufs Tapet zu bringen? Ganz einfach daher kommt das, weil man sich in solchen Augenblicken so unglaublich viel besser vorkommt und weil man sich mit unbeschreiblichem moralischem Behagen sagen kann: »So etwas kommt bei mir nicht vor!« Oder doch wenigstens: »So etwas kommt bei mir *auch* vor, aber bei einer Frau Generalstaatsanwalt oder bei einem Herrn Minister dürfte so etwas eben nicht vorkommen!« Klatschsucht – auch jene Klatschsucht, wie sie sich in der Enthüllungsliteratur unserer illustrierten Zeitungen und Groschenblätter austobt – beruht auf einer Art Selbstschutzmaßnahme: Man möchte sich gern in seiner eigenen Vorzüglichkeit bestätigen, indem man sich über andere entsetzt und über sie erhebt. Wer sich nach unten orientiert und sich an den Schwächen seiner Mitmenschen mißt, wird sofort hochmütig, oder besser: es geht ihm primär nicht um das Schlechtmachen der anderen, sondern es geht ihm darum, daß er sich durch dieses Schlechtmachen selber *gut* vorkommen möchte. Wir stoßen hier auf ein Geheimnis, das sich keineswegs nur im Privatleben des einzelnen, sondern auch in der Politik auswirkt: Es gibt Politiker von machiavellistischer Hemmungslosigkeit, die einfach sagen: »Die Politik ist immer gemein, sie ist immer ein ›garstig Lied‹ gewesen. Solange die Erde besteht, hat nun einmal die Gewalt immer wieder über das Recht gesiegt, und das Recht hat die Gewalt nachträglich legalisieren müssen. Weil denn der Wald der Welt voller Wölfe ist«, so sagt man dann, »laßt uns mit den Wölfen heulen. Wer es als Politiker anders macht, wird bald als weltfremder Idealist gelten, und außerdem kommt er eins-zwei-drei unter die Räder.« Es ist noch nicht lange her, daß in Deutschland solche Gedanken offen und programmatisch ausgesprochen wurden. Heute werden sie mehr im stillen gedacht. Und die Welt, die sich so nach unten mißt und orientiert, die sich die Wolfsgesetze zum Maßstab nimmt und die Politik amoralisch macht – wie das wissenschaftlich so schön heißt –, diese Welt stürzt dann über die Angst und den Größenwahnsinn, den sie selber großgezogen hat.

Ich befinde mich etwa in einer Gesellschaft von mehreren Autobesitzern. Unwillkürlich kommen sie alle ins Renommieren hinein: »Meiner macht spielend 150 Sachen auf der Autobahn!« der andere fällt ihm schon ins Wort: »Und meiner geht im dritten Gang auf den Groß-Glockner. Das macht ihm nichts.« Der dritte mischt sich ein: »Und die Beschleunigung des meinen sollten Sie erst einmal sehen!« Die Leidenschaft, mit der diese Leute ihren Motor rühmen, stammt zweifellos daher, daß sie sich selbst mit ihrem Motor identifizieren. Ich bin es, der diese Beschleunigung hat! Ich bin es, der steile Berge erklimmt! Wir haben die Neigung, uns stets mit allem Positiven, worüber wir verfügen, zu identifizieren. Vor einiger Zeit sagte ich einem meiner Studenten einmal: »Sie sind ein begabter Knabe.« Daraufhin errötete er und schielte links unten in die Ecke. Er war deshalb so geniert, weil er das Gefühl hatte, ich hätte ihn gerühmt und ihm eine großartige Eigenschaft beigemessen. Dabei hatte ich das doch gar nicht getan, sondern hatte im Gegenteil zum Ausdruck gebracht, er sei »begabt«, das heißt, ihm seien Gaben von einem anderen anvertraut. Aber auch er identifizierte sich damit. Es lassen sich aber nun auch Beispiele nach der entgegengesetzten Richtung finden. Ich gehe etwa durch die Zellen eines Zuchthauses und spreche mit den zum Teil langjährig Verurteilten. Es ist merkwürdig, wie der eine mir sagt: »Hören Sie, daß ich hierhergekommen bin, das lag an dem Milieu, aus dem ich stamme.« Der andere sagt: »Es lag an meinen Eltern.« Der dritte: »Es lag an bösen Freunden.« Der vierte: »Es lag an meiner neurotischen Veranlagung.« Hier sieht man also, wie der Mensch sich nicht mit seiner Schuld identifiziert, sondern wie er sich gerade von ihr distanziert, also das Gegenteil tut von dem, was der Autobesitzer und der begabte Student taten. Wenn wir versuchen, den Sinngehalt dieser ganz einfachen Beobachtung, die jeder von uns nachvollziehen kann, auf eine Formel zu bringen, können wir folgendes feststellen: Alles, was in unserem Leben positiv, was beachtlich und ehrenvoll ist, das betrachten wir als unser Eigentum. Mit so etwas identifizieren wir uns, ganz gleich, ob es sich um unser Auto oder um unsere Begabung handelt – obwohl das alles uns doch nur anvertraut und geschenkt ist, und obwohl alle diese Dinge und Gaben doch auf keinen Fall »wir selbst« sind. Alles aber, was uns belastet und kompromittiert, das schieben wir von uns ab. Davon distanzieren wir uns und schreiben es zu Lasten unserer Erziehung, unserer Umwelt, unseres Schicksals – und schließlich zu Lasten der letzten Instanz, die dafür verantwortlich ist, nämlich Gottes selbst.

## 19. Mai

Was ist mit dem merkwürdigen Wort vom Heiligen Geiste gemeint? Die Jünger wollen sagen: Plötzlich ist es uns wie Schuppen von den Augen gefallen. Wir wußten auch vorher, daß Christus gekreuzigt wurde und auferstand. Aber wir konnten damit nichts anfangen. Das war chinesische Musik für uns. Jetzt auf einmal merken wir, was das heißt, jetzt spricht es zu uns. Jetzt geht es uns so an, daß wir unser Leben ändern müssen. An einem Beispiel kann man sich das klarmachen: Sie haben sicher schon einen alten Dom besichtigt, der bunte Glasfenster besaß. Oft sind darauf die biblischen Geschichten dargestellt: Adam und Eva, die Propheten, die Maria unter dem Kreuz ihres Sohnes, die Frauen am Grabe des Heilandes. Gehen Sie nun von außen um die Kirche herum, sehen Sie nichts davon. Die Fenster wirken schwarz und eintönig. Gehen Sie aber hinein, dann leuchten sie in der Fülle ihrer Farben. Sie predigen sozusagen die alten Geschichten. Und wer sich Zeit nimmt, kann eine ganze Stunde lang die Bilder reden hören. Auf der anderen Seite aber, draußen, reden sie nicht. Da gehen sie mich nichts an. Pfingsten ist ein Ereignis, durch das wir sozusagen in den kirchlichen Innenraum versetzt werden, wo die Bilder und Geschichten zu reden beginnen. Vielleicht erscheint Ihnen alles, was Sie früher im Religions- und Konfirmandenunterricht gehört haben, als ein Grau in Grau, das Ihnen nichts sagt. Das ist dann bestimmt ein Zeichen dafür, daß Sie die Fenster von der falschen Seite sehen, und daß das Wunder des Geistes Sie noch nicht nach dem Innern geführt hat. Sie und die Jünger sehen zwar dieselben Scheiben, aber jeder sieht sie von der anderen Seite. Das gibt es auch sonst im Leben: Wenn Sie die Mutterliebe von außen sehen, sozusagen als eiskalter, nur biologischer Beobachter, dann erscheint Sie Ihnen ebenfalls ziemlich grau: Nämlich als eine Art drüsenbedingter Affenliebe. Wenn Sie aber an Ihre eigene Mutter denken, an den Frieden ihres Schutzes, an die Wärme ihres Herzens, an ihre liebenden Gedanken, dann blüht das Bild von der Mutter auf einmal in vollen und warmen Farben auf. Dann sehen Sie die Mutterliebe »von innen«, nämlich als Kind, das zu seiner Mutter gehört. So ist es mit dem Heiligen Geiste: Indem er uns in den Innenraum des Gotteshauses führt, wo die Fenster leuchten, sind wir auf einmal nicht mehr bloße Zuschauer und Zaungäste. Sondern da wird uns klar, daß der Vater uns meint, und daß wir seine Kinder sind. Da merken wir, daß da nicht irgend jemand mal am Kreuzesgalgen aufgehängt wurde, sondern daß er für mich gestorben ist. Da werde ich auf einmal in das Geschehen der Bilder mit hineingezogen, da muß ich auf einmal mitspielen: Da stehe ich mit unter dem Kreuz und an dem offenen Grabe. Da wird mir auf einmal meine Schuld vergeben und ich kann neu anfangen. Das meinten die Jünger, wenn sie sagten: Es ist uns auf einen Schlag wie Schuppen von den Augen gefallen. Sie wußten plötzlich: Niemand anders als ich bin hier überall gemeint, und Gott hat mich und mein Leben angesehen. Ich kann diesem Blick nicht mehr ausweichen. Und nun bin ich gefragt, ob ich darauf eingehen oder ob ich streiken und im alten Trott weitermachen will.

## 20. Mai

Provokation ist eine sublime Kunst, die durch das Mittel der Verfremdung einen Stachel in das Bewußtsein und Gewissen des anderen zu treiben sucht und ihm damit die Möglichkeit nimmt, in der Selbstverständlichkeit seines bisherigen Weges einfach fortzufahren. Sokrates konnte provozieren und dabei »entbinden«. Selbst in den Gleichnissen des Neuen Testaments – von den Propheten einmal ganz abgesehen – finden sich solche Elemente provokatorischer Verfremdung. Doch sind sie eben von dem charismatischen Vermögen getragen, etwas zu entbinden und dem Hörer eine Entscheidung abzunötigen. Dazu gehört die Erweckung der Bereitschaft, ja oder nein zu dem ausgesprochenen Appell zu sagen. Darum hat die Provokation immer den Charakter der *Ausnahme* und der präzisen *Abzielung:* Wo sie aufhört, »Ausnahme« zu sein und zum habitus eines Dauerverfahrens wird, verfällt sie der Wirkungslosigkeit. Kein Organismus hält es aus, von dauernden Schock-Attacken geschüttelt zu werden: Man gewöhnt sich daran oder wendet sich angeekelt ab und legt zwischen sich und die Provozierenden Distanz. Wo die Provokation der präzisen »Abzielung« entbehrt, den anderen zur Entscheidung aufzuschließen, wird sie zum Exzeß des bloßen Sich-austobens und zum blindwütigen Amoklauf. In beiden Fällen wird nicht auf-, sondern zugeschlossen.

## 21. Mai

Der rasante wirtschaftliche Aufstieg, der uns geschenkt war, droht uns vergessen zu lassen, welche Hypotheken von Schicksal und Schuld auf dem Beginn unserer jüngsten Epoche liegen. Die Menschen der Bibel wußten noch, daß die Schuld der Väter bis ins dritte und vierte Glied hinausgriff; auch die alten Tragödien wußten es auf ihre Art. Hier ertrug man noch die Last der Erkenntnis, daß keine Generation am Nullpunkt beginnt, sondern daß sie die Fracht der Vergangenheit zu übernehmen hat. Wo aber sind in unseren heutigen Rufen nach Wiedervereinigung, nach den verlorenen Gebieten jenseits von Oder und Neiße, wo sind in unseren Selbstbestimmungspostulaten auch nur Spurenelemente dieses Wissens erkennbar, daß der Herr der Geschichte uns offensichtlich einem Gericht überantwortet hat und daß wir selber es waren, die dieses Gericht provozierten? Diejenigen, die in zeichenhaftem Widerstand das Nahen dieses Gerichtes verkündeten und als getreue Wächter von den Mauern ihre Weckrufe an die Schlafenden ergehen ließen, bis sie heruntergeholt und aufs Schafott gezerrt wurden – diese alle haben es in der Reinheit ihrer Jugend gewußt und sich in die Schuldsolidarität eingeschlossen. Wir aber, die Überlebenden der Katastrophe, wir, die sich nicht geopfert haben, tun so, als ob nichts gewesen wäre und gebärden uns als die Fordernden. Und derweil leben und wirken noch Mörder unter uns – und die menschlichen Gerichte sind sehr sanft zu ihnen. Man verstehe mich ja nicht falsch: Ich meine nicht, daß das Wissen um geschichtliche Schuld und ihre Begleichung uns der Passivität oder gar fatalistischer Indifferenz überantworten dürfte. Graf Lehndorff, der Verfasser des Ostpreußischen Tagebuchs, hat in seiner Paulskirchen-Rede sehr richtig bemerkt: eine simple Preisgabe der östlichen Heimatgebiete würde uns Deutsche in den Augen der Welt keineswegs glaubwürdiger machen, sondern sie würde uns nur als *noch* labiler, wankelmütiger und bindungsloser erscheinen lassen. Ich vermisse (und allein darauf kommt es mir an!) nur einen bestimmten *Ton* in jenen Forderungen: den Ton des Wissens, daß es hier nicht um selbstverständliche Postulate und auch nicht um einen unbelasteten Raum geht, in dem sie zu erheben wären, sondern daß die Wiederherstellung des Verlorenen nur ein gnadenvoll Gewährtes sein könnte, nur etwas, das wir uns keinesfalls *selber* zusprechen können – das aber auch keine irdische Macht uns versagen dürfte, *wenn* es uns so gewährt wird. Man könnte mit den Worten der Bibel sagen, daß nur der Demütige die Chance der Gnade gewinnt.

## 22. Mai

Der Staat hört nicht auf, im ontischen Sinne eine Gnadenverordnung Gottes zu sein, wenn die Menschen ihrerseits aufhören, diesen theologischen Hintergrund des Staates zu bemerken. Das Verständnis des Staates konstituiert nicht diesen seinen theologischen Sinn, sondern es kreist um diesen Sinn wie um ein unverrückbares Faktum, während das Verständnis selber verrückbar ist und sogar verrückt werden kann. Ja: Genauso wenig, wie der Glaube die Existenz Gottes bewirkt und der Unglaube seine Existenz beseitigen kann, wie vielmehr Glaube und Unglaube lediglich die Bedeutung haben, Annahme oder Verwerfung eines Faktums zu sein: Genauso wenig ändert das christliche oder atheistische Selbstverständnis eines Staates das Geringste an seiner theologischen Realität. Darum bezeichnet Paulus den Staat des Cäsar als von Gott gesetzt (auch wenn er sich selber ganz anders versteht), und darum ist für die Offenbarung Johannis noch der Staat des dämonischen Cäsaren-Wahns in die Linien eines gottbewirkten Heils-

und Unheilsgeschehens eingezeichnet, von denen dieser Staat selbst keine Ahnung hat.

## 23. Mai

Daß und wie Gott die Welt der Zwecke trägt und umgreift, läßt sich an dem Worte Jesu verdeutlichen: Was hülfe es dem Menschen, wenn er die ganze Welt gewönne und litte Schaden an seinem Leben (Mt 16, 26). Denn dieses Wort bedeutet: Was nützte es, das heißt welchen »Zweck« sollte es haben, wenn ich in der Welt der Zwecke zu äußersten Graden der Verwirklichung käme, aber den Grund aller Zweckverwirklichungen unter den Füßen verlöre: wenn ich nämlich aufhörte zu leben? Es ist doch eine penetrante Sinnlosigkeit, die Welt der Zwecke in Besitz zu nehmen, sich also äußerste Ziele der Verwirklichung vorzunehmen und sie auch wirklich zu erreichen, wenn der Besitzer und Realisierer selbst dabei ausfällt! Das Wort ist ein Gleichnis, das wir infolge der Lutherübersetzung von psyche mit »Seele« (»Schaden nehmen an seiner Seele«) als solches nur schwer heraushören. Denn die hier angedeutete Sinnlosigkeit »bedeutet«, daß es nun auch in *letztem* Betracht sinnlos sei, etwas in der Welt der Zwecke zu realisieren, wenn derjenige, von dem her alle Zwecke erst sinnvoll sein können, aus dem Spiel bleibt. Dann verpuffen jene Verwirklichungen im Leeren. Dann wird die Pointe des Daseins verfehlt. Dann muß man sich fragen: »Wofür« habe ich das alles geschafft, »wofür« habe ich gelebt? Im einzelnen war mein Lebensplan durchdacht, im einzelnen war ich ein zielbewußter Täter. Aber im gesamten war ich ein Tor, weil ich das Vorzeichen vor den Prozessen meiner Verwirklichungen nicht bedachte. In diesem Sinne sind die Gottlosen »Toren« (Ps 14, 1), weil sie die Rechnung ohne den Wirt machen. In diesem Sinne ist auch der reiche Kornbauer ein Tor (Lk 12, 16 ff.). Es ist merkwürdig, wie ausgesprochen immer Täter der Illustration dieser Gottlosigkeit dienen müssen (der Mann, der die Welt gewinnt, oder der reiche Kornbauer oder die Ruhmredigen, aber auch die nur Verwirklichenden von Psalm 73,3 ff.). Denn gerade weil die Täter zielbewußt sind und sich also der Mittel im Reiche der Zwecke bedienen – ohne das würde man ja nie »die Welt gewinnen« können! –, wird die Verfehlung der Sinnpointe, wird ihr Vorübergehen an Gott besonders drastisch offenbar. Die äußerste Klugheit in der Taktik des Lebens kann so mit der äußersten Torheit im strategischen Gesamtplan korrespondieren.

## 24. Mai

Die Beziehung von Gleichheit und Ungleichheit aufeinander, wie sie in der Kirche vorliegt, wird freilich mit anderen Schwerpunkten versehen sein als in der Welt: Das weltliche Recht geht zwar von dem Prinzip aus, daß alle vor ihm gleich seien und daß es für alle in gleicher Weise gelte. Aber im Namen dieses Prinzips – das eigentlich nur ein Prinzip der Funktionsweise des Rechts selbst ist – richtet es sich vornehmlich auf die Sicherung des Verschiedenen und Ungleichen: es grenzt Zuständigkeiten gegeneinander ab, es trennt das Erlaubte vom Unerlaubten. Und es muß dies tun, weil es ein Grundzug menschlichen Wesens ist, mehr zu haben als man hat, und etwas anderes zu sein, als man ist. Dieser Urtrieb des Menschen sieht sich ständig stimuliert durch die konkreten Verschiedenheiten, insbesondere durch die Verschiedenheit von Reich und Arm, Besitzenden und Nichtbesitzenden, Mächtigen und Ohnmächtigen, Erfolgreichen und Nicht-reüssierenden. Das alles wird Anlaß zu Habgier und Neid und zu einem grenzenlosen Trieb auf Gleichmacherei und Nivellierung hin. Dieser Zustand der Dinge zwingt das Recht, insofern es dem arcere malum und damit der Ordnung dienen soll, weithin dazu, die Verschiedenheit der Menschen zu regeln und jedem auf dieser Basis »Das Seine« (nicht »das Gleiche«!) zu geben. Die Kirche Christi als die Vorform des kommenden Reiches Gottes in diesem Äon dagegen lebt von der alle irdischen Unterschiede und Rangstufen relativierenden, ja zunichtemachenden Botschaft, daß in Christus Jesus alle eins und daß sie gleichberechtigte Glieder an einem Leibe sind (1. Kor 12, 12 ff.). Paulus legt allen Wert darauf, daß diese Vielzahl der Glieder wohl Funktionsverschiedenheiten, aber keine Rangunterschiede mit sich bringt. Und den mancherlei Gaben wird immer der *eine* Herr gegenübergestellt, damit sich keine dieser Gaben zu eigener

Herrschaft aufschwingt, sondern eine dienende Gabe unter eben diesem Herrn bleibt (1. Kor 12, 4 ff.). Wenn dann im Gefolge der institutionellen Verwirklichung auch Leitung und Nachordnung entstehen müssen – gleichsam sekundär und nachträglich –, dann geht es hier nicht um echte und das *Wesen* betreffende Rangunterschiede, sondern nur um eine Ordnung der »Brüder« unter dem einen »Meister«. Deshalb kann es keine »Herrschaft« in der Kirche geben; vielmehr kann ein dem Worte gehorsames Kirchenrecht dem Amt der Leitung nur einen »weisenden, ordnenden, mahnenden Charakter« (Erik Wolf) zubilligen.

## 25. Mai

Aller Perfektionismus von Ordnungen macht den Menschen selbst nicht perfekt. Das Gesetz, auch in seiner institutionellen Gestalt, kann nicht erlösen. Genau wie die Sünde des Menschen nicht von außen kommt (Mt 12, 35; 15, 11), sondern seinem Herzen entstammt, so ist sie auch nicht von außen her zu beseitigen (Mt 23, 25 f.), sondern verliert nur ihre Macht, wenn das Herz selbst in eine neue Gebundenheit überführt wird (Rö 6, 16 ff.). Alle Neigung zu einem Sozial-Messianismus, der mit der Änderung der Welt-Struktur auch den Menschen selber ändern möchte, kann nur durch dieses realistische Wissen um die bleibende Erlösungsbedürftigkeit des Menschen bekämpft werden. Das menschliche Herz ist von Haus aus böse, gleich in welcher Eigentums- oder sonstigen Ordnung es sich befindet. Wer das übersieht, frönt auch inmitten der besten sozialreformerischen Absichten verhängnisvollen Illusionen, die sich sehr realistisch rächen müssen. Der Mensch wird nicht *durch* Ordnungen erlöst, sondern er wird *dazu* erlöst, die Ordnungen recht zu verstehen und dann auch recht in ihnen zu leben und angemessene Ordnungen erstellen zu können.

Je mehr sich im Zeichen der Säkularisation die gewachsene Parochie und die »Welt draußen« auseinanderleben, um so mehr muß der Ruf zum Gottesdienst ergänzt werden durch die entgegengesetzte Aktionsrichtung: dadurch, daß die Gemeinde selbst nach draußen geht und sich in Form von Delegationen auch strukturell in die Arbeitswelt eingliedert. Die Herde, die ohne Hirten ist, erkennt auch die Stimme des Hirten nicht mehr; darum kommt sie nicht mit ihm in Kontakt, wo er nicht unter sie tritt. Wer die innere Situation der Säkularisierten kennt, weiß, daß in ihrem Bewußtsein die Schwelle zu sakralen Räumen etwas Schockierend-Abweisendes für sie hat, und daß darum die geforderte nichtreligiöse und weltliche Form der Verkündigung auch entsprechende räumliche und nichtsakrale Symbole haben muß: Sie muß ihrerseits (jedenfalls auch) in weltlichen Vorhöfen geschehen (Straßen, Säle usw.). Zweifellos bedeutet das eine Krise des konventionellen Stils der Volksmission. Selbst die »Zelt«-Praxis bleibt hier noch auf halbem Wege stehen. Eberhard Müller bemerkt mit Recht, daß die einstmals gewollte Analogie zum säkularen Zirkus-Zelt längst dem Bewußtsein entschwunden, daß auch das Missionszelt zum *kirchlichen* Raum geworden sei und – von Ausnahmen abgesehen – darum auch kirchliche Leute zu versammeln pflege. Das Vaterhaus muß seine Dependencen in der Fremde aufbauen. Das entspricht der Grundbewegung des Evangeliums, das in der Fleischwerdung des Wortes den Menschen in seiner Weltsituation *abholt*. Eine dieser Dependencen, dieser Vaterhaus-Filialen, könnte die christliche *Betriebszelle* sein, die in der Arbeitswelt selbst eine Art christlichen Ausstrahlungszentrums schafft, nicht nur durch die Diakonie (Verteidigung der schwächeren einzelnen gegenüber schlechten Arbeitsplätzen, gegen ungerechte Berechnung der Akkordsätze durch den Kalkulator, gegen die Maßnahmen grober Vorgesetzter und so weiter). Was eine solche christliche Gruppe – wirklich als Filiale der Gemeinde! – bedeuten könnte, haben die entsprechenden kommunistischen Zellen vorgelebt. Ähnliche Maßnahmen ließen sich für alle andern Regionen der sozialen Landschaft finden. Sie würden zugleich helfen, daß jene Landschaften Heimatcharakter gewinnen und daß die Arbeits- und Berufswelt auf das Ganze des Menschen bezogen wird, daß sie also nicht bloß das Fremde gegenüber dem persönlich Eigenen bleibt.

## 27. Mai

Die Solidarität der Kirche mit ihrer Zeit kann nie so weit gehen, daß sie sich »restlos« in die Situation des heutigen Menschen und seiner Gesellschaft hineinbegibt (daß sie sich etwa mit einer bestimmten sozialen Gruppe identifiziert, die ihrer Hilfe besonders bedürftig zu sein scheint, oder daß sie ihre Zentrierung in der Lokalgemeinde aufgibt, um in übergemeindlichen Ämtern sich über die pluralistische Gesellschaft hin zu zerstreuen und sich ihr strukturell anzugleichen, oder daß sie sich in Sprache und Lebensstil konform macht). Dies stellvertretende »An-die-Stelle-treten« würde heißen, daß sie sich dem Gefälle auf Selbstaufgabe überantwortete. Der Versuch einer Integration durch Assimilierung würde nur zur Desintegration ihres eigenen Wesens und ihrer eigenen Struktur führen. Sie würde dann inmitten der Pluralität der Gesellschaft erst recht nur als ein Element unter andern erscheinen. Da andererseits aber gar keine »restlose« Selbstaufgabe möglich ist, führt dieser Versuch nur zu Krampf und Denaturierung. Er würde im negativen Gegenbild demonstrieren, daß nur Jesus Christus wahre Stellvertretung und unbedingte Solidarität zu üben vermag, ohne daß er dabei aufhörte, »er selbst« zu sein. Alle menschlichen Unternehmungen, das nachzuvollziehen und zu »imitieren«, müssen scheitern. Sie sind eine Art »diakonischer Hybris«, die sich rächt, weil sie die Möglichkeiten menschlicher Stellvertretung übersteigt und sie nicht wahrhaben will.

## 28. Mai

Sowohl die weitgehend verstaatlichte Erziehung wie die kirchliche Unterweisung rufen nach dem »Rückhalt beim Elternhaus«. Es besteht kaum eine Meinungsverschiedenheit darüber, daß die außerfamiliäre Erziehung diesen Rückhalt nicht ersetzen kann, sondern daß sie im Gegenteil auf ihn angewiesen ist, wenn sie Erfolg haben soll. Die Statistiken der Jugendkriminalität bekunden eindeutig, daß asoziales Verhalten weithin in einem Versagen des Elternhauses gründet. Ebenso ist es erwiesen, daß eine weithin bestehende Sucht, den Lebensstandard durch aushäusiges Geldverdienen beider Elternteile zu erhöhen, verheerende Folgen für die sich selbst überlassenen Kinder hat. Die Einsicht in alles dies ist keineswegs nur als platonische opinio communis verbreitet, sondern hat zu vielerlei institutionellen Maßnahmen geführt, die dem Zweck dienen, das Elternhaus pädagogisch zu aktivieren, eine Zusammenarbeit zwischen Elternhaus und außerfamilären Erziehungsträgern herbeizuführen und damit die Familie wieder zu einer Lebenszelle der Gesellschaft und auch der christlichen Gemeinde zu machen. Nicht nur die Familie, sondern auch die Gesellschaft leidet unter der Desintegration und entwickelt Abwehrstoffe. Dort, wo die Gesellschaft – wie etwa im Herrschaftsbereich des Marxismus-Leninismus – aus ideologischen Gründen manche dieser Bewahrungsmaßnahmen gegenüber der Familie nicht aufkommen läßt – zum Beispiel hinsichtlich ihrer Bedeutung als religiöser Lebenszelle –, zeigt die Familie oft genug eine erhöhte Energie der Selbstbewahrung: Es ist bekannt, welche Bedeutung in Sowjetrußland etwa die Großmütter für das »Ministerium des Innersten« gewonnen haben.

## 29. Mai

Der Radikalismus – als Form des Schwärmertums – ist eine vorweggenommene Eschatologie, die sich über die gegebenen Weltzustände und das in ihnen gegebene heilsgeschichtliche Interim hinwegsetzt. Er beruht auf der Haltung einer Selbstrechtfertigung, weil er sich weigert, den Menschen solidarisch an die Gesetze dieser seiner Weltgestalt gebunden zu sehen, und weil er den Anspruch erhebt, er könne sich selbst daraus befreien durch die radikale, alle vorgegebenen Geleise sprengende Tat. Der Kompromißgeist ist das Gegenteil dieses Radikalismus. Als Kompromiß-»Geist« ist er aber auch zu unterscheiden von derjenigen Haltung, die wir als den christlichen Realismus gegenüber der Notordnung des Kompromisses herausstellten und der um die Fragwürdigkeit, die Vergebungsbedürftigkeit und den Interimscharakter der Kompromißwelt weiß. Der Kompromiß-Geist sucht seine Selbstrechtfertigung mit dem Argument zu gewinnen, daß es eben ein naturbedingtes Weltgesetz sei, nach dem Gesetz des geringsten Widerstandes zu verfahren, die Kunst des Möglichen zu betreiben und in Richtung der Resultante im Parallelogramm der Kräfte zu leben. Indem man das tue, ordne man sich dem Naturgesetz unter und füge sich dem Kräftehaushalt der Welt ein. Während also der Radikalismus eine vorweggenommene Eschatologie ist, betreibt der Kompromißgeist eine illegitime Prolongierung der Welt. Er weiß nicht um ihr Ende, um ihre Grenze, um ihre Fragwürdigkeit und um den Infragestellenden. Radikalität und Kompromiß: beides muß auf seine Weise sein. Beides wird böse, wenn es um Programme des Menschen geht, die dann entweder seiner Weltverachtung oder seiner Welthörigkeit entstammen und in beidem zur Selbstrechtfertigung führen. Beides wird gut, wenn der im Kompromiß Handelnde oder der in einer Radikalität (nicht in einem -ismus!) zeichenhaft Wirkende um die Verlorenheit dieses seines Handelns angesichts des letzten Gerichts weiß, wenn er im Warten auf das kommende Reich lebt und das Handeln in diesem Äon unter die Vergebung, aber auch unter die Geduld Gottes gestellt sieht, der die Welt eben nicht aufgibt, sondern sie im Rahmen ihrer Möglichkeiten und ihrer Fragwürdigkeit bis an den lieben Jüngsten Tag gedeihen und gewähren läßt. Beides wird dann »gut«, das heißt: Gott läßt es so gut sein. Wer unter der Rechtfertigung lebt, ist Gott recht.

## 30. Mai

Die Arbeit hat ihren theologischen Sinn, jedenfalls *einen* ihrer theologischen Sinnbezüge in folgendem: Sie dient der Erstellung eines Lebensraums, in dem das ewige Thema unserer Existenz anklingt und zum Zuge kommen will. Die Fürsorge Gottes, die er uns im Hinblick auf jenes ewige Thema »Essen und Trinken, Haus und Hof, Kleider und Schuhe. . .« schenkt, aktualisiert sich nur so, daß sie uns für den arbeitenden Erwerb dessen, was wir so besitzen sollen, in Anspruch nimmt. Es ist, wenn wir so formulieren dürfen, ein Stilgesetz des göttlichen Handelns, daß er nur schenkt, indem er verpflichtet, daß sein Angebot immer Gebot ist, daß seine eigene actuositas – mitten in dem mere passive unsererseits – unsere eigene actuositas entbindet. Das gilt selbst für das Rechtfertigungshandeln, bei dessen Analyse uns die Beziehung von Indikativ und Imperativ diese Zusammenhänge erschließt. Genau entsprechend enthält auch die Fürsorge Gottes den Anspruch zu eigenem Besorgen, das heißt zur Arbeit. Und genau wie im Zusammenhang der Rechtfertigungslehre ist auch hier die produzierende Aktivität des Menschen von Gott her gesehen mere passive: Denn die Arbeit des Wächters ist umsonst, wenn der Herr nicht die Stadt bewacht (Ps 127, 1); und seinen Freunden gibt er's schlafend (V 2). Derjenige, der es selbst mit seiner Arbeit schaffen will, und dessen Arbeit also etwas anderes und mehr sein will als die mere passive sich verhaltende Inanspruchnahme dessen, was Gottes Fürsorge uns zuspricht, der sammelt nicht, sondern der zerstreut, der verfehlt den Sinn seiner Arbeit, der macht sich »viel vergebliche Unruhe«, der »sammelt und weiß nicht, wer es einnehmen wird« (Ps 39, 7). Was Aktivität und Passivität letzten Endes, nämlich *theologisch* sind, läßt sich deshalb mit den Mitteln der Arbeitspsychologie zweifellos *nicht* bestimmen. Denn das Geheimnis der Aktivität besteht als *menschliches* Geheimnis nicht in dem meßbaren Energie-Aufwand, sondern in dem Telos und damit zugleich in der letzten Motivation der Aktivität. Um also den theologischen Sinn der Arbeit zu erfassen, haben wir zu fragen, welches Thema jene göttliche Fürsorge für unser Leben besitzt, die unser eigenes Besorgen erweckt und in Anspruch nimmt. Das Thema jener göttlichen Fürsorge ist unser ewiges Heil. Um dieses Zieles teilhaftig zu werden, bedürfen wir der zeitlichen Existenz und der Erhaltung dieser Existenz. Die Arbeit greift wissend oder unwissend dieses Thema auf, indem sie den Boden der physischen Existenz begründet.

## 31. Mai

Bloße Hinweise auf die Zukunft lassen uns ebenso kalt wie die bloßen Berichte über eine Vergangenheit, in der Gott angeblich Wunder getan und freundschaftlichen Umgang mit Mose und andern Gestalten der Urzeit gepflogen hat. Wie fern ist das Einstige! Wie fern auch das Kommende – und wie kühl läßt es uns deshalb! Die bloße Weissagung des Endes also ist es nicht, die uns hier anrührt. Und wenn die Astronomen uns über den Eis- oder Wärmetod unserer Erde in einigen Millionen Jahren belehren, dann schmeckt uns unser Schnitzel deshalb keinen Deut schlechter. Das mag »intellektuell« ja ganz interessant sein. Aber »existentiell« ist es belanglos. Mein Leben wird dadurch keineswegs anders. Meine Wertetafeln und mein Lieben und Hassen bleiben unberührt. Das aber wird sofort und umstürzend anders, wenn Jesus uns sagt, daß *er* es sein wird, der in den Wettern des Endes sein Werk vollbringt und der in einer neuen apokalyptischen Wiederholung von Weihnachten noch einmal seine Ankunft halten wird. Dann nämlich wird schon der *gegenwärtige* Augenblick dadurch geändert. Diese Zukunft gibt schon dem *Jetzt* eine neue Gestalt.

## 1. Juni

Früher sah man in der Omnipotenz des *Staates* die wesentliche Bedrohung der individuellen Freiheit. Aber diese Bedrohung war zugleich eine Art schöpferischer Provokation, die zur Behauptung der Freiheitsrechte trieb. Das lag vor allem, meine ich, daran, daß die Omnipotenz des Staates ein klar umrissenes Gegenüber bedeutete, auf das man zu reagieren vermochte. Heute wird die durch Nichtgebrauch lahm gewordene Freiheit zusätzlich durch unterschwellige Beeinflussungsmethoden ausgeschaltet, die mit Hilfe psychoanalytischer Teste entwickelt werden. Das personale Entscheidungszentrum wird durch diesen Trick, dessen sich vor allem gewisse Werbemethoden bedienen, gleichsam umgangen und unwissentlich ferngesteuert. Der Konsument wird außerstande gesetzt, selbst ein banales Waschpulver in Freiheit wählen zu können. Denn seine Anpreisung (»Das strahlendste Weiß meines Lebens«) vollzieht sich etwa auf dem Bildschirm in einer so mystischen Ekstase, daß die Konsumentin plötzlich ein neues Leitbild ihres Lebens, daß sie die platonische Idee von »Weiß«, daß sie das Weiße an sich entdeckt zu haben meint. Gegenüber dieser mythischen Lebenserfüllung ist das Thema »Waschpulver« längst in wesenlosem Scheine zerronnen. Der Appell, sich dem »Hauch der großen Welt« durch eine Tabakmarke auszusetzen oder durch ein Automodell den Neid der Nachbarn zu erregen, haben so etwas wie eine Konsumideologie erzeugt, die analog allen andern Ideologien den konkreten Gebrauch der Freiheit blockiert. Was aber gegenüber Waschpulvern und Zigaretten und damit gegenüber der Banalität des Alltäglichen ohnmächtig zu machen weiß, wird als Macht der Depotenzierung auch gegenüber den Entscheidungsfragen von Rang erfolgreich sein.

## 2. Juni

Wir können nicht frei sein wollen, wenn wir nicht wissen, was Freiheit ist. Nur was Sinnerfüllung verleiht, kann thematischen Rang für unser Leben gewinnen. Paul de Lagarde hat einmal gesagt: »Frei ist nicht, wer tun kann, was er will, sondern wer werden kann, was er soll.« Unser Verständnis der Freiheit ist *deshalb* mit Zersetzung bedroht, weil wir nicht wissen, was »wir werden sollen«, weil wir also unserer Bestimmung verlustiggegangen sind. Die Verworrenheit dessen, was wir mit Freiheit meinen, ist nur eine Spiegelung der Ungewißheit, was der Mensch sei. Denn die Freiheit, technische Mittel zu produzieren und anzuwenden, scheint direkt proportional zu der Unfreiheit zu wachsen, diese Mittel einem sinnvollen Telos einzuordnen. »Wir leben in einer Zeit vollkommener Mittel und verworrener Ziele«, hat Einstein einmal gesagt. Daß im allgemeinen Bewußtsein die Freiheit tatsächlich zu dem Vermögen degeneriert ist, »zu tun, was man will«, und *dann* nur noch die Erlaubtheit bedeutet, Ansprüche an das Leben zu stellen und individuelle Rechte gegenüber der Gemeinschaft zu behaupten, wird an vielerlei Symptomen deutlich. Ich begnüge mich mit der Nennung eines einzigen: In verräterischer Analogie zu mechanischen, also unpersönlichen Vorgängen wird Freiheit als der »Spielraum« eigenen Tuns und Lassens begriffen, ohne daß Rechenschaft darüber verlangt oder gegeben würde, *was* hier gespielt wird oder was zu spielen *ist.* Erst dann, wenn dies mechanische Bild vom Spielraum humanisiert wird, d. h. wenn es deutlich wird, daß unsere menschliche Existenz den Raum bildet, in dem wir zum Spiele anzutreten haben und daß dieses Spiel seine Frist und in dieser Frist sein Telos hat, wird die Freiheit als *Aufgabe* sichtbar. Dann aber gibt sie zu erkennen, daß sie nicht nur ein Geschenk, sondern auch eine Last, daß sie nicht nur eine Chance, sondern auch Versuchung ist.

## 3. Juni

Die Bindungslosigkeit einer Freiheit, die uns nur erlaubt, zu tun, was wir wollen, wäre offenbar nur die Tarnung einer dezidierten Unfreiheit: denn sie würde uns dem Gesetz des geringsten Widerstandes und also wieder einem freiheitsberaubenden *Gesetz* unterwerfen. Wir würden dann nämlich von den stärksten Kräften getrieben werden, die in uns wirksam sind, zum Beispiel vom Willen zur Macht oder vom Sexus, und würden damit einer anonymen Hörigkeit unterworfen.

Der Weg in die Fremde, den Jesu Gleichnis vom Verlorenen Sohn beschreibt, ist in diesem Sinne der Weg aus der Bindung des Vaterhauses in die Bindungslosigkeit der grenzenlosen Selbstverfügung. Aber sie endet charakteristischerweise am Schweinetrog und in einem extremen sklavischen Getriebenwerden. Sie endet also in einem Gegenbild der Freiheit. Sie *ist* dieses Gegenbild. Die wirkliche Freiheit dagegen, daß man nämlich »werden darf, was man soll«, ist nur als eine bestimmte Form von Bindung zu definieren, so gewiß ja das, was man soll, eine Bindung und gar nichts *anderes* als eine Bindung darstellt. Die Fesseln des Unfreiseins werden primär nicht durch *Befreiung* von Banden gesprengt, sondern durch das Eingehen in eine echte und unser Dasein *tragende* Bindung. Unfreiheit und Freiheit unterscheiden sich deshalb nicht voneinander wie Gebundensein und Bindungslosigkeit, sondern wie falsche und wahre Bindung.

## 4. Juni

Der Westen versteht unter Freiheit das Vermögen, »zu tun, was man will«, ahnt aber nicht, welche geheimen Steuerungskräfte der Geschichte seine vermeintliche Freiheit durchwirken und sie damit zur Illusion machen. Man wird die Ernsthaftigkeit dieser Infragestellung nicht überhören können. Würden wir sie mit dem bloß konfessorischen Hinweis beantworten, wir verträten eben den freiheitlichen way of life des Westens, so wäre das hohles Pathos. Es erschreckt mich, wenn ich das Geräusch dieser klingenden Schellen immer wieder unter uns höre. Sie sind die Signale einer beklemmenden Sicherheit, die am Rande des Abgrunds nicht nur unangemessen, sondern bedrohlich ist. Hier ist uns die Anstrengung des Gedankens aufgegeben. Was bedeutet der Satz, daß Freiheit die Einsicht in die Notwendigkeit sei? Der dialektische Materialismus vertritt die These, daß in der Natur sowohl wie in der Gesellschaft nicht so etwas wie Zufall, sondern daß Notwendigkeit herrsche. Insofern wird alles, was den Geschichtsraum und damit die Sphäre menschlichen Handelns durchwirkt, von objektiven Gesetzen gesteuert. Sie haben die Stringenz von Naturgesetzen. Da sich der Kommunismus nun als eine

Befreiungsbewegung versteht und infolgedessen die Welt nicht nur zu interpretieren, sondern zu verändern wünscht, sieht er sich sehr elementar vor das Problem der Freiheit gestellt. Denn der Wille, die Welt zu verändern, setzt logischerweise die *Freiheit* voraus, sie verändern zu *können*. Die Antwort auf die so erfragte Relation zwischen Freiheit und Notwendigkeit kann in dem abgesteckten Rahmen nur lauten – ich darf sie in der berühmten Definition von Friedrich Engels zitieren –: »Nicht in der erträumten Unabhängigkeit von den Naturgesetzen liegt die Freiheit, sondern in der Erkenntnis dieser Gesetze und in der damit gegebenen Möglichkeit, sie planmäßig zu bestimmten Zwecken wirken zu lassen.« Die Freiheit ist demnach nicht aktives Eingreifen in die Gesetze – wie sollte das auch möglich sein!–, sondern sie vollzieht sich als Kollaboration mit diesen Gesetzen, als ein planmäßiges Wirken*lassen*.

## 5. Juni

Wir können heute das Wort Freiheit ehrlicherweise nicht mehr in den Mund nehmen, wenn wir uns nicht zuvor mit den Mächten des Notwendigen, etwa mit der Eigengesetzlichkeit in Wirtschaft und Politik oder auch mit der determinierenden Bedeutung des Milieus, theoretisch auseinandergesetzt haben. Wer die Begriffe Freiheit und Würde der Person in den Mund nimmt oder sogar Freiheitslieder aus dem Kommersbuch anstimmt, muß es *angesichts* jener Mächte und im *Dennoch* zu ihnen tun. Sonst wird alles Geplärr. Uns ist es nicht mehr erlaubt, selbst noch im Sinne *Kants,* nur die Entelechie des intelligiblen Ichs im Auge zu haben, wenn wir von Personhaftigkeit und Gewissen reden. Wir können von Person und Freiheit vielmehr nur so sprechen, daß wir die Relation beider zu den begrenzenden Mächten erforschen, die wir – nicht zuletzt mit Hilfe der Soziologie – als »Notwendigkeit« in der Dimension des Geschichtlichen entdeckt haben. Diese Mächte sind gewiß von anderer Art, als sie der Marxismus entdeckt zu haben meinte. Aber sie sind da. Nicht bloß eine christliche Ethik – sie freilich vor allem! – kann ihre Freiheitslehre nur im Angesichte *dieses* Gegenüber entwerfen.

Freilich hat das Freiheitsbegrenzende nicht nur diesen Charakter des Notwendigen, des gesetzlichen Trends. Die Freiheit »zu tun, was ich will« wird auch durch *normative* Größen begrenzt: Sie können durch die Interessen der Gemeinschaft oder die Staatsräson oder auch durch den unmittelbaren Nächsten repräsentiert werden, an denen meine persönliche Freiheit ihre Grenze findet. Es ist ja paradoxerweise so, daß die freiheitlichen Staatsbürgerrechte nur dadurch in Kraft bleiben können, daß ich sie nicht alle in Anspruch nehme, daß ich also meinen Freiheitsprivilegien gegenüber Askese übe und den Spielraum der verfassungsmäßigen Möglichkeiten nicht voll ausschöpfe. Diese ethische Freiheitsbegrenzung, die juristisch nur unvollkommen und manchmal gar nicht fixierbar ist, wird etwa akut in den versuchlichen Möglichkeiten der Pressefreiheit, in der Freiheit zu ziemlich hochgradiger Pornographie und in der Freiheit, das Tabu der Intimbezirke einigermaßen brüsk zu durchbrechen. Ein Symptom dafür, daß hier die Aufgabe einer Selbstbegrenzung der Freiheit gesehen wird, sind etwa die Einrichtungen der korporativen Selbstkontrollen, zum Beispiel bei Film und Presse. Sie sind institutionelle Symbole für den möglichen Ausbruch der Freiheit in die Selbstzerstörung und zugleich für die Überzeugung, daß das Gesetz das Wagnis der Freiheit nicht scheuen darf, um nicht zum totalen Reglement der Tyrannis zu werden.

## 6. Juni

Welches Verständnis von Freiheit vollzieht eigentlich der Westen? Ist sie für viele von uns etwas anderes als die Freiheit, sich einen bestimmten Lebensstandard leisten zu können? Gehört Freiheit nicht zu den Konsumgütern des allgemeinen Komforts, die man braucht, verbraucht und eben verschleißt? Wir sind Konsumenten von Freiheit geworden. Produzieren wir sie eigentlich noch in unserm Leben? Haben wir noch eine Nachschubquelle? Die Freiheit, die das Ermächtigende vergessen hat – oder besser und in Klartext: die *den* Ermächtigenden vergessen hat –, degeneriert sehr schnell zu bindungsloser Liberalität. Sie führt ein kurzes Interim hindurch noch das

Scheinleben der Idee, die ohne Erinnerung an ihren Ursprung ist und darum auch nicht mehr aus diesem Ursprung gespeist wird. Das bekannte Wort, daß die Menschheit sich in einem Gefälle befinde von der Divinität über die Humanität zur Bestialität, ist ein Fanal. Wer die Freiheit des Menschen will, muß nach dem fragen, was mehr ist als der Mensch.

## 7. Juni

Wenn der menschliche Amtsträger, dem autoritäre Macht anvertraut ist, wenn also der Staatsmann oder der Richter seine Macht aus dem Motiv einer antwortenden und nachvollziehenden Liebe gebrauchen soll, so kann er das nur, wenn er sich in die Geschichte mit Gott einbeschlossen weiß und wenn er aus dieser seiner »Situation« heraus den theologischen Hintergrund der Macht verstanden hat und sich auf ihn bezieht. Dieses Verstehen von Macht umfaßt ein doppeltes Erkennen und Anerkennen: *Erstens* die Erkenntnis und Anerkenntnis dessen, wozu Macht da ist, daß sie nämlich als potestas ordinata et ordinans die gefallene Welt vor dem Chaos behüten, daß sie Ordnung setzen und diesen bedrohten Äon an den »lieben Jüngsten Tag« bringen soll. *Zweitens* geht es um die Erkenntnis und Anerkenntnis, daß die Macht immer nur eine »verliehene« Macht ist und also den Charakter einer autorisierten Autorität hat. Darin liegt wieder das Postulat einer doppelten Selbstbeschränkung der Macht: *einmal* in dem Sinne, daß es keinen »Institutionalismus« der Macht geben darf. Unter Institutionalismus verstehen wir die Tendenz, daß die mit Macht ausgestatteten Ordnungen sich als selbständige Gebilde konsolidieren und nur aus ihrer immanenten Funktionsgesetzlichkeit begriffen werden. Am Ende dieses Weges steht der Mythos von der starren, sachbestimmten Eigengesetzlichkeit. Geht es aber um den Nachvollzug dessen, was sich in der göttlichen Verbindung von Macht und Liebe vollzieht, dann werden politische, soziale und wirtschaftliche Organisationsformen anzustreben sein, die es nicht unmöglich machen (wir drücken uns vorsichtig aus und formulieren darum lieber negativ), menschliche Motivationen erkennen zu lassen. *Ferner* ist mit dem Nachvollzug der göttlichen Verbindung von

Macht und Liebe die Sorge gegeben, daß Mächtig-sein zum Selbstzweck werden und daß Machtausübung nur noch als Befriedigung eines Triebes verstanden werden könnte. Auf diese Weise würde die Macht aus einem Instrument des Dienstes zu einem Mittel des Egoismus.

## 8. Juni

Biblische Aussagen über die Macht Gottes zusammentragen zu wollen, würde heißen, die Bibel selbst auszuschreiben. Es genügt, nur die thematischen Akzente zu vermerken, die den Begriff der Macht im allgemeinen bestimmen, wenn er betont auftaucht. Er wird vornehmlich verwendet in Zusammenhängen, die um die Natur- und Geschichtsmächtigkeit Gottes gruppiert sind. Für die Herrschaft Gottes über die Natur mag an die »Schöpfungs«-Psalmen oder auch an zahlreiche Hiobstellen erinnert sein; für das Leitungs- und Gerichtshandeln in der Geschichte, auch über die Heidenvölker und den Erdkreis selbst, vor allem an die Propheten. Allen diesen in sich sehr verschiedenen Aussagen über die Weltmächtigkeit Gottes ist *ein* Zug gemeinsam: Daß die Macht Gottes stets als eine in besonderem Sinne *qualifizierte* Macht verstanden wird. Sie ist nämlich entweder als Mächtigkeit der ira Dei, als Straf-, Gerichts- und Heimsuchungsgewalt Gottes verstanden, oder aber als Macht der tragenden Geduld und der rettenden Gnade. Allmacht – gleichsam im Sinne einer neutralen, wertfreien, rein dynamischen allround-Macht – ist eine künstliche Abstraktion, die so biblisch nicht vorkommt. Diese Feststellung ist in dogmatischer Hinsicht sehr wichtig, weil sie die Unmöglichkeit begründet, den Begriff der Allmacht spekulativ zu verwenden und im Hinblick auf ihn etwa die Frage zu stellen, wieso Gott dies und das zulassen könne, da ihm doch die Möglichkeit zur Verfügung stehe, auch ganz anders zu handeln. Die Macht Gottes tritt also im Rahmen des personalen Denkens überhaupt nicht nur als formale Dynamis in Erscheinung, sondern sie ist immer das Instrument persönlicher Haltungen, wie sie in Gericht und Gnade polar zum Ausdruck kommen, oder wie sie sich in Fürsorge, Vorsehung, Geduld und Nachsicht äußern können. Indem Gottes Macht so nie als

»Macht an sich« in Erscheinung tritt, oder noch besser: indem Gott selbst niemals als »Macht an sich«, als der »Allmächtige«, verstanden werden kann, sondern indem er der gnädige oder der zürnende und in beidem der seinen »höheren Gedanken« und seinem Willen sich zuordnende ist, unterwirft sich der allmächtige Gott einer Selbstbegrenzung seiner Macht. Sie »dient« den Absichten, die er als Schöpfer, Erlöser und Vollender hat. Diese seine Absichten sind auch die Grenzen seiner Macht. Machtausübung und Machtbegrenzung stammen aus dem Motiv der Liebe.

## 9. Juni

Der theologische Spannungsbogen, innerhalb dessen das Problem der Gewaltenteilung und Machtbegrenzung auftaucht, läßt sich abschließend so charakterisieren: Der Griff nach der verbotenen Frucht und die Erklärung menschlicher Selbstherrlichkeit löst die blinde Gewalt aus, die sich in Selbstbehauptung, blinder Expansion und Ausrottung des Nächsten manifestiert. Diese »wilde« Gewalt wird durch legitime Macht gebändigt. Ihr maßgeblicher institutioneller Repräsentant ist der Staat. Die legitime Macht ist nun ihrerseits wieder in einen Aufstand gerissen. Denn sie trägt nicht nur die Kennzeichen einer von Gott gewährten Behütung, sondern auch die Kennzeichen der gefallenen Welt, deren Mittel jene legitime Macht doch benutzt: sie bekämpft – als Repräsentantin gottgewollter Ordnung – den Einzel-Egoismus durch Gruppen- und Institutions-Egoismus. In diesem Sinne ist der Staat nicht nur ein *gegen* die gefallene Welt gewendetes remedium, sondern er ist zugleich der Exponent dieser gefallenen Welt selbst. Das macht seine Zwielichtigkeit aus. Weil die legitime Macht so wiederum »in sich selbst« gefährdet ist, bedarf auch sie eines weiteren Modus der Begrenzung. Dieser liegt in der Gewaltenteilung. Da es aber bei jenen verschiedenen Aufstandsbewegungen nicht um eine eigengesetzlich sich auswirkende Macht, sondern um den verantwortlich handelnden »Mächtigen«, also um den Menschen geht, wäre es ein Irrtum zu meinen, daß die Bändigung der Macht mit Hilfe institutioneller Maßnahmen garantiert werden könnte. Genauso wie die im

Staate legitimierte Macht aufständisch werden kann, so kann auch die *geteilte* Macht aufständisch werden.

## 10. Juni

Die Autorität kann in doppeltem Sinne den Kontakt mit dem verlieren, der sie autorisiert: *Einmal* so, daß sie die autorisierende Wahrheit als Gegenstand der *Lehre* verliert, und *ferner* so, daß sie in dieser sie autorisierenden Wahrheit nicht mehr *existiert,* das heißt, daß sie unglaubwürdig wird, weil sie sich eigenmächtig auslebt und sich insofern nur *selber* bezeugt. Zum Wesen der Autorität gehört es folglich, daß sie sich im Unterschied zur Tyrannei als norma normata versteht. Genauer würden wir freilich sagen müssen, daß sie sich zugleich als norma normanda zu verstehen habe, da ihr Autorisiertsein niemals in einem Perfektum abgeschlossen ist, da sie nie einen character indelebilis gewinnt und da sie bei allem Vertrauen auf ihre erfahrene Bewährung (normata) ständig auf neue Bestätigung durch die Mündigen angewiesen bleibt, so daß Autorität über eine permanent neue Konstituierung nie hinausgelangt (normanda). Eben damit aber räumt sie den Nachgeordneten die Freiheit ein, sich aus eigener Unmittelbarkeit gegenüber der norma normans kritisch oder bejahend zur Autorität zu stellen.

## 11. Juni

»Gleichheit vor Gott« bedeutet, daß alle Menschen unbeschadet ihrer rassischen, sozialen, Begabungs- und ähnlichen Differenzierungen in einer letzten Dimension unterschiedslos gleich sind: Sie alle stehen miteinander in der Solidarität der Sünder, können sich nicht auf ihre »guten Werke« und damit auf quantitative moralische Unterschiede untereinander berufen und sind also gleichermaßen auf Gottes Gnade geworfen. Diese Gleichheit innerhalb der Dimension des »vor Gott« kann aber selbstverständlich mit der reichsten Differenzierung und Typik in allen andern Dimensionen Hand in Hand gehen: Es kann dabei Reiche und Arme, Begabte und Toren,

Weiße und Schwarze, »Arier« und »Juden« geben. Der Orientierungspunkt »Gott« hat gleichsam den genügenden Abstand und die genügende Höhe gegenüber jenen Differenzierungen, um sie sich frei auswirken zu lassen und nicht über einen Leisten schlagen zu müssen. Das wird sofort grundlegend anders, wenn die Gleichheit statt von Gott her durch die Gemeinschaft *selbst* normiert wird, innerhalb deren sie gelten soll. Dann muß sie nämlich notwendig auf allen Gebieten Platz greifen, die im Leben der Gemeinschaft eine Rolle spielen: am vordringlichsten natürlich auf sozialem Gebiet, aber auch im Auftreten und selbst in den »Anschauungen«, sofern diese – was eigentlich von allen gilt – über den Umkreis des Allerprivatesten hinauswirken. Sie werden sich da zur kollektiven »Weltanschauung« zusammenschließen müssen, um die egalité des Innern zu gewährleisten. Mit andern Worten: Es entsteht statt der differenzierten Gestaltenfülle des Lebens mit ihren produktiven Spannungen nun notwendig Uniformierung und Schablone. Die sie bewirkende Größe heißt »Ideologie«.

## 12. Juni

Das Mißtrauen unserer Jugend gegenüber der Parteipolitik ist darauf zurückzuführen, daß sie (zu Recht oder zu Unrecht, vielfach *sicher* zu Unrecht) in parteipolitischen Funktionären diesen Verzicht auf eigene Entscheidungen und auf einen eigenen Gebrauch der Freiheit zu spüren meint, daß sie hier »Fernsteuerungen« vermutet. Der Funktionär »muß« so reden, auch wenn er persönlich vielleicht ganz anders denkt. Dieses Mißtrauen überträgt sich in ihrem Bewußtsein vielfach auch auf den kirchlichen Amtsträger. Auch von ihm meint sie zu wissen, daß der Pastor so und so reden »müsse«, auch wenn er in seiner persönlichen Dogmatik sehr viel aufgeklärter ist und gar nicht mehr hinter seiner Botschaft steht. (Man wird sagen dürfen, daß sich diese Vermutung um so tiefer festfrißt, je mehr der Pastor das gängige dogmatische Vokabular benutzt und einen eigenen konfessorischen Ton in seiner Sprache vermissen läßt). Gewiß: auch der Funktionär hat noch ein Ethos und einen Spielraum für seine Freiheit. Es ist aber ein degeneriertes Ethos. Denn es ist aus einer persönlichen Entscheidungsverantwortung zu einer sachlichen Ausführungsverantwortung abgesunken. Ein totalitäres Regime wie das des Nationalsozialismus liefert ein erschreckendes Anschauungsmaterial für die Welt, in der der Funktionär regiert. Bricht diese Welt zusammen und wird der Funktionär zur Rechenschaft gezogen, so rechtfertigt er sich durch den Hinweis, er habe »auf Befehl« gehandelt. Damit gibt er den Verzicht auf die Freiheit seiner Entscheidungsverantwortung zu, erklärt ihn aber durch das entschuldende Gesetz des Funktionalismus, wie es in der totalitären Welt – und doch keineswegs *nur* in ihr! – herrscht.

## 13. Juni

Die moderne pluralistische Gesellschaft mit ihren vielfach anonymen Apparaturen hat dem einzelnen mehr und mehr das Gefühl und vielfach auch die objektive Möglichkeit genommen, daß er als einzelner auf Grund eigener sachlicher Überzeugungen und Gewissensentscheidungen zu handeln vermöge. Das, was man stark vergröbernd und damit auch verzerrend als das »Massenschicksal« unserer Zeit zu bezeichnen pflegt, zwingt den einzelnen weithin »mitzuschwimmen« und konformistisch zu leben. Genauer: Es »zwingt« ihn nicht einmal dazu (weil zum Zwingen immer ein entgegenstehender eigener Wille gehören würde), sondern es läßt kaum noch ein Maß eigenständiger Personalität aufkommen, die das Bedürfnis zu eigener freiheitlicher Selbstbehauptung in sich verspürte. (Wo es doch wirksam wird, handelt es sich vielfach um etwas sektiererische Randerscheinungen wie etwa den »Existenzialismus«). Die Möglichkeit, innerhalb der gesellschaftlichen oder wirtschaftlichen Ordnung potent zu handeln, ergibt sich vielmehr immer nur für die (Interessen-)*Gruppe,* nicht für den einzelnen. Individuelles Ausscheren aus der Gruppe bringt Nachteile, weil die Wirksamkeit eines Programms nicht nur im Gewicht der jeweiligen sachlichen Argumente, sondern mindestens ebenso im Gewicht und in der Geschlossenheit – also der Gruppenhaftigkeit – der Vertretung dieses Programms liegt. Wird der Gruppe aber diese geschichtliche Rolle zuerkannt, so sind damit vom einzelnen Meinungsopfer verlangt. Wenn Politik die Kunst des Möglichen ist und die Möglichkeit der Verwirklichung an den geschlossenen Einsatz der Gruppe gebunden ist, dann gehört damit das Meinungsopfer zum Grundbestand des politischen Handelns. Das, was man – etwas karikierend – »Fraktionszwang« nennt, ist ein Symptom dieses Gesetzes. Wer politisch handelt, verzichtet sozusagen darauf, absolut zu handeln, er ist an den Kompromiß mit der Gruppensolidarität gebunden. Da der Christ in seiner Existenz aber nicht dadurch bestimmt ist, daß er bloße Funktion der Gruppe ist, sondern da er in unmittelbarer Verantwortung vor Gott steht und hier (im Kierkegaardschen Sinne) »Einzelner« wird und bleibt, darf er aus dieser Not der Gebundenheit an die Gruppe keine Tugend machen. Er weiß um die Gebrochenheit dieser im Reich zur Linken notwendigen Spielregeln des Politischen. Das erhält in ihm die Frage wach, wo sich für ihn auch angesichts der sonst anzuerkennenden Gruppe die Grenze seiner Gruppensolidarität ergeben muß und wo für ihn der status confessionis (= der Ort unverrückbarer Gewissensgebundenheit) entsteht.

## 14. Juni

*Einmal* ist Freiheit immer dann gefährdet, wenn man nicht mehr weiß, was sie ist. Man weiß das zum Beispiel dann nicht mehr, wenn man unter Freiheit lediglich das negative Vermögen versteht, »von« etwas frei zu sein, während sie wesensmäßig immer als eine Freiheit »wozu« begriffen werden muß. Luthers Lehre vom unfreien Willen, aber auch seine Thesen über die Freiheit eines Christenmenschen, lassen sich nicht ohne dieses »Wozu«, ohne dieses »Ziel« der Freiheit verstehen. Doch gilt diese Bestimmung des Freiheitswesens vom Ziel her keineswegs nur für den christlich-theologischen, sondern ebenso für den allgemein humanistischen Bereich. Das ließe sich etwa an Kants Freiheitslehre unschwer zeigen. *Ferner:* ein weiteres bekanntes Zeichen für die heimliche Bedrohung der Freiheit sind die unterschwelligen Einflüsse, die man auf die Formung des menschlichen Bewußtseins nimmt, vor allem in der Reklame. Die Methode dieser Beeinflussungsformen ist ganz besonders in Amerika ausgebildet worden. Um ein Auto zu verkaufen und anzupreisen, argumentiert man nicht mit sachlich-technischen Gesichtspunkten, sondern man appelliert an die geheimen Leitbilder, wie sie durch das Bedürfnis nach Sozialprestige, nach dem »Hauch der großen Welt« oder nach Imitation der Prominenten und der sog. »Spitzen der Gesellschaft« gegeben ist. Selbstverständlich steckt in solchen psychoanalytisch gesteuerten Suggestiv-Methoden eine Beschneidung menschlicher Freiheit. Sie würde den äußersten Grad von Bedenklichkeit erreichen, wenn eine Methode auch auf dem Gebiet politischer oder gar religiöser (bzw. atheistischer) Propaganda angewandt würde.

## 15. Juni

Das Problem der Freiheit wird in einem letzten Sinne in dem Gleichnis vom verlorenen Sohn behandelt. In diesem Gleichnis ist es ja so, daß der verlorene Sohn nicht ein Lump und ein ungeratener Sohn ist. Denn seine Absicht, den Vater zu verlassen und in die Fremde zu gehen, beruht ja möglicherweise auf einem idealistischen, ethisch fundierten Motiv, auf dem Entschluß nämlich, sich aus der Abhängigkeit von Elternhaus und seiner Autorität zu befreien und einmal auf der freien Wildbahn der Fremde selber Subjekt der eigenen Lebensgestaltung zu sein. Mit anderen Worten, das Motiv des »verlorenen« Sohnes ist die Freiheit. Freiheit realisiert sich nämlich nicht, wenn man immer nur die Funktion eines höheren Willens, etwa des Willens des Elternhauses, ist, sondern man muß einmal in Ellbogenfreiheit sich auf ungebundener Bahn bewegen können. Nun zeigt sich das sehr Merkwürdige, daß dieser Wille zur Freiheit im Grunde zur Unfreiheit führt: Der freiseinwollende Sohn tritt unter die Diktatur seiner Instinkte, seines Blutes, des Sexus, unter die Diktatur des Ehrgeizes, des Machtwillens, des Heimwehs und endet schließlich am Schweinetrog als dem Symbol äußerster Freiheitslosigkeit. Er kehrt dann zurück. Und indem er zurückkehrt, wird er erst richtig frei. Indem er den Vater findet, findet er sich selbst. Das bedeutet doch: Bloße Selbstentfaltung des einzelnen bringt nicht die Freiheit, sondern die Knechtschaft, also die Bedrohung der Freiheit. Freiheit ist nur, so meint das Gleichnis, in der Gebundenheit an den Vater möglich. Nur hier verwirklicht der Mensch seine Natur. Denn diese Natur besteht darin, Kind dieses Vaters zu sein. Die menschliche Natur verwirklicht sich in mündiger Kindschaft. Der Mensch hat also seine Freiheit nur in der Gebundenheit, aber, und das ist nun das Entscheidende, in der Gebundenheit woran? Er hat die Freiheit nicht in der Bindung an Menschen oder Gruppen. Hier verliert er sie ja gerade, indem er zum Funktionär degeneriert; sondern er hat seine Freiheit nur in der Gebundenheit an die letzte Instanz und darin, daß er reichsunmittelbar zu dieser letzten Instanz ist. Das Evangelium lehrt uns die Reichsunmittelbarkeit des Menschen zu Gott, die es ihm gestattet, alle Autoritäten, die Anspruch auf ihn erheben, vom Staat bis zu den Eltern und den Vorgesetzten, in das Licht der letzten autorisierenden Instanz zu stellen und damit (bei aller Bereitschaft, den autorisierten und insofern legitimierten Gewalten zu dienen) in einem letzten Sinne unabhängig zu sein von jeglichen sekundären und geschöpflichen Größen. Das ist das Antitoxin gegen das Funktionierertum. Es ist ein Axiom jeder christlichen Freiheitslehre, daß nur der, der Gott findet, sich selbst findet. Nur unter diesem Gesichtspunkt ist der Satz Luthers zu verstehen: Der Mensch ist ein Herr aller Dinge und niemandem untertan, und der Mensch ist ein Knecht aller Dinge und jedermann untertan.

## 16. Juni

Vergegenwärtigung der Botschaft heißt stets, daß ich sie mit eigenen Worten sagen, sie dadurch aneignen und meinen Zeitgenossen zueignen kann. Es gibt überhaupt nur deshalb eine »Geschichte« der Theologie und der christlichen Verkündigung, weil jede Zeit diese Transposition vom einstigen Wort in das gegenwärtige Wort neu zu vollziehen hatte. Entsprechend gehört es zur Aufgabe des Verstehens, daß die Zeiten sich in diesem »ihrem« Verkündigungswort wechselseitig wieder erkennen, obwohl sie es immer wieder daran fehlen lassen und die neue Zeit sich über die vorangehende in vermeintlicher Besserwisserei erhebt. Daß sie das tut und an den früheren Gedankengebäuden der Theologie im wesentlichen nur die Ausfallserscheinungen, das Defiziente zu bemerken pflegt, hat außer dem üblichen Generationenproblem noch einen tieferen sachlichen Grund: Das Evangelium muß zwar in jede neue Sprache und in jedes neue Gedankenschema übernommen werden, um jeweils die »eigenen Worte« zu ermöglichen. Es geht aber nie in ihnen auf, sondern transzendiert sie. Man könnte auch sagen: es sprengt die Grabplatten aller Begriffsgräber. Das Johannesevangelium konnte zwar den stoischen Logosbegriff benutzen, um das Geheimnis der Inkarnation auszudrücken. Gleichwohl ließ es seine Botschaft nicht in das Gefängnis eines gegebenen Begriffs einschließen, sondern nahm nur eine seiner Sinn-Dimensionen in Anspruch, und auch das bloß vorübergehend. Die theologische Kritik an den Ausfallserscheinungen, die man bei früheren Systemen zu bemerken glaubt, ist genau in diesem Faktum begründet: Wir sehen das Ungenüge des Begriffs- und Gedankengerüstes, in das die christliche Wahrheit eingeschlossen war, ohne zu bedenken, daß auch unsere eigenen Worte dem Schicksal dieser Verkümmerung unterliegen. So wird es schon stimmen, daß auch die »Soziologisierung« der Theologie, wie sie die Jungen mit Eifer betreiben, an jener Verkümmerung teilhat – vielleicht sogar in besonders hohem Maße. Manchmal meint man kaum noch ein genuin christliches Motiv in ihrem Reden und Verhalten zu bemerken. Selbst das Agape-Motiv kann bis zur Unkenntlichkeit verschüttet sein, wenn man gewisse Exzesse der Geschmack- und Taktlosigkeit vor Augen hat, durch die viele ihrer Aktionen bestimmt sind. Man würde dieser Jugend etwas schuldig bleiben, wenn man ihr hier nicht entgegenträte, sondern das Fragwürdige mit opportunistischer Liebedienerei, die sich fortschrittlich gibt, zudeckte. Doch sollte man sich nicht von einem pauschalen Entsetzen fortreißen lassen und sie in toto verdammen. Man sollte, so meine ich, sie bei dem behaften, was sie als ihr Ausgangsmotiv proklamiert: bei ihrem Willen nämlich, die christliche Agape in der heute geforderten Gestalt zur Geltung zu bringen. Man sollte sie nötigen, über der Gestalt der Agape die Agape selbst nicht zu vergessen und vor allem nicht den Grund zu übersehen, der uns als Christen zum Lieben-Können ermächtigt.

## 17. Juni

Als am 17. Juni 1953 die deutsche Fahne von Arbeiterfäusten auf dem Brandenburger Tor aufgepflanzt wurde, als sich in einem einzigen Schrei nach Freiheit die Qual von siebzehn Millionen entlud und plötzlich das eigene Leben unwichtig wurde, da waren seit der Niederlage von 1945 schon acht lange Jahre vergangen. Und als 1961 die Tyrannen den Leib unseres Volkes aufs neue und schmerzlicher als je zerstückelten, da waren wieder acht Jahre seit jenem 17. Juni 1953 vergangen. So weiträumig sind die Fristen der Knechtschaft. So vergeblich war – politisch gesehen – das Rütteln der Brüder an ihren Ketten; so vergeblich auch alles, was wir im Westen tun konnten, tun zu müssen meinten und vielleicht auch unterließen. Wer nicht die Fähigkeit hat und die Bereitschaft aufbringt, zwischen Frucht und Erfolg zu unterscheiden, könnte nie begreifen – und sehr viele tun es ja auch nicht –, warum wir diesen Tag äußerer Erfolglosigkeit mit einer Feier begehen, und warum gerade unsere Jungen, die Studenten an den Hohen Schulen vor allem, aber auch unzählige Schulklassen, diesen Tag gestalten, mit Sinn erfüllen und ihn mit Nägeln und Zähnen wider Wohlstandsvöllerei und Gleichgültigkeit verteidigen. Sie wittern in all dem Vergeblichen die Frucht und möchten sie nicht verkommen lassen. Was aber ist die Frucht? Wir sehen sie ganz gewiß nicht, wenn wir das Thema dieses Tages von den Auspuffgasen vergiften lassen, die unsere Fahrten ins Grüne begleiten. Trotzdem bin ich nicht so pessimistisch, hier nur die schale Gleichgültigkeit der Satten am Werke zu sehen. Ich glaube einfach nicht, daß wir ein gesinnungsloses Volk von bloßen Konsumenten geworden sind, dessen Hohlheit sich in der Art zeigt, wie es den 17. Juni begeht oder auch vor die Hunde gehen läßt. Es liegt an etwas anderem, daß dieser Tag in Gefahr kommt, für uns eine Verlegenheit zu bedeuten und die Frucht einer großen Befreiungstat zu verhüllen: Ein Feiertag ist ja verraten und verkauft, wenn er nur Vergangenes beschwören will. Eine Gedenkstunde kann nur dann unter die Haut gehen, wenn sie mehr ist als eine Sentimentalität der Erinnerung oder auch des Gedenkens an die leidenden Brüder und Schwestern, denen man doch nicht helfen kann – jedenfalls nicht unmittelbar. Nur wer sich von diesem Tag eine Aufgabe aufs Herz legen läßt, dem wird er zum Eigentum des Herzens. Das ist die Bedingung, die erfüllt sein muß, wenn die Frucht erkennbar sein und in unserem Herzen wachsen soll. Es wäre unredlich und es wäre nur verwehender Schaum, angesichts der Qual von 17 Millionen Menschen lediglich die Forderung nach der Wiedervereinigung zu wiederholen. Denn so eindeutig diese auch in den Herzen der meisten Deutschen lebt: als bloßes Lippenbekenntnis ist es zu billig; es kostet uns nichts. Heute aber ist von dem zu sprechen, was uns etwas kostet und was uns unsere Freiheit an Aufgaben auferlegt. Wir drohen eine Generation von Anspruchsvollen und Fordernden zu werden. Unser Leitsatz lautet »Das steht uns zu«. Das gilt vor allem im sozialen Bereich. In dieser Verbindung mit hundert anderen Ansprüchen wirkt der Anspruch auf Wiedervereinigung nicht eben glaubwürdig. Dieser Anspruch wird nur legitim, wenn die Bereitschaft erkennbar wird, Aufgaben zu übernehmen und Opfer zu bringen, und wenn der Staat nicht als bloße Müllhalde mißbraucht wird, auf die alles Lästige abgeschoben wird. Vor allem aber ist uns die Frage gestellt und die Aufgabe ins Gewissen geschoben, wie wir die Chance unserer Freiheit nützen, ob sie für uns ein Pfund wird, mit dem wir wuchern, oder ob wir sie auf schäbige und egoistische Weise vertun. Wenn wir sie vertun, dann verraten wir nicht nur die Chance (die uns ja völlig unverdienterweise verliehen wurde, wenn wir hier im Westen von der Tyrannei verschont blieben, und wenn es morgens nur der Milchmann ist, der an unsere Haustür pocht), sondern dann verraten wir auch die Brüder jenseits der Mauer, die inbrünstig auf diese unsere Freiheit warten. Darum ist es unser »Thema I«, was wir unter unserer Freiheit zu verstehen gedenken. Ich stelle die Frage der Selbstprüfung: Welches Verständnis von Freiheit vollzieht eigentlich der Westen? Ist sie für viele von uns etwas anderes als die Freiheit, sich einen bestimmten Lebensstandard leisten zu können? Gehört Freiheit nicht zu den Konsumgütern des allgemeinen Komforts, die man braucht, verbraucht und eben verschleißt? Wir sind Konsumenten von Freiheit geworden. Produzieren wir sie eigentlich noch in unserem Leben? Haben wir noch eine Nachschubquelle? Wenn Freiheit uns nur noch ein Freibrief für unsere Laune und für die Entfaltung unseres Egoismus ist, dann entartet sie sehr schnell zu bindungsloser

Liberalität und erhebt uns nicht mehr, sondern stürzt uns ins Chaos. Sollte sich der Konflikt zwischen Ost und West etwa so lösen, daß sich im Osten die schauerliche Perfektion gleichgeschalteter Ordnungen und seelenloser Apparaturen ergibt, während der Westen ein wildes Durcheinander von widereinander arbeitenden Freiheiten wird? Das ist meine provokatorische Frage. Es gibt Stunden, in denen Forderungen nur als Herausforderungen hörbar gemacht werden können. Heute ist eine solche Stunde. Darum sei im Angesicht der abgetrennten Brüder der entscheidende Satz gesagt: *Freiheit heißt nicht, daß wir tun können, was wir wollen,* sondern Freiheit heißt, daß wir werden dürfen, was wir sollen.

## 18. Juni

Man wird sicher unterstellen dürfen, daß das Treuegelöbnis und das ihm innewohnende Vertrauen ein gewisses Wagnis implizieren – einfach, weil der andere nur ein Mensch und weil er also ein Mensch mit einer offenen Zukunft ist. Es gibt freilich gewisse Grade des Vertrauens, für die schon der bloße Gedanke an ein Moment des Unberechenbaren verletzend ist. Und vielleicht läßt sich gerade am Modellfall einer derart »heilen« Gemeinschaft (Ehegelöbnis) zeigen, welches Verbindlichkeitsvolumen das Treuegelöbnis gegenüber einer Person hat. In welchem Umfange bleibt hier, so müssen wir genauer fragen, die für einen Treueid oder ein Gelöbnis konstitutive Ausgangssituation erhalten? Gerade beim Ehegelöbnis stehen wir doch vor ständigen Wandlungen, die die Ausgangssituation zu alterieren scheinen. Denn jeder Mensch hat seine Geschichte. Auch die Liebe und die Liebenden haben ihre Geschichte: Der »schöne Augenblick«, in dem der Eros wach wurde, verweilt eben nicht. Und auch wenn der Eros der Liebenden bleibt, so schafft er sich Augenblicke von mehr oder weniger anderer Qualität, als sie den stiftenden Augenblick bezeichneten. Die Liebe kann erkalten. Die Anziehung kann mit Abstoßung wechseln. Der leibseelische Kontakt nimmt – wenigstens was die leibliche Komponente angeht – ab. Ferner kann das Alter die Proportionen der Eigenschaften verändern: Was Sparsamkeit war, kann Geiz, was Stärke war, kann Härte werden. So ergibt sich die Frage, ob damit die Ausgangssituation, die für das Zustandekommen der ehelichen Gemeinschaft und damit für das Treuegelübde bestimmend war, nicht in einem Maße geändert wird, das Einfluß auf die Verbindlichkeit des Gelübdes haben muß. Die Erfahrung lehrt, daß diese Frage nicht eine künstliche Konstruktion ist, sondern daß ihre Bejahung das moralische Alibi für unzählige Ehescheidungen bildet. Dennoch handelt es sich hier um eine durchaus scheinbare Wandlung der Ausgangssituation. Denn das Gelöbnis, die Verbundenheit der Treue walten zu lassen, »bis der Tod uns scheide«, schließt ja das Wissen in sich, daß ich dann auch die Geschichte des andern mit übernehme. Die angedeuteten Wandlungen sind damit im Prinzip in das Treuegelöbnis mit eingeschlossen. Ja, dieses Gelöbnis besagt gerade, daß ich nicht den andern in seinem jetzigen »Augenblick«, sondern in seiner Ganzheit, in seiner Dauer und in seinen Wandlungen will, und daß ich folglich nicht dem Augenblick Dauer verleihen, sondern den Augenblick – etwa den Augenblick der »punktuellen« Leidenschaft – grundsätzlich überbieten will. Jedenfalls gehört das zu einer menschlichen Gemeinschaft, die auf personale Kommunikation und nicht auf eine zweckbestimmte Partnerschaft – wie etwa auf eine Geschäftsbeziehung – gegründet ist. Treue bedeutet hier das Hängen-bleiben an der Person bei wechselnden Geschikken. Von diesem Begriff der Treue her bestimmt sich die Verbindlichkeit des Gelöbnisses. Daher rührt es, daß das Problem der Ehescheidung niemals im Rahmen der vom Vertrauen aus grundsätzlich übersehbaren »Geschichte« der Person diskutabel werden kann, sondern daß es ethisch nur in Grenzfällen akut wird: dort nämlich, wo der eine Partner nicht nur dem anderen, sondern darin auch sich selber untreu wird – etwa in gewissen Fällen des Ehebruchs – oder wo er durch Geisteskrankheit eine tiefgreifende Veränderung seines Personcharakters und damit seiner Kommunikationsfähigkeit erleidet.

Ich kann einem Menschen dadurch, daß ich ihm Vertrauen »schenke« (!), obwohl er es eben nicht »verdient«, dazu verhelfen, nun auch vertrauenswürdig zu werden. Das gleiche gilt vom schöpferischen Akt der Liebe: Auch Liebe gründet sich nicht einfach auf vorgegebene Liebenswürdigkeit – das wäre Eros und nicht Agape –, sondern sie produziert diese Liebenswürdigkeit. Auch Gott liebt uns nicht, weil wir so liebenswert und wertvoll wären, sondern wir sind wertvoll, weil er uns liebt. Im persönlichen Bereich ist das Wagnis der Vertrauensvorleistung möglich und geboten, weil ich es auf eigene Verantwortung und Kosten übernehme und selber dafür einstehe. Im überpersönlichen Bereich der Ordnungen ist das insofern anders, als ich erstens in dieses Wagnis ganze Völker und Kulturen hineinziehen würde und als ich zweitens nicht wie im persönlichen Bereich die Gesinnung des Vertrauenswagnisses evident machen kann – ja als diese Gesinnung bei solchen komplexen Gebilden wie Völkern und Staaten in dieser Eindeutigkeit auch gar nicht vorliegen kann. Wie wir uns also auch drehen und wenden mögen: Es scheinen unüberwindliche Schwierigkeiten gegenüber allen Versuchen zu bestehen, die Welt des Mißtrauens in der Situation nach dem babylonischen Turm zu ändern. Sie wird nur zeichenhaft »im Augenblick« überwunden: dann nämlich, wenn in mitmenschlichen Begegnungen – also gegenüber dem Nächsten – das Wunder des Evangeliums und seiner Liebe Ereignis wird. Die Verfahrenheit dieser Situation ist um so größer, wenn es sich um das Gegenüber von Kontrahenten handelt, für die auch nicht entfernt das besteht, was man die »Gemeinsamkeit einer weltanschaulichen Ebene» nennen könnte. Im Ost-West-Konflikt stehen sich tatsächlich Mächte gegenüber, die nach völlig disparaten Normen handeln, die sich wechselseitig anders verstehen, als sie sich selbst verstehen, die dadurch füreinander unberechenbar werden und die sich somit einem gleichsam konstitutiven wechselseitigen Mißtrauen überantwortet sehen. Durch diese Verwirrung der Sprachen, Normen und Begriffe muß selbstverständlich auch die Sorge entstehen, daß der andere eine Vorleistung an Vertrauen, also eine eigne Abrüstungsinitiative, anders versteht, als sie im eigenen Hause gemeint ist: vielleicht als einen taktischen Schachzug, als Ausdruck eines Überlegenheitsgefühls, weil man noch über andere unbekannte Reserven verfügt, als Resignation gegenüber einem verlorenen Rüstungswettlauf, oder auch als Symptom idealistischer Versponnenheit. Wir werden jedenfalls durch diese Überlegungen eindrücklich darauf verwiesen, daß der »Friede der Welt« anders ist als der des Reiches Gottes, daß er ein Friede der Angst und des timo servilis ist. Das ist ja auch der Grund dafür, daß es im Reiche zur Linken Macht geben und daß der Staat sowohl wie das Recht mit dieser bändigenden und abwehrenden Macht ausgerüstet sein müssen.

## 20. Juni

*Ratschläge an Theologiestudenten:* Sie sollten auch während Ihrer Studentenzeit hin und wieder zu verkündigen wagen, vielleicht in einem Jugendkreis oder auf einer Freizeit oder auch auf der Kanzel. Ich weiß, daß ich mich mit diesem Rat in einen gewissen Widerspruch setze zu dem, was ich in meinem »Exerzitium für Theologen« gesagt habe. Dort habe ich die These vertreten, die erste Begegnung mit theologischen Problemen sei für den Studenten ein ähnlich tiefer Einbruch, wie sie in der biologischen Entwicklung die Pubertät bedeute. Man komme gleichsam in den Stimmbruch, und in solchen Zeiten solle man bekanntlich nicht singen, sprich »predigen«. Ich gestehe jedoch offen, daß die Erfahrung mit dem Elfenbeinturm theologischer Esoterik, aber auch das Nachdenken über das Wesen der Verkündigung und ihre Legitimation im Vollzuge mich einiges hinzu hat lernen lassen, so daß ich jene These vom Stimmbruch – so wahr sie immerhin bleibt – hinsichtlich ihrer Anwendung doch ein wenig modifizieren möchte. Also: Verkündigen Sie, um den Selbstausweis des Wortes zu erproben. Tun Sie es aber nicht in einer fremden Gemeinde, der Sie nur als distanzierter Rhetor gegenübertreten. Sondern sorgen Sie dafür, daß Sie vorher mit denen, die Ihnen zuhören, Kontakt gewinnen, daß Sie von ihren Sorgen, ihren Zweifeln, ihrer Gleichgültigkeit und ihren kleinen und großen Hoffnungen erfahren, daß Sie einen gewissen Einblick in das gewinnen, was sie im Hause und am Arbeitsplatz bedrängt oder beflügelt. Die Botschaft der Heiligen Schrift ist ja an alle diese »adressiert«, und man verfehlt – schon beim Versuch, sie theologisch zu verstehen – geradezu ihre Pointe, wenn man diese Adressierung nicht mit bedenkt.

## 21. Juni

Das Geheimnis des Menschen besteht in der *Verbindung von* Personhaftigkeit und Bios, und zwar nicht nur so, daß der Bios in seinen personalen Bereich hinein-»funkt« und ihn prägt – das festzustellen ist schon fast ein Gemeinplatz –, sondern auch so, daß der Bios seinerseits durch die Personhaftigkeit des Menschen charakterisiert ist; das aber hat sich noch nicht in dem gleichen Maße herumgesprochen. Wenn das aber stimmt, dann ist der Bios des Menschen nicht einfach identisch mit dem Bios des Tieres; dann ist auch die Sexualität des Menschen trotz der Parallelität in den physiologischen Prozessen nicht identisch mit der Sexualität des Tieres. Darum kommt es uns darauf an, die Relation von Person und Bios zu erforschen, um mit ihrer Hilfe die Privilegien des humanen Sexus zu erkennen. Wenn wir einmal die Gesamtsphäre des Menschen ins Auge fassen, also sein Denken, Fühlen und Wollen, außerdem aber auch die Produkte dieser Tätigkeiten, wie sie sich in seinem geschlechtlichen Dasein ergeben, so können wir immer wieder erkennen, daß sie sich in zwei wesentliche Dimensionen zerlegt. Charakterisieren wir sie ein wenig abstrakt, können wir so sagen: In der einen Dimension handelt es sich um den Menschen in seinem *Sein,* in der anderen um den Menschen in seiner *Funktion.* Unter dem Menschen in seinem *Sein* verstehen wir den Menschen, insofern er sich zu Gott verhält, insofern er Träger einer Verantwortung und eines unendlichen Wertes ist und insofern er damit die Würde eines »Selbstzweckes« (Kant) hat, das heißt niemals als Mittel zum Zweck gebraucht werden kann. Unter dem Menschen in seiner *Funktion* dagegen verstehen wir den Menschen, insofern er handelnd aus sich heraustritt, etwas leistet und bewirkt, sozusagen »produktiv« wird – sei es an Dingen oder gegenüber Menschen.

## 22. Juni

Die äußerste Unmittelbarkeit in der Verbindung beider Dimensionen, der seinshaften und der funktionellen, der persönlichen und – in diesem Falle – der biologischen Funktionssphäre, liegt nun zweifellos im Bereiche der *Geschlechtlichkeit* vor. Sie äußert sich etwa in der erotischen Partnerwahl, die ja in personaler Hinsicht höchst differenziert ist. Man braucht nur an den platonischen Mythos vom doppelgeschlechtlichen Urmenschen im »Symposion« zu denken, um in einem Symbol angedeutet zu sehen, wie das Sein zweier Personen hier aufeinander hin eingerichtet ist und wie also auch beide in diesem ihrem Sein engagiert sind. Ginge es in der Geschlechtlichkeit nur um eine physiologische Funktion (also um ein Drüsenproblem) oder um das Fortpflanzungsgeschäft (und damit wieder um eine Funktion), so wäre nicht einzusehen, warum die Partner nicht ebenso austauschbar sein sollten wie die Träger sonstiger biologischer oder mechanischer Funktionen, wie Zugtiere etwa oder Maschinen. Wäre das Geschlechtliche nur eine Funktion, so könnte es kaum verstehbar sein, daß die Promiskuität dann nicht gesellschaftlich institutionalisiert und legalisiert wäre. Die Tatsache, daß es nicht so ist oder daß man es jedenfalls als nicht-sein-sollend empfindet, daß man vielmehr in der Monogamie die Einmaligkeit der Partnerwahl und damit auch die Einmaligkeit des Seins des anderen respektiert, macht deutlich, daß im Geschlechtlichen mehr und anderes gesehen wird als ein Funktionsbereich, daß man die Person in ihrem Sein engagiert sieht.

## 23. Juni

Die Seelsorge hat die Aufgabe darauf hinzuweisen, was jemand aus seinem erotischen Gegenüber macht, wenn er Bios und Person voneinander isoliert (nämlich den egoistisch mißbrauchten Funktionsträger), und umgekehrt: sie hat zu zeigen, daß er Person und Bios voneinander trennt, wenn er bestimmten Formen des Sexus Gewalt über sich einräumt. Aber auch nach der positiven Seite hin wird sich die Seelsorge auf *dieser* Ebene des Denkens und Interpretierens bewegen: Sie wird der zur Herrschaft drängenden libido nicht mit dem moralischen Appell kommen: »Das darfst du nicht!« Jene libido ist vielmehr nur so anzugehen, daß sie zu einer bestimmten Meditation, wenn man so will: zu einem Exerzitium des Denkens auffordert. Diese Meditation hat die Vergewisserung zum Ziel, daß der begehrte Körper zum Sein eines Menschen gehört, der selber einem anderen gehört, der nämlich teuer erkauft ist (1 Kor 6, 20; 7, 23) und ein zeitliches und ewiges Schicksal hat, an dem *der* verantwortlich partizipiert, der diesen anderen in seiner Totalität beansprucht. Nur durch diese Meditation bekommen wir jenen *ganzen* Menschen zu Gesicht, der im übrigen auch allein imstande ist, die ganze Fülle des Geschlechtes aufzuschließen. Denn zu den Erträgnissen unserer Überlegung wird die Erkenntnis gehören, daß die Intention auf den ganzen Menschen, auf seine unteilbare Einheit hin das Geschlecht nicht nur bändigt, sondern es auch befreit und zu seiner Fülle bringt. Wer nur das Partielle sucht – nur den Körper, nur die Funktion und womöglich auch das wieder unterteilt –, bleibt auch im Eros-Bereich der Unerfüllte, weil er mit dem Verlust der Ganzheit des andern auch seiner Einmaligkeit verlustig geht.

## 24. Juni

Da die Geschlechtsgemeinschaft eine Verbindung von *Menschen* ist – wobei wir zunächst außer acht lassen, ob es eine eheliche, also lebenslängliche, oder ob es eine »freie« und vorübergehende Bindung ist – und da sie so auf jeden Fall personalen Charakter trägt, wird in ihr die Agape-Beziehung mitgefordert sein. So gewiß der Andere Person ist, so gewiß er ein ewiges Schicksal hat, das er verfehlen und an dessen Verfehlung ich mit beteiligt sein kann, habe ich in ihm die »fremde Würde« zu achten. Sein Eigentliches kann mir nie bloßes Mittel zum Zweck, das heißt hier: zur geschlechtlichen Ekstasis werden, wie es – im Extrem – die Instrumentalisierung des Menschen in der Prostitution mit sich bringt. Man könnte diesen Agape-Bezug in der Geschlechtsgemeinschaft auch ganz schlicht so bezeichnen, daß der andere für mich »Nächster« sei. Andererseits kann aber niemals jeder beliebige »Nächste« für mich Partner der Geschlechtsgemeinschaft werden. Um das werden zu können, muß er vielmehr bestimmte Bedingungen erfüllen, die ihn aus dem Komplex der »Nächsten« in sehr spezifischer Weise herausheben. Zu diesen Bedingungen gehört etwa, wenn wir von gewissen Grenzfällen absehen, daß er dem anderen Geschlecht zugehört, daß sein Lebensalter zu dem meinigen in einer angemessenen Beziehung steht, daß er in körperlicher, charakterlicher und psychischer Hinsicht – um nur einige Bezüge zu nennen – »mein Typ« ist und sich also in einem hochspezialisierten Verhältnis der Ergänzung zu mir befindet. Der andere muß somit die Vorbedingung erfüllen, Träger ganz bestimmter Werte zu sein. Insofern tritt hier der Eros-Bezug in Kraft. Der Mensch, zu dem ich mich erotisch verhalte, muß mein Nächster und insofern Gegenstand meiner Agape sein. Sonst deshumanisiere ich ihn. Andererseits: Nicht jeder, der mir Nächster ist und also im Agape-Bezug zu mir steht, kann für mich Gegenstand des Eros sein. Ich kann mich zum Beispiel nicht aus Mitleid erotisch hingeben oder gar heiraten. Wer das versuchte, träte nicht *in* die Ehe, sondern ganz ausgesprochen *neben* die Ehe. *Die Geschlechtsgemeinschaft ist ein an Bedingungen geknüpfter Sonderfall menschlicher Kommunikation überhaupt.* Wir sehen also, wie Agape und Eros in der Geschlechtsgemeinschaft gleichermaßen im Spiel sind und aufeinander hinweisen. Wir werden aber erwarten können, daß die antithetische Struktur beider Motive ebenfalls zum Zuge kommen muß. Und wenn wir sicherlich mit Recht sagen können, daß in Eros und Agape die beiden Grundstrebungen menschlicher Existenz überhaupt zum Ausdruck kommen, so können wir zugleich vermuten, daß in der Geschlechtsgemeinschaft sich das menschliche Geheimnis am unmittelbarsten und sozusagen in verdichteter Gestalt melden wird.

## 25. Juni

Ich hörte von einem jungen Mann, der von Leben und Leidenschaft strotzte und es entsprechend schwer mit den Versuchungen seines Körpers hatte. Er führte einen tapferen Kampf dagegen und bekämpfte die wilden Bilder seiner Phantasie. Er unterdrückte seine Triebe, weil er sauber bleiben wollte. Er *betete* auch gegen diesen Trieb. Aber gerade weil er sich so viel damit abgab (wenn auch in Kampf und Abwehr), vermengte er sich immer mehr damit, und so konnte es denn nicht ausbleiben, daß er in manchen Augenblicken der Übergewalt erlag. Aber er war ein Christ, und eines Tages betete er nicht mehr: »Herr, hilf mir gegen die Versuchung, hilf mir gegen meinen Trieb«, sondern da wagte er zu sagen: »Herr, ich danke dir, daß du diese großen Kräfte deiner Schöpfung in mich gelegt hast. Hilf mir, daß ich sie zu deiner Ehre gebrauche« – und mit einem Schlage war der Bann gebrochen. Hier erkennt man, wie positiv Jesus uns haben will. Zugespitzt ausgedrückt könnte man sagen: *Wir sollen nicht gegen die Versuchung kämpfen:* dadurch reiten wir uns nur tiefer hinein. *Sondern wir sollen* wie der Ritter trotz Tod und Teufel *auf unsern Herrn blicken,* »aufsehen auf Jesum«, dann kommen wir daran vorbei – wie die Träumenden, wie die Siegenden. Wer auf den König sieht, wer also dieses enorm »Positive« tut, dem wird alles andere, auch die Überwindung der Versuchung, »zufallen«. Wir können Jesus gar nicht genug zutrauen und uns selber gar nicht wenig genug zutrauen.

## 26. Juni

Wir reden von »dem« Glauben, statt von einem glaubenden Menschen, und wir reden von »der« Angst, statt vom Geängsteten. Auch die Existenzialien können, obwohl sie nach Konkretheit zu riechen scheinen, unter der Hand zu Wesensgespenstern werden. In den Evangelien gibt es kein Wort (auch kein Existenzial), das als Begriff ein Eigenleben führte. Immer wenn von Freude oder Angst und Hoffnung die Rede ist, kommt es zwar zum »Begriff« und insofern zu einer Abstraktion. Doch dann ist dieser Begriff immer (erschrecken Sie nicht!) ganz *frisch* abgezogen; eine Minute vorher war er noch gelebtes Leben. Darum behält er auch den Ruch des Lebens – was Ihnen hoffentlich nicht zu romantisch klingt. Wenn ich dagegen den Stil der Abstraktheit bedenke, dessen wir uns in der heutigen Theologie weithin bedienen, habe ich oft den Eindruck, als versuchten wir jene Begriffe und Existenzialien synthetisch in der Retorte zu reproduzieren. Darum wirkt vieles so erschreckend unlebendig. Ich habe an meinem Lehrer Schniewind erlebt, wie es ganz anders sein kann. Natürlich *müssen* wir in der Theologie mit Abstraktionen und begrifflichen Chiffren arbeiten. Dabei kann es sicher auch nicht ohne solche hochabstrakten Gebilde wie »Geschichtlichkeit«, »Geworfenheit«, »Nichtobjektivierbarkeit« abgehen. Es kommt aber darauf an, wie »frisch« sie abgezogen sind und wie unmittelbar diese ogygischen Schatten wieder Blut zu trinken bekommen.

## 27. Juni

Was wäre das Evangelium, wenn Jesus sich nicht um die Gier der Dirnen, um die Leiber mit ihren Trieben und auch mit ihren Krankheiten kümmerte, wenn er nicht bei unserem Sterben nahe wäre, wo wir doch »davonmüssen wie ein Vieh!« (Psalm 49, 13). Ich finde es über alle Maßen beglückend, daß das Vaterunser nicht so tut, als ob wir nur »religiöse« Menschen wären, Leute also, die sich mit lauter hohen Dingen beschäftigen und die in dem Wunsch aufgehen, daß das Reich Gottes kommen und daß sein Wille geschehen möge. O nein, das Vaterunser weiß auch, daß wir den Freßtrieb haben – wieder wie das liebe Vieh –, daß wir unser tägliches Brotquantum haben müssen, daß uns die schönste Gemäldegalerie egal ist, wenn wir eine Grippe ausbrüten, und daß uns jede Andacht verpatzt wird, wenn wir kalte Füße haben. Ich meine, es sei einfach schön, daß Gott uns Menschen nicht wie Aristokraten der Schöpfung behandelt, die ständig über ihre Verhältnisse leben und sich in fromme Unkosten stürzen müssen, um ihrem Humanitätsdiplom gerecht zu werden, sondern daß wir als Leute vor ihm erscheinen dürfen, die mit Fischen, Hunden und Katzen verwandt sind und in denen die Hormone und die Drüsensekrete genauso kreisen wie in ihren Mitgeschöpfen; daß wir als Leute vor ihm erscheinen dürfen, die von der gleichen Libido gepeitscht sind wie jene, und in denen sich dies alles sogar – anders und schlimmer als beim Tier – zu unentwirrbaren Komplexen verdichten kann. Genau- und eben *so* sind wir ihm recht: genau *das* hat Jesus auch auf sich genommen. Und Gott der Herr ist sehr viel weniger natur- und kreaturenfremd als wir selbst in unserm frommen Wahn. Es ist darum nicht unter seiner Würde, wenn wir ihn als frisch Operierte um eine gute Verdauung bitten und wenn ein Gefangener über seiner Wassersuppe die Danksagung spricht. Ich glaube sogar, er hat größere Freude daran, als wenn wir mit gefülltem Wirtschaftswunderleib ein blödes »Mahlzeit« grunzen und über schwerem Silber und goldenem Porzellan uns in dem Behagen aalen, wie herrlich weit wir es gebracht haben. Vor Gott jedenfalls stehen wir da als Menschen von Fleisch und Blut, und zwar von hinfälligem Fleisch und wildem Blut und mit den Kellern der Tierheit, und es weht uns der Brodem der Erde Gottes an, wenn der Psalmist betet: »Herr, du hilfst Menschen und Vieh« (Psalm 36, 7).

## 28. Juni

Ist nicht der menschliche Sexus etwas ganz anderes als bei unseren tierischen Mitgeschöpfen? Natürlich hat das menschliche Geschlechtsleben *auch* seine biologische Seite, aber es ist doch wieder mehr und ist anders. Denn dieses biologische Gefäß der triebhaften Prozesse, des Zeugungs- und Geburtsgeschehens, ist beim Menschen in etwas ganz anderes eingelassen: Da ereignet sich doch mein Verhältnis zu dem mir allernächsten Menschen. Auf eine geschlechtliche Weise liebe ich ihn und diene ihm, werde an ihm schuldig und scheitere, erlebe Erfüllung und Niederlagen, kurzum: Ich verhalte mich ganz und gar *menschlich* in all meinem Lieben und Hassen, in allen Versäumnissen und in allem Schuldigwerden. Das Biologische ist gleichsam nur ein Gefäß, das eine ganze und gar menschliche Ich-Du-Beziehung birgt und das darum voller Liebe und Anhänglichkeit, aber auch voller Schuld und Ablehnung ist, genauso – und nur aufs Biologische hin besonders zugespitzt – wie überall sonst in meinem Leben, wo ich es mit meinem Nächsten zu tun habe, und zwar ganz gleich, ob dieser Nächste mein Chef oder mein Angestellter, mein Nachbar oder mein Kollege ist. Wenn ich nun dieses Gefäß, diesen Bios, nicht ein bloßes »Behältnis« sein lasse, sondern ihn selbst zum »Inhalt« mache, wenn ich also sage: Dieses Biologische, dieses

Triebhafte, ist der Zweck und die Sache *selbst,* dann wird das Geschlechtliche unmenschlich; es wird zum Exzeß blinder Triebe. Und dann wird der geschlechtliche Umgang nichts anderes als der Versuch, meinen Sexualdurst animalisch zu stillen. Mein Partner ist mir dann nichts anderes als ein Glas Wasser, das ich herunterstürze und dann wegstelle oder an der Wand zerschmettere. So wäre mein Partner strenggenommen kein »Mensch« mehr für mich und erst recht kein Nächster, sondern er wäre ein Ding und ein bloßes Instrument.

## 29. Juni

Während meiner Studentenzeit befand ich mich zuweilen in schweren theologischen Krisen. Mir war die Möglichkeit des Gebetes zweifelhaft geworden, und ich neigte dazu, es als monologische Meditation zu verstehen. Eines Nachts in der Klinik, als mein Stubengenosse in verzweifelter Angst war, flehte er mich an, mit ihm zu beten. Ich weiß noch, wie mir blitzartig alle meine unausgegorenen Reflexionen durch den Kopf schossen und wie mich die Frage quälte, ob ich das überhaupt tun dürfe, wenn mir selber das Wesen des Gebetes unklar sei. Versuchen Sie sich bitte, liebe Kommilitonen, meine Situation vorzustellen, wenn in dieses Zögern hinein immer neu der Hilferuf des Sterbenden klang. Schließlich riskierte ich es. Da erfuhr ich dann – im Vollzuge! –, was Beten heißt. Ich reflektierte dann weiter darüber, aber ich reflektierte anders. Ich möchte nun nicht, daß Sie das als eine billige Bekehrungsgeschichte auffassen. Worauf es mir ankommt, ist ausschließlich dies: daß durch den Vollzug von Gebet und Verkündigung unsere theologischen Gedanken ein Korrektiv erfahren, das man nicht psychologisch erklären darf. Es liegt vielmehr im Wesen der Theologie selbst beschlossen, so gewiß diese die Rückbestimmung des Verkündigenden auf den Grund seiner Verkündigung ist. Deshalb ist es manchmal gut, daß wir als Verkündiger ins Wasser geworfen werden, ohne vorher (vorher!) allzulang darüber spekulieren zu können, was $H_2O$ ist und ob es tragen wird. So aber ist es doch tatsächlich: Wir werden mit himmelschreienden, elementaren Nöten konfrontiert und müssen mit einem Wort helfen, wir müssen Risiken eingehen, die oft nicht durch vorangegangenes Argumentieren abgesichert sind – so wie ein junger Arzt Risiken dieser Art eingehen muß, der einem Verblutenden oder einem Schockbehafteten in akuter Gefahr zu helfen hat. Die Rechtfertigung durch Gedanken kommt dann oft genug später, obwohl ich mich auf chronologische Reihenfolgen wahrlich nicht festlegen möchte. Wie kann jemand, um ein Bild zu gebrauchen, Trainer von 100-Meter-Läufern sein, der selbst niemals diese Strecke gelaufen ist und der die physiologischen Abläufe, die Technik und vieles andere nicht im eigenen Vollzuge beobachtet hätte? Sind *wir* aber nicht manchmal reine Schreibtischtrainer, fern der Arena, in der das Entscheidende passiert?

## 30. Juni

Wie dumm wäre ein Theaterbesucher, der sich jeder Naivität, jeder Spontaneität seines Reagierens und jeden Genusses dadurch beraubte, daß er *vor* der Aufführung Kommentare studierte, und wie sehr ist er umgekehrt zu loben, wenn er das *nachher* tut! Diese Analogie gilt für den theologischen Leser des Neuen Testaments natürlich nicht vorbehaltlos. Denn er kommt ja immer schon von den Kommentaren *her,* selbst wenn er sich morgens seiner täglichen Bibellese hingibt. Er hat schließlich Theologie studiert! Doch machen es eben die Akzente, ob er hier richtig oder falsch liegt: Für den Theologen kann es zur Anstrengung, zur »Arbeit« seines Lebens gehören, einmal einen Augenblick zu vergessen, einen Augenblick möglichst vorbehaltlos zu hören. Wer sich dieser Aufgabe prinzipiell verweigert und die eigene Applikation an den Text nicht mehr vollzieht, kommt eben in die beschriebene Situation, daß er vor lauter Bäumen den Wald nicht mehr sieht. Und dann kann der »schlichte Bibelleser« tatsächlich unendlich mehr und wichtigeres bemerken als der sogenannte Experte.

Wenn man den 3000-Meter-Lauf einer Predigt zu absolvieren hat, kann man sich auf der ersten Wegstrecke nicht wie ein 100-Meter-Läufer gebärden. Sonst hat man für den Rest keine Puste mehr. So verfahren ja manche Pfarrer, wenn sie einen Gottesdienst vorbereiten: Sie arbeiten mit konzentrierter Inbrunst an der Predigt. (Sie ist ja nach reformatorischem Verständnis das Herzstück des Gottesdienstes.) Und erst wenn sie fertig ist, machen sie die Gebete (sofern sie nicht einfach aus der Agende ablesen). Kein Wunder, daß die Gebete dann oft so schwach sind und sich mit gelähmten Schwingen kaum bis zum Kirchendach erheben. (Vielleicht sollte man die Gebete zuerst machen!) Diese falsche Verteilung der Arbeitsquantitäten, die sich hier beim Verhältnis von Predigt und Gebet zeigt, vollziehen gerade die jungen und lernenden Prediger, wenn sie sich bei einer isolierten Konzentration auf die bloße Textanalyse erschöpfen. Hören Sie nicht auf die alte 08/15-Regel des homiletischen Handwerks, daß zuerst die Exegese, dann die Meditation und schließlich die Predigt selbst käme. Fangen Sie lieber mit der Meditation an: Suchen Sie den Sinnzusammenhang eines Textes, so wie er in Ihrer Bibel steht, zu verstehen, bewegen Sie ihn in Ihrem Herzen (das heißt doch wohl Meditieren), fragen Sie, was er *Ihnen* sagt und welche Zeitgenossen oder welche Seiten Ihres eigenen Wesens Sie in den Gestalten wiedererkennen, von denen er Ihnen vielleicht berichtet; fragen Sie, ob der Petrus des wunderbaren Fischzuges nicht nach Identifizierung mit Ihnen selber ruft. Und erst dann, wenn Sie so etwas gehört haben und von der Aussage des Textes vielleicht fasziniert sind (wie es Professor Thurneysen ausdrückte), dann gehen Sie an die Filigranarbeit der fachgerechten Analyse. Das scheint mir die sachgemäße Reihenfolge zu sein – jedenfalls dann, wenn man überhaupt, wie das die Reformation immerhin tat, ein unmittelbares Verhältnis zur Bibel einräumt und an der facultas se ipsum interpretandi ihres Wortes festhält. Geben wir das auf, dann gilt auch das sola scriptura nicht mehr. Halten wir es aber fest, dann muß jene mögliche Unmittelbarkeit zum biblischen Text auch ihren zeichenhaften Ausdruck finden.

## 2. Juli

Die glatten Lösungen, in denen Grundkonflikte einfach überspielt werden, sind unbezahlte Rechnungen. Sie setzen eine Welt voraus, in der das Gute – und darum auch der Akt des Heilens – ohne Preis, in der es also kostenlos zu haben ist, eine Welt ohne Konflikte und einen Menschen ohne Selbstwiderspruch. Und wie das Geheimnis menschlicher Existenz schon im Ausgangspunkt übersehen wurde, so wird es auch in den eschatologischen Träumereien mancher Biologen hinwegretuschiert: Man verfällt – um jenes Fehlers im Ansatz willen – der Illusion, als ließe sich der Grundkonflikt menschlicher Existenz, der Konflikt zwischen Wille und Trieb, Geist und Fleisch im Zuge weiteren Fortschritts biologisch ausschalten. Man könne das entweder so, daß man die negativen Triebe, zum Beispiel den Aggressionstrieb, neurochirurgisch eliminiert, oder so, daß man durch Psychopharmaka, durch Huxleys Glücksbringer, die Kräfte der Zersetzung narkotisch lähmt, vielleicht auch durch die Manipulation der Gene. Demgegenüber lehrt uns alle menschliche Erfahrung, daß Heilige, Helden und Überwinder und daß Menschen, die jemals den Rang von Leitbildern zu gewinnen vermochten, in Konflikten und Anfechtungen gewachsen sind und daß selbst der Friede Gottes nicht etwas ist, worauf man beruhigt sitzt, sondern wonach man sich in Unruhe streckt. Wie könnte das, was jemals und in welcher Variation auch immer als Modellbild des Menschlichen verstanden wurde und den Ruf auslöste: »Sehet, welch ein Mensch!«, durch genetische Operationen, durch Biochemie oder Züchtung produzierbar sein? Das makaber-apokalyptische Bild einer »gehorsamen, willenlosen, von Drogen und elektrischen Strömen gesteuerten Masse von glücklichen Lemuren« ist verräterisch und enthüllt gerade durch die Naivität solcher Proklamationen die bestürzende Vordergründigkeit dieser Anthropologien. Wenn irgendwo, dann ist hier der negative Nachweis erbracht, daß man weder an seine biologischen noch seine ärztlichen Entscheidungen herangehen kann, ohne zu gewissen Grundentscheidungen bereit zu sein, das Wesen menschlicher Existenz in seine Fachthematik einzubeziehen.

Der zu freier Selbständigkeit berufene Mensch kann nicht in der »traditio passiva« verharren, in die ihn Wille und Belehrung seiner Eltern versetzen. Er ist ja nicht im tierischen Sinne ein »Junges«, sondern er ist zur Mündigkeit berufen. Der status der Mündigkeit ist aber nur auf zweierlei Weise zu erreichen: entweder im willentlich-bewußten Ergreifen des autoritäten Willens oder in seiner willentlich-bewußten Verneinung. Im ersteren Falle manifestiert sich die Mündigkeit in einer doppelten Weise: Gegenüber Gott zeigt sie sich darin, daß ich nicht mehr blindlings (und also unmündig!) dem Gesetz gehorche, sondern daß ich als Kind »Abba, lieber Vater!« zu sagen weiß und in Spontaneität und promptitudo den Willen Gottes tun *möchte*. Gegenüber den irdischen Eltern tut sie sich darin kund, daß ich Gottes Vatertum durch sie wirken und zur Erscheinung kommen sehe; dadurch werde ich instand gesetzt, ihnen selbst im Falle der »Wunderlichkeit« mit *Freuden,* also nicht bloß unter dem Druck einer gesetzlichen Gehorsamspflicht zu willfahren. Im zweiten Falle – dort also, wo die Mündigkeit in der Weise eines willentlich-bewußten Verneinens zustande kommt –, ergibt sich ebenfalls eine doppelte Möglichkeit: Gegenüber Gott stammt dieser Entschluß der Verneinung aus einer Mündigkeit im negativen Modus, aus einer perversen, der Schöpfungsintention Gottes zuwiderlaufenden Selbständigkeit. Gegenüber den irdischen Eltern kann das willentlich-bewußte Verneinen (im Unterschiede zur Gottesbeziehung!) legitim sein. Es fragt sich nur, aus welchen Motiven diese Verneinung erfolgt. Sie kann sachgemäß etwa dann sein, wenn sie nicht eine grundsätzliche Ablehnung der elterlichen Autorität, sondern nur eine Ablehnung dieser Autorität in bestimmten partiellen Bereichen, also in bestimmten »casi« ist. Das ist zum Beispiel der Fall, wenn man »Gott mehr gehorchen muß als den Menschen« – einschließlich der Eltern. Daß diese Möglichkeit besteht und legitim ist, muß theologisch damit begründet werden, daß die Autorität der Eltern ja eine geschöpfliche und insofern nur *autorisierte* Autorität ist. Dadurch ergibt sich die Möglichkeit, daß der Mündige im Namen der autorisierenden Größe, das heißt des Willens Gottes, die autorisierte Größe dann ablehnt, wenn sie sich im Widerspruch zu ihrer Ermächtigung befindet. Denn Mündigkeit besteht ja gerade darin, daß Unmittelbarkeit zur *letzten*, also eben zur autorisierenden Instanz besteht. Dieser Fall kommt biblisch in der Geschichte vom zwölfjährigen Jesus im Tempel zum Ausdruck (Lk 2, 41 ff.). Die Eltern verstehen nicht, daß er »sein muß in dem, das seines Vaters ist«. Das trotz seiner Jugend mündige Kind Jesus wendet sich gegen die Autorität seiner Eltern im Namen seiner Unmittelbarkeit zum himmlischen Vater, der ihnen diese Autorität verliehen hat. Er steht in diesem Augenblicke (und auch sonst!) in einem unmittelbareren Bezuge zu dieser autorisierenden Größe als die »von amtswegen« autorisierten Eltern. Aber auch hier ist zu beachten, daß dieser mündige Widerspruch die Eltern nur partiell in Frage stellt. Denn abgesehen von diesem konkreten Fall im Jerusalemer Tempel heißt es, daß er ihnen danach wieder »untertan« gewesen sei (Lk 2, 51).

## 4. Juli

Die menschliche Liebe, der Eros also, hängt von dem ab, was sie an Liebenswertem vorfindet, das heißt von den immanenten Werten der Schönheit, des Charakters, des Geistes und der harmonischen Ergänzung. Sie hängt also an dem, was vergänglich und labil ist und darum der Revision unterliegt. Sie gründet darum in einer vielleicht hochsublimierten Selbstliebe: Denn diese Art Liebe richtet sich ja nicht auf die Werte des andern »an sich«, sondern auf seinen Wert »für mich«. Sie enthält also die Frage – und wird dadurch im strengen Sinne »in Frage gestellt« –, was der andere *mir* bedeute und was er mir *noch* bedeute. Die Liebe Gottes dagegen, die wir in der Agape nachvollziehen, gründet sich nicht auf den errechenbaren Wert des andern für mich. Denn Gott liebt uns nicht, weil wir so wertvoll wären, sondern wir sind wertvoll, weil er uns liebt. Weil der Andere Gott wert ist, nötigt er mich zur Ehrfurcht. Darum ist meine Liebe nicht mehr die labile Funktion dessen, was ich in jedem Augenblick neu als »wertvoll für mich« am Andern konstatieren oder auch nicht konstatieren kann. Die Kontinuität der Treue Gottes, der er einbeschlossen ist, macht auch mein Verhältnis zu ihm kontinuierlich. Die

Agape durchdringt also das Vordergründige des jeweiligen Genüges und Ungenüges und richtet sich auf den Andern in seinem letzten Geheimnis. Eben dadurch aber ist sie schöpferich. Der Andere weiß sich auf seiner unbedingten – nämlich den von allem konkreten So-sein unabhängigen, in der Geschichte mit Gott geborgenen – Kern seines Menschseins hin angesprochen und angesehen. Dadurch liebt die Agape das Eigentliche des Menschen gleichsam »hervor«. Deshalb wußten sich alle, die Jesus begegneten: die Dirnen und Zöllner, die Abgeschriebenen, Außenseiter, Erniedrigten, Beleidigten – von seiner Agape gewürdigt und wuchsen in diese Würde hinein. Sie mußten sich nicht erst qualifizieren, um dieser Liebe würdig zu werden, sondern sie *wurden* durch diese Liebe qualifiziert.

## 5. Juli

Man darf sicher nicht sagen, der Zweck der Ehe sei die Kinderzeugung. Damit würde man die menschliche Gemeinschaft der Eheleute in ihrem Eigengewicht entwerten. Außerdem würde man durch jene Zweckbestimmung kinderlose oder Alters-Ehen zu Nichtehen erklären. Wohl aber gehört das Kind in die schöpfungsgemäße Beziehung der Geschlechter mit hinein. Darum ist Kinderlosigkeit überall dort, wo sie nicht bewußt gewollt wird oder aus zwingenden Gründen vorübergehend in Kauf genommen werden muß, wo sie also nicht Schuld ist, ein Erleiden, das angenommen werden muß. Gewiß sind wir gehalten, das Leiden zu bekämpfen. In dieser Schöpfungsfunktion innerhalb der gestörten Schöpfung hat der ärztliche Beruf ja seinen Sinn, denn Gott will im Schöpfungsentwurf der Welt das Leiden nicht. Die Mittel aber, durch die das Leiden bekämpft wird, dürfen dem Lebens-Sinn des Leidenden nicht widersprechen. So ist etwa die Euthanasie, die das Leiden durch den vorzeitig herbeigeführten Tod beendet, dem Lebenssinn des Leidenden zuwider. Denn der Mensch ist ein Wesen, das im Unterschied zum Tier ethisch leiden kann. Darum darf es wohl für den Hund, aber nicht für den Menschen den »Gnadenschuß« geben. Ebenso bekämpft die heterologe Insemination das Leiden der Kinderlosigkeit mit Mitteln, die dem Lebenssinn des Leidenden widerstreiten. Diese Mittel verwunden seine Existenz. Es mag besondere Situationen geben, in denen es anders ist. In den Bereichen ethischer Entscheidung wird man nie ohne die Kategorie der Ausnahme leben können. Die Ausnahme ist dem persönlichen Wagnis und der Verantwortung zugeordnet. Die Ethik kann nur das Problem als solches erhellen und die Entscheidungen klären, vor die auch der Mensch im Augenblick seiner Ausnahme gestellt ist.

## 6. Juli

Liebe setzt Solidarität und Identifizierung mit meinem Nächsten und insofern mit meinem Zeitgenossen voraus und bewirkt diese zugleich. Auch das ist ein Nachvollzug der Bewegung, in der die Liebe Gottes wirksam ist: Indem sie Kondeszendenz ist, gibt sie sich in die Solidarität mit denen hinein, die in »Finsternis und Schatten des Todes« sitzen, setzt sie sich dem Druck der Geschichte, der Angefochtenheit und dem Sterben aus. Wer liebt, leidet darunter, daß er nicht versteht, daß er gleichsam auf einer anderen Frequenz zu empfangen scheint als der Nächste. Das Leiden dieser Art von Liebe ist ein Leiden am eigenen So-sein und impliziert darum die *Frage* nach diesem So-sein. Wer aus der Liebe verkündigt, wird deshalb das ihm begegnende Unverständnis, die unerschütterliche Indifferenz oder die Reaktion des Protestes nicht vorschnell mit dem Ärgernis erklären, das ja mit der Botschaft konstitutiv verbunden ist und darum kommen »muß« (Lk 17, 1; 1. Kor 1, 23). Sondern er wird fragen, ob sein eigener Mangel an Solidarität möglicherweise daran schuld ist, daß er unverstanden bleibt. Er wird es als Einwand gegen sich selbst entgegenzunehmen bereit sein, wenn er sich sagen muß, daß er aus dem Rahmen seiner Zeit herausfalle, daß er etwa restaurativ, »hinter dem Monde zurück« und auch sonst ein Sonderling sei, dem man seine verwunderlichen Märlein zwar als Narrenfreiheit zugesteht, den man eben darin auch nicht ernst nimmt. Er wird es ebenso als Last empfinden, wenn die Kirche innerhalb der pluralistischen Gesellschaft als eine ausgefallene Gruppe verstanden wird, die zwar das Recht eines

Naturschutzparkes oder auch einer exterritorialen Macht genießt, aber gerade dadurch nicht als eine Institution gilt, die vorzuleben vermöchte, wie man in dieser Zeit, angesichts dieser Probleme und dieser Situationen glauben kann. Wenn das Nicht-verstanden werden aber so eine Provokation ist, dann wird die Rückfrage nach mir *selbst* damit provoziert, dann werde ich zum Beispiel gefragt, ob ich wirklich Zeitgenosse, ob ich mit meiner Zeit gleichzeitig sei.

## 7. Juli

Es gibt *einmal* eine Liebe zur Welt, in der das Verhalten *Jesu* zur Welt nachvollzogen wird: es ist die Liebe zu ihrer göttlichen Bestimmung, also zum Ziel ihrer Heimsuchung, es ist das Erbarmen über ihre Verlorenheit und es ist die Anerkennung, daß alles Geschaffene durch und zu Christus ist, daß es nur in ihm besteht, daß es in ihm versöhnt ist und daß alles – das heißt alles in der Welt Seiende – unter einem Haupte zusammengefaßt ist. Indem die Möglichkeit besteht, daß die Welt so geliebt werden kann, kommt zum Ausdruck, daß der, »der an Christus glaubt und getauft ist« sowohl in der Gemeinde als auch in der Welt unter Christus lebt. Daneben aber gibt es eine *andere* Liebe zur Welt, die aus der Feindschaft wider Gott stammt, weil hier die Welt um ihrer selbst willen geliebt wird, und weil sie darum nicht der Liebe Gottes zur Welt entspringt. Die Welt erkennt dann in mir das Verwandte: sie erkennt mich an und achtet in mir die Verwandtschaft des Empörers. Damit unterstellt sie mich der Herrschaft fremder und wider Gott gerichteter Herrschaften. So ist durch die Tatsache meines In-der-Welt-seins permanent die Frage an mich gestellt, mit *welcher* Liebe ich die Welt liebe. Mein Verhältnis zur Welt impliziert also in jedem Augenblick eine Entscheidung gegenüber Gott. Mein Verhältnis zur Welt umschließt deshalb nicht nur ein Verhältnis zu mir selbst, sondern auch zu Gott.

## 8. Juli

Man kann die Proportion aufstellen: Je triebbestimmter ein Individuum lebt, um so ausgesprochener verfällt es der Promiskuität, für um so austauschbarer hält es seine Partner. Es müssen nur bestimmte Funktionsbedingungen beim andern erfüllt sein; er muß den primitivsten Ansprüchen von Gesundheit und Normalität genügen, um verwendbar zu sein. Für diese Einstellung ist keineswegs der Stärkegrad des Geschlechtstriebes maßgebend. Diese Stärke allein konstituiert noch keineswegs die »Polygamie« und den ständigen Wechsel der Partnerschaften. Diese Stärke kann bis zu extremen Formen ja auch bei solchen bestehen, die etwa als Christen ihre Geschlechtlichkeit unter die Disziplin des Gehorsams und der Ehrfurcht vor dem Nächsten stellen. Vielmehr geht es nur darum, ob und inwieweit ich die Bestimmtheit meiner *Existenz* vom Trieb empfange, statt daß umgekehrt der Trieb selbst zu einer personalen Funktion wird, das heißt Ausdrucksmittel einer persönlichen Gemeinschaft, die auch *abgesehen* von diesem ihrem Ausdruck zu bestehen vermag. Gäbe es diese Möglichkeit, daß der geschlechtliche Ausdruck einer Gemeinschaft entfällt, nicht, so wäre das Eheglück greiser Paare nicht zu begreifen. Wenn wir die Proportion aufstellten: »Je triebbestimmter, um so polygamer«, können wir das auch so ausdrücken: Je triebbestimmter ich bin, um so weniger suche ich das einmalige und unverwechselbare Du des andern und um so mehr geht es mir um das bloße Exemplar, um den bloßen »Repräsentanten« des andern Geschlechts, der mir in seiner individuellen Ausformung gleichgültig, in seiner instrumentalen Bedeutung aber um so wichtiger ist.

## 9. Juli

Die christliche Entscheidung zugunsten der Monogamie ist sicher nicht durch eine »natürliche Theologie« zu erklären. Denn diese pflegt in der Regel das Gegebene oder Erwünschte für natürlich zu halten, so daß man sich ausrechnen kann, was eine vom Manne bestimmte Gesellschaft in dieser Hinsicht als »natürliche Theologie« produziert haben würde. Da auch unmittelbare biblische Weisungen nicht der Anlaß für die Entstehung eindeutig monogamer Sitten sein können, müssen ganz andere Motive vermutet werden. Sie können nur in der christlichen Neubestimmung der Persongemeinschaft – also auch der ehelichen Kommunikation – durch die Agape gesehen werden. Schon im Urchristentum wird der unbestrittene Primat des Mannes in Gesellschaft und Familie durch die Forderung begrenzt, daß der Mann seine Frau lieben solle. Die Agape im neutestamentlichen Sinne bedeutet aber in sehr realistischer (und nicht primär emotionaler) Weise: für den Andern dasein, auf ihn eingehen. Wenn das nicht im Sinne einer ganz allgemeinmenschlichen, verblasenen und abstrakten Gesinnung gemeint sein soll – und was läge dem Neuen Testament ferner! –, dann impliziert das ein Eingehen auf den konkreten Nächsten, so wie er ist, also *auch* auf seine Geschlechtsnatur. Wenn es für die Frau eine Verwundung bedeutet, nicht die einzige Frau ihres Mannes zu sein, dann gebietet die Agape, diese Wunde nicht zuzufügen. Hier liegt also ein klassischer Modellfall dafür vor, wie theologisch und anthropologisch bestimmte Intentionen ineinanderliegen, wie Gnade und Natur unvermischt und ungetrennt zusammenwirken: Die auf den andern eingehende Agape würde ihn überhaupt nicht ernsthaft anvisieren, wenn sie sich nur einem humanum generale gegenüber wähnte und wenn sie nicht eben auf den Andern in seiner je bestimmen *Natur,* in seinem je bestimmten *Person*-sein einginge. Darum wird die nicht doketisch, sondern leibhaft verstandene Agape eine unendliche Variationsbreite möglicher Formen besitzen: Sie ist im Bereich des Eros anders getönt als in der Diakonie; sie ist innerhalb der Kollegenschaft der Arbeitswelt anders als zwischen Eltern und Kindern. Und doch ist sie in allem dieselbe. Der einzige uns einleuchtende Erklärungsgrund für die christliche Entscheidung zugunsten der Monogamie liegt nur hier: Der Aufruf zu der auf den Andern eingehenden Agape läßt den Mann auf das besondere Person-sein der Frau eingehen und dämmt sein eigenes Gefälle auf Polygamie ein. Liebe im Agape-Sinn lehrt verstehen; sie lehrt auch die Geschlechtsnatur des andern verstehen und dann im Sinne des so Verstandenen »für ihn da zu sein«.

## 10. Juli

Lesen Sie langsam, in kleinen Happen den 119. Psalm, um eine Ahnung zu haben, was es heißen könnte, die Freude am Wort Gottes zu entdecken – diese Entdeckung zuerst mit eigenen Augen und dann erst mit den Augen anderer zu vollbringen. Ich möchte so gern haben, daß ein Student weiß, was Paulus und Deuterojesaja gesagt und darin gemeint haben, daß er sich einfach und unmittelbar ihren Worten aussetzt. Und es jammert mich, wenn er nur weiß, was Bultmann oder Cullmann oder Wellhausen oder Gerhard v. Rad »darüber« gesagt haben und wie man die Interpreten des Interpretierten nun seinerseits interpretieren müsse. Wenn er aber jenes Elementare zuerst getan hat, dann darf er nicht nur das Zweite tun, dann soll er es sogar tun.

## 11. Juli

Welcher normale Mensch hört denn, wenn er das Wort Sünde vernimmt, noch das heraus, was das Neue Testament damit meinte? Wer hört noch die Aussage aus diesem Wort heraus, daß hier der Mensch in seinem Widerspruch zu Gott gemeint ist, der Mensch in seinem Willen zur Selbstherrlichkeit, zum Anthropozentrischen, der Mensch in seiner ungläubigen Leidenschaft zur Sicherung, in seiner Verlorenheit an den Augenblick und das Vorfindliche? Und doch *müßte* man das alles heraushören, schon um zu begreifen, daß der Sünder gleichzeitig ein Vertreter moralischer Perfektion sein kann und mitnichten kriminell, asozial oder auch nur unseriös zu sein braucht. Waren die Pharisäer nicht ethisch sehr respektable Leute? Und doch waren sie für Jesus drastischere Repräsentanten der Sünde als Zöllner und Prostituierte. Und das Wort »Christus« selbst? Was würde wohl herauskommen, wenn man den Stellenwert dieses Begriffs in der psychischen Infrastruktur des heutigen Normalmenschen untersuchen würde? Würde er hier nicht als Vorstellung von einem Magier oder einem homo humanissimus auftauchen? Man muß schon sagen, was man mit diesen Begriffen *meint,* und man darf sie nicht als vermeintlich fertig geprägte Münzen unter das Volk werfen. Sonst greift man allzu leichtfertig nach ihnen in der Meinung, Vertrautes in Händen zu halten, während das Metall zu glühen und zu brennen begänne, wenn man nur eine Ahnung hätte, was diese Münzen wirklich bedeuten.

## 12. Juli

Die Ideologie hat die theologische Qualität des Götzendienstes. Das gilt in doppelter Hinsicht: *Einmal* erhebt sich in ihr der *Mensch* zur Herrschaft. Er ist es, der die Zwecke setzt, denen er dient. Sie werden in den Axiomen seiner Ideologie proklamiert. Und er ist zugleich der Träger der Kraft, die jene Zwecke bestimmt und realisiert. Er ist Inaugurator und Funktionär der Lebensmächte zugleich. Er ist der Träger eines Willens zur Macht, der nicht im Namen von etwas, das *über* ihm wäre, will, sondern der nur in seinem *eigenen* Namen will. Das ist nicht nur insofern Götzendienst, als er dem Herrn des Daseins Existenz und Recht bestreitet, sondern auch insofern, als er sich selbst an dessen Stelle setzt: Der vom Menschen gemachte Götze hat keine richterliche Gewalt; er stellt seinen Schöpfer und Anbeter nicht in Frage. Denn eine letztlich mit sich selbst identische Wirklichkeit kann sich nicht selbst in Frage stellen. Die Klasse oder das Kollektiv, in denen der Mensch sich selbst objektiviert und in seiner makrokosmischen Gestalt abgebildet sieht, in denen er sich selbst als den Herrn des Daseins erblickt, können ihn *deshalb* nicht in Frage stellen, weil sie Fleisch von seinem Fleisch und Bein von seinem Bein sind. Der Götze ist ungefährlich. Darum werden die falschen Propheten des Alten Testaments, werden die Götzendiener stets daran erkannt, daß sie ungefährliche Verkündigungen, daß sie *Heils*botschaften haben, während der wahre Gott als Richter der Geschichte sich in den *Unheils*botschaften seiner Diener meldet und sich als Widerstand bemerkbar macht. Darum ist das Evangelium immer mit dem Gesetz, mit der Infragestellung verbunden. Denn es ist die Nachricht von der Selbstüberwindung des göttlichen Widerstandes. Aus dem gleichen Grunde ist das Evangelium die permanente Infragestellung des Christentums selbst. Es ist gleichsam seine innere Unruhe, die es daran hindert, ein religiöses Bestandsstück der Welt, ein selbstverständlich sich einfügendes Element des Kulturinventars – oder gar eine Ideologie zu werden. Dostojewskis »Großinquisitor« ist das klassische Paradigma für den Widerstand, der vom Evangelium her ständig wider die Pragmatisierungsgefahren des Christentums, und das heißt doch: Wider sein Gefälle auf Ideologie hin geleistet wird.

## 13. Juli

Dem Menschen des Urstandes ist es verboten, vom Baum der Erkenntnis des Guten und Bösen zu essen. Er lebt sozusagen in der ewigen Liturgie; sein Angesicht ist eindeutig Gott zugewandt; er entbehrt darum des Zwiespaltes, in den er sofort geraten muß, wenn das Böse als echte Anfechtung am Horizont seines Lebens akut wird. Erst durch diese Aktualität wird er in die wirkliche Entscheidung gestellt. Das Sich-entscheiden-müssen ist immer das Zeichen eines ausgebrochenen Zwiespaltes, also des Verlustes der Eindeutigkeit; es ist das Zeichen dafür, daß die Schlange Gott ernsthaft seine Herrschaft über den Menschen streitig macht und daß der Mensch in diesem Streite zerrissen ist. Sicherlich ist es der Wille Gottes, daß der Mensch sich in diesem einmal ausgebrochenen Streite für seinen Herrn entscheidet; aber ebenso gewiß ist es, daß schon die Situation, in der diese Entscheidung notwendig ist und dann auch gefordert wird, eine Depravierung des eigentlichen Schöpfungsentwurfes Gottes ist. Alle menschliche Ethik steht letztlich unter dem Zeichen dieser ihrer Fragwürdigkeit: Sie ist eine Notstandsmaßnahme gegenüber der gefallenen Welt.

## 14. Juli

Was bedeutet es, daß Gott mich kennt und daß ich sein bin? Das heißt erstens, daß wir Menschen weder uns selbst noch unsern Mitmenschen ganz verstehen. Wir kennen weder unsere eigene Identität noch die des andern. Aber das braucht uns auch nicht zu bekümmern. Unser Bild ist im Herzen Gottes geborgen. Er weiß um uns. Aber damit ist noch ein Zweites gesagt: Der Gedanke, daß Gott um uns weiß, könnte ja auch etwas Erschreckendes an sich haben. Von jemandem bis in die letzte Falte der Seele durchschaut zu sein, durch und durch geröntgt zu werden, ist ein furchtbarer Gedanke. Wenn aber das stimmt, was Jesus Christus uns von seinem Vater gesagt hat, dann ist es nicht furchtbar, dann ist es auf einmal schön und tröstlich, so durchschaut zu werden. Denn wir wissen, daß er uns in Liebe versteht und unter Schmerzen sucht. Wer ich auch bin, Du kennst mich, Dein bin ich, o Gott! Es gibt einen, der sich zu mir bekennt, wer ich auch bin.

## 15. Juli

Das Gleichnis erklärt nicht, sondern es verhüllt. Es macht auf keinen Fall das dunkle, dem Dämmer der kommenden Welt entsteigende Wort evident, durchsichtig und »schlagend«, sondern es läßt dieses Wort so stehen, wie es ist, legt es nur aus und sieht zu, ob es Ohren findet, die es hören. Denn »Gleichnis« ist es ja nur deshalb, weil die in ihm beschriebenen Dinge oder Ereignisse von einem bestimmten Blickpunkt aus dem Reiche Gottes »gleich«, »adäquat« sind. Keineswegs aber ist es deshalb Gleichnis, weil das, was es ausdrückt, dem Menschen gleich wäre oder der Welt, so wie dieser Mensch sie sieht. (Daher ist es auch so grundfalsch, Jesu Gleichnisse und seine Hinweise auf die Vögel oder die Lilien auf dem Felde zu einer natürlichen Theologie symbolischen Schauens zu machen.) Nein, es ist schon so: Der »natürliche« Mensch vernimmt nichts vom Geiste Gottes – auch nicht, sofern dieser Geist in Gleichnissen und Wundern einhergeht, sofern er sich das Gefieder der Vögel und das Blütenkleid der Lilien und den Sternenmantel des Firmaments anzieht. In alledem ist der Geist Gottes mit sich allein; und dies alles wirft nur ihm sein Spiegelbild zurück. Nur er sieht das Gleichnis – und wem er's will offenbaren. Das ist auch der Grund dafür, daß die »Draußenstehenden«, die bloßen Zuschauer und neugierigen Zaungäste die Doppelexistenz des Wunders als Verstockung und Erleuchtung mißverstehen: Sie können das Wunder konsequenterweise nur als Andemonstrieren begreifen, das die Entscheidung aufhebt und den bloßen Glauben überbietet. Darum steigt der Ruf zum Gekreuzigten empor: »Bist du Gottes Sohn, so steige herab«. Denn wahrlich: Könnte er hier ein Schauwunder tun, dann wäre das der eindeutige Beweis seiner Herrlichkeit, dann brauchte man nicht mehr nur »aufs Wort« zu glauben. Und der Zweifel würde nicht mehr Blasphemie sein, sondern Dummheit. Und wer möchte sich dumm stellen, wenn »Tatsachen« reden!

## 16. Juli

Denkmethodisch kann der Nichtchrist theologische Gedankengänge durchaus mitgehen, aber nicht »verstehen«. Um sie zu verstehen, müßte er die Existenz, die sich hier auslegt oder vielmehr von Gott auslegen läßt, selber sein. Er müßte anerkennen, daß er diese Existenz wäre. So ist das Mitgehen theologischer Gedanken in Wirklichkeit, um einen Ausdruck Gundolfs zu gebrauchen, und um cum grano salis zu sprechen, »Bildungserlebnis«, nicht »Urerlebnis«. Es ist Selbsttäuschung, wenn man glaubt, durch die Verstehbarkeit der Denkstruktur und durch verwandt erscheinende inhaltliche Anklänge eines Denkens die Existenz zu »sein«, die hier denkend sich auslegt, oder auch diese Existenz nur als eine mögliche, als eine möglicherweise vom Menschen, von mir her zu ergreifende anzusehen. Hier wird es ernst damit, daß wirklich nur bei Gott alle Dinge möglich sind, insofern er Geschichte setzt und Wunder tut (Markus 10, 27), und daß ich mit dem abstrakten Begriff der Möglichkeit schlechthin verlassen bin. Diese Situation erfährt jeder Theologe schmerzlich am eigenen Leibe: Ein theologischer Lehrer kann aus der tiefsten Anfechtung heraus Dogmatik lesen; die Klarheit der dogmatischen Struktur – also das, was wir Denkstruktur nannten – würde nicht darunter zu leiden brauchen; und doch bewohnte er nicht das Haus in diesem Augenblick, dessen Fassade einen so einsichtigen Aufbau verrät. Ja, wenn er auf sich selbst blickt, auf das Überzeugende seiner theologischen Gedanken, dann kann er überhaupt nicht feststellen, ob er glaubt. Denn »einsichtig« bleibt die Struktur seiner Gedanken auch dann, wenn der sie beseelende Glaube entflohen ist. Der Blick auf die Subjektivität des Glaubens ist ebenso wie der Blick auf die Denkstruktur seiner theologischen Reflexion verwirrend, weil unsachgemäß und muß sich immer am Gegenstande des Glaubens, am extra se, erholen. »Ich weiß nicht, ob ich glaube, aber ich weiß, an wen ich glaube« (Paul Althaus).

## 17. Juli

Man kann Gott nur bitten, daß es uns gelingen möge, den Fundamentalisten eines klarzumachen: daß wir mit ihnen zusammen von jenen großen Taten Gottes leben möchten, die sie mit falschen Zäunen zu umgeben versuchen. Wir blicken auf dasselbe Vaterhaus wie sie. Wir wissen wie sie, *daß* wir und *warum* wir dort erwartet werden. Wir wünschten uns nur, daß wir miteinander auch auf derselben *Straße* – die uns wiederum bereitet ist – dahin kämen und daß wir in dieses Haus nicht wie Knechte an ihre Arbeit, sondern wie Kinder zu ihrem Vater gehen. Man *kann* aber mit den Fundamentalisten nur so reden, wenn sie spüren, daß man sie liebt und daß wir nicht Herren über ihren Glauben, sondern Gefährten ihrer Freude sein möchten, und daß wir das ehren, was sie in Treue in ihren Händen bewahren. Neben dieser Liebe bewegt jeden, der die geistliche und theologische Entwicklung in Amerika offenen Auges sieht, auch die Verantwortung für diese unsere Generation von Christen überhaupt. An der Frage, wie das Problem des Fundamentalismus gelöst wird, entscheidet sich nach menschlichem Ermessen das Schicksal der amerikanischen Christenheit schlechthin. Diese Feststellung enthält nur dann keine allzu weltliche Geschichtsphilosophie, wenn man weiß, daß diese Frage uns von Gott und niemand anderem gestellt ist.

## 18. Juli

Nicht wenige meiner fundamentalistischen Brüder, die ich wirklich in ehrlicher Liebe und wahrlich nicht in pharisäischem Hochmut suche, kommen mir vor wie die Jünger in jenem Schifflein, das auch den Herrn an Bord hatte. Und wenn sie so unter sich sind – der Herr schläft ja! –, schleichen sie heimlich durch den ganzen Schiffskörper, horchen die Bordwände ab und schauen angestrengt von der Reling ins Wasser, ob sie nicht irgendeinen Bult- oder Froschmann entdecken können, der als Saboteur die Schiffswand anbohrt. Als der Herr endlich aufwacht, sieht er zu seinem Erstaunen, wie seine Mannen, statt ihre seemännischen Stationen einzunehmen und ihrem regulären Tun nachzugehen, planlos und aufgeregt umherrennen, während das Schiff offensichtlich vom Kurs abgekommen ist. Da fragt er sie: »Warum achtet ihr nicht auf den Kurs, sondern rennt so umher?« – Dann antworten sie: »Wir passen auf, ob nicht ein Bult- oder Froschmann unseren Schiffsleib anbohrt.« – Darauf der Herr: »Warum interessiert euch das?« Die Jünger: »Aber, lieber Herr, wie kannst du so etwas fragen! Wenn ein Loch ins Schiff kommt, dann läuft doch Wasser hinein.« Der Herr: »Ja, und dann?« Die Jünger: »Dann geht das Schiff unter.« Darauf der Herr: »Das also ist eure Angst! O ihr Kleingläubigen, wußtet ihr nicht, daß das Schiff gar nicht untergehen kann, wenn ich in ihm schlafe, wenn ich unter euch bin?«

## 19. Juli

Niemand hat so entschlossen das Wunder abgelehnt wie Jesus selbst, sobald es zum *Glaubensersatz* werden sollte. Und dennoch wußten alle, die ihm begegneten, daß nichts Geringeres als eben ein Wunder an ihnen geschehen war und daß sie von jetzt an nur noch im Namen dieses Wunders zu leben vermochten. Rückwärts blickend – indem sie von seiner Gestalt herkamen – wußten sie plötzlich, daß es ein Wunder gewesen war, wenn er sie aus dem Schuld-Sühne-Mechanismus, wenn er sie aus der Bindung an ihre belastete Vergangenheit herausgerissen und ihnen eine neue Zukunft geschenkt hatte, wenn er ihnen das Allerunwahrscheinlichste, nämlich die Gnade Gottes, zugesprochen und sie aus der Lebensangst in die Seligkeit unbeschwerter Kinder ihres himmlischen Vaters hinübergerissen hatte. Und wenn die großen Störungen der Schöpfung, wenn Krankheit und Tod vor ihm zurückwichen, wenn der Gelähmte sich von seinem Bett erhob und tote Augen sich öffneten, dann war das etwas anderes als nur ein medizinisches Phänomen, das auch sonst jemand hätte zustande bringen können; dann waren das gleichsam Leuchtfeuer und Blinkzeichen des kommenden Gottesreiches, das in diesem *einen* Menschen schon Gegenwart geworden und übermächtig war. Sie wußten, daß der Finger Gottes selbst sie anrührte, wenn Jesus von Nazareth seine Hand auf sie legte. Sie erfuhren, daß er nicht ein Lehrer war wie andere, sondern daß er der große Wandler war: daß er Ketten zerbrechen, Verstrickungen lösen und ein ganz neues Sein schenken konnte, so daß es ihnen den Atem verschlug. Nun waren sie nicht mehr mit der dunklen schwarzen Wand konfrontiert, sondern ihr Leben wurde mit neuem Sinn beschenkt, und sie bekamen eine Ahnung davon, was es heißt, mit Gott im reinen zu sein und in den finstern Tälern um die Gegenwart des Hirten zu wissen.

## 20. Juli

Das Wunder des Glaubens sucht sich in immer neuen Formen auszudrücken: Es greift zum nüchternen Bericht des Augenzeugen, der immer neu sagen muß, was er mit Jesus erlebt hat. Es greift zum Lied und zur Musik überhaupt, es baut himmelstürmende Dome und prägt sich ein in Holz und Stein – und es greift auch zur Dichtung und zur Legende, um das *eine* Wunder in immer neuen Variationen zu bezeugen und sein Geheimnis von allen Seiten her zu beschreiben. Für jeden, der diese Zeugnisse entgegennimmt – ganz gleich, ob er die Bibel liest, das Gesangbuch aufschlägt oder das Bekenntnis der Kunst auf sich wirken läßt –, für jeden, der von alledem angerührt ist, kommt unter allen Umständen einmal der Augenblick, wo er einfach das *Interesse* an der Frage verliert, ob dieser oder jener Bericht photographisch getreu und objektiv richtig einem bestimmten Geschehen entspricht, *und wo er statt dessen die Frage – die entscheidende und nun wirklich sachgemäße Frage – zu stellen beginnt: Welche Erfahrungen des Glaubens werden hier berichtet?* Welches reale Wunder des Glaubens ist den Menschen aufgegangen, wenn sie diese und jene Geschichte erzählen? *Was* wollen sie bezeugen, *was* wollen sie damit bekennen? Das ist die richtige Fragestellung.

## 21. Juli

Ich hörte einmal von einem Kind, das fürchterlich schrie, weil es seine Hand in die Öffnung einer sehr kostbaren chinesischen Vase hineingepreßt hatte und sie nun nicht mehr herausbrachte. Eltern und Nachbarn rissen aus Leibeskräften an dem Kinderarm, während das arme Wesen immer lauter brüllte. Schließlich blieb nichts anderes übrig, als die schöne teure Vase zu zerschlagen. Und jetzt, angesichts des traurigen Scherbenhaufens, stellte sich heraus, woran es gelegen hatte, daß das Kind so hoffnungslos darin hängengeblieben war. Seine kleine Faust umspannte einen kümmerlichen Pfennig, den es auf dem Boden der Vase erspäht hatte und den es in seinem kindlichen Unverstand nicht loslassen wollte. Genauso wie dieses törichte kleine Kind verhalten wir Menschen uns immer wieder gegenüber Gott: Um eines armseligen Pfennigs willen, den wir haben und an uns reißen wollen, wird das kostbare Behältnis unserer Gotteskindschaft zertrümmert. Würden wir nur im Ernst und mit allen unseren Kräften dies höchste Gut, Gottes Kinder zu sein, *wollen,* dann bekämen wir auch die Pfennige, dann bekämen wir auch die Heilung, die Bewahrung in der Not und alles andere wie nebenbei *mit.* Wer bloß in der Not betet und im übrigen Gott einen guten Mann sein läßt, ist darum auf alle Fälle der Betrogene. Denn er zahlt einen viel zu hohen Preis. Er opfert die kostbare Vase für den Pfennig der Augenblickshilfe.

## 22. Juli

In den letzten hundert Jahren lautete die Hauptfrage der Menschen: Was können wir für den sozialen und den technischen Fortschritt tun? Wenn ich recht sehe, geht es heute aber gar nicht mehr in erster Linie um den Fortschritt, sondern um den Rückgriff auf die menschliche Substanz, mit deren Hilfe wir den Fortschritt auswerten können. Sonst verpufft er, ja, er wird zur Qual. Das ist gar nicht schwer einzusehen: Denn der technische und soziale Fortschritt hat uns eine erhebliche Arbeitszeitverkürzung, also Freizeit, geschenkt. Aber was wissen wir damit anzufangen? Achten wir doch nur einmal auf die

Not mit dem Umgang der Freizeit, die in bestimmten Redewendungen unserer Sprache zum Ausdruck kommt. Da heißt es etwa, daß man sich »die Zeit vertreiben« oder daß man »die Zeit totschlagen« muß. Wen vertreibt man denn eigentlich, und wen schlägt man tot? Offenbar doch nur jemanden, der einen tödlich bedroht und einem feindlich ist. Wir bringen mit diesen Phrasen zum Ausdruck, daß wir die Zeit als eine Art Feind betrachten. Und in der Tat, wenn man nicht mehr weiß, wozu man da ist und den Sinn seines Lebens verloren hat, dann wird die Zeit zu einem Feind. Sie erinnert uns dann daran, daß es einmal mit uns zu Ende gehen wird, sie macht uns auf unsere Endlichkeit aufmerksam, und sie enthüllt uns zugleich die furchtbare innere Leere, der wir uns überantwortet sehen, wenn wir nichts zu tun haben. Natürlich können wir uns immer noch in den »Betrieb« hineinflüchten, und unser Lebenstempo ist im allgemeinen ziemlich schnell. Wohin bewegen wir uns aber? Ist es nicht die Bewegung auf einem Karussel, das immer an seinen Ausgangspunkt zurückkehrt und uns mit großer Geschwindigkeit bewegt, ohne uns einem Ziel entgegenzuführen? Wir sollten also über die Freizeit nicht nur unter dem Gesichtspunkt nachdenken, wie wir sie am besten ausfüllen, wie wir uns beschäftigen und so etwas wie Freizeitgestaltung treiben sollen, sondern wir sollten uns durch dieses Problem auf die tiefsten Fragen unseres Lebens stoßen lassen.

## 23. Juli

Wie arm sind doch die Leute, die sich in den großen Renommierlandschaften am Königssee und am Obersalzberg für einen Augenblick vom Auto ausspeien lassen, um sich in Rudeln durch Schlösser und Rosengärten führen und dann wie von einem Staubsauger – natürlich nach Verschickung einiger Ansichtskarten – in ihr wartendes Gefährt einsaugen zu lassen. Und hundert Meter von diesen Fettweiden der Verkehrsindustrie, wo die Landschaft wartet und die Käfer surren, ist kein Mensch! Das arme Rudel Leute aber, das sich von routinierten Managern die Schönheitskonkurrenz der Bergspitzen und Schlösser und Seen vorführen läßt, kommt erschlagen nach

Hause, kann nichts erzählen und hat auch gar nichts erlebt. Wer edlen Wein wie eine Allerweltslimonade herunterstürzt, hat keinen Genuß und ist der Betrogene.

## 24. Juli

Es ist ein verhängnisvoller Aberglaube, der sich auch unter manchen Pädagogen breitmacht, daß die Dinge des Glaubens etwas seien, von dem das unmündige Kind verschont werden müßte, und daß sie erst im Stadium der Reife und der Entscheidungsfähigkeit akut würden. Mit dem Glauben – so heißt das doch – habe es noch Zeit, bis die Sintfluten des Lebens wirklich kommen; im vermeintlichen Frieden des Kinderparadieses hätten sie nichts zu suchen. Was soll man dazu sagen? Wer wagt zu lächeln, wo die Kleinen das Übergroße mit ihren jungen Kehlen verkünden, wo sie von den *Tiefen* singen – und selbst doch noch träumend und unwissend darüber hinweggehen –, und wo sie als Zwölfjährige vom himmlischen Jerusalem singen, das doch erst ein alter Apostel auf dem Berge Nebo seines Lebens geschaut hat?

## 25. Juli

Wenn wir eine Katastrophe wie die Sintflut oder auch die kleinen reißenden Bäche und Überschwemmungen in unserem persönlichen Leben nicht mehr verstehen, wenn wir unruhig und angefochten darüber werden, dann möchten uns ausgerechnet die Sorge, die Anfechtung und sogar die Angst zu Materialien unseres Glaubens werden. Je mehr wir aus solcher Unruhe heraus bekennen lernen: »Dennoch bleibe ich stets an dir«, desto näher werden wir dem Herzen Gottes kommen, um so geströsteter werden wir sagen lernen: »Weiß ich den Weg auch nicht, du weißt ihn wohl; das macht die Seele still und friedevoll.« *Als solche, die nicht wissen, vertrauen wir dem, der weiß.* Als solche, die nicht wissen, *warum* er etwas tut, glauben wir, daß er weiß, *wozu* er's tut. Darum sind die großen Glaubenden in der Geschichte, sind Luther und von Bodelschwingh und Jung-Stilling auch immer schwer geprüfte

Menschen gewesen, Leute, denen das Wasser oft bis an die Kehle ging und die in den Abgrund dunkelster Verzweiflung und Ratlosigkeit stürzten. Gerade deshalb verfügten sie über ein reichliches Rohmaterial, aus dem der Glaube geformt werden konnte. Sie alle erfuhren je auf ihre Weise das Wunder jener Wandlung, daß Gott die Steine der Angst in das Brot eines getrösteten Vertrauens umbilden kann.

## 26. Juli

Nur wer etwas davon weiß, daß wir Kinder sind, die einen Vater haben – einen Vater, der allein uns kennt –, daß wir alle vergebungs- und hilfsbedürftig sind; daß wir aus heimlichen Wunden bluten und Dunkelheit in unserem Leben haben, um die kein Mensch weiß, für die aber Jesus da ist: nur der kann einen anderen Menschen aus Gottes Hand annehmen und kann ihn dann so stehen lassen, wie er ist – selbst wenn es ihm schwerfällt und wenn der Neid in ihm emporzüngeln will. Aber weil das so ist, darum wird es völlig aussichtslos, wenn ich den Neid nur mit Willenskraft und Autosuggestion und mit dem Versuch bekämpfe, die Abrechnung mit dem anderen zu frisieren und bei den ewigen Vergleichen günstigere Resultate für mich herauszudividieren. Der Neid läßt sich vielmehr nur so bekämpfen, daß ich mir einen neuen *Glauben* schenken lasse, einen Glauben, der den anderen so annimmt, wie er mir von höherer Hand geschickt ist: als jemanden, der im Plan Gottes seinen Ort und seine Funktion hat – genau wie ich selbst! –; als jemanden, der mir den Auftrag der Liebe überbringt und in dem mir die höheren Gedanken Gottes begegnen. Wie kann ich das alles aber tun und vollbringen, wenn ich mit *dem* zerfallen bin, der ihn mir geschickt hat und der den anderen eben so sein läßt, wie er ist? Ich würde mich nun sehr mißverstanden fühlen, wenn man dies mein Wort – ich müsse den anderen aus Gottes Hand entgegennehmen – nur für eine fromme Floskel und für einen billigen Pastorentrost hielte. Es ist mir sehr ernst damit, und ich glaube, daß es hierbei um eine Grundrealität unseres Lebens geht. Die Korruption unseres Verhältnisses zum Nächsten und unsere eigene Selbstzerstörung – jenes selbstquälerische Hadern, das der Neid in uns anrichtet – kann *wirklich* nur vom Glauben her überwunden werden. Wir müssen den anderen aus Gottes Hand anzunehmen lernen. Das ist alles, das ist wirklich die ganze Heilung. Aber wir können ja nur etwas aus dieser Hand annehmen, wenn wir ihr *vertrauen,* auch wenn sie etwas anderes tut, als wir wünschen oder für richtig halten.

## 27. Juli

Ein erstes Aufleuchten von Verheißung, die dann erst die Auferstehungsbotschaft zu ihrer Fülle kommen läßt, ist freilich schon in der Urgeschichte spürbar, und zwar in einem sehr diskreten, beinahe versteckten Gedanken: Gott hatte das Essen von dem Baum in der Mitte des Gartens mit der Drohung verboten: »Welches Tages du davon issest, wirst du des Todes sterben.« Nun *hat* der Mensch davon gegessen, und der Blitzstrahl des Gerichtes fährt neben ihn in jenen Boden, der fortan Dornen und Disteln tragen soll; er trifft auch die Schlange. Den Menschen also ereilt der angekündigte Tod *nicht* auf der Stelle. Statt daß er jetzt und sofort sterben muß, wird nur das Geschick der Sterblichkeit über ihn verhängt. Er darf also noch weiterleben, wenn auch im *Schatten* des Todes. Er bekommt eine Frist. So ist mitten im Gericht das verborgene Geheimnis der Begnadung mächtig.

## 28. Juli

Wer ein neues Herz hat, der schaut auch anders aus den Augen. Es ist wie eine Revolution der Freude, die über mich hinwegbraust, wenn ich das Geheimnis des Christseins entdeckt habe. Und – es ist eine Sache, die an die Wurzeln geht und nicht nur in den Baumkronen fächelt. Die Axt geht an die Wurzel, aber auch das Glück setzt bei den Wurzeln ein. Schmerz und Seligkeit liegen ineinander. Es ist eine ganze und es ist eine runde Sache, ein Jünger zu werden. Es ist einfach groß und mitreißend und beglückend, daß es etwas in der Welt gibt, das uns *ganz* haben will und das uns auch *ganz* neu macht. Billige Dinge können so etwas nicht. Das Evangelium ist keine Schleuderware, die man nebenbei *auch* noch mitnehmen kann. Gott kommt nur dann in meinem Leben zum Zug, wenn ich mich *ganz* an ihn wage. An einem halbierten Herzen muß ich sterben. Glaube, dividiert durch zwei, ist Angst.

## 29. Juli

Nur wer sein ganzes Leben Gott zur Verfügung stellt und seinem Willen ausliefert, mit anderen Worten, wer sich in die richtige *Einstellung* zu ihm begibt, der kommt dahinter, wer Christus ist, der bekommt überhaupt Gott und bekommt Christus in den richtigen Gesichtswinkel; der allein steht dort, wo man ihn zu Gesicht bekommen kann. Wenn ich zum Beispiel mit Christus nichts Rechtes anzufangen weiß, wenn alle möglichen Zweifel mich umzingeln, dann soll ich einfach einmal etwas für ihn *tun,* meinetwegen in seinem Namen einem anderen Menschen helfen, dem ich sonst nicht geholfen hätte, oder einem anderen Menschen etwas vergeben, was mir elend schwerfällt und gegen den natürlichen Menschen geht. »In seinem Namen« soll ich das einmal »tun«. Oder ich soll in seinem Namen einmal eine Lanze für ihn brechen in einer Gesellschaft, deren Spott ich mir vermutlich dadurch auf den Hals ziehen würde. Ich soll das alles einmal für ihn »tun«, meinetwegen *»als ob«* er schon mein Heiland wäre. Ich soll mein ganzes Leben so auf ihn einstellen, »als ob« etwas an ihm dran wäre. Und dann, wenn ich so den Willen tue, dann werde ich höchst merkwürdigerweise auch mit meinen zweifelnden Gedanken zur Ruhe kommen. Der Glaube ist eine Frage des *Lebens,* nicht des *Denkens. Lebe* ich für ihn, wage ich es einmal, etwa die Beispiele, die ich eben nannte, zu *vollziehen* und in die Wirklichkeit umzusetzen, dann kommen auch meine Gedanken in Ordnung. Also wer Gott *an*erkennt, und zwar tathaft anerkennt, der *er*kennt ihn auch. *Das* ist die Reihenfolge. Wir können das auch so ausdrücken: Was uns immer wieder hindert, einen klaren, gewissen Glauben zu bekommen, besteht nicht in Gründen und Argumenten und intellektuellen Zweifeln, sondern in Sünden. Wir haben nämlich alle von Haus aus ein Interesse daran, uns nicht mit Gott einzulassen. Deshalb tut uns dann unsere Vernunft immer wieder den Gefallen, uns mit Gründen und Zweifelsfragen und intellektuellen Skrupeln zu verproviantieren. Jeder Seelsorger, der ein wenig hinter die Kulissen sehen darf, weiß, wie hinter den meisten Zweifelsfragen, die ihm vorgetragen werden, irgend etwas steckt, was in dem Leben des Betreffenden faul ist und das ihn veranlaßt, sich Gott vom Halse zu halten. Darauf spielt Jesus an in seinem Wort: Nur wer den Willen tut meines Vaters im Himmel *(»tut!«)*, der wird dahinterkommen, wer ich bin. Oder umgekehrt: Jemand, der sich diesem Willen nicht unterstellen will, kommt durch Nachdenken, Grübeln oder auch durch faustisches Sinn-Suchen nicht weiter und marschiert auf der Stelle.

## 30. Juli

Die Zehn Gebote verfolgen nicht den Zweck, irgendein moralisches Weltverbesserungsprogramm aufzustellen. Ihre Botschaft an die Welt lautet keineswegs: Wenn ihr dies alles haltet (wenn ihr also nicht lügt, nicht stehlt, nicht ehebrecht und so weiter), dann wird euer Leben und wird die ganze Welt harmonisch ausbalanciert sein, dann wird es keine Gefängnisse, keine Kriege und ähnliches mehr geben. Was würde uns auch die Versicherung alles dessen nützen können, wenn wir auf Schritt und Tritt erfahren müssen: wir vermögen es ja *doch* nicht zu halten, wir leben in einer Welt, die nach ganz anderen Gesichtspunkten regiert wird und sich regieren läßt als nach den Geboten Gottes. Was spielen *die* schon in der Politik, in der Wirtschaft, in der Kulturgestaltung für eine Rolle! Wir leben in einer Welt, die vor ganz anderen Göttern im Staube liegt, als vor dem Herrn ... Darum soll die Botschaft der Gebote lauten: All euer Unglück, die Verbrechen und die Kriege, das Mißtrauen gegeneinander und die innere Friedlosigkeit rühren alle von der *einen* Tatsache her, daß ihr euch vom Mittelpunkt eures Lebens gelöst habt. Nur unter der *einen Voraussetzung,* daß ihr euch an diesem innersten Punkt eures Lebens, da, wo es um die Gemeinschaft und um den Frieden mit Gott geht, zur *Ordnung rufen* und durch Jesus Christus in Ordnung *bringen* laßt, daß ihr also das »Gott fürchten und lieben« lernt, kann auch der Heilungsprozeß in eurem sittlichen Leben und in der Öffentlichkeit eurer politischen und wirtschaftlichen und kulturellen Ordnungen beginnen. So hat es einen tiefen Sinn, wenn Luther in unüberhörbarer Monotonie die Erklärung seiner Gebote beginnen läßt: »Wir sollen Gott fürchten und lieben« ...

## 31. Juli

Gegenüber den Geboten Gottes lerne ich ganz neu »ich« sagen, ganz neu mich als verantwortungsvolle Person verstehen, die sich ihr Leben mit all seiner Schuld und allem, was es auch sonst an positiv Erfülltem bergen mag, zurechnen muß. Die Gebote erlösen uns aus der Karlchen-Existenz des modernen Menschen, des Kollektivmenschen und des bloß biologischen Erbwesens. Die Gebote lehren uns erkennen, wer wir wirklich sind: Gerufene und Verantwortliche. Sie bezeugen uns dasselbe, was Jesus uns sagt: Es ist etwas in euch, das immer wieder stärker werden will als euer Glaube, als eure Liebe, als euer Vertrauen. Ihr seid Leute, die eben nicht Gott über alle Dinge fürchten, lieben und ihm vertrauen. Und deshalb drängen sich immer wieder andere Dinge dazwischen und füllen das Vakuum aus, das von eurem Glauben besetzt sein sollte. Aus dieser gefährlichen Unordnung und Wertverschiebung in euren Herzen entstehen letzten Endes alle Sünden. Wenn ihr erst einmal Gott aus seiner dominierenden Stellung in eurem Herzen abgebaut und irgend etwas anderes an seine Stelle gesetzt habt, zum Beispiel Besitz, Liebe, Menschenvergötterung oder Menschenfurcht, Selbstanbetung, Wichtigtuerei, Angst vor dem folgenden Tag oder auch den sexuellen Trieb, wenn ihr erst einmal eine von diesen Mächten auf den Thron gesetzt habt, der Gott zu gehören hätte in eurem Herzen, dann ist es nur noch ein Schritt, bis ihr auch zur Lüge und Verleumdung bereit seid, um diese eure Wünsche durchzusetzen; bis ihr bereit seid, falsch Zeugnis wider euren Nächsten zu reden oder ihn mit Betrug und giftigen Nachreden aus dem Wege zu räumen, sobald er eurer Karriere, eurem Ehrgeiz lästig ist. Deshalb gibt Jesus immer wieder zu verstehen: Achtet auf die stärkste Macht in eurem Herzen! Denn sie ist die gefährlichste; sie kann im nächsten Augenblick explodieren und eure ganze Gotteskindschaft aus den Angeln heben. Achtet auf die stärkste Macht in eurem Herzen! Seid bemüht, sie zu erkennen, denn jeder hat diese stärkste Macht, jeder hat das, was Jesus an anderer Stelle einmal den »Schatz des Herzens« nennt, an dem man hängt und für den man alles preiszugeben und zu verkaufen bereit ist. Er bildet die Achse, um die das Herz schwingt. Und es gilt nun einfach: Jeder hat den Schatz, jeder die Achse, jeder die stärkste Macht. Bei der Ehebrecherin war es der geschlechtliche Trieb. Bei dir ist es vielleicht etwas anderes, aber irgend etwas ist es bestimmt!

## 1. August

Wenn ich recht sehe, fragt man im allgemeinen nicht: »Wo lerne ich zu glauben?« Um diese Frage zu stellen, müßte man ja im großen Umriß schon wissen, was der Glaube überhaupt ist und was er für das eigene Leben bedeuten könnte. Vielmehr fragt man: »Wo finde ich glaubwürdige Zeugen?« Ich meine, daß die protestantische Theologie bisher viel zu sehr über den Glauben und viel zu wenig über das Problem der *Glaubwürdigkeit* nachgedacht hat. Die Glaubwürdigkeit hat mit dem Verhältnis des Glaubens zur Person und also damit zu tun, ob jemand mit dem Glauben ernst macht. Es geht nicht darum, ob es jemandem damit ernst *»ist«* – wer würde das irgendeinem ernsthaften und ernstzunehmenden Zeugen zu bestreiten wagen? Sondern es geht darum, ob er mit dem Glauben ernst *»macht«*. Es geht gar nicht darum, daß er ein »gemalter Heiliger« (Luther) und ein Mensch von moralischer Perfektion sein müßte. Wer das zu sein begehrte oder sich gar einbildete es zu sein, würde gerade seine Botschaft von der Annahme des Sünders diskreditieren! Sondern es geht darum, ob er in dem Gebäude seiner Lehre und Verkündigung selber existiert. Die Frage nach der Glaubwürdigkeit fragt also nach einem existentiellen Tatbestand und nicht nach einer Bewußtseins- und Gemütslage; sie fragt nicht »psychologisch«.

## 2. August

Ich denke an viele Bekehrungsgeschichten, wie sie die Frommen und wie sie auch manche moralischen Bewegungen heute zu erzählen belieben. Da wird mit der schwärzesten Tusche ein Bild von dem gemalt, wie man früher war. Man steigert sich geradezu in einen Masochismus der Selbstbezichtigung hinein. Dann erzählt man, wie man mit dem Geiste Gottes in Berührung kam, als man einer bestimmten Gemeinschaft begegnete, und nun hat man glänzende Augen, kann den ganzen Tag jubeln und ist ein befreites Gotteskind. Eine solche Geschichte mit Gott gibt es wirklich. Und wer sie erlebt hat, wird Gott immer wieder dafür danken. Aber je mehr man davon spricht und je öfter man diese Novellen mit Gott in die Welt hinausposaunt, um so mehr richtet sich der Blick dabei auf einen selbst, und plötzlich hat der Teufel dann eine fromme und eitle Autobiographie daraus gemacht. Ich muß doch immerhin ein beachtliches Rohmaterial gewesen sein, daß er mich so »hin«-gekriegt hat. Gott muß schon etwas Besonderes an mir gefunden haben, sonst hätte er sich nicht in dieser Weise mit mir eingelassen, sonst hätte er mich nicht vor so vielen anderen privilegiert. Auf diese Weise hat der Teufel wieder sein Kuckucksei in ein frommes Nest gelegt. Wer etwas mit Gott erlebt hat, der hüte sich vor den Menschen, er hüte sich vor Vergleichen. Der Schwefelgestank der Hölle ist nichts gegen den üblen Geruch, wie ihn die in Fäulnis übergegangene Gnade Gottes erregt. Die Gnade Gottes kann tatsächlich durch die Fäulnis der geistlichen Eitelkeit verdorben werden. Das spüren dann die sogenannten Weltkinder ganz genau und werden abgestoßen. Wie mancher Nicht-Christ, für den doch Jesus Christus genauso gestorben ist wie für dich und für mich, hat die Gnade Gottes nur in dieser stinkenden, in dieser nach Hochmut stinkenden Form kennengelernt und hat sich schaudernd abgewandt, um lieber seinem ehrlichen Nihilismus zu frönen.

## 3. August

Wenn heutzutage der christliche Friedenswunsch von den Kanzeln erklingt, dann klingt das für unsere Ohren recht abenteuerlich – jedenfalls dann, wenn wir mehr als die bloße Formel hören und das Wort Friede ernst nehmen. Was wir aus Vietnam hören und im Nahen Osten mit atemloser Spannung verfolgen, scheint diesen Titel fast zur Phrase herabzuwürdigen. Und wie ist es mit unserem häuslichen Frieden, wie steht es mit der berühmten »Schwiegermutter« oder mit unserem Untermieter oder mit gewissen Typen in unserem Betrieb, die uns auf die Nerven gehen? Auch da werden nicht nur Friedensschalmeien geblasen – wahrhaftig nicht! Was ist das denn eigentlich: »Friede« –? Wer auch nur eine kleine Bereitschaft zum Nachdenken aufbringt, wird sich sehr bald verwirrt fühlen, wenn er sagen soll, was mit diesem rätselhaften Wort gemeint ist. Es scheint voller Widersprüche zu sein: Auf der einen Seite sind wir über Tod, Verstümmelung, Massengräber, Flüchtlingselend, kurz: über alle Grausamkeit eines Krieges so erschüttert, daß wir um den Frieden der Welt beten. Auf der anderen Seite sagt ein antiker Philosoph, der Krieg sei der Vater aller Dinge. Das ist zwar ein furchtbares Wort, aber der Mann hat sich schließlich etwas dabei gedacht. Er meinte offenbar, daß dem Menschen nichts so schlecht bekomme wie eine Reihe von guten Tagen. Dann werde er verweichlichen und übermütig. Darum brauche er das Stahlbad des Kampfes. Auf der einen Seite machen wir uns oft klar, wie viele Kräfte des Geistes, der Seele und der Nerven durch private Kräche und nationale Kriege verzehrt – auf höchst unproduktive Weise verzehrt! – werden und wieviel positive Aufgaben man mit der so vertanen Kraft eigentlich bewältigen könnte. Wenn all das Geld und alle industrielle Arbeit, die man auf den Krieg, auf die Vorbereitung von Kriegen oder auf die Sicherung gegen Kriege, kurz: auf die Rüstung verwendet, den Entwicklungsländern zuwenden würde, brauchten bald keine Kinder mehr zu verhungern. Der Friede scheint also ein fruchtbarer, segenspendender Zustand zu sein. – Auf der anderen Seite wissen wir freilich auch, daß es den »Kirchhofsfrieden« gibt, eine tranige, phlegmatische Ruhe, die völlig steril ist und bei der nichts herauskommt. Da möchte man sich manchmal ein bißchen elektrische Spannung und ein paar Funken wünschen. Der Friede ist offenbar selber etwas, um das man kämpfen muß, wenn er lebendig und nicht tot sein soll. Wer z. B. den Rechtsfrieden der Gesellschaft will, muß das Verbrechen bekämpfen. Mit der Kriminalität darf er dann keinen Frieden schließen, gerade weil er den wirklichen Frieden will. Und die Männer des 20. Juli konnten den Frieden nur so wollen, daß sie einen blutigen Aufstand riskierten. Niemand hat dieses Rätsel, hat dieses Geheimnis des Friedens so tief umschrieben wie Jesus Christus. Er sagt auf der einen Seite: »Selig sind die Friedenstifter« und deutet damit auf das letzte Ziel einer Friedensherrschaft hin, dem Gott diese geplagte Welt zuführen möchte. – Aber dann kann er auch wieder sagen: »Ich bin nicht gekommen, Frieden zu bringen, sondern das Schwert.« An mir werden die Menschen sich scheiden und zu Gegnern werden. Und wer sich zu mir zu bekennen wagt, wird bald merken, wie die Puppen um ihn zu tanzen beginnen. Dann muß er hinstehen, muß sich einsetzen, er sieht sich in Spott und Verfolgung verwickelt und muß den Kopf hinhalten. Ist das etwa Friede?

## 4. August

Das Neue Testament spricht einmal davon (Jak. 4, 1–3), daß Zank und Streit aus unserm Herzen stammen: aus Haß, Rachgier, Neid, Prestigebedürfnis und ähnlichen Regungen. Es ist ähnlich wie auf der großen politischen Bühne: Innenpolitische Schwierigkeiten entladen sich sich oft im Ausbruch nach außen, z. B. in einem Krieg. So ist es auch mit Kampf und Streit bei uns, vom Krach unter den Mietparteien bis zum blutigen Kampf der Machtblöcke und der Ideologien. Das alles stammt aus der innenpolitischen Situation unseres Herzens, aus unseren Verklemmungen und unserem irregeleiteten Haß. Es kann aber auch sein, daß Gott von uns den Kampf will. Im Kampf um Gerechtigkeit, im Streit um die Wahrheit dürfen wir nicht nachgeben. Da müssen wir wirklich den Kopf hinhalten und dürfen uns nicht scheuen, uns Feinde zu machen. Auch ein ganzes Volk – wie etwa das kleine Israel – kann aufgerufen sein, das Leben an seine Freiheit zu setzen. Aber dann kämpft man ja nicht, um dem Haßüberdruck des Herzens ein Ventil zu verschaffen, sondern dann kämpft man paradoxerweise doch gerade um den Frieden. Gott will den Kampf niemals um des Kampfes selbst willen oder um uns Gelegenheit zu geben, einmal von Herzen explodieren zu dürfen. Sondern es geht ihm immer um »den Menschen«, den er liebt und für den das Opfer auf Golgatha geschah. Dabei kann es um Blut und Tränen gehen. Am Kreuz des Herrn ist dieses Blut vergossen, sind diese Tränen geweint und ist dieser Kampf ausgefochten worden. Das letzte Wort Gottes aber ist jener Wunsch, der jeden christlichen Gottesdienst trägt: »Friede sei mit dir!« Und gerade weil es das letzte Wort ist, muß das vorletzte der Aufruf zum Kampf sein und zu der Botschaft, den Kopf hinzuhalten und alles an den Frieden zu wagen. Der Friede ist nicht etwas, worauf man sitzt, sondern wonach man sich streckt. Der Friede ist niemals ein billiges Gut – nur der

Kirchhofsfriede ist billig –, nein: er hat einen hohen Preis. Wir müssen uns selbst für ihn geben.

## 5. August

Bei Entwicklungen, die man einleiten will, geht es immer nur um die nächsten, oft nur kleinen Schritte, möglicherweise sogar nur um – »symbolische Handlungen«. Hier scheint mir durchaus Jesu Wort von der Sorge für den andern Tag zuständig zu sein: Es geht um das, was uns *heute* aufgetragen ist. Das Wort Gottes will eine Fußleuchte sein, die nur den nächsten Schritt ins Dunkel erhellt. Die großen Programm-Scheinwerfer, die lange Wegstrecken zu erleuchten suchen, gelten im Reiche Gottes nicht viel.

## 6. August

Sage mir, *warum* du ja oder nein zu einer Glaubenswahrheit sagst, und ich will dir sagen, wer du bist: ob du nur ein christlicher Konformist bist, der aus Denkfaulheit oder aus existentieller Faulheit zu allem Ja und Amen sagt und sich dann völlig unberechtigt in dem Gefühl sonnt, ein rechtgläubiger Mensch zu sein und als solcher auch von den Frommen im Lande respektiert zu werden. *Oder* ob du ein selbstgerechter Rationalist bist, der das Dogma seiner Verstandesherrlichkeit anbetet, der für nichts mehr offen, keiner Überraschung mehr zugänglich ist und im voraus schon immer zu wissen meint, was in das Koordinatensystem seiner Vorurteile aufgenommen werden darf und was nicht. *Oder* ob du jemand bist, der in einem ersten schüchternen Vertrauen »Ja, Herr« zu sagen wagt, der geradezu Angst hat, *zuviel* auf einmal zu glauben (weil es unehrlich sein könnte), und der dennoch weiß, daß er von der einmal ergriffenen Hand von Wahrheit zu Wahrheit geleitet werden wird. Wir sollen nicht nur Zeugen des Glaubens sein, sondern wir sollen auch *glaubwürdige* Zeugen sein. Wir sind aber nur dann glaubwürdig und unser Zeugnis kann nur dann ansteckend sein, wenn wir keine Mitläufer der christlichen Tradition sind und uns als ihre konformistischen Bejaher aufführen, sondern wenn wir Wahrheiten verkündigen, die wir erlitten und durchgemacht und die wir uns so angeeignet haben. *Zuviel zu glauben ist schlimmer als zuwenig zu glauben.* Denn wer zuwenig glaubt (und das auch weiß und dann vertrauend sagt: »Ich glaube, lieber Herr, hilf meinem Unglauben«), der steht unter der Verheißung, die den geistlich Armen gilt. Wer nur *eine* Hand in die des Herrn legt, dessen *andere* Hand darf ruhig noch leer sein. Denn der, nach dem er gegriffen hat, ist nicht kleinlich. Er gibt das Überschwengliche nebenbei. Wer zuviel glaubt (oder besser: dies alles zu glauben *meint),* lebt über seine geistlichen Verhältnisse und schneidet als Pharisäer schlechter ab als der Zöllner, der hinter der Säule steht und weiß, daß er nur aus Gnade leben kann.

## 7. August

Die Weltgeschichte gleicht verzweifelt der Grausamkeit der Natur: Die Völker fressen und werden gefressen. Das wiederholt sich wie der Rhythmus von Naturvorgängen. Früher hatte man Angst vor den Hunnen, später vor den Türken, dann vor den Franzosen – oder auch vor den Deutschen. Heute fürchtet man die Bolschewiken oder auch die schwarze oder gelbe Gefahr. Es ist immer dasselbe. Man meine doch ja nicht, daß der Glaube so etwas unangefochten überstünde und daß die Frommen mit der lächelnden Grazie von metaphysischen Besserwissern glatt hindurchkämen oder gar »darüberstünden«, daß es wirklich in *diesem* Sinne gelten könnte, wenn Erich Kästner sagt: »Wer glaubt, weiß mehr.« Nein, sagt der Herr, wenn die Ungerechtigkeit überhandnimmt, wird die Liebe in vielen erkalten. Kein Wunder, daß es so ist! Eine Zeitlang kommt man ja mit dem Gedanken ganz gut durch, daß Gott die Wehen der Geschichte auf seinen Thron, auf seine großen Erfüllungen hinlenkt. Bläst einem dann der Wind ins Gesicht, hat man alle möglichen Pechsträhnen zu überstehen und einige Päckchen zu tragen, so kann man sich immer noch damit trösten, daß Gott in diesem Läuterungsofen einen zubereiten und reifen lassen wolle. Nur darf es eben nicht zu knüppeldick kommen! Die Zäsur, jenseits derer der Glaube aus einem wohltemperierten Vertrauen zur eisigen Konfrontation mit dem Nichts wird, ist bei *Hiob* genau zu erkennen: In den ersten Stadien, wo er sich noch in der Schule des Leidens wähnte und den Sinn meinte durchschauen zu können, sagte er in frommer Ergebung: »Der Herr hat's gegeben, der Herr hat's genommen, der Name des Herrn sei gelobt.« Dann aber, als er die Leidensschule meinte durchlaufen zu haben, als es nichts mehr zu lernen gab und es dann nicht nur mit der Qual weiterging, sondern als sie noch sehr viel massiver über ihn hereinbrach, da wurde er an Gott irre. So kann die Liebe in der Tat, wie Jesus sagt, »abkühlen«, wenn die Ungerechtigkeit überhandnimmt und wenn ich nur noch losgelassene Dämonen sehe, wenn die »fetten Wänste« (Psalm 73) und stolzen Geister das Feld behaupten, wenn ihre hybride Behauptung »Macht geht vor Recht« bestätigt zu werden scheint und ihre höhnische Frage »Wo bleibt nun euer Gott?« keine Abfuhr aus dem Himmel erfährt. Dann kommt es zum äußersten Ernstfall: daß er uns verborgen ist, daß unser Glaube dadurch in eine äußerste Zerreißprobe geworfen wird und daß wir nur von der Hoffnung leben, für die er uns sein Wort verbürgt und die er in seinem Leben und Sterben besiegelt hat: daß *einmal* der Glaube schauen darf, was er geglaubt hat, und daß der Unglaube schauen muß, was er *nicht* geglaubt hat.

## 8. August

Ohne die Kategorie des Phantastischen kommt man im Glauben nicht aus, wenigstens dann nicht, wenn man damit die Tatsache meint, daß Gottes Handeln und Reden, daß sein Wirken als Herr der Geschichte und unserer Lebensgeschichte jenseits alles dessen liegt, was wir zu denken und uns vorzustellen vermögen. Der Christ ist und bleibt ja ein Abenteurer, der niemals langfristige Pläne machen kann, sondern der auf die Entschließungen Gottes wartet. Er wartet also darauf, wie seine eigenen Projekte souverän durchkreuzt werden, und begnügt sich mit der »Fußleuchte«, die nur den nächsten Schritt erhellt und ihn wie ein Kind ins Dunkle gehen läßt.

## 9. August

Wenn ich das Wort Jesu ernst nehme, daß der Vater im Himmel weiß, wessen ich bedarf, ist damit die Gewißheit gegeben, daß es *prinzipiell keine Nicht-Erfüllung meiner Bitte geben kann:* Gott erfüllt die Intention meiner Bitte – nämlich die Darreichung der Menschen, Dinge, Situationen, deren ich bedarf, auf *alle* Fälle. Nur das, worin ich diese Intention realisiert zu sehen glaube, oder besser: worin *ich* sie realisiert sehe, wird von seinen Erfüllungen überboten und damit relativiert. Die Bitte »Dein Wille geschehe!« bedeutet strenggenommen nicht einen Widerruf dessen, worum ich zuvor gebeten habe. Sondern sie vollzieht nur, theologisch gesprochen, jene Unterscheidung zwischen der *Intention* des Bittens und der konkreten *Füllung* dieser Intention mit den erbetenen Bedarfsinhalten. Die vierte Bitte des Vater Unser überläßt es folglich Gott, darüber zu befinden, ob und inwieweit ich diese meine Intention, er möge mein Bedürfen erfüllen, mit Hilfe der erbetenen Gegenstände *recht* interpretiert habe. Die höheren Erfüllungen Gottes *versagen* mir nicht den erbetenen Bedarf, sondern sie revidieren mein *Verständnis* des Bedarfs. Die Bitte »Dein Wille geschehe!« ist nicht der Ausdruck irgendeines amor fati, der resigniert, sondern eines amor Dei, der die Tat des Vertrauens vollbringt.

## 10. August

Daß der Glaube und ebenso die ihm folgende theologische Reflexion auf das zurückblicken, was die *Väter* geglaubt haben, daß sie eine *Tradition* aufgreifen und vergegenwärtigen, kann durchaus nicht aus der konservativen Mentalität der so Glaubenden und Bekennenden erklärt werden. Eher verläuft die Erklärung umgekehrt: Jener Rückblick wird vom Wesen des Evangeliums selbst geboten, ist also in der Sache und nicht in den Personen begründet; aber er mag nachträglich und nebenbei dann auch eine gewisse konservative Mentalität *erzeugen*. Das gilt jedenfalls dann, wenn wir den Begriff »konservativ« als den Ausdruck einer Mentalität verstehen, die die Möglichkeit einer Vergegenwärtigung durchaus einschließt.

Freilich zeigt das kirchliche und christliche Leben auch genug Erscheinungen eines entarteten, lediglich nach rückwärts gewandten und nur auf Beharrung ausgerichteten Konservativismus. Gerade diese Beobachtung mag dazu geführt haben, den Begriff des »Modernen« in so unglücklicher, aber verständlicher Weise zum Schibboleth eines theologischen Gegenwartsinteresses zu machen und einer sog. konservativen Theologie gegenüberzustellen.

## 11. August

Selbst in den Bereichen, die in früheren Zeiten mehr zu den Zuständigkeitsbereichen der Intuition, des Instinktes, des Irrationalen oder personaler Freiheit gehörten, setzt sich zunehmend eine rationell ausgeklügelte Technisierung durch, die das Lebendige und sogar das Innere des Lebendigen nach Analogie mechanischer Vorgänge sehen und behandeln läßt: es gibt eine Sexual-Technik (nicht nur die frühere ars amandi), es gibt Psycho-Techniker (die auch so genannt werden), Sozial-Ingenieure, human-relations-Mechaniker und viele ähnliche Symptome für die Ausstrahlung des technischen Kraftzentrums. Da an bestimmten Erfolgen dieser technischen Lebensbewältigung nicht zu zweifeln ist, setzt sich die These von der »Machbarkeit« aller Dinge durch, bis in bestimmten Katastrophenzeiten in Krisen des persönlichen Lebens, in Streiks und an ähnlichen Knotenpunkten so etwas wie der Aufstand der Elemente erfolgt, der technisch nicht zu bewältigen ist. Es ist plötzlich da als die große Infragestellung, als die große Störung – so ähnlich, wie die Nachricht vom Erdbeben von Lissabon als Störung in die rationale Lichthelle der aufklärerischen Welt hineinbrach: So kann sich etwa bei Streiks in sozialtechnisch perfekten Betrieben zeigen, daß die elementare Bindegewalt menschlichen Vertrauens auf diese Weise nicht zu erreichen ist, und daß der perfekte Sozialapparat gewisse menschliche Qualitäten nicht zu ersetzen vermag. So kann sich inmitten des technisch perfekten Wohlfahrtsstaates – der ja die These von der Machbarkeit aller Dinge nun auf die Beseitigung des Elends anwendet – das unbewältigte Leben, so können sich Lebensüberdruß, Langeweile und Angst zum Aufstand erheben. Aber abgesehen von diesen Grenzsituationen läuft der Apparat wohlgeölt. Jedenfalls scheint es uns wichtig zu sein, diese geschichtlichen Hintergründe zu bedenken, die den Trend auf den Wohlfahrtsstaat hin ausgelöst haben. Denn wenn er nur ein sehr spezieller »Fall« ist, in dem sich die Tendenz zur kollektiven Lebensbewältigung und zur These von der Machbarkeit aller Dinge äußert, dann ist man von vornherein dagegen abgesichert, nur negative Erklärungen »gegen« den Wohlfahrtsstaat abzugeben und ihn mit seinen Protesten zu überfordern. Wir erleben vielmehr schon in diesem Stadium der Analyse, daß sich inmitten des Komplexes historischer Gewordenheiten und Trends menschliche Haltungen zeigen, die sich unter die Diktatur falscher Glaubenssätze begeben, die auf verfehlten Entscheidungen beruhen und die trotz aller verführerischen Zwangsläufigkeiten dennoch eben – verantwortliche Haltungen sind. Es ist geradezu unsere Aufgabe, immer bis auf diesen Kern vorzustoßen. Die christliche Botschaft wendet sich ja nicht an Prozesse und Institutionen, sondern an das personale Zentrum des Menschen, der – als ein von jenen Prozessen und Institutionen Getriebener und Getragener – letzten Endes doch der sie Treibende und Tragende ist. Diesen entscheidenden Ansatz der theologischen Ethik gilt es, immer wieder neu herauszustellen.

## 12. August

Die Langeweile rührt wahrscheinlich daher, daß wir Menschen unser Leben selbst in die Hand genommen haben, daß wir meinen, niemand hilft uns dabei, und schon gar nicht Gott. So haben wir aufgehört, natürlich und realistisch mit ihm zu rechnen und mit ihm zu reden. Statt dessen versinken wir in einen einsamen Monolog mit uns selbst. Jean-Paul Sartre hat einmal die Hölle in diesem Sinne als den Ort beschrieben, wo man nur noch »unter sich« ist.

## 13. August

Der Mensch braucht neben dem, was ihn gerade beschäftigt, und womit er sich gerade »gegenständlich« befaßt, sozusagen noch etwas, das ihn »ungegenständlich« engagiert. Beispiel: Ein Mensch befindet sich in einer traurigen oder gar verzweifelten Stimmung. Um sich abzulenken und von seinen trüben Gedanken loszukommen, besucht er ein Varieté, dessen Unterhaltung ihn tatsächlich für einige Stunden fesselt und ihm ein kurzes Vergessen seiner selbst gewährt. Trotzdem wird es ein großer Unterschied sein zwischen einem Menschen, der aus Gründen der Depression die Varietéunterhaltung aufsucht, und einem anderen Menschen, der sich in heiterster Laune befindet und jene Unterhaltung benutzt, um dieser Heiterkeit ein Ventil und einen Ausdruck zu verschaffen. Beim ersten bleibt auch dann, wenn er gegenständlich von den Bühnenvorgängen aufs heftigste gefesselt ist, ein Empfinden dafür erhalten, daß der ungegenständliche Hintergrund seiner Seele nicht in Ordnung ist und daß ein dunkler Begleiter hinter seinem Rücken steht. Sein Lachen wird anders klingen als das des Heiteren. Zu einer ganzen Fröhlichkeit gehört es, daß der Hintergrund des Lebens in Ordnung ist, daß wir in Frieden mit Gott sind. Erst dann kann es in einem totalen Sinn heißen: Freuet euch im Herrn allewege (Phil 4, 4). Es ist die Freude vor dem geordneten Hintergrund. Und diese Freude kann paradoxerweise auch bestehen, wenn im Vordergrund nicht der Humorist des Varietés, sondern wie bei Paulus der Kerkermeister steht.

## 14. August

Der mittelalterliche Mensch erholte sich, indem er sich »sammelte«; der heutige erholt sich, indem er sich »zerstreut«; beide Formen der Erholung verhalten sich zueinander wie zentripetale und zentrifugale Tendenz. Auf das Zentrum kann man sich nur zurückziehen, wenn man sich hier geordnet weiß. Vor dem Zentrum aber muß man fliehen, wenn die eigentlichen Lebensfragen nicht geordnet sind. Dann muß man wünschen, sich selber loszuwerden, nicht mehr zu sein –

freilich nicht vernichtet und tot zu sein, sondern den genußfähigen Teil des Ich noch leben und sich ausleben zu lassen. Dieses Fliehen-vor-sich-selbst, diese vorübergehende Selbstzerstäubung in Atome nennt der säkularisierte Mensch »Zerstreuung«; und er wagt es, darunter Freude und Amüsement zu verstehen. Sein zerstreutes Lachen ist aber nichts anderes als eine Tat der Verzweiflung. Die letzten Fragen sind ein öffentliches Geheimnis geworden. Sie sind verdrängt und dennoch da. In Tod, Leid und Schuld brechen sie auf. Hier zeigt sich die fürchterliche Hilflosigkeit des religiös ausgebrannten Menschen. Hier ist die seelsorgerliche Aufgabe. Es ist eben unmöglich, daß ein Volk je wieder vergessen könnte, daß es einmal im Lichte Gottes, unter der Wahrheit wandeln durfte und daß es ihm vergönnt war, sich selber und Gott im Lichte dieser Wahrheit zu sehen. Man kann das nicht vergessen. Das deutsche Volk schleppt das Erbe des Evangeliums in tausend Kanälen seiner Tradition, seines Denkens und seines unbewußten Ethos mit. Ich sage: man kann das nicht vergessen, man kann es nur »verdrängen«. Darum gibt es auch kein nachchristliches Heidentum, kein »Neuheidentum«, sondern nur Unruhe und Angst des heimlich dennoch Wissenden, Unruhe und Angst hinter der Maske des Menschen, der »Haltung« bewahrt inmitten der Unwahrheit, aus der er existiert. Es sind Unruhe und Angst eines Wissenden, den der 139. Psalm beschreibt, wenn er die heimliche Sehnsucht jenes Wissenden so interpretiert, daß er ihn bitten läßt: »Finsternis möge mich decken« – eine Finsternis, in der ich vor Gott sicher und unauffindbar bin – um dann sogleich fortfahren zu müssen: »so muß doch die Nacht um mich her licht sein«.

## 15. August

Die biblischen Menschen ringen in schwerem, sinnlos scheinendem und sozusagen wider Gott zeugendem Geschehen nicht um »Haltung«, sondern um »Halt«. Es wird uns nicht berichtet, daß Hiob bei einem bestimmten Grade des Leidens einen Nervenzusammenbruch erlitten und im Gefolge dieses Zusammenbruchs Fassung und Haltung verloren habe. Sein Zusammenbruch erfolgte nicht auf dem Gebiet der Nerven und der Haltung, sondern deshalb, weil ihm plötzlich die Sinnhaftigkeit seines übermäßigen Leidens nicht mehr einsehbar war, so daß sich eine Krise seines Glaubens an den allmächtigen und barmherzigen Gott ergab. Er verlor nicht die Haltung, sondern den Halt – und im Gefolge dieses Verlustes dann allerdings auch die Haltung. Halt habe ich, wenn ich den Frieden Gottes habe, wenn ich mein Leben unter seiner tröstenden und zielsicheren Hand geordnet sehe. (Dabei ist zu betonen, daß »Frieden« ja nicht auf einen subjektiven Zustand, also auf die Ruhe des Herzens beschränkt ist, sondern daß »Friede« einen objektiven Zustand bedeutet: nämlich das In-Ordnung-Sein mit Gott, also die Beziehung zu einem Außerhalb-meiner; die Ruhe des Herzens ist gleichsam nur ein Nebenprodukt dieses objektiven Zustands.) Um Haltung dagegen bin ich bemüht, wenn ich keinen Sinn, das heißt, wenn ich kein letztes Woher und Wohin sehe und einfach stehen bleibe. In seinem Buch »Der Mensch und die Technik« hat Oswald Spengler für diesen Menschen der Haltung das Bild des Soldaten von Pompeji geprägt, den man vergessen hat abzulösen, als die Lavamassen des Vesuvs über die Stadt hereinbrechen, und der nun einfach stehen bleibt. Er hat bei alledem keinen inneren Halt: weder das Pathos des Märtyrers hält ihn, noch leidet er für eine Idee, noch kann ihn irgendein sonstiger Sinn trösten inmitten seines Sterbens. Im Gegenteil: die nackte Sinnlosigkeit grinst ihn an; aber er bleibt stehen; er hat »Haltung angesichts des Nichts«. Er hat also das, was man »heroischen Nihilismus« nennen könnte.

## 16. August

Das Wesen des Menschen ist – so könnte man pointiert sagen – immer das Wesen seines Verhältnisses zu Gott, weil der Mensch von ihm her die Bestimmtheit seiner Existenz, und das heißt: sein Wesen empfängt. Das Wesen des Menschen ist ja nicht durch die Tatsache umschrieben, daß er auf zwei Beinen geht. Es ist überhaupt nicht durch einen innerweltlichen Wert bestimmbar. Sondern es wird allein und ausschließlich charakterisiert durch den letzten und ersten Bestimmungsgrund seiner Existenz, durch Gott, beziehungsweise durch das

Verhältnis, das seine Existenz zu diesem ihrem Grunde besitzt. Insofern ist der Satz: Das Gottesbild des homo naturalis ist ein Gleichnis des Menschen selbst, gleichbedeutend mit dem anderen Satz: Das Gottesbild des homo naturalis ist ein Spiegel seines Gottesverhältnisses, das heißt ein Spiegel dessen, wie Gott sich zum Menschen verhält. Besonders klar bringt das die Apologie der Confessio Augustana in ihrem Artikel »De Dilectione et impletione legis« (Über die Liebe und die Erfüllung des Gesetzes) zum Ausdruck: Wer sein Verhältnis zu Gott nach dem Gesetz regelt (und das heißt: wer es auf das Prinzip der »Gegenseitigkeit« und gegenseitiger Leistungsverpflichtungen gründet), der kann Gott nur als schreckhafte Macht, der kann ihn nur in seinem horribiliter irasci et opprimere nos temporalibus et perpetuis calamitatibus (in seinem furchtbaren Zürnen und darin, daß er uns mit zeitlichen und immerwährenden Drangsalen bedrängt) erleben. Wer dagegen sein Gottesverhältnis auf den Glauben an seine misericordia gründet, dem wird er zu einem objectum amabile. Das »Gründen« erfolgt dabei freilich nicht in einem Akt autonomer Entscheidung, sondern so, daß über uns entschieden wird und damit Gott es ist, (und nicht wir), der sein Verhältnis zu uns begründet und unser auf ihn hineilendes Wollen und Vollbringen wirkt (Phil 2, 13). So wechselt Gott die Gestalt gemäß dem Verhältnis, in das er den Menschen berufen hat. Er wechselt die Gestalt – können wir auch sagen – gemäß dem Wesen und der Existenzbestimmung des Menschen.

## 17. August

Die theologischen Motive, die zum Widerspruch gegen den totalen Wohlfahrtsstaat treiben, lassen sich durch zwei Schriftworte markieren: einmal durch das Wort Jesu: »Was hülfe es dem Menschen, wenn er die ganze Welt gewönne und nähme doch Schaden an seiner Seele?« Was hülfe es ihm, wenn er die Welt »sozial« gewönne, wenn er die Mißgestalt ungerechter und technisch ungeschickter Ordnungen durch eine perfekte Rationalität und eine genormte Gerechtigkeit überwände, und – verlöre darüber die Fähigkeit, sinnhaft und im Namen seiner Bestimmung zu leben? Das andere Wort ist von Paulus: »... wenn ich alle meine Habe den Armen gäbe ..., und hätte der Liebe nicht, so wäre mir's nichts nütze«. Keine Liebe haben, heißt, am Geschick des andern nicht beteiligt zu sein und es nicht wie ein eigenes Erleiden zu erfahren. Die Versorgung der Hilfsbedürftigen oder die Verhinderung von Hilfsbedürftigkeit »nur« dem Roboter der Apparatur zu übertragen, heißt, sich in seiner Mitmenschlichkeit vertreten zu lassen und deren Wahrnehmung letzten Endes auf die Steuerbehörde zu übertragen, die dann ihrerseits ein entsprechendes Kontingent an Etatmitteln für »Fürsorge« abzweigt. Darin vollzieht sich das, was wir die Nicht-Beteiligung am Geschick des andern nannten. Liebe, die in solcher Beteiligung gelebt wird, ist darum unvertretbar. Ebenso ist die Verantwortung der Liebe unübertragbar. Die im Apparat erstickte Liebe wäre »mir nichts nütze«. In der Lieblosigkeit werde ich selber »zu nichts«. Die Perfektion des Apparates kann die Person der Nichtigkeit überantworten. Wenn es darum in der modernen Gesellschaft so etwas wie eine Rationalisierung der Wohltätigkeit und also auch entsprechende Apparaturen geben muß – deren Ausgangsmotiv ebenfalls auf die Verantwortung der Liebe zurückgehen kann, – so gilt es doch, mit allen nur denkbaren Mitteln Räume auszusparen, in denen unmittelbare Mitmenschlichkeit tätig sein und sich erkennen lassen kann.

## 18. August

Die Lehre von den beiden Reichen ist, jedenfalls, was ihre Thematik und Intention anbelangt, gar nichts anderes als ein gedankliches Schema, durch das verschiedene biblische Grundaussagen systematisch aufeinander bezogen – nicht einfach »ausgeglichen«! – werden und ohne dessen Ordnungsfunktion jene Aussagen ein chaotisches Konglomerat von Widersprüchen bleiben müßten. Wird es aber anerkannt, daß im Rahmen jenes Schemas die Worte vom Widerstehen-sollen und vom Nicht-widerstehen-dürfen einen sinnvollen Bezug gewinnen, so wird es jedenfalls unmöglich sein, das Wort Jesu »Widerstrebet nicht dem Argen!« zu einer Legitimation jeder Art von passivem Dulden zu machen: Die Außerkraftsetzung des Echogesetzes, die in ihm erfolgt, kann sich nur auf das unmittelbare personale Gegenüber zum Nächsten beziehen; aber sie kann keinesfalls bedeuten, daß das noachitische Gesetz der Rechtsordnung und der Ordnung überhaupt außer Kraft gesetzt werden dürfte. Innerhalb der Ordnungen dieses Äons hat das Echogesetz vielmehr eine klar begrenzte und neue Gestalt der Vollmacht. Ja, wir werden noch weitergehen müssen: Da wir immer in den Ordnungen sind, und da selbst das Verhältnis zwischen Eltern, Ehegatten und Kindern in sie einbezogen ist, geht es bei der unmittelbaren und der mittelbaren Ich-Du-Beziehung nicht um zwei ontisch voneinander getrennte Seins-Räume, sondern um zwei verschiedene Aspekte, unter denen ich das gleiche Verhältnis zu meinem Nächsten sehen muß: Derselbe Andere ist für mich sowohl das Kind seines Vaters im Himmel, der Bruder Jesu Christi, der teuer erkauft ist und den ich von der Macht geschieden sehen muß, die Gewalt über ihn hat; wie auch Repräsentant der feindlichen Ordnung oder Macht, die ich bekämpfen muß, indem ich ihn bestrafe oder ausstoße. Dann aber gilt diese Problematik logischerweise auch von meinem Verhältnis zu feindlichen Ordnungen beziehungsweise Mißordnungen und ihren Repräsentanten. Das Wort Jesu: »Widerstrebet nicht dem Argen« kann unmöglich das moralische Alibi für passive Duldung widerrechtlicher »böser« Maßnahmen einer fragwürdigen Obrigkeit in sich enthalten. Es könnte vielmehr sein, daß ich bei widerstandsloser Hinnahme solcher Maßnahmen selber schuldig würde: nicht nur insofern, als ich die Verantwortung für Güter preisgäbe, die mir anvertraut sind und die ich antasten lasse (wie etwa das Gut meines Glaubens oder auch Weib und Kind), sondern auch insofern, als ich durch meine Passivität ein Attentat gegen die Staatsordnung selbst ausübte und ihren göttlichen Auftrag nicht mehr respektierte. Denn es gibt auch eine Respektierung, die sich nur im Widerstand und im Zur-Ordnung-Rufen realisiert, während umgekehrt eine passive Duldung zu einer dämonischen Macht der Verführung werden kann: Das widerstandlose Ertragen des Bösen treibt es nur in die Frechheit gesteigerter Übergriffe hinein und verführt dieses zum Selbstbetrug vermeintlicher Legitimationen.

Wenn ich mich um ein neues Verhältnis zu meinem Nächsten bemühe, wenn ich gegen den Sorgengeist in mir ankämpfe oder gegen die Wildheit meiner Phantasie oder gegen den Neid, dann ist das kein sauertöpfischer Rigorismus, sondern dann ist das Freude, weil ich weiß, für wen ich das tue, und weil die Freude des Himmels über einen Sünder, der Buße tut, einfach ansteckend und Freude stiftend auf diesen Bußakt des Sünders selbst wirkt. Buße ist ja nicht wehleidige Abkehr von Dingen, die mir etwas bedeuten, sondern fröhliche Heimkehr nach Hause, wo mir gewisse Dinge eben nichts mehr bedeuten. Auch der verlorene Sohn jammert doch nicht darüber, daß er nun die interessante, ach so faszinierende Fremde, daß er das große Abenteuer seines Lebens verlassen muß. Sondern er sieht die erleuchteten Fenster seines Vaterhauses, in denen er heiß erwartet wird, und da wird ihm die Fremde zu einem dumpfen Traum, der hinter ihm versinkt. Wie man es also anstellt, ein Christ zu werden, um in jenen erleuchteten, festlichen Saal, in jene Erfüllung unseres Lebens einzutreten? Ich würde darauf antworten: Wir kommen nur so hinein, daß wir uns zunächst ganz einfach sagen lassen: Es gibt ein väterliches Herz über der Welt, das sich für mich interessiert, dem ich nicht zu kümmerlich und auch nicht zu schlecht bin und das mich aus der schrecklichen Einsamkeit und Fremde und Schuld meines Lebens herauslieben und ins Vaterhaus bringen möchte. Vielleicht antwortet darauf jemand: »Die Worte hör' ich wohl, allein, mir fehlt der Glaube; das alles ist ja viel zu schön, um wahr zu sein.« Es kann so etwas wie die Stimme des inneren Anstandes sein, die einen vor solchen Sirenenklängen auf der Hut sein läßt. Jesus Christus würde das gewiß verstehen. Als einmal ein junger Mann (er ist als der »Reiche Jüngling« unter die klassischen Figuren der Christenheit aufgenommen worden) zu Jesus kam und ihm ebenfalls von seinem vergeblichen Bemühen berichtete, mit Gott in Frieden und ins reine zu kommen, »sah ihn Jesus an und liebte ihn« (Mark. 10, 21). Es ist ein Trost, zu wissen, daß er um uns weiß und daß sein Blick auf uns ruht, auch wenn unser eigener suchender Blick hilflos umherlichtert. Er hat mich längst angesehen und liebgewonnen – gerade in meinem Zweifel.

Einerseits gehört es sicher zur Bestimmung des Menschen, das Leiden zu bekämpfen und auch insofern gegen natürliche Prozesse zu protestieren, die dieses Leiden über uns verhängen. Nicht nur das Arzttum, sondern jedes sozial konstruktive und weltverbessernde Handeln lebt von dem Pathos, daß wir uns im Namen des menschlichen Lebenssinns wider das vergewaltigende Sinnlose, gegen Elend und Schmerz, erheben. Andererseits stehen wir aber auch vor dem Faktum, daß eben dieses Leiden uns verordnet sein und damit gerade zu unserer Bestimmung gehören könnte. Was wäre die Menschheit, wenn das Leiden total eliminiert wäre und die absurde Glückseligkeit von dumpfen Lemuren uns beherrschte! Ich brauche nicht darauf hinzuweisen, was jeder von uns dem verdankt, was er in seinem Leben erlitten hat, und wie viele daran zerbrechen, daß ihnen die Last dieser Läuterung versagt blieb. Auch ein Leiden kann also »verordnet« sein, so sehr der Arzt mit den Mitteln der Natur gegen die Aggressionen der Natur opponiert und auftragsgemäß auch opponieren muß. Was von beidem aber ist uns in einem konkreten Fall aufgetragen: der Widerstand gegen die Aggression der kranken Natur bis zum letzten und mit allem Raffinement moderner Möglichkeiten oder die Annahme des Leidens, also – ich bitte das nicht erbaulich zu verstehen – die Ergebung und das demütige Ja zu dem Verhängten? Hier tritt mir die Möglichkeit, wie ich menschliche Bestimmung wahrnehme, im Konflikt gegenüber, im Konflikt nämlich zwischen dem, was ich als ärztlichen Auftrag, als Defensive gegen die Aggression der Natur wahrnehme, und dem, was mich gerade in dieser Aggression als Anruf zu meiner Bestimmung erreichen könnte. Und kein Mensch – wirklich kein Mensch! – vermag diese Alternativfrage zu entscheiden, ob wir unsere Bestimmung wahrnehmen in der konsequenten und mit allen Schulkünsten betriebenen Auflehnung gegen das natürliche Geschick oder ob wir sie gerade wahrzunehmen hätten in der Annahme dessen, was uns hier läuternd berührt. Der Schmerz hat in unserem Leben ja nicht nur eine negative, sondern auch eine schöpferische, eine Bestimmungsfunktion. In der Regel helfen wir uns in diesem nicht auflösbaren Konflikt so, daß wir ärztlich tun, was wir können, um dann den Rest, der unserer Ohnmacht unzugänglich bleibt, als Fügung zu ertragen, zähneknirschend, fatalistisch oder auch »ergeben in Gottes Willen« und im Frieden. Bei aller Fragwürdigkeit mag das noch die beste pragmatische Lösung sein. Sie reicht aber nicht mehr zu, wenn der Arzt nämlich mit der Frage konfrontiert ist, ob er um jeden Preis das biologische, vom Selbstbewußtsein verlassene Leben oder auch das eindeutig moribunde Leben um jeden Preis ausdehnen soll. Ist der Arzt, so möchte ich fragen, wirklich seinem Berufe treu, wenn er hier in doktrinärer Weise das Leben absolut setzt, oder ist diese Art vermeintlicher Berufstreue nicht möglicherweise Auflehnung gegen das, was diesem Kranken nun bestimmt und was auch der ärztlichen Kunst als Grenze gesetzt ist? Es hängt mit dem bezeichnenden Grundkonflikt zusammen, daß es in diesem Bereiche keine kasuistischen Regeln für eine Entscheidung gibt. Sie kann nur wagend und darum in der Bereitschaft durchschritten werden, fehlzugehen und folglich Schuld auf sich zu nehmen. Als Christ würde ich sagen: Wenn man hier ohne Illusionen und Verdrängungen durchkommen will, kann man nur im Namen der Vergebung leben.

## 21. August

Wer auf die Zukunft des Herrn wartet, muß ihn in seiner *Gegenwart* in Anspruch nehmen. Indem er das aber tut, merkt er, daß diese Gegenwart einen Ausgang nach vorne hat, daß sie über sich hinausweist und auf Erfüllungen drängt, die noch kommen. Was aber *ist* diese Gegenwart des Herrn, wo *habe* ich ihn denn? Ich habe ihn in meinem Nächsten. Dieser Nächste ist hungrig und fragt uns, ob wir ihm etwas mitgeben (Matth. 25, 35); er ist ein Vertriebener und fragt uns, ob wir ihn aufnehmen; er ist krank und fragt uns, ob wir ihn besuchen; er ist gefangen und fragt, ob wir zu ihm kommen. Und in dem allem ist der Herr selbst da – er, der zugleich dort ist, wo am Ende keine Gefangenen mehr sind und kein Leid und Geschrei, und auch der Tod nicht mehr ist, wo die Tränen von allen Augen getrocknet sind. Hier, in unserm Nächsten, haben wir ihn, und indem wir ihn *da* haben und halten, kann es ein »Beharren bis ans Ende« geben und können wir nie ganz am Boden liegen und hoffnungslos sein. Ein großer Teil unserer Verzagtheit rührt nicht daher, daß wir nicht fromm genug wären und daß wir zu wenig an ihn dächten und uns nicht genug im Warten übten. Sondern es rührt daher, daß wir uns ständig um uns selber drehen, daß wir uns so wahnsinnig wichtig nehmen. Dann wird nämlich alles verkehrt in unserm Leben: Unsere Sorgen blasen sich zu riesenhaften Schreckgebilden auf; unsere kleinen Eitelkeiten spielen eine ungebührliche Rolle, und wenn sie dann enttäuscht werden, kommt es zu immer neuem Seelenfraß. »Wir spinnen Luftgespinste und kommen weiter von dem Ziel.« Der meiste Jammer kommt ja gar nicht daher, daß es objektiv jammervoll um uns bestellt wäre, sondern daß wir uns einen *falschen* Jammer und ein *falsches* Glück einbilden, daß wir uns eben um uns selbst drehen. Daher kommen auch die meisten Neurosen. In seinem schönen Buch »Hinter dem Walde« erzählt Gerhard Nebel von einer Schwester, die ganz in ihrem Dienst aufgeht und vom Glück der Playboys und Playgirls nichts weiß und es auch nicht sucht, die aber in der Kargheit ihres einfachen Lebens randvoll Glücks ist und es weiterstrahlt auf die, die sie pflegt. Er sagt dann: »Die Selbstaufopferung ist das einzig wirksame Mittel gegen Neurosen und Depressionen.« Weder der Spielsaal von Monte Carlo, noch das verhätschelte Schoßhündchen, noch die Cocktailparty sind das Mittel, sondern eben die Selbstaufopferung. Denn es ist der Herr, dem wir in diesem Nächsten begegnen.

## 22. August

Das ist es doch gerade, was uns an Albert Schweitzer so packt: Er hätte vielleicht den schwarzen Leuten in Afrika viel wirksamer helfen können, wenn er als bekannter Mann in Europa eine Genossenschaft kapitalkräftiger Unternehmer und Wirtschaftskapitäne gegründet und diese überredet hätte, ihrer Bank Daueraufträge für das Konto »Ärztliches Hilfskomitee Schwarzer Erdteil« zu erteilen. Hätte so nicht ein rationalisiertes Wohltätigkeitsunternehmen größten Stils zustande kommen können? Ein Unternehmen, das nach genauer strategischer

Planung mit Hilfe zahlloser Fähnchen auf einer riesigen Karte Afrikas Ärzte und Schwestern losgeschickt – natürlich mit entsprechender Besoldung, so daß ein materieller Anreiz gegeben wäre – und über den Kontinent ein Netz moderner Kliniken verstreut hätte? Wäre das nicht sehr viel effektvoller gewesen, als mutterseelenallein nach Lambarene zu gehen und seinen Aktionsradius auf ein einziges Negerdorf zu beschränken? Wäre das andere nicht sozusagen rentabler, ökonomischer gewesen? Aber nun die Gegenfrage: Ist es nicht eben dies eine, daß Albert Schweitzer, statt im Generalstab der europäischen Etappe tätig zu sein, nun eben an die *Front* ging, allem Bildungskomfort entsagte, das Leben im Urwald mit seinen Kranken teilte und einer von ihnen wurde – ist es nicht eben dies eine, was ihn so glaubwürdig macht und das verzerrte Bild des Menschen wieder ein wenig zurechtrücken läßt? Ich will natürlich Albert Schweitzer nicht mit Jesus Christus vergleichen. Aber er ist ihm an diesem Punkte doch wohl ein Stücklein nachgefolgt. Dieser Jesus Christus hat uns nämlich so geliebt, daß er unseren ganzen Jammer mittragen wollte. Es ist wie bei einer Mutter, die weiß, daß ihr Junge in Gefangenschaft ist, und die nun vom Aufstehn bis zum späten Abend mit ihrem Herzen bei ihm ist – *so* bei ihm ist, daß *sein* Hunger auch ihr Hunger, *sein* Heimweh auch ihr Heimweh, *sein* Schikaniertwerden auch ihr Schmerz ist. Wer wirklich liebt, der hört gleichsam auf, er selbst zu sein und verwandelt sich mit in den anderen und ist ein Stück von ihm und trägt seinen Schmerz mit. Genauso ist es mit Jesus: Er läßt sich versuchen, wie auch wir versucht sind; er trägt unseren Hunger, unseren Durst und unsere Krankheit, unseren sozialen Bankrott, unser Sterben und schließlich auch unsere Schuld.

## 23. August

Wo ist mein Mitmensch *heute,* das heißt: in dieser modernen Welt der Apparaturen? Wie können wir *heute* Liebe an den Mann bringen? Wir nehmen die Botschaft Jesu nur ernst, wenn wir sie auch in dieser neuen und veränderten Situation hören. Wo ist mein Nächster? Ist dieser Nächste wirklich nur der, dem ich zufällig und unmittelbar begegne, so wie es dem

Samariter widerfuhr, als er den Wald durchstreifte? Oder ist dieser Nächste unter Umständen nicht durch ganze Menschen-*gruppen* repräsentiert, durch die Gruppe der Rentner, die am Wohlstand unseres Volkes noch sehr unvollkommen teilhaben, oder durch die riesige Gruppe der Jugend, deren *Auswüchse* wir vielleicht nur zu sehen pflegen – in Gestalt von Rockern und Gammlern etwa –, deren Verlassenheit aber in ganz anderen und tieferen Bereichen zu suchen ist? Ist dieser Nächste vielleicht in ausbeuterischen Strukturen gefangen? Wenn das aber so ist, dann bedeutet diese Entdeckung doch zweifellos eine Aufgabe für unsere *Liebe,* genauer: für die *Gestalt* unserer Liebe. Dann muß nämlich diese Liebe, um wirksam zu werden, auch eine planende, eine organisierende und im äußersten Falle (wenn ich etwa an Südamerika denke) sogar revolutionäre Liebe sein. Dann kann sie sich jedenfalls nicht nur auf spontane Einzelakte des sogenannten »guten Herzens« beschränken. Liebe muß doch ein Maximum an Wirksamkeit wollen! Dieses Maximum kann sie aber nur erreichen, wenn sie systematisch und also planend eingreift.

## 24. August

Die Liebe kann von mir fordern, daß ich politisch oder sozial wirksam werde, daß ich mich für hilfreiche Programme und für Forderungen im Gesamtrahmen der Gesellschaft einsetze. Mein Nächster ist eben nicht nur das individuelle Du, dem ich zufällig in meiner Nachbarschaft oder an meinem Arbeitsplatz begegne. Sondern mein Nächster ist auch die kommende Generation, der ich durch die Organisation der Schule und des Erziehungswesens helfen und (um der *Liebe* willen helfen muß), damit sie Ziele gewinnt, für die zu leben es sich lohnt. Mein Nächster kann auch eine gesellschaftliche Gruppe von Menschen sein, die ich für benachteiligt halte und für die ich mich einsetzen muß. Gleichwohl aber behält das individuelle Du, um das sich der barmherzige Samariter kümmert, seine Bedeutung. Institutionen und Ordnungen können sich ja nicht bekehren. Bekehren kann sich nur der einzelne Mensch. Und diese Bekehrung äußert sich darin, daß mir der Nächste als jener Mitmensch begegnet, für den Jesus Christus gestorben, der also teuer erkauft ist und wert gehalten wird. Wer nur an die Erneuerung der Welt denkt und sie durch Perfektion der gesellschaftlichen Strukturen zu erreichen sucht, hängt utopischen Träumen nach und strebt eine Welt toter Apparaturen ohne Geborgenheit an. Diese Welt wird uns in dem Roman »Irrlicht« von Drieu La Rochelle geschildert. Da steht in dem hinterlassenen Brief des Selbstmörders der Satz: »Ich tötete mich, weil ihr mich nicht liebtet und ich euch nicht liebte.« Sie alle waren nett zu ihm; äußerlich war alles in Ordnung. Vielleicht war auch die Struktur seiner gesellschaftlichen Umwelt intakt. Aber er lebte in einer beklemmenden Leere, in der Kälte der Ungeborgenheit, eben in einer Welt ohne Liebe. Die Erneuerung der Welt kann in der Tat nicht so beginnen, daß wir eine utopische, perfekte Weltordnung erträumen, sondern sie beginnt mit der Entdeckung des Nächsten, mit dem Aufspüren des Menschen als eines Wesens, an dem Gott liegt und dessen Schicksal er sich etwas hat kosten lassen. Erst aus diesem Senfkorn eines neuen Verhältnisses zum Du kann der neue Baum der Menschheit erwachsen, unter dem dann die Vögel des Himmels wohnen und dessen Zweige sich über die Erde breiten.

## 25. August

Bin ich einem Menschen in Liebe verbunden, dann werden *seine* Sorgen auch *meine* Sorgen sein, und sein Glück macht auch *mich* froh. Dann kann es gar nicht ausbleiben, daß das, woran ihm liegt und wofür er sich bis ins letzte engagiert, nun auch mich angeht, mich auf keinen Fall gleichgültig lassen kann. Wofür engagiert sich denn Gott? Er engagiert sich für mich und meinen Mitmenschen, er hält Ausschau nach seinen verlorenen, unglücklichen und schuldigen Kindern. Wie könnte es darum anders sein als so, daß diese seine Liebe nun auch auf *mich* übergeht, daß sie mich förmlich ansteckt, so daß es zu einem Gefälle kommt vom Ursprung aller Liebe und Vergebung – von dem also, was Gott an mir und uns allen tut – über mich selbst zu meinem Nächsten hin (vgl. Matthäus 18, 21–35). Deshalb ist es nur folgerichtig, wenn Jesus Christus Gottes- und Nächstenliebe in einem Atem nennt und beides zusammenbindet. Sobald ich Gott liebe, geht mich mein Nächster bis ins Innerste an – einfach deshalb, weil er Gott angeht. Wenn aber dieser Stromkreis, wenn das Gefälle auf den Nächsten hin zu fließen beginnt, dann wird hier wiederum der Raum der Freiheit aufgeschlossen: Dann muß ich in eigener Verantwortung und in eigenem Risiko des Nachdenkens darüber befinden, was meinem Nächsten dient und was ich ihm deshalb schuldig bin.

## 26. August

Die Freiheit, die die Liebe uns schenkt, ist anstrengend und anspruchsvoll, weil es ja immer strapaziöser ist, wenn ich mich *ganz* gebe, als wenn ich mich nur *halb* gebe. Und Gott will uns eben ganz. Kein Zweifel, daß diese Freiheit der Liebe nun viele Variationsmöglichkeiten des Handelns eröffnet, daß ihr also individuell höchst verschiedene Entscheidungen entwachsen können. Das Handeln des Christen ist deshalb nicht starr und festgelegt. Es gibt keine Schienen, die seine Spur von A bis Z vorzeichnen, sondern dieses Handeln wird nun flexibel. Wir werden in vielem anders entscheiden als unsere Eltern und Großeltern, obwohl wir im Rahmen desselben Liebesgebotes handeln, das uns alle verbindet, von den Patriarchen und Propheten an bis heute und in jede Zukunft. Aber ist das nicht eben doch eine liberale Aufweichung des dem Christen gebotenen Gehorsams? Führt das nicht doch in gefährliche Bindungslosigkeiten? An dieser Stelle unseres Nachdenkens gewinnt das Wort des Paulus Gewicht: »Alles ist in eure Verfügung gestellt ... Über euch aber verfügt Christus.« »Alles ist in eure Verfügung gestellt«, das heißt: ihr habt unbegrenzte Verfügungsrechte und weiteste Freiheitsräume. Es gibt für euch kein »Tabu«. Doch könnt ihr diese Privilegien der Freiheit nur dann in Anspruch nehmen, wenn ihr mit *dem* verbunden seid und bleibt, der sie euch zukommen läßt. Ihr dürft ja nur *deshalb* über alles verfügen, weil Christus über euch verfügt. Ohne ihn wird in der Tat eure Freiheit bedingungslos und degeneriert dann zur Willkür. *Mit* ihm aber und mit ihm *verbunden* drängt unsere Liebe zu ganz bestimmten Formen ihrer Gestaltwerdung, so sehr es auch unserer Freiheit überlassen bleibt, diese Formen zu finden. Das ist leicht einzusehen: Vielleicht kann ich einen Kollegen nicht leiden. Er mag mir sagar ausgesprochen unsympathisch sein. Dann geht der natürliche Trend meines Verhaltens dahin, daß ich ihn übersehe, ihm ausweiche oder ihm auch die Zähne zeige. Stehe ich dagegen unter der Verfügung des Herrn, dann weiß ich, daß Jesus Christus an diesem mir so fremden Menschen interessiert ist, daß er sich ihm liebend zuwendet und sich auch für ihn aufopfert. Wenn ich diese seine Liebe nun in mein eigenes Leben übernehme, kann mich dieser Kollege auch meinerseits nicht mehr unberührt lassen. Ich frage mich dann notgedrungen, ob ich in den Augen Jesu denn wirklich ein sehr viel sympathischerer Kumpan bin als dieser andere. Er aber, Jesus Christus, hat den Weg zu mir gefunden. Bin ich damit also nicht angehalten, nun auch von mir aus den Weg zu meinem Menschenbruder zu gehen?

## 27. August

Wenn ich in der Nachfolge Jesu stehe, dann ist es einerseits so, daß ich dem Evangelium keine gesetzlichen Verhaltensvorschriften und keine detaillierten Normen entnehmen kann, die mich auf Schritt und Tritt gängeln. Andererseits ist es aber *auch* nicht so, daß ich *ohne* alle Weisung und nur meiner subjektiven Willkür überlassen wäre, so daß es – wie man heute gerne sagt – zu einer reinen Gesinnungsethik käme. Vielmehr ist es so (und nun gebrauche ich ein verdeutlichendes Bild): Zwar wird mir von der Bibel keine Wanderkarte in die Hand gedrückt, auf der der Weg, den ich einzuschlagen habe, genau vorgezeichnet wäre. Mir wird also nicht für jede Wegkreuzung vorgeschrieben, ob ich nach rechts oder links gehen soll. Ich kann auf der vermeintlichen Wanderkarte der Bibel also nicht ablesen, wie ich mich in Fragen der Empfängnisverhütung, der Schwangerschaftsunterbrechung, der Homosexualität, der Anti-Baby-Pille, der Todesstrafe oder – in einem ganz anderen Bereich – bei Fragen der betrieblichen Mitbestimmung entscheiden soll. Könnte ich die Lösung all dieser Fragen mechanisch ablesen, würde ich ja wieder nur einem fremden Willen gehorchen, und ich wäre es gar nicht selbst, der hier gefordert wäre und sich zu engagieren hätte. Und doch stehe ich auch dann, wenn ich so auf keine vorfabrizierten Entscheidungen zurückgreifen kann, durchaus nicht einfach im Leeren. Ich bin dann keineswegs ohne eine Weisung, deren ich zu meiner Orientierung doch so dringend bedarf. Aber welchen Marschbefehl sollte ich denn nun noch haben? Nun: Statt einer Wanderkarte bekomme ich gleichsam einen *Kompaß* überreicht und werde dann losgeschickt. Die Kompaßnadel zeigt auf das Gebot der Gottes- und Nächstenliebe. In diese Richtung habe ich also zu gehen. Und bei jeder Wegkreuzung wird mir die Frage gestellt, ob ich die angezeigte Richtung der Nadel einhalte. *Aber ich muß selber den Weg finden*. Das ist meine Freiheit, das ist auch die *Last* dieser Freiheit. Denn ich kann ja nicht einfach und stur im Sinne der Kompaßrichtung bloß geradeaus gehen. Es stehen mir doch Ströme, Berge und andere Geländehindernisse im Weg, die ich umgehen muß. Ohne Bild heißt das: Meine Wegrichtung ist beeinflußt durch die jeweiligen Situationen, in denen ich mich befinde. Ich kann in einer Diktatur leben oder in einer Demokratie; ich kann krank sein und mich schonen müssen; ich möchte vielleicht in ein Helferkorps für die Entwicklungsländer, aber ich habe eine Familie, die mich ebenfalls braucht – man könnte einen langen Katalog von lauter Rücksichtnahmen, Beengungen und Pflichtenkollisionen nennen, die mich einfach daran hindern, ohne nach rechts und links zu blicken, nur stur geradeaus zu gehen. Und diese Hindernisse gleichen genau den Flüssen und Strömen, die sich mir in den Weg stellen, wenn ich der Kompaßnadel folge. Ich muß sie eben umgehen. So habe ich manchmal innezuhalten und zu überlegen. Die Kompaßrichtung läßt mir die *Freiheit,* so innezuhalten und auch erfinderisch und selbständig zu sein bei dem Versuch, die Geländehindernisse in meinem Leben zu überwinden und zu umgehen. Aber diese Freiheit ist auch eine Last, und sie *soll* es sogar sein. Denn ich darf ja in ihrem Namen nicht im Gelände herumvagabundieren, sondern ich muß bei allen Um- und Zick-Zackwegen die Richtung der Kompaßnadel im Auge behalten. Das ganze Gelände ist mein; das ist meine Freiheit; ich aber bin Christi, und die »Liebe dringet« und leitet mich (2. Korinther 5,14).

## 28. August

Jeder, der Jesus Christus erlebt hat, wird bezeugen: Seitdem ist etwas Neues in mein Leben getreten. Nun darf mich das Dunkle in meinem Leben, das mich vorher in Schwermut stürzte, nicht mehr überwältigen. Gewiß, ich habe manche *Sorgen* – wie andere auch. Doch nun erlebe ich täglich das Wunder, daß ich jemanden habe, auf den ich sie werfen, dem ich sie anvertrauen kann. Und wenn seine Hand sie anrührt, werden sie geheimnisvoll verwandelt: Vorher waren sie eine niederdrückende Hypothek meines Lebens, doch nun werden sie zur *Chance des Glaubens* und zu einem Material, aus dem Gott meine Zuversicht und *ein fröhliches »Dennoch«* formen will. Und wenn ich spüre, daß es mit mir zu Ende geht, daß ich alt und müde werde, verwandelt er den Schmerz des Abschieds in die Freude des Heimkommens. *Kein Mensch geht so von Christus weg, wie er zu ihm kam. Es wird alles verwandelt.* Er legt einen neuen Schein über die Dinge. Was vorher ungenießbarer Stein war, wird in Brot verwandelt. Meine Ängste werden zum Rohstoff für eine neue Hoffnung. Und was vorher die Last meines Lebens war, brauche ich nun nicht mehr zu tragen, sondern es ist – nach dem schönen Wort Rudolf Alexander Schröders – genau umgekehrt: »Die Last trägt mich.« Er ist der große Verwandler. Man kann das freilich nicht vorher sehen und nicht von außen beobachten. Man muß es einmal mit ihm versuchen. Man erfährt es nur im Vollzug und im Wagnis der Nachfolge. Man erfährt es nur im Engagement.

## 29. August

Ein sehr wohlhabender Kirchenvorstand hatte mich einmal zum Tee in sein schönes und überaus kultiviertes Haus gebeten. Ich drückte mein Bedauern darüber aus, daß die Bomben auch dieses Schatzkästlein des Geschmacks nicht verschont, sondern nur ein kümmerliches (wenn auch in sich selbst wieder sehr gepflegtes) Fragment übriggelassen hätten. Da antwortete der also Angesprochene: »Sprechen Sie nicht von Bedauern. Auch bei diesem Verlust habe ich die Gnade Gottes erfahren.« Unwillkürlich durchfuhr es mich: Wie fromm ist dieser Mann, wie demütig – und wie kleingläubig und sentimental hast du ihn eben angesprochen! Da fuhr er fort: »Gott hat mir nämlich gerade so wenig Raum gelassen, daß ich nach dem Kriege keine Flüchtlinge aufnehmen mußte.« Ich will jetzt nicht davon sprechen, welchen Schock dieses Wechselbad der Äußerungen auf mich ausübte. Sondern ich will mich auf die Feststellung der theologischen Pointe beschränken: Der Mann war wirklich fromm, er betete, und auch die sozialen Bemühungen um seinen Betrieb waren ihm Herzenssache. Daß aber auch die Wohnraumfrage etwas mit Gott und dem Nächsten zu tun hatte, war ihm offensichtlich nicht klargeworden. Er hatte übersehen, daß dieser Fragenkomplex ebenso wie alle andern Lebensbereiche eine Affinität zu der Botschaft hatte, die er in seinem Herzen bejahte. Sein geistliches Gehäuse stand abgetrennt und unverbunden neben seinem sonstigen Leben. Das Kapitel »Wohnraum« und »persönlicher Komfort« schien nicht zu diesem Thema zu gehören. Es schien andere Leidenschaften zu mobilisieren als die für Gott. Das fromme Herz hatte das Blut noch nicht bis in diese Glieder gepumpt. Die Extremitäten blieben klamm.

## 30. August

Seitdem das Kreuz und die Krippe auf unserer Erde standen, ist Gott der Allerdiesseitigste. Darum lebt unser Glaube gar nicht davon, daß er uns einmal im letzten Stündlein Trost und Halt sein wird und daß er uns hilft, zuletzt in den Himmel zu kommen. Das stimmt gewiß, aber das ist auf keinen Fall der Schwerpunkt in einer christlichen Existenz. Wir müssen sogar den Vorwurf Nietzsches ertragen, daß das Christentum immer wieder »Mißbrauch mit der Sterbestunde« getrieben und die Menschen mit dem Terror des Jenseits kirre zu machen versucht habe. Statt an die Randgebiete des Lebens, statt an den Tod und an das letzte Stündlein zu denken, sollten wir uns lieber klarmachen, daß Gott uns *jetzt,* wo wir jung und auf dem Höhepunkt des Lebens sind, wo uns die Leidenschaften schütteln, wo die Dinge sich hart im Raume stoßen, wo gekämpft und hingestanden sein muß, daß Gott uns jetzt,

*jetzt* dieses erschreckende und faszinierende Leben bestehen lassen will. Indem das Wort Fleisch wird, ist Gott ins Diesseits gekommen; nun steht er mitten unter Pharisäern und Dirnen, unter Leuten, die Hunger haben und ehrgeizig sind, unter Snobs und Suchern, unter Lachenden und Weinenden, unter Teenagern und Managern. Jesus Christus ist bei uns im Lande Nod, und wer Augen hat zu sehen, der bemerkt zu seiner fassungslosen Verwunderung, daß diese düstere und bange Zone darüber zum Gelobten Land und zur Heimat wird. Denn wo Gott ist, da ist das Leben verändert, das *Leben* – und keineswegs nur der Tod. Ich habe nun wieder ein Thema, habe wieder etwas, das größer ist als ich und dessentwegen es sich zu leben lohnt. Die Wetterwolken des Lebens sind freilich noch genauso da wie vorher. Aber in ihnen steht der Regenbogen als ein Gruß dessen, der meiner gedenkt und mir Ziele gibt und mich an Ziele bringt. Es gibt Abgründe, gewiß, aber darüber sind Stege gebaut, von denen ich jetzt noch keine Ahnung habe. Es kommt auch die Nacht, da niemand wirken kann, gewiß, aber die Sterne leuchten auch dann, und es gibt einen, der sie gezählt hat. Das ist unsere Anweisung zum Leben.

## 31. August

Wer in unserer zerrissenen Welt die Kräfte der Heilung entbinden will, muß bei sich selbst und seinem babylonischen Herzen beginnen. Dieser neue Anfang geschieht dort, wo ein Mensch heimfindet aus aller Irre zum Frieden, wo er plötzlich merkt: der Gott, den die Menschen in ihrem Wahn aus dem Himmel vertreiben wollten, um dieses Oben dann selbst zu besetzen, gerade dieser Gott hat mich lieb, er interessiert sich für mich, er hat mich unter Schmerzen gesucht, er hat am Kreuz Jesu die Last meines Lebens auf die eigenen Schultern genommen, und nun kann ich ganz schüchtern zu stammeln beginnen: »Ich glaube, lieber Herr, hilf meinem Unglauben.« Wo das geschieht, da ist vom Hügel Golgatha ein Stück Genesung in die Welt hineingekommen. Denn nun brechen Kettenreaktionen noch und noch in meinem Leben los: Dann ist Gott für mich nicht mehr etwas so Verblasenes wie eine »höhere Macht« oder der Inhalt eines Angstkomplexes, sondern dann werde ich zur Liebe frei und muß die empfangene Liebe auch weitergeben; dann entdecke ich den Nächsten in meinem Leben, den Gott mir anvertrauen will. Nun ist die Angst weg und die Sorge und der Druck des Unheimlichen. Nun kann ich wieder atmen, und indem ich es kann, ist an *einer* Stelle die Frische der Ewigkeit und der Hauch des Lebens in die Welt gebrochen.

## 1. September

Der Aufblick zu den Gestirnen hat schon immer, solange es Menschen gibt und lange bevor man den heutigen Begriff der Unendlichkeit geformt hatte, zu religiösen Verehrungen geführt. Denn in diesem Aufblick gewann die Menschheit eine Empfindung von dem, was größer ist als der Mensch; indem man den Blick dorthin erhob, wurde manche Sorge, mancher Streitfall, der sich durch seine übergroße Nähe in unseren Gefühlen oder in unserem Haus zu ungebührlicher Größe aufgebläht hatte, in die rechten Maße zurückgewiesen und wurde auf einmal sehr klein. Aber nun stellen wir wieder die Frage, was diese Unendlichkeit denn für den *Menschen,* was sie ganz einfach für uns *persönlich* und für unser *Leben* bedeutet. Als Antwort sei nur die Gegenfrage erlaubt: Ist es mit dieser Bedeutung »für uns persönlich« nicht genauso wie bei der zeitlichen Unendlichkeit? Bei jener ist das Leben des Menschen ein mikroskopisches Zeitteilchen, und hier – bei der räumlichen Unendlichkeit – ist es ein Atom, das sich angesichts der Übermacht des Raumes der gleichen Nichtigkeit ausgeliefert sieht. Wenn wir wirklich einmal einen Augenblick diese Unendlichkeit ernst nehmen: Verlieren wir dann nicht jeden Begriff für das eigene Leben, zum Beispiel für das, was groß, heroisch und edel ist, und andererseits für das, was klein, häßlich und gemein an ihm ist?

## 2. September

Es gilt: Der ewige Gott in seiner unbegreiflichen, über Räumen und Zeiten thronenden Majestät *kennt mich* und hat mich bei meinem Namen gerufen. Nun liegt ein unendlicher Akzent auf meinem Leben. Nun darf ich wohl sagen: Ich bin sein *Kind* und stehe ihm darum unendlich näher als etwa der »Großgrundbesitz« des Universums mit all seinen Milchstraßen. 2. Ich, der Mensch, darf »Du« zu Gott sagen, darf ihn anreden »mein Vater, unser Vater«. Ich bin also nicht eine der unendlichen Wirkungen, die von dem ursächlich bewegenden Anfang namens »Gott« ausgehen, sondern ich stehe ihm gegenüber als meinem Vater. Noch schärfer formuliert: Ich stehe zu Gott nicht im Verhältnis der Wirkung zur Ursache, sondern im Verhältnis der Person zur Person. Mit dem Worte »Abba, lieber Vater« geschieht deshalb noch viel mehr und noch viel anderes als mit dem, was Kant als das moralische Gesetz bezeichnet. Ich darf, indem ich dieses Gebetswort sage, nicht nur dem ganzen Kosmos mit seiner Herrlichkeit gegenübertreten – ich, das Kind Gottes, dem die kosmischen Räume und die riesigen Planeten nichts tun dürfen, ich, das Kind Gottes, welches »des Tages die Sonne nicht stechen darf, noch der Mond des Nachts« –; sondern ich darf ihm sogar durch alle unendlichen Räume hindurch meine Hand entgegenreichen, und er sieht sie und greift nach ihr. Ich darf mitten in »Bruder Sphären Wettgesang« und in der Sonne »Donnergang« (Faust) meine winzige Kinderstimme erheben, darf mein Glück und meine Not – alles vor ihn bringen, und er hörte diese Kinderstimme durch alle kosmische Sphärenmusik hindurch.

## 3. September

Inmitten des gewaltigen kosmischen Reiches, das dem Schöpfer-Gott untersteht, darf ich ein Verhältnis zu ihm haben, das man als »reichsunmittelbar« bezeichnen könnte. Ich, der Mensch, bin vor Gott nicht nur ein Glied meines Volkes, nicht nur ein Kind meiner Eltern, nicht nur Träger wertvoller oder weniger wertvoller Erbeigenschaften und Lebensleistungen, sondern: Ohne die Zwischenschaltung irgendwelcher höherer Instanzen bin ich ihm *unmittelbar und allein verantwortlich.* Ohne die Zwischenschaltung irgendwelcher höherer Instanzen darf ich ihm nahen und bin ich für ihn das Kind. Ich bin es selbst dann noch und gerade dann, wenn sich alle von mir wenden, wenn ich für keine irdische Instanz mehr einen Wert darstelle und wenn ich vielleicht als Geistesschwacher, der vom Hochmut der Menschen nur als Belastung empfunden und entsprechend behandelt beziehungsweise abgeschafft wird, in irgendeiner Anstalt mein Leben friste. Auch dann bin ich noch sein Kind und darf über alle Menschen hinweg ihn anrufen und mich seiner Hand getrösten; auch dann noch und gerade dann wird mir das erschütternd schöne Wort des Liedes gelten: »Den Blöden ist er hold.« Diese Reichsunmittelbarkeit ist mir von Jesus Christus geschenkt, denn er hat mir den Vater ja wiedergeschenkt und hat mich selber zum Vater gebracht. Damit führt uns der Schöpfungsglaube mitten auf das Herzstück des Evangeliums zu. Gott ist unser Vater und wir sind seine Kinder. Wir sind, »reichsunmittelbar« zu ihm über alle Lichtjahrräume und über alle irdischen Instanzen hinweg. Das alles meint Luther mit dem einen kühnen Eröffnungswort des Schöpfungsbekenntnisses: Ich glaube, daß »*mich*« Gott geschaffen hat.

## 4. September

Das ist das Große an Jesus Christus, daß er nicht in ein Reich der Übermenschen gekommen ist, sondern daß er hinabgefahren ist in die Abgründe, in die Armenherbergen und Stätten der Sünder, daß er die Schuld auf sich genommen hat, daß er die untersten Nöte des Menschen an sich durchlitten hat. Hier und nur hier ist Gott zu finden. Wahrlich, das ist keine Liebe, die idealisieren müßte, sondern das ist eine Liebe, die uns »dennoch« treu bleibt – – als Liebe des Vaters und »obwohl« sie um uns weiß. Wer dürfte nicht so mit leeren und schmutzigen Händen zu ihm kommen? Das Heilige Abendmahl, zu dem wir geladen sind, wie wir sind, lehrt uns diese Liebe ohne Idealisierung. Auch von Christus gilt es: Sehet, welch ein Mensch! *Ecce homo!* Das ist der Mensch Gottes, der in der Tiefe bei uns ist. Hier ist mehr als liebendes Menschentum; hier ist das Wunder.

## 5. September

Was erwarte ich eigentlich vom Leben? Bin ich gespannt, welche tollen Chancen noch auf mich zukommen? Oder bin ich alt und müde und sehe nach einer kurzen oder langen Durststrecke zunehmender Einsamkeit und Leibesnot den Tod vor mir? Oder aber sehe ich auf die Atombombe oder auf die nächste Nacht, vor der mir graut, weil ich keinen Schlaf finden kann? Auf was warte ich? Was es aber auch sein mag –

ein fiebernd gespanntes Hoffen auf Glück oder eine beklommene Angst –, es ist alles verändert, aufgehoben, behütet und verwandelt durch etwas ganz Neues: daß einer da ist, der auf mich wartet, der mich in aller meiner Fragwürdigkeit auch annimmt und der mich über Höhenrücken und durch finstere Täler sicher an diesen Punkt führt, wo es aus dem Dunkel ruft: »Ei, da bist du ja, du frommer und getreuer Knecht.« Wir machen doch keine Fahrt ins Blaue mit ungewissem Ausgang. Wir stehen in der Seligkeit des Advents. Wir stehen im Sturm der Verwandlungen, weil einer da ist, der alles neu macht. Ja, das gibt es: Ich kann ein anderer Mensch werden. Ich kann das Gepäck meiner Vergangenheit abladen. Ich kann ein wartender Mensch werden. Darum hören wir auf, nervös in die Zukunft hineinzuhorchen und immer nur zu fragen, *was* wohl kommen mag. Denn wir wissen, *wer* zu uns kommt. Wem aber die letzte Stunde gehört, der braucht die nächste Minute nicht zu fürchten.

## 6. September

Wenn mein Lebensgefährte oder mein Freund mir manchmal so fremd vorkommt und ich mich frage: Habe ich die rechte Ehe, habe ich die rechte Freundschaft geschlossen, und ist dieser eine Mensch wirklich der, der zu mir paßt, dann kann ich darauf keine Antwort im Stil einer neutralen Diagnose geben und etwa feststellen: dies spricht dafür und das dagegen, sondern dann springt doch diese Frage auf mich selbst zurück, und dann lautet sie so: Habe ich dem anderen vielleicht zu wenig Liebe zugewendet, daß er so kalt und leer geworden ist? Habe *ich* das aus ihm werden lassen, was er nun vielleicht wirklich wurde? Der andere Mensch, den mir Gott zugesellt hat, ist das, was er ist, niemals ohne mich. *Er ist nicht nur Bein von meinem Bein, sondern er ist auch Langeweile von meiner Langeweile und Liebeleere von meiner Liebeleere.* Genauso ist es ja mit unserem Verhältnis zu Gott: Wenn ein Mensch in Leere, Langeweile und Lebensüberdruß erstickt, dann liegt das daran, daß er sich nicht von Gott liebhaben läßt und daß er sich nicht in seine Hand legt. Wer nicht liebt, läßt den anderen verdorren. Und wer sich nicht lieben *läßt,* der vertrocknet. Denn Liebe ist etwas Schöpferisches. Vielleicht ist es uns wirklich schwer, einen anderen Menschen zu lieben, weil er uns fremd geworden ist und weil sich eine beklemmende Kühle auf unser Verhältnis herabgesenkt hat. Dann sollten wir daran denken, daß Liebe niemals darauf wartet, bis der andere liebenswert *geworden* ist, sondern daß Liebe, die man wagt – und die man vielleicht durch kleine und schüchterne Zeichen, durch eine Blume oder einen Blick zum Ausdruck bringt –, daß diese Liebe schöpferisch ist und den anderen zu etwas erweckt, das wir mit unserem eintaxierenden Verstand schon längst nicht mehr wahrnahmen und womit wir nicht entfernt mehr rechneten.

## 7. September

Wenn man unter den Augen Jesu steht, dann gehen einen die Menschen plötzlich etwas an. Dann kann man nicht mehr an dem unter die Mörder Gefallenen vorüber, sondern dann muß man ihn verbinden. Dann ist der andere plötzlich viel mehr als nur ein »Kollege«, dann ist er jemand, für den Jesus Christus gelitten hat. Mir ist es einmal bei einem Studenten so gegangen, der sich das Leben nahm. Er hatte immer in unserem Kreise gesessen. Mir war wohl aufgefallen, daß er oft in brütendem und schwermütigem Schweigen dasaß, aber ich dachte: Er wird vielleicht an seiner Examensarbeit grübeln; oder er hat ein melancholisches Temperament. Jedenfalls: wenn er etwas hat, so dachte ich, kann er ja zu mir kommen. Aber er kam nicht, sondern ging still weg. Und wir, die wir ihn so gehen ließen, hatten unseren Herrn verleugnet. Wir hatten uns wieder einmal totgestellt. Jesus Christus aber kann uns nicht finden, wenn wir uns so totstellen. Das ist häufig der Grund, warum wir nicht zum Frieden kommen und das Schlüsselloch zum Christenstande nicht finden können. Von allen diesen Fragen sind wir täglich umgeben. Wenn wir die vielen Fragekastenbriefe in der Presse lesen, dann hören wir von lauter Enttäuschungen in der Liebe, von Langeweile, von lästig gewordenen Ehen, von geschäftlichen Nöten. Und es geht dabei doch immer um die Menschen, die um uns herum leben. Wer schickt denn solche Briefe sonst?! Aber wir sehen diese Menschen normalerweise nicht, obwohl sie um uns herum sind. Wir treiben Vogel-Strauß-Politik, und darum flüchten sie sich auch in die Anonymität solcher Briefkästen. Die Liebe aber, die wir bei Jesus an uns erfahren und dann auch selbst lernen, macht nicht nur erfinderisch, sondern sie macht zunächst einmal finderisch. Sie schenkt uns einen suchenden und wissenden Blick. Das ist gewiß auf der einen Seite eine Strapaze. Denn der Liebende ist immer im Zustande der Mobilmachung, er ist immer in Alarmbereitschaft. Ich kann an jedem Tag, trotz meiner Müdigkeit und trotz meines vollen Terminkalenders abkommandiert werden, um die Fährte eines Nächsten zu verfolgen, der in Not ist. Sollte es nun nicht vielleicht die Angst sein, in diesen ständigen Alarm verwickelt zu werden, die uns abhält, uns mit Jesus Christus einzulassen? Sollte es diese Angst sein, die uns veranlaßt, in der satten Ungestörtheit des »Ohne-mich« zu leben? Wir sollten uns einmal daraufhin prüfen. Denn nicht irgendwelche Dogmen hindern uns in der Regel, ein Christ zu werden, sondern etwas ganz anderes hindert uns: die Angst, in dieses Licht zu treten, die Angst, uns ganz durchschauen zu lassen, auch in den tiefsten Rumpelkammern unserer Seele, und ständig im Aufbruch, ständig in der Mobilmachung zu sein und diesem Herrn zu folgen, wohin auch immer er mit uns geht.

## 8. September

In der Technik heißt »Modernisieren« soviel wie »überbieten« und »verbessern«. Wie aber sollen *Wahrheiten* überboten und verbessert werden? Entweder es ist *wahr,* daß der Mensch von sich aus verloren und erlösungsbedürftig ist, dann stimmt es *immer,* dann kann es nicht *noch* wahrer gemacht werden. Und wenn man hier etwas »modernisieren« will, wird man den Verdacht nicht los, es solle etwas geändert, jene Wahrheiten sollten also vielleicht modisch zurechtgestutzt, gefälliger gemacht und eben darin verfälscht werden. Und scheinen Symptome dieser Art nicht tatsächlich bei dem erkennbar zu sein, was man heute etwas unglücklich als »moderne Theologie« bezeichnet? Scheint da nicht das abgebaut zu werden, was den »Leuten auf der Höhe der Zeit« ärgerlich und veraltet erscheint und mit dem »letzten Stand der Wissenschaft« (was das überhaupt ist?!) nicht mehr in Einklang steht? Die Wunderberichte werden im Namen einer Wissenschaft, die den beschlossenen Kräftehaushalt der Natur vertritt, gekappt. Transzendente Interventionen und Eingriffe Gottes darf es nicht mehr geben, weil ein ursachloses Geschehen allen Axiomen widerspricht, auf die unser heutiges Weltbild gegründet ist. Aber fällt damit nicht auch die Auferstehung Christi und die Wiederkunft des Herrn am Ende der Tage hin?

## 9. September

Das ist der Jenseitsgedanke der Bibel: Gott ist nicht einfach mit der Welt identisch, er ist nicht einfach das Band, das sie im Innersten zusammenhält. Er ist nicht ein anderes Wort für das zeugerische Leben und die Harmonie seiner Gesetze, sondern Gott ist der »ganz Andere«, der als Schöpfer zugleich streng geschieden ist von seinen Geschöpfen und der es nicht duldet, wenn sie in seine Sphäre dringen, wenn also der Mensch sich selber zu Gott macht. Er ist der »ganz Andere«, der als der Heilige streng geschieden ist von der Schuld. »Herr, gehe von mir hinaus, denn ich bin ein sündiger Mensch«. Das versteht die *Schrift unter dem Jenseits Gottes.* Und noch einmal: Sie malt dieses Jenseits nicht aus, sie zieht nicht die Blicke der Menschen vom Leben ab, um ihre Phantasie auf jene andere Welt zu lenken; sie will nur eines: Sie will die heilige Distanz des Schöpfers von den Geschöpfen, des Heiligen von den Sündern verkünden. Wir sehen: Wenn Gott mit der Welt identifiziert und also verdiesseitigt wird, wenn Gott nur »in« den Naturgesetzen leben soll, dann stehen wir nicht mehr vor dem Heiligen, vor dem »ganz Anderen«, dann stehen wir auch nicht mehr vor der Schrecklichkeit des Richters.

Man kann den Menschen, oder vielmehr, man *muß* den Menschen von zwei ganz verschiedenen Seiten betrachten: Einmal ist er Säugetier und dann auch natürlich abgeleitet aus der Stammesgeschichte der Säugetiere, und auf der anderen Seite ist er in allem Ebenbild Gottes. Es ist ja gelegentlich auch mit anderen Dingen so, daß man sie von zwei Seiten beurteilen muß. Ich nenne ein einziges Beispiel dafür, nämlich den schönsten Choral aus Bachs Matthäuspassion, »O Haupt voll Blut und Wunden«. Wenn dieser Choral ertönt, dann vollzieht sich – auf der physikalischen Ebene – eine Summe von Schwingungen, die durch das Medium der Atmosphäre an unser Ohr dringen und dort als Töne wahrgenommen werden. Aber kein Mensch käme doch dabei auf die Idee, daß dieser Choral in der Schwingungszahl von bestimmten Tönen »besteht«. Nein, diese Schwingungen bilden nur das Gefäß für die eigentliche Wirklichkeit dieses Chorals, genauso wie beim Menschen seine biologische Natur nur den Rang eines Gefäßes hat, das den eigentlichen Wesensgehalt birgt. Mitten in diesen physikalischen Schwingungen vollzieht sich eine Begegnung zwischen Mensch und Gott, vollzieht sich ein Gebet, da nimmt ein Mensch die Verbindung mit der Ewigkeit auf. *Das* ist das »Eigentliche«, *das* ist der »Choral«, der hier mitten in der Verwirklichung physikalischer Gesetze Ereignis wird. Es sind zwei Seiten derselben Sache, und zwar völlig verschiedene Seiten, völlig andere Dimensionen der Wirklichkeit. Wenn wir den Säugetiercharakter und die biologische Entwicklung des Menschen über Zeugung, Geburt und Tod feststellen, dann besagt das nicht, daß er ein Tier sei. Das wäre eine ebenso unsinnige Folgerung, wie wenn man sagen wollte, das Lied »O Haupt voll Blut und Wunden« sei ein rein physikalisches Ereignis, es sei eine bloße Aneinanderreihung atmosphärischer Schwingungen. Sondern mit alledem kann nur dies gesagt sein, daß Gott mich, der ich im Mutterleibe natürlich bereitet ward, *»geschaffen«* hat und daß er mich kannte, ehe der Welt Grund gelegt ward. Ich, der ich auf der biologischen Ebene ein Säugetier bin, darf mich zugleich als Kind Gottes wissen, das nach seinem Bilde geschaffen ist, als ein Kind, das dieses Bild zerbrochen hat, das in die Fremde lief und durch Jesus

Christus heimgeholt wird zu seinem Vater und in den Frieden des Vaterhauses. Inmitten meiner natürlichen Entwicklung geschieht ein doppeltes Wunder, nämlich: Ich bin als Person von Gott geschaffen und als Kind und Jünger berufen. *Erschaffen* und *berufen!*

## 11. September

Auch wenn wir wissen wollen, was das Geheimnis der *Geschichte* ist, dürfen wir nicht in alten Urkunden und Denkmälern forschen und feststellen wollen, wie es denn alles gekommen ist und aus welcher Urgeschichte sich das gegenwärtige Geschehen als letzte Resultante ergeben hat. (So nötig diese Forschung ist, so wenig führt sie uns auf den Sinngrund und auf das Wesen der Geschichte). Sondern wenn wir wissen wollen, »was« Geschichte ist, müssen wir fragen, was das *Ziel* Gottes sei mit allem irdischen Geschehen, das heißt praktisch: wir können alle menschliche Geschichte nur von ihrem *Ende* her verstehen, von jenem Ende aus, wo Jesus Christus wiederkommen wird zu richten die Lebendigen und die Toten, wo er dem Vater das Reich überantwortet, der dann alles in allem sein wird. *Der Sieg Gottes ist der Sinn der Geschichte.* Darum kann man sie nur rückwärts, von ihrem *Ende* her, lesen. Die uns leitende Frage nach dem Wesen der Geschichte darf deshalb nicht lauten »woher« wir kommen, sondern »wohin« das Geschehen zielt, dem wir einbeschlossen sind.

## 12. September

Sünde, Krankheit und Tod sind im Neuen Testament ein unnatürlicher Einbruch in die Schöpfung Gottes. Jesus ist nicht nur der Seelsorger, der einem Menschen in seinem Gewissen wieder zurechthilft, sondern darum ist er zugleich der Arzt, der wirklich Wunden heilt, auch leibliche Wunden, dem man auch seinen Körper anvertrauen darf, auch die äußeren Dinge. Aber das alles, was er da tut im Wunder und im Wort, heilend und vergebend, das alles sind nur einzelne Zeichen. Millionen sind schon damals über die Erde gegangen und haben nichts von einem Jesus von Nazareth gewußt. Millionen Menschen sind jämmerlich vor die Hunde gegangen – und vor und nach Christus – und nur den einen oder anderen hat er geheilt. Einzelne Zeichen! Und diese einzelnen Zeichen versteht das Neue Testament sozusagen als ein Wetterleuchten des Reiches Gottes am Horizont, ein Wetterleuchten, das den *Tag* ankündigt, das das Reich *Gottes* ankündigt. Und in diesem Reich, das hinter dem Horizont steht und auf uns zukommen will, werden Schuld und Leid zu Ende gekommen sein, und selbst der Tod wird nicht mehr sein. Wenn es uns deshalb hart ergeht, wenn das Dunkel über uns hereinbricht, wenn schweres Schicksal über unser Volk und über unser Leben kommt, wenn wir nicht mehr wissen, wie wir über die kommende Nacht und den morgigen Tag hinwegkommen sollen, dann sollen wir auf dieses *Reich* blicken, das sich im Wetterleuchten der Wunder Jesu schon andeutet. Gott hat in entscheidender Weise seine Hand im Spiel. Das ist deshalb die evangelische Botschaft vom Wunder: die Botschaft vom Wetterleuchten in tiefer Nacht, wo ich nicht mehr weiterweiß und mit dunklen Augen umhertappe; das ist die evangelische Botschaft, daß wir nicht in *Deckung* gehen müssen, wenn das alles kommt. Nein, wenn das alles kommt, dann »erhebet eure Häupter, darum daß sich eure Erlösung naht«, darum daß sich hinter dem Wetterleuchten der Wunder schon der Blitz ankündigt, der in seinem Aufgang und Niedergang ein Gleichnis für die »Zukunft des Menschensohnes« ist. Das ist die Botschaft vom Wunder.

## 13. September

Vorsehung ist nicht auf eine *»sachliche«* Formel zu bringen, die uns das Geheimnis des Weltgeschehens einfach aufschlösse. Sie beruht auf den *»persönlichen«* Entschlüssen dessen, der »vorsieht«. Dann aber komme ich an das Geheimnis der Vorsehung logischerweise nur *so* heran, daß ich in ein persönliches Verhältnis zu dem trete, der »vorsieht«. Indem ich sein Herz in Christus kennenlerne und indem ich ihm vertraue, werde ich auch durch die dunklen und undurchsichtigen Partien seiner Vorsehung nicht mehr irritiert, sondern lasse sie in jenem Vertrauen aufgehoben sein. So verstehen wir die Haltung des 73. Psalms, der jenen dunklen Partien nicht dadurch beikommt, daß er die *Gründe* der geheimnisvollen Gottesführungen erforscht und schließlich errät, so daß er also sagen kann: »deshalb, weil ...« hat Gott dies und das getan, sondern der ganz schlicht bekennt (und zwar angesichts des uneinsichtigen Dunkels bekennt): »*Dennoch* bleibe ich stets an dir.« In dir ist ja das Dunkel aufgelichtet. Und deshalb: »wenn ich nur dich habe, so frage ich nichts nach Himmel und Erde.«

## 14. September

Der Glaube ist niemals etwas *Perfektes,* das man ein für allemal »hätte« und dessen man sich in Sattheit und behaglicher Besitzerfreude rühmen dürfte, sondern der Glaube ist immer auf einem bestimmten *Wege*. Man könnte Ausgang und Endpunkt dieses Weges in *dem* Sinne charakterisieren, daß man sagte: es ist ein Weg, der aus der Anfechtung zum »Loben« führt: Es ist der Glaube der kämpfenden Gemeinde, die immer wieder mit dem Sänger des 73. Psalms zu scheitern droht an den furchtbaren Mißverhältnissen der Welt, an dem unverdienten Glück der Gottlosen und an dem ebenso unverdienten Unglück der Frommen. Es ist der Glaube jener Gemeinde, die mit Hiob den Tag der Geburt verfluchen möchte, weil die Sinnlosigkeit des Lebens – besonders in Katastrophenzeiten – sie allzu übermächtig anspringt und sie sich erst zum »Dennoch des Glaubens« durchringen muß. Aber dieser Weg des Glaubens geht noch weiter. Auch dieses *Dennoch* wird noch überboten durch das Ereignis auf einer höheren Ebene: durch den Lobgesang der verklärten Gemeinde nämlich, die vom Glauben zum Schauen gelangt ist und nun das undurchsichtige Geheimnis der göttlichen Weltführung in seinen Hintergründen und in seiner Wunderbarkeit überschauen darf. Der Glaube ist also wirklich auf einem Wege: nämlich auf dem *Wege* von der »Anfechtung« zum »Lob« und vom »Glauben« zum »Schauen«. Der Glaube ist nicht ein selbstsicherer Besitz (so daß man nur ein für allemal ein Dogma geschluckt zu haben brauchte und daß es nun »unten« wäre), sondern er ist die *Hoffnung,* die sich mitten in der Nacht des Tages rühmt; er ist ein *Warten,* das mitten im Zergehen aller menschlichen Hoffnungen auf das Kommen des Herrn harrt. *Vorsehungsglaube ist nicht etwas, worauf man sitzt, sondern wonach man sich streckt.*

## 15. September

Am Silvesterabend oder am Geburtstag oder an sonstigen Marksteinen unseres Lebens merken wir: Der hinter uns liegende Zeitabschnitt ist *vergangen.* Auch wenn die Uhr 12 schlägt in der Silvesternacht, beginnt das Jahr eben *nicht* von vorne, es ist weitergegangen und versunken und wir selber finden uns unweigerlich näher an die Ewigkeit herangerückt. Die Zeit ist eine Einbahnstraße, auf der man nicht mehr zurückkehrt. Im Gemeindegasthaus in Korntal steht ein Spruch: »Die Zeit sagt nie auf Wiedersehen!« Sie zwingt mich weiterzugehen und nötigt mich, sie selber zurückzulassen. Daher kommt es auch, daß ich alle Schuld meiner Vergangenheit *übernehmen* muß. Es ist nicht so, daß meine Sünden mit der Zeit gleichsam einen »Bart« bekommen, daß »Kraut« darüber gewachsen ist oder »der Zahn der Zeit« sie weggebissen hat – oder wie die verharmlosenden Redensarten über das Zeitverhängnis alle heißen mögen –, nein, sie stehen wie eine ewige Anklage vor mir, ich muß sie übernehmen. Ich kann Vergangenes nicht mehr ungeschehen machen, denn das würde heißen, daß ich die zugeschlossene Tür noch einmal öffnen könnte. Deshalb bittet der Psalmist (Ps. 25, 7.): »Gedenke nicht der Sünden meiner Jugend!« und er fährt sozusagen »zwischen den Zeilen« fort: sie sind eben *nicht* revidierbar, sondern haben als ein Punkt auf der immer noch laufenden Zeitstrecke die Gewalt eines bleibenden Präsens.

## 16. September

Die Offenbarung Johannes ist im Grunde gar nichts anderes als eine gewaltige Schau der Menschengeschichte in ungeheuren Bildern. Es ist nun ganz charakteristisch, daß diese Schau der Weltgeschichte nicht beginnt bei der Urzeit oder bei der Urzelle, auch nicht bei Adam und Eva, sondern daß diese Schau der Geschichte ausgeht vom Leitbild der *Endgeschichte,* von dem Augenblick, wo Christus im Begriff ist wiederzukommen. Dieses Oberlicht fällt nun über die ganze Geschichte, einschließlich ihrer »weltlichen« und verweltlichten Räume, die – ihrem eigenen Selbstverständnis zum Trotz – alle auf ihn hin geordnet sind, obwohl sein Name hier ausradiert und er kaum noch ein öffentliches Geheimnis ist. Nur wenn man dies sieht: daß nämlich alle Linien bei ihm enden und daß er im Fluchtpunkt der gesamten Weltperspektive steht, versteht man die Geschichte, versteht sie im Glauben. So versteht man auch unsere Geschichte mit ihrer Katastrophennot – freilich wiederum nur im Glauben an jenes Ende, an dem der wiederkommende Herr steht. Daher kommt es denn auch, daß die Gemeinde Jesu in großen geschichtlichen Notzeiten nach diesem Buche der Offenbarung Johannes greift, oft sehr ungeschickt, aber doch immer mit einem richtigen Instinkt. Sie tut das deswegen, weil alle menschlichen Deutungsversuche angesichts solcher Epochen der Untergänge, des »Aus-den-Fugen-seins« (Hamlet) und der Welt-Umbrüche, versagen und weil sie sich sagt: man muß auf das Ende sehen, um die Richtungskonstante dieser scheinbar so richtungslosen und an das Nichts verlorenen Zeit zu erfassen. An diesem Beispiel wird deutlich, wie die Geschichte nur vom *Ziel* her erkannt werden kann.

## 17. September

Es gibt nichts Beglückenderes als verwandelte Christenmenschen, und es gibt nichts Zersetzenderes als nur »angetippte« Christen, die mit tausend Samenkörnern bestreut sind und in deren Leben es keine Tiefe und kein Wurzelwerk gibt. Sie fallen deshalb auch beim ersten Wirbelsturm um. Die Halbchristen sind bei der ersten besten Katastrophe immer die, die gleich schlapp machen, weil ihre dürre Intellektualität und ihr oberflächliches Gefühl nicht standhalten. So wird ihnen auch das noch genommen, was sie zu haben *meinen.* Aus diesem Holze sind auch die Antichristen geschnitzt. Sie bestehen fast immer aus ehemaligen Halbchristen, eben aus »angetippten«

Christen. Wer Jesus nur halb in sein Herz hineinläßt, ist ja viel ärmer als ein hundertprozentiger Weltmensch: Er kriegt den Frieden nicht, der höher ist als alle Vernunft, und den Frieden der Welt hat er auch verloren, weil ihm die Naivität genommen ist. Darum lebt er ständig im inneren Hader, und man begreift wohl, daß er eines Tages in einer Art von Wutanfall die Tür zuschlägt vor jener stillen Gestalt, die eben noch angepocht und Einlaß begehrt hatte. Der Antichrist ist immer ein rasend gewordener Halbchrist. Darauf kann man sich verlassen.

## 18. September

Das Gleichnis Jesu vom »verlorenen Sohn« bietet die Illustration für das, was sich vollziehen muß, wenn die Mündigkeit den Ursprung ihrer Bevollmächtigung vergißt und zur bloßen Selbstmächtigkeit degeneriert. Im ersten Augenblick ist der Sohn noch ein Empfangender: Er empfängt das Zeichen der Mündigkeit vom Vater, indem er sein Erbe ausgezahlt bekommt und zur freien Verfügung erhält. Dann aber emanzipiert er sich und gebraucht das Erbe *ohne* den Vater. Die Freiheit, die sich aus einer empfangenen, auf den Vater bezogenen Freiheit nunmehr in pure Selbstmächtigkeit verwandelt, führt ihn in eine tiefgreifende Perversion: Denn das, worüber er kraft seiner Mündigkeit verfügen sollte, was ihm als »Welt« offenstand und als Erbe gegeben war, gewinnt nun umgekehrt Macht über *ihn:* Die von allerhand Weltsituationen angeheizten Triebe beginnen ihn zu beherrschen, sein Erbteil zerrinnt ihm unter den Händen, die Welt wird zur »Fremde« (und damit statt zum Raum freier Selbstentfaltung zu einer Macht der Begrenzung, der Tyrannei und des Ausschlusses), bis schließlich der Schweinetrog zum Symbol eines äußersten Rückfalls in die Knechtschaft wird.

## 19. September

Wenn wir den gefährlichsten und kritischsten Gedanken nicht ausweichen, sondern ihnen standhalten, werden wir am reichsten beschenkt und dürfen die tiefsten Blicke in die Geheimnisse des Glaubens tun. Gott will nicht, daß wir vor den Zweifeln die Augen schließen, sondern er will, daß wir die dunklen Täler des Zweifels wacker durchschreiten, weil wir seines Steckens und seines Stabes gewiß sein dürfen, ja noch mehr: weil wir erst hier das Geheimnis des guten Hirten erfahren. Die Theologie eines Paulus oder eines Luther ist aus den dunkelsten und entsetzlichsten Zweifeln geboren, an denen beide fast zugrunde gegangen wären.

## 20. September

Von der Einsamkeit der Masse ist insofern zu sprechen, als sich lebendige Kommunikation nur in einem Verhältnis des einzelnen zu sich selbst ergibt, das seinerseits der gleichen verbindlichen Größe entstammen muß, die auch das Verhältnis aller zueinander bestimmt. Eben diese *dominierende,* verbindliche und verbindende Größe fehlt der Masse. Wir sind gewiß geneigt, diese Größe mit »Gott« gleichzusetzen. Dazu besteht ein gewisses Recht, und doch wäre diese Identifizierung zu allgemein. Diese Gleichsetzung hat zunächst ihr Recht: Für das biblische Denken besteht menschliche Kommunikation in einem lebendigen, liebenden Verhältnis zum Nächsten. Dieses Verhältnis kann aber nur so entstehen, daß ich im andern den sehe, der »teuer erkauft«, der Ebenbild Gottes und ein Bruder Jesu Christi ist. Ich sehe also im andern nicht – jedenfalls in der letzten und entscheidenden Dimension seiner Existenz nicht – den Vertreter eines Interesses oder einer Funktion oder einer Front. Solange ich in ihm nur derartige Repräsentationen sehe, nehme ich ihn nicht »für voll«. Er geht mich dann nur partiell an. Außerdem ist dann mein Verhältnis zu ihm durch den Egoismus bestimmt: Ich reagiere auf ihn so, wie es mein eigenes Interesse gebietet, also im Freund-Feind-Verhältnis. Deshalb kommt es in dieser Dimension nicht nur zu partiellen Kontakten, sondern auch zu Gegensätzen. Diese

Gegensätze sind auf *ihrer* Ebene durchaus legitim. Im Reiche zur Linken muß es Sach- und auch Interessenauseinandersetzungen geben. Die Botschaft von der Nächstenliebe sagt uns nur, daß der Mensch in diesem »Spiel« des Für- und Gegeneinander nicht aufgeht und daß ich folglich in ihm noch etwas anderes zu sehen habe als den bloßen Teilnehmer in jenem »Spiel«. Erst indem ich ihn auf Gott beziehe, ergibt sich die Kommunikation der Liebe und damit das Ernstnehmen der *Personalität* des andern. Die Geschichte vom Babylonischen Turm ermöglicht so etwas wie die Gegenprobe auf diese Feststellung: Indem sich die Menschen von der verbindenden Mitte lösen, entfällt auch die Verbindung untereinander. Solange jeder vom anderen weiß, daß er an die Gebote Jahwes gebunden ist, ist dieser andere für ihn berechenbar. Er weiß um die Grundformen seines Handelns und Reagierens. Sobald diese Bindung verschwindet, wird der andere unberechenbar. Er ist dann die Funktion seines unkontrollierbaren Interesses, seiner Triebe und seines Egoismus. So treten an die Stelle des Vertrauens untereinander, das von der gleichen Bindung an Gott geschenkt wird, die Angst, das Mißtrauen und damit die zentrifugale Tendenz. Das Gericht der Zerstreuung ist nur der Vollzug dessen, was potentiell durch die Absage an Gott bereits da ist.

## 21. September

Die Suggestion der Technik in unserer mechanisierten Welt führt dazu, daß unsere Generation immer mehr an ein Dogma zu glauben beginnt, das wir als den Lehrsatz von der »Machbarkeit aller Dinge« bezeichnen. Die Möglichkeiten des Menschen erweitern sich ins Ungeheure. Wo sind noch schicksalhafte Gegebenheiten, die angenommen – vielleicht sogar als »Heimsuchung« angenommen – würden? Gewiß, es gibt sie. Der Tod wird bleibend zu ihnen gehören. Aber sie werden immer weiter zurückgedrängt. Selbst das Klima läßt sich ändern, selbst menschliche Beziehungen (human relations) sind mit synthetischen Mitteln beeinflußbar. Dieses Dogma von der Machbarkeit aller Dinge stellt die prometheische Variante unserer Zeit dar. Sie ist ein neuer Exzeß mißverstandener menschlicher Autonomie. Nicht, daß man so viel kann, ist gottlos. Man könnte es auch »fromm« können, wenn man anvertraute Pfunde verwaltete. Aber daß man an den glaubt, der es aus eigenen Kräften zu können meint, führt zur Maßlosigkeit und zur Hybris. Der alles Könnende kann nur eines nicht mehr: er kann nicht mehr leiden wollen. Er kann nicht mehr annehmen, weil er den Gebenden und Schickenden nicht mehr kennt. Es ist Verhängnis und Segen unserer Zeit, daß es in ihren menschlichen Fragen immer um das Letzte geht. Es handelt sich um Aufstand oder Gehorsam. Es handelt sich um die Entscheidung, zwischen dem Dogma von der Machbarkeit aller Dinge und der Bereitschaft, »anzunehmen«.

## 22. September

Der neue Mensch ist *immer* im Beginn. Er wächst nicht über diesen Beginn hinaus, sondern in ihn hinein; er läßt die Initiation seiner Taufe nicht hinter sich, sondern er kriecht immer tiefer in sie hinein. Die Überwindung des alten Adam vollzieht sich ständig von neuem. Wenn dieser alte Adam aber der sich »atheistisch« im Sinne seiner Innerweltlichkeit verstehende Mensch ist, dann wird das incipere seiner neuen Existenz, also in einer ständigen Überwindung eben dieser Voraussetzungen seines Selbstverständnisses bestehen. Insofern ist christliche Verkündigung entweder missionarisch oder sie ist nicht. Das Missionarische lebt vom Herausrufen und von der Erinnerung daran, daß wir Herausgerufene sind. Wenn eines der wesentlichen Kriterien für die Gesundheit einer Kirche und ihrer Lehre ist, (Titus 1, 13) daß beide den Impuls zur Mission in sich enthalten, dann nicht deshalb, weil es der Drang zur Expansion wäre, der hier von überquellender Vitalität zeugte, sondern deshalb, weil eine solche Kirche den Glauben als Herausrufen versteht und weil sie deshalb das incipere im Auge behält. Insofern widersteht sie dann der Versuchung, dem Gedanken an eine wie immer bestimmte Perfektion des geistlichen Lebens oder des Institutionellen oder des Heiligungsstandards Raum zu geben. Sie fühlt sich eben nicht als »gewachsene«, in Traditionen gründende und sie fortentwickelnde Gemeinde, sondern sie versteht sich als eine communio der Herausgerufenen und der immer neu zum Exodus aus der alten Existenz Entbotenen. Die missionarische Gemeinde ist immer »junge« Gemeinde, sie empfängt das Wunder des Glaubens ständig neu; sie erlebt jeden Tag ihren Tauftag. Deshalb muß sich die Verkündigung von der Frage leiten lassen: »Welchen Grund soll eigentlich jemand haben, der aus Überzeugung nicht glaubt, an die christliche Botschaft zu glauben?« (R. Augstein) Diese Frage wollten wir mit der These begründen, daß nicht die »gewachsene« Gemeinde, sondern das »atheistische« Selbstverständnis des säkularen Menschen die Fragen bestimmt, auf die unsere Verkündigung antwortend und korrigierend zugeht. Und so paradox es klingt: Nicht der Gläubige, sondern der Ungläubige ist das Kriterium für die Glaubwürdigkeit einer Theologie, das heißt für den Rang der Argumente, mit denen sie sich auf ihren Grund bezieht und sich ihre Ziele setzt, um sich in beidem begründen zu lassen.

## 23. September

Wir können beobachten, daß alle ursprünglich an den Glauben gebundenen Tatbestände sich von diesem emanzipieren und zu frei schwebenden Ideen werden können: Sicher hat zum Beispiel der neuzeitliche Gedanke der Humanität seine Wurzel im christlichen Verständnis des Menschen, und zwar so ausschließlich, daß man in diesem Falle selbst griechische Denktraditionen kaum oder doch nur peripher als mitbestimmenden Ursprung bezeichnen kann. In der Unbedingtheit der Menschenwürde, wie sie heute auch in ganz säkularen Thesen über die Menschenrechte auftaucht, bildet sich noch jene fremde Würde (dignitas aliena) ab, die der Mensch als der von Gott geschaffene, heimgesuchte und »teuer erkaufte« und unter seinem Patronat stehende Mensch hat. Dieser Bezug war es gerade, der den Menschen sakrosankt machte. Denn nicht sein eigenständiger Wert war es, der Gott dazu veranlaßte, ihn zu lieben, sondern weil ihn Gott liebte, hatte er diesen Wert und war sakrosankt. Im Rahmen der neuzeitlichen Säkularisation aber *löst* sich die Idee des humanum zunehmend von dieser ihrer Begründung. Sie bewahrt zwar den humanen Rang, der sich aus dieser Begründung ergab. Sie versteht sich aber als eine Idee, die aus eigener Evidenz, sozusagen mit dem Privileg eines Axioms, lebt und jener Begründung nicht mehr bedarf. Ähnliches ließe sich von dem Gedanken der Freiheit und der menschlichen Bruderschaft feststellen. Es geht jeweils um säkularisierte theologische Begriffe, die aus dem begründenden Bezug zu Gott herausgenommen und zur Idee verselbständigt worden sind.

## 24. September

Das Problem der Technik liegt nicht eigentlich darin, daß sie sachlich wertfrei ist und darum auch kein Traditionsgut im strengen Sinne sein kann. Solche wertfreien Tätigkeiten und Aufgaben hat es immer gegeben; man denke nur an Mathematik und Physik und Mineralogie. Das Problem der Technik für die menschliche Existenz besteht vielmehr darin, daß die Technik durch die Omnipräsenz ihrer Phänomene und die durch sie bewirkte generelle technische Mentalität (den »Ingenieursgeist«) einen tiefgreifenden Einfluß auf die Struktur des menschlichen Bewußtseins und der menschlichen Verhaltensweisen gewinnt. Das am Rande des humanum Befindliche, jenseits aller Entscheidungen Liegende hat dennoch prägende Kraft für dieses humanum. Der Mensch als Entscheidungsträger wird durch das Entscheidungslose geformt. Darin liegt die eigentliche Gefahr.

## 25. September

Es mag uns verheißungsvoll und beglückend erscheinen, daß es Dinge im Leben gibt, die sich aller Rationalisierung und aller Organisation entziehen und die ihren eigenen und originalen Echtheitsbeweis zu erbringen haben. Erst wenn das geschehen ist, setzen Aufgaben der Organisation ein. Es gehört zum Verheißungsvollsten unserer Zeit, daß wir auf diese letzte Thematik unseres Lebens, auf das Geheimnis Gottes und des Nächsten gestoßen werden – nicht indem wir uns meditativ auf diese Fragen konzentrieren, sondern indem wir die

Sachprobleme mustern, die uns innerhalb der Arbeitswelt, und hier wieder speziell innerhalb der Bewältigung wirtschaftlicher und menschenführerischer Aufgaben, begegnen. Die entscheidende Frage, die sich hier ergibt, lautet: Ist der wesentliche Orientierungspunkt für Mitmenschlichkeit die Tatsache, daß der andere über den unendlichen »Wert« der Menschenseele verfüge, oder der, daß er »verwertbar« sei. Wenn der Christ das Geheimnis des Lebens im ersten Sinne beantwortet, fügt er hinzu, daß das Geheimnis jenes unendlichen Wertes des Menschen nicht in seiner Funktionstüchtigkeit, sondern darin liege, daß er »teuer erkauft« ist, daß er unter dem Patronat einer ewigen Güte steht und daß er darum – wie das Gleichnis vom barmherzigen Samariter zeigt – selbst als Einsamer, unter die Mörder Gefallener oder auch als ein unheilbar Geisteskranker auf die Liebe Gottes bezogen und also sakrosankt sei.

## 26. September

Jedes echte Arzttum lebt davon, daß es ein *Zeichen* ist: ein aufgerichtetes Zeichen nämlich gegen die Unnatur, gegen den Einbruchs- und Zerstörungscharakter der Krankheit und des Todes. Im Vergebungszuspruch des Seelsorgers, im Heilen des Arztes und in der helfenden Liebe überhaupt meldet sich das opus proprium Dei. All dies ist ein Protest gegen den bösen Feind, aber nicht gegen Gott. Die Arznei, die ich verwende, ist ja ein Destillat aus Abwehrkräften, die *in* der Schöpfung gegen die *Störung* der Schöpfung liegen. Sie wird also im Namen des Schöpfers gegen den Aufstand wider sein Werk, das heißt gegen die Unordnung verwendet. Die Arznei ist ein Zeichen, daß Gottes Schöpfung mit, in und unter der Zerstörung noch da und in Kraft ist. Das ärztliche Helfen und Heilen ist somit ein Zeichen, daß die Welt noch unter der Anoché Gottes steht, daß die »angenehme Zeit« (der *Kairos*) noch läuft und daß der Mensch zum physischen Leben bewahrt werden soll, damit er das geistliche ergreifen kann. So gewinnt das Arzttum seinen Sinn nicht nur vom Schöpfungsanfang, sondern auch vom Telos der Heilsgeschichte her.

Ich halte etwas nicht deshalb für gut, weil es nur neu, und nicht deshalb für schlecht, weil es nur alt und bewährt ist. Mir geht es nicht darum, ob eine Wahrheit so alt ist, daß sie von Grünspan bedeckt wird, oder so neu, daß sie wie frisches Kupfer glänzt, oder so zukünftig, daß sie erst im Stadium der Knospe oder gar des Keimes ist. Mich interessiert nur, ob und warum eine Wahrheit wahr ist. Darum frage ich zuerst nach ihr selber und halte mir die Frage nach ihren temporalen Qualitäten vom Leibe. Ich erlaube mir weder eine reaktionäre noch eine progressistische Wahrheitserwartung. Durch beides entstünden Nebengeräusche, die den eigentlichen Ton der Wahrheit verzerren oder überdecken müßten, so daß mir die Richtung verlorenginge. *So* also frage ich nach der Wahrheit. Tritt mir dann als Antwort etwas Neues, Unverhofftes entgegen, so versuche ich offen dafür zu sein. Erfahre ich dagegen als Wahrheit etwas, das schon durch Tradition geheiligt ist und vielleicht ins Archaische zurückreicht, so grüße ich es mit Ehrerbietung. Bei der Begegnung mit dem Evangelium muß ich auf *beides* gefaßt sein: auf ein Immerwährendes, das seine Spur schon in Jahrtausende gegraben hat, und auf neue Horizonte, deren Räume ich ohne Furcht betrete. Doch das ist untertrieben: Ich gehe in sie hinein mit der göttlichen Neugierde eines Menschen, der das Neue und Unbekannte nicht nur als ein Verborgenes, sondern auch als ein Geborgenes entdeckt. Auch das Neue und Unbekannte ruht im Frieden jener Hände, die Orient und Okzident, die das Einstige und das Zukünftige umfangen. Das meine ich mit der Neugier der Kinder Gottes. Sie geht voran und blickt nicht zurück. Und wenn das Dunkel der Zukunft sie nicht schreckt, so hat das keinen heroischen Grund. Sie weiß ja, wer das Zukünftige verhängt und es gleichwohl nicht zum Verhängnis werden läßt. Sie weiß, wer die Ziele setzt und für sie bürgt. Hier kommt die Unruhe der Gedanken zum Frieden. Was uns gespannt und neugierig macht, ist die Frage, auf welchen unbekannten Wegen wir dem bekannten Ziele zugeführt werden.

Die Forderung, daß die lehrende und verkündende Kirche sich besonders um die jungen Eltern kümmern müsse, kann nicht bedeuten, daß sie diese nur zum Gottesdienst einlädt. Sie wird sie vielmehr zusätzlich in Elterngemeinden sammeln müssen, denen belehrend und verkündigend gesagt wird, was Gottes Gebot und gnädiges Angebot für die Erziehung ihrer Kinder, für deren Ziel und Weg bedeutet; man könnte auch sagen: was die Taufe ihrer Kinder bedeutet. Nur so kann es für die pädagogische Provinz der christlichen Gemeinde ein organisches Wachstum geben. Jeder Streifen neuen Landes muß erworben sein, um von der Gemeinde in Besitz genommen zu werden. Nur die Intensität der Gemeinde legitimiert ihre Extensität. Nur so werden die Eltern auch im politischen Raum zu Willensträgern werden und also einer staatlichen Neigung zur Omnipotenz selber als Potenz gegenüberstehen und gegenübertreten können. Die Politik der Kirche – und sie muß mit politischen Instanzen ja auch politisch verkehren – darf im Erziehungsgebiet nur darauf ausgehen, die Chancen für die Errichtung christlicher Schulen und für den christlichen Einfluß in anderen Schulen gesetzlich und vertraglich zu sichern, um die rechtlichen Voraussetzungen zu ihrer Wahrnehmung in Händen zu haben, wenn nach ihrem Ermessen glaubwürdige Verwirklichungen möglich geworden sind. Konkret könnte das etwa heißen, daß sie sich grundsätzlich das Recht der Konfessionsschule garantieren läßt, daß sie aber das so grundsätzlich garantierte Gelände nicht einfach mit christlichen Schulfassaden bebaut, sondern nur Stücke von ihm in Anspruch nimmt, die sie besiedeln kann. Das gleiche würde auch von dem staatlicherseits zugestandenen Volumen an Religionsstunden gelten. Es wäre töricht, unrealistisch und unglaubwürdig, wenn die Kirche darauf bestände, daß diese Stunden nun auch wirklich gegeben werden – gleichgültig, ob geeignete Lehrer dafür da sind, und gleichgültig auch, was die nicht zuständigen Lehrer in diesen Stunden treiben. Es kann zum Gehorsam und zur Treue der Kirche gehören, keinen Religionsunterricht zu erteilen und das zugestandene Akkerland brach liegen zu lassen – aber um so intensiver an der Vorbereitung zu seiner Bebauung zu arbeiten. Die Erziehungspolitik der Kirche darf sich folglich nicht durch die äußerlich günstigen Chancen des Augenblicks – die ja alles andere als geistliche Chancen sein können – bestimmen lassen. Solche Chancen bestehen zum Beispiel in konfessionsgünstigen Regierungskonstellationen oder in der demokratischen Anwendung der Konfessionsstatistik oder in beidem zugleich. Bischöfe und Kirchenbehörden, die sich auf solche Chancen spezialisieren, wären Offiziere ohne Mannschaften; sie wären nur Vertreter und Anwälte der Leere, aber nicht der Lehre ihres Glaubens. Die beste und vor allem die realistische Politik der Kirche ist vielmehr auch hier – der Gehorsam, nämlich der Gehorsam, die Botschaft von Jesus Christus auszurichten, dem die Kinder ja angehören. Hier und nur hier muß der Ausgangspunkt ihres Kampfes um die Erziehung sein. Er muß also in der Gemeinde beginnen. Und nur indem die Gemeinde zuerst nach dem Reiche Gottes trachtet, wird ihr alles andere, auch die christliche Schule, »zufallen«. Will sie aber das, was sie nur in Gestalt des »Zufallens« haben kann, als Hauptsache erstreben, so wird sie machtpolitisch und klerikal, wird sie also eine Kirche der Lüge. Viel wichtiger als etwaige Erfolge, die die Kirche erringt, ist die Erkenntnis, daß sie selbst vor die Entscheidung zwischen Gehorsam und Ungehorsam, zwischen Wahrheit und Lüge, gestellt ist. Sowohl Gericht als auch Erneuerung beginnen immer am Hause Gottes selbst.

## 29. September

Die evangelische Kirche lebt zwischen zwei extremen Flügeln, von denen der eine – pietistisch gerichtete – sich von jeher aus der Feuerzone politischer Auseinandersetzungen zurückgezogen hat, um den »schmutzigen Händen«, dem »garstigen Lied« und dem Vorletzten überhaupt zugunsten einer klaren Hingewandtheit zum Letzten auszuweichen. Der andere Flügel ist dagegen lebhaft von der Verpflichtung erfüllt, nicht nur die private Zone der frommen Innerlichkeit, sondern auch die öffentlichen Lebensbereiche für Gott in Anspruch zu nehmen, und leitet daraus die Aufgabe ab, im Namen der Gebote Gottes bestimmte Programme für den Ost-West-Konflikt, die militärische Auf- und Abrüstung und für gesellschaftliche Probleme überhaupt zu verkünden. Nicht immer herrscht dabei eine beglückende Klarheit über die jeweiligen Kompetenzen, über den Unterschied etwa zwischen dem, was der einzelne, mit einem politischen Mandat ausgestattete Christ, und zwischen dem, was die Kirche als ganze zu sagen befugt ist. Nicht selten kommt es so dazu, daß politische Ermessens- und Glaubensfragen für ranggleich gehalten und daß so bestimmte sachliche Meinungen zum Bekenntnis erhoben oder als Häresien verdammt werden. Dadurch wird nicht nur der Leib Christi zerrissen, sondern das Wächteramt der Kirche bringt sich gerade bei denen in Mißkredit, die einen Augenblick von der Frage beunruhigt waren, ob die Politik nicht mehr als nur politische Fragen stelle, und die bei der Beunruhigung durch dieses Mehr einen fragenden Blick zur Theologie hinüberschickten. So droht eine große und in Gnaden gewährte Stunde des wechselseitigen Sich-Suchens in Irrungen und Wirrungen vertan zu werden.

## 30. September

Beim Aussprechen theologischer Wahrheiten geht es nicht ohne jedes Risiko ab. Man muß Häresien wagen, um Wahrheiten zu gewinnen. Wer nur aus der Absicherung lebt, hat schließlich nur leere Hülsen in der Hand, in denen keine Wahrheit mehr steckt. Und außerdem ist »Gefahr« kein theologischer Begriff. Gefährlich ist alles. Selbst die Bergpredigt ist gefährlich. Man kann dabei zum Schwärmer werden. Auch die paulinische Rechtfertigungslehre ist gefährlich. Man kann dabei zum Libertinisten werden, der den Gehorsam verachtet, weil ihm im Glauben ja nichts mehr passieren kann. Wer sich mit der Wahrheit einläßt, begibt sich immer in Gefahr. Aber er hat die Verheißung, daß er eben nicht darin umkommt, sondern daß sie ihn frei macht.

Jede Erziehungsaufgabe stellt vor »letzte« Fragen: Sie läßt den kleinen Menschen als etwas Gegebenes erkennen, das man nicht einfach wunschgemäß formen kann, sondern hinnehmen muß. Sie stellt vor die Verantwortung für einen anderen lebendigen Menschen, der uns anvertraut und nicht nur zur Bereicherung des eigenen Daseins gegeben ist. Sie stellt uns vor das Geheimnis des Bösen und damit vor alles, was mit Vergeben und Verzeihen zusammenhängt. Sie stellt vor die Aufgabe einer Liebe, deren Anspruch eine natürliche Affenliebe niemals gerecht wird, sondern die auch mit dem Fragwürdigen am andern fertig werden muß. Und endlich führt sie ständig über die materiellen Probleme von Bekleidung, Ernährung und Versorgung hinaus und läßt den Horizont menschlicher Existenz überhaupt ins Blickfeld treten: ihren Sinn, ihre Bestimmung und ihr Thema. Auf was hin soll ich überhaupt erziehen und welches Bild soll denn auf dieser Platte entwikkelt werden!? Das sind Fragen, die in der Tat an das Letzte rühren. Und eben das sind genau die Fragen, mit denen der Glaube und also auch die Seelsorge zu tun haben. Sie sind chiffrierte Formen der Frage nach der Schöpfung, nach der Rechtfertigung und der Bestimmung des Menschen. Indem wir als Seelsorger mit den Eltern über ihre Kinder sprechen und das Problem der pädagogischen Verantwortung behandeln – und zwar bis ins Detail, von der kindlichen Lüge bis zur Berufswahl des Halbwüchsigen –, können wir gar nicht anders, als jene Aspekte des Letzten ins Blickfeld zu bringen. Wir bringen das Evangelium ins Spiel, insofern es Aussagen über Fragen enthält, die durch die Erziehungssituation schon auf dem Tapet sind und die wir also nicht erst entbinden müssen. Wir lassen das Evangelium als Korreferat zu Lebensfragen auftauchen, zu denen auch andere Leute und sonstige Größen referieren: zum Beispiel der »gesunde Menschenverstand« der Eltern selbst, die sich Gedanken über diese Probleme machen, wie auch Philosophen, Leitartikler, Tanten und viele andere. Das Evangelium taucht in der Konkurrenz anderer Diagnostiker und Therapeuten auf – genau wie die Kirche in der pluralistischen Gesellschaft als eine Stimme unter vielen anderen auftaucht. Hier bietet es sich zur Bewährung und zur Lösung an.

## 2. Oktober

Der Existentialismus von Heidegger und Sartre bis zu Bultmann und Braun führt zur Entweltlichung und läßt damit drängende Weltprobleme unbelichtet. Nicht nur Wolken und Bäume, sondern auch gesellschaftliche Strukturen und geschichtliche Zwänge bilden nur die dunkle Folie, vor der das Licht der Existenz brennt. Die Introvertiertheit des Blickes, die Nabelbeschau des permanent erfragten »Selbstverständnisses« führt zu einseitiger Konzentration auf das menschliche Subjekt und die in ihm enthaltenen Bedingungen des Verstehens. So kommt es zu endlosen hermeneutischen Etuden und Glasperlenspielen, die in völliger Sterilität enden. Sie sind steril nicht nur in der Weise, daß sie Weltverstehen und Welthandeln, erst recht jede Programmatik großen Stils ausklammern, sondern auch insofern, als sie nicht zum Handeln anleiten. Nachdem sich diese Phase existentialistischen und theologischen Denkens festgefahren hat, gewannen die neuen Fragestellungen struktureller Weltbewältigung alle Chancen, das öde gewordene Feld zu beherrschen. Dazu hatten sie gewiß ein Recht; sie waren auf legitime Weise – sachlich und chronologisch – an der Reihe. Das Mißliche war nur, daß der Existentialismus in dieser Hinsicht nur verbrannte Erde übriggelassen hatte. Wenn er nun über Nacht entmachtet wurde – ein faszinierend-erschreckendes Schauspiel für jeden Beobachter geistesgeschichtlicher Vorgänge –, so fand sich die neue Generation nahezu unvorbereitet mit Fragestellungen konfrontiert, für deren Bewältigung sie in der Tradition keinerlei Kategorien und Kriterien vorfand. Die Plötzlichkeit und das Unvorbereitetsein, in dem die neuen Fragestellungenn auftauchten, führte bei denen, die im Protestantismus diese Wende mitmachten, vielfach zu einer völligen Dispensierung der Theologie und zu einer Ausschließlichkeit soziologischer Betrachtung, die nur noch krampfhaft gewisse christliche Erinnerungen festhält. Allein deshalb wohl, weil man eben von christlicher Herkunft ist, bemüht man Jesus noch als »Revolutionär« und läßt die Propheten des Alten Testaments Schwurzeugen einer bei uns gängigen Spielart der sogenannten »Theologie der Revolution« sein. Die Politisierung und Soziologisierung des Denkens bildet aber den eigentlichen Tenor, die eigentliche Leidenschaft, und der verbleibende christliche Firnis ist nur eine sehr dünne Schicht.

## 3. Oktober

Das Evangelium bedeutet, daß der Mensch dort abgeholt wird, wo er steht. Die Boten, die zum königlichen Hochzeitsmahl einladen sollen, werden an die Zäune, auf die Gassen und auf die Märkte geschickt. Die Leute brauchen das hochzeitliche Kleid nicht schon zu tragen, damit sie überhaupt eingeladen werden. Sondern sie werden abgeholt, während sie noch Lumpen tragen. Gott taucht an ihrer Seite auf, und Christus ißt mit den Sündern. Würde er sich genieren, auch mit den ästhetischen Sündern zu essen? Würde es ihn graulen, wenn er die Songs der Heilsarmee, die »Reichslieder« und einige sentimentale Weisen des 19. Jahrhunderts hört? Sollte er nur der Gregorianik in den Domen zugeneigt sein? Nichts gegen die Gregorianik, nichts gegen das liturgische Kleid, aber alles dagegen, daß dieses Kleid zu früh übergestülpt wird. Auf den Gassen und ehe das Protokoll des Hochzeitsmahles sein Regiment führt, wirkt es fremd, und auf den Gassen erkennen sich die Leute in dieser Maskerade nicht wieder. Wer auf der Hamburger Reeperbahn Mission treibt, kann nicht »Ein feste Burg« singen lassen. Die Christenheit ist aber zu reich und zu begnadet, als daß sie nicht auch für die Vorhallen das Passende in ihrem Fundus hätte. Wenn ich recht sehe, wirkt sich im Überspringen der Reifestationen ein protestantisches Prinzip negativ aus. Die Reformation trat an im Namen einer dreifachen Unbedingtheit: allein aus Glauben, allein aus Gnaden, allein aufgrund der Heiligen Schrift werde der Mensch gerechtfertigt. Im Zuge der Säkularisation wird die hier geltend gemachte Unbedingtheit formalisiert und zu einem allgemeinen Prinzip, ja geradezu zu einem Stilgesetz des Denkens erhoben. Protestantisch sein heißt dann »unbedingt« sein und nur noch im Stil des Entweder-Oder denken.

## 4. Oktober

Es will uns scheinen, daß in den üblichen Bestimmungen über die Kennzeichen der Kirche – auch innerhalb unserer Bekenntnisschriften – etwas fehlt, wenn nur richtige Lehre und Sakramentsverwaltung hierher gehören sollen. Kirche ist vor allem da, wo zwei oder drei in seinem Namen versammelt sind und das kirchenbildende Amt des Gebets ausüben. Man wird sagen dürfen, daß darin das andere: Wortverkündigung und Sakramentsverwaltung einbegriffen sind. Denn was dürfte anders uns zum Beten ermächtigen als Wort und Sakrament, als Gottes ausgestreckter Arm? Erst unter dem Gesichtspunkt des kirchenbildenden Amtes legt sich auf unser Beten die ganze Verantwortung: Es wird Kirche geben, solange und wo immer es Beter gibt. Und der »Platzregen des Wortes Gottes« wird über uns hinwegeilen und uns ungesegnet von dannen ziehen lassen, wenn das Lob der Pilgrime und Bürger hienieden verstummt. Kirche, als die Gemeinschaft der Beter ist immer die unvollendete, die kämpfende, die pilgernde Kirche, die Kirche unter dem Kreuz, die Kirche in den Abgründen, aus denen sie ruft. Aber das Gebet, das hienieden ertönt, ist selbst schon ein Angeld ihrer kommenden Glorie.

## 5. Oktober

Die alten Wahrheiten, die gestern wahr gewesen sind, werden gewiß auch heute und morgen wahr sein. Aber kann man sie auch immer auf die gleiche *Weise* sagen? Kein Zweifel: Der pythagoreische Lehrsatz kann für alle Zeiten so bleiben, wie er ist. Ein Kosmonaut, der bei seiner Mondumkreisung an ihn denkt, kann ihn nicht anders formulieren, als ihn schon Kopernikus oder Galilei kannten. Aber gilt das auch von Wahrheiten, die über Gott und Mensch ausgesagt werden? Läse ich die Bibel im hebräischen und griechischen Urtext vor, würde sie kaum jemand verstehen. Ich muß sie zumindest übersetzen. Aber was heißt übersetzen? Das heißt doch offenbar, daß ich die alte Botschaft in die Sprache von heute transformieren muß. Schon der Luthertext ist ja in weiten Partien heute unverständlich. Übersetzen heißt aber noch mehr. Es heißt doch zugleich »nahebringen«, so daß der Hörer merkt: Es geht mich an. Wie furchtbar wäre der Gedanke, ich könnte hier als Prediger zwar über das reden, was wichtiger ist als Essen und Trinken, ich könnte über die Frage reden, ob wir unser Leben verfehlen, zur Sinnlosigkeit verdammen oder über Not und Schuld triumphieren können; doch in der siebenten Reihe links säße jemand, der sich gelangweilt auf der Kirchenbank räkelte und nur feststellte: »Kalter Kaffee; was geht das mich an? Mich interessiert nur, wie ich weniger arbeiten muß, mehr verdiene und wie ich meine Triebe auf möglichst amüsante Art abreagieren kann!« Wenn mir hier der Auftrag zuteil geworden ist, ein Botschafter für die letzten Fragen unseres Lebens zu sein, und es gelingt mir nicht zu zeigen, daß einen das *angeht,* daß es mit meinem Tod und meinem Leben zu tun hat, dann ist das doch geradezu tödlich für mich: entweder in dem Sinne tödlich, daß ich alles falsch gemacht habe, oder tödlich in der Weise, daß Gott das Gericht der Verstockung über diese Stunde verhängt hat. Das Evangelium will doch den Menschen *angehen.* Hier verlieren wir unsere Ketten; und was uns bisher tyrannisch bedrängte (die Sorge gegenüber dem morgigen Tag, die Last unvergebener Schuld, der Haß, der das Herz abschnürt, die Angst, die lauter Gespenster des Schreckens produziert): das alles ist plötzlich seiner Macht beraubt und darf mich nicht mehr entführen.

## 6. Oktober

Wie modern darf die Theologie sein? Ist das nicht eine merkwürdige und etwas unzeitgemäße Frage? Wem fiele es etwa ein zu fragen: Wie modern darf ein Automobil oder ein Diktiergerät oder die Ausstattung eines Laboratoriums sein? Man würde den, der so fragte, wahrscheinlich für leicht benebelt oder für einen Sonderling halten. Denn selbstverständlich kann ein technisches Gerät nicht modern genug sein. Modernisierung heißt hier ganz einfach Verbesserung, Ausmerzung von Fehlerquellen und rationellere Funktion. Der Standard von gestern ist heute eben überholt. Warum stellen wir aber diese offenbar abwegige Frage, wie modern etwas sein dürfe, gerade bei der Theologie? Ist es denn hier so anders als bei der Technik? Es gibt treue Gotteskinder, denen beim Begriff »moderne Theologie« ein kalter Schauer über den Rücken rinnt. Und es gibt wiederum andere Zeitgenossen, Intellektuelle und Wahrheitssucher aller Art, die darin ein befreiendes Stichwort erkennen, ein Signal, das ihrem fast erstorbenen Glauben noch einmal eine Chance und einen neuen Auftrieb zu verheißen scheint: Du kannst den Glauben an Christus als etwas Heutiges, Gegenwärtiges erleben und brauchst dich dabei nicht künstlich in alte Zeiten zurückzuversetzen. – Was also in der Technik ein optimales Gütezeichen ist – eben dieses Wort »modern« –, das löst auf dem Felde der Theologie eine geradezu turbulente Polemik aus: Zeitungen und Nachrichtenmagazine wissen, was den Leuten an Nieren und Nerven rührt, und sie öffnen dieser Aufregung ihre Spalten. In der Dortmunder Westfalenhalle versammelten sich 1966 zwanzigtausend Menschen, um von der »modernen Theologie« zu bekennen, sie sei das Schafskleid, in dem sich der altböse Feind heutzutage tarne. Hier Geist Gottes und hier Beelzebub: so gegensätzlich sind die Parolen, die an unser Ohr dringen.

## 7. Oktober

Der Mensch kommt nach der biblischen Sicht der Dinge erst dann zu sich selbst und damit zum Frieden, wenn er von Gott berufen wird und wenn er auf diese Berufung eingeht. Man könnte das übrigens an vielen Beispielen zeigen, zum Beispiel an der prophetischen Berufungsgeschichte eines Jesaja oder eines Jeremia oder eines Ezechiel. Indem diese zu Gott berufen werden, kommen sie auch zu sich selbst. Da entsteht eben *auch* – – der »Jesaja«. Es ist ja gar nicht so, daß ich, wenn ich Gott zu meinem Herrn mache, ein anderer würde, im Gegenteil: ich werde gerade »ich selbst«, dann kommt das Original dessen hervor, was Gott mit mir vorhat. Wir sehen das an den Begegnungen der Menschen mit Jesus: Indem die große Sünderin, indem die Zöllner und anderes Gesindel vor ihn treten, leuchtet etwas ganz Neues in ihnen auf, und sie werden geheimnisvoll verändert. Sieht man aber genauer hin, so ist es eigentlich kein »Anders-werden« in dem Sinne, daß sie sich von sich selbst »hinweg entwickelten«, sondern sie kehren in einem tiefsten Sinne zu sich selber heim, indem sie wieder »Kinder ihres Vaters im Himmel« werden.

## 8. Oktober

*Alle Geschichte ist im letzten Grunde Begegnungs- und Berufungsgeschichte.* Sie findet also zwischen zwei Größen statt (Gott und Mensch) und ist daher alles andere als bloße »Entwicklung«, als »Heraus-Entwicklung« keimhafter Anlagen (als die Goethesche »geprägte Form«), die, wenigstens theoretisch, in der Ich-Einsamkeit stattfinden könnte. Erst in der Begegnung mit dem göttlichen Du, also gleichsam indirekt, komme ich auch zu »mir selbst«, nie aber komme ich so zu mir selbst, daß ich mich *direkt* suche und anpeile. Auch hier gilt das Jesuswort: »Wer sein Leben erhalten will, der wird's verlieren.« Denn dieses »Selbst«, das ich gewinnen und verwirklichen möchte, liegt ja in meiner Kindschaft beschlossen. Und wie könnte ich wieder »Kind« werden ohne den »Vater«? Alle Begegnung mit Gott vollzieht sich aber unter dem Doppelgesichtspunkt, daß ich *einmal* den Raum meiner *Gebundenheit* (meine geschichtliche Stunde, meine Geschlechtlichkeit, meine Begabung und so weiter) aus Gottes Hand empfange – hier geht es um die Frage »*woher*« bin ich –; und daß ich zweitens auch den Raum meiner *Freiheit* von dorther entgegennehme, um mir meine Aufgabe, meine Bestimmung zuweisen zu lassen – hier geht es um die Frage, »*wozu*« ich da bin –. *Nur von diesen beiden Fragen aus läßt sich das Geheimnis aller Menschengeschichte erfassen.*

## 9. Oktober

Unser aller Freiheit und auch die Freiheit der großen und aktivistischen Empörer mündet schließlich und endlich doch in die Ziele Gottes ein, auch wenn keiner von uns den *Ort* der Einmündung erkennen kann. *Die großen Empörer meinen ihre eigenen Schritte zu tun, und sind doch nur die Schrittmacher*

*Gottes;* sie meinen, sich selber Ziele zu setzen, und sind doch nur ein Stück Weg zu ganz anderen Zielen, von denen sie sich nichts träumen lassen. »Der Mensch denkt«, das heißt er macht sich seinen eigenen Plan und meint in seinem Denken, die Initiative zur eigenmächtigen Lebensgestaltung in der Hand zu haben; der Mensch denkt, *»aber Gott lenkt«*.

## 10. Oktober

Wenn man ein Menschenleben »von außen« sieht, so erkennt man, wie es durch eine große Fülle von Faktoren vorherbestimmt, determiniert ist: durch die Erbanlagen, durch das Milieu, kurz: durch die Summe jener Faktoren, die Mephistopheles mit den Worten umschrieben hatte: »Du bleibst doch immer, was du bist.« Damit scheinen auch alle Entscheidungen, die der Mensch in vermeintlicher Freiheit fällt (zum Beispiel in der Liebe, im Beruf und so weiter), einem im Grunde vorherbestimmten und zwangsläufig abrollenden Prozeß eingeschlossen. In dem Augenblick aber nun, wo ich *selbst* jener Mensch bin, wo *ich* also wirklich eine Entscheidung zu fällen habe, wo ich sie folglich nicht »von außen«, sondern gleichsam »von innen« sehe, ist das alles auf einmal total verändert: Da kann ich mich jedenfalls nicht darauf berufen, daß ich ja an meinen Erbgang gebunden bin und darum alles laufen lassen muß. Etwas drastisch ausgedrückt: Wenn ich einen Betrunkenen aus dem Schmutz eines Chausseegrabens herausziehe und ihn anherrsche: »Schämen Sie sich nicht?!«, wird er mir aller Wahrscheinlichkeit nach zur Antwort geben: »Mein Vater hat auch getrunken!«, um damit zu bedeuten, daß er nur im zwangsläufigen Vollzug seines Erbgesetzes und damit jenseits von Gut und Böse gehandelt habe. Der Betrunkene, wenn er nur einigermaßen bei Besinnung ist, wird trotz seiner möglichen erblichen Belastung und trotz aller begünstigenden Umstände sehr wohl wisen, daß es sein in Freiheit vollzogenes, verantwortliches Handeln war, wenn er sich betrank. Die Freiheit steht also unvermittelt und logisch unableitbar neben und in der Zwangsläufigkeit des Erbgangs beziehungsweise ist die andere Seite des gleichen von der Zwangsläufigkeit bestimmten Menschen.

## 11. Oktober

Die meisten unter uns werden schon von der »Glas-Wasser-Theorie« gehört haben, die besagt, daß alle geschlechtlichen Vorgänge nichts anderes seien als ein Stillen des Durstes, als eine Befriedigung rein physiologisch zu verstehender Triebvorgänge, daß sie also Ausdruck eines rein körperlichen Prozesses seien und folglich etwas, das zunächst gar nichts mit Gott oder sonst einer dritten Größe zu tun habe. Es handle sich deshalb beim Sexuellen um Vorgänge, die ebenso jenseits von Gut und Böse stünden wie etwa die Herz- oder die Atmungstätigkeit. Und eben deswegen, so geht diese Theorie weiter, habe es keinen Sinn, das Geschlechtliche etwa zu moralisieren. Ebensowenig wie man beim Glas Wasser frage, ob es gut oder böse sei, es zu trinken, eben so wenig dürfe man an das Geschlechtliche diese Frage stellen, weil eben das Geschlechtliche auf derselben Ebene liege wie das Wassertrinken. Wo ein Trieb ist, lautet diese These, muß er befriedigt werden, und diese Befriedigung ist ein rein physiologisch-leiblicher Vorgang. Ich kann mit meinem Körper tun, was ich will, das heißt was eben auf der Linie seiner Bedürfnisse und Begierden liegt. Man meint nun: dadurch, daß man diese Gebiete gottfrei mache, sei man endlich von den belastenden, würgenden und einschnürenden Vorschriften frei geworden. Man hat es immer schon schwer ertragen können, daß gerade die elementaren Mächte, welche den Raum des Geschlechtlichen vulkanisch erfüllen, von einem Gebote Gottes zur Ordnung gerufen und in Haft genommen werden sollen. Statt dessen wünscht man frei zu sein und tut das unter dem Stichwort der »gesunden« Erotik, die man besser entgottete Erotik nennen sollte. Gott, der ein Klotz am Bein des Menschen ist, ist weg, und deshalb kann ich mit mir machen, was ich will: »ich bin frei.«

## 12. Oktober

Der biblischen Botschaft geht es nicht um individuelle Seelenpflege (wo gibt es überhaupt eine isolierte individuelle Seele?); es geht ihr auch nicht um subjektive Erbaulichkeit (wo gibt es überhaupt so etwas wie reine, von den Fakten der Umwelt gelöste Subjektivität?); und es geht ihr endlich auch nicht um die bloße Vorbereitung auf das Jenseits (wo ist eigentlich dieses Jenseits biblisch bezeugt?). Vielmehr ist uns jene Botschaft als Zuspruch und Anspruch, als Trost und Weisung, als Indikativ und Imperativ zugerufen an dem Ort, an dem wir existieren. Wir existieren aber im Überschneidungsbereich der verschiedensten Lebensgebiete, nämlich als Staatsbürger, als Vertreter eines Berufes, einer sozialen Schicht, als Verheiratete oder Unverheiratete, als alte oder junge Menschen. Wir existieren also stets im Bereiche sehr bestimmter Konkretionen. Deshalb spricht die Botschaft nicht einen individuellen Personkern an, den wir erst unterhalb dieser verschiedenen Existenzebenen fänden und dessen Fixierung dann das Ergebnis ziemlich verzweifelter Abstraktionen wäre, sondern darum meint sie uns in eben diesen Beziehungsbereichen unseres Lebens: So ist das Evangelium aktuell für unsere Arbeit und unseren Feierabend, für unsere mitmenschlichen Beziehungen und darum auch (um an Konkretionen zu erinnern, die uns teilweise schon in diesem Bande beschäftigt haben) für die Frage des Wohlfahrtsstaates und des politischen Widerstandes, für die soziale und betriebliche Partnerschaft, für die Kindererziehung und für unsere Ehe. Die Gebote Gottes üben dabei so etwas wie die Funktion einer Magnetnadel aus: sie zeigen die *Richtung* an, auch wenn wir nun in dem reich differenzierten Gelände unseres Lebens und unserer geschichtlichen Situation – und also unter Berücksichtigung aller konkreten Gegebenheiten! – einen Weg zu suchen haben, der in die gewiesene Richtung führt. Gerade an diesem Beispiel der Magnetnadel mag noch einmal deutlich werden, wie unmöglich es ist, der Bibel fertig gegebene und unmittelbar kasuistisch verwendbare Normen zu entnehmen: Aus der Weisung der Magnetnadel kann ich meinen Weg nicht einfach »ableiten«. Das heißt ohne Bild: Es wäre Unsinn anzunehmen, daß mit der biblischen Richtungsanzeige auch alle Sach- und Fachfragen erschöpft seien. Diese Annahme würde nicht nur die Bibel mißverstehen, sondern sie würde auch in der konkreten Lebensorientierung zu einem unbeschreiblichen Dilettantismus führen. Auch der Besitz eines Kompasses und die Beachtung der Magnetnadel entbinden ja nicht von der Kenntnis des Geländes, für die man kartenzeichnende Fachgeographen oder die Informationen durch Einheimische benötigt.

## 13. Oktober

Der protestantische Ethiker kann sich nicht auf ein festliegendes und gegebenes System normativer Prinzipien berufen, das ihm erlaubte, alle Fälle unseres Daseins zu subsumieren und durch Deduktionen aus obersten Prinzipien zu konkreten Weisungen zu kommen. Statt dessen muß er, vom Gegenstand seines Glaubens her auf die konkreten Fakten zugehend und von ihnen her dann zurückfragend, jene Weisungen erst *finden*. Das dem Akte des Suchens damit innewohnende Ausmaß an Entscheidung führt, wie wir schon feststellten, zu einer unvergleichlich größeren Variationsbreite möglicher Lösungen, als sie bloßen Deduktions- und Subsumtionsvorgängen innewohnt. Es ist darum nicht sachgemäß, die größere Verschiedenheit protestantischer Ethiken – gerade in politicis! – nur negativ als Ausdruck von Unsicherheit zu werten. Es ist vielmehr sachgemäß, nach der Berechtigung jener *Prinzipien* zu fragen, die sich in solchen Folgen auswirken. An *dieser* Frage fallen die Entscheidungen. Und sie fallen zweifellos nicht bei Überlegungen, die nur in pragmatischer oder ästhetischer Weise darüber befinden, welche von beiden Arten der Ethik leichter zu handhaben sei und ihren Benutzern ein größeres Maß an Entscheidung abnehme; oder auch welche von beiden Arten der Ethik (die homogen geschlossene des Katholizismus oder die polyphon bewegte und gelegentlich atonal-regellos scheinende des Protestantismus) einen erfreulicheren und geschlosseneren Eindruck mache. Diese unsere These über die richtige und über die falsche Entscheidungsfrage dürfte uns übrigens mit unserem katholischen Gesprächspartner durchaus verbinden. Es ist ein gutes Zeichen des Miteinanders der beiden Konfessionen, daß das Gefühl der Gemeinschaft nicht in dem Maße wächst, wie die Differenzen verschwiegen und überspielt werden, sondern wie wir falsche Frontstellungen korrigieren und an den zentralen Punkten der *wirklichen* Verschiedenheit das Gespräch der Wahrheit einsetzen lassen.

## 14. Oktober

Was ist Artistik, theologisch gesehen? Sie ist *einmal* ein Gleichnis für die Souveränität des Menschen. Sie zeigt und stellt dar, was an Möglichkeiten aus bestimmten Bereichen des menschlichen Daseins – meist denen des Körpers – herausgeholt werden kann und was also offenbar durch ein göttliches »barah« in sie hineingestiftet worden ist. Das artistische »Kunststück« ist die Demonstration des äußersten menschlichen Sein-könnens, es ist – in der Weise des spielerischen Tuns und darum erträglich, ja erfreuend und nicht niederdrückend – der Hinweis auf »die Grenzen der Menschheit«, auf sehr weit hinausgerückte und uns darum mit dem Pathos des menschlichen Sein-könnens *beschenkende* Grenzen. An sich sollte man erwarten können, daß die Beobachtung dieses Sein-könnens zugleich eine Spur von Trauer in uns erweckte, weil das »Kunststück« zugleich unsere eigene Verkümmerung, unsere Gebundenheit an die hier überwundene Schwerkraft, unsere stelzende, anmutlose und der Freiheit beraubte Steifheit demonstriert. Haben wir die Verheißung, die in dem geschöpflich verliehenen aufrechten Gang, die also im Gleichnis menschlicher Souveränität auch über die Schwerkraft liegt, wirklich erfüllt? Und wenn wir sie nicht erfüllt haben – wie es ja de facto ist –: was ist aus uns geworden? Im artistischen »Kunststück« tritt uns jenes verlorene Sein-können, stilisiert und – wie bei allen Stilisierungen – überakzentuiert und auf einfachste Linien gebracht, entgegen: Hier ist gleichsam in *einem* Daseinsbereich der menschliche Entwurf vollendet. Es ist das Arbeitsethos des Artisten, »den« Menschen in einer bestimmten Dimension seiner Möglichkeiten darzustellen, ihn an unserer Stelle, also stellvertretend für uns darzustellen und uns eben damit den Anruf zu vermitteln, daß uns die gleiche Darstellung in einer andern Dimension abverlangt ist. Das ist sozusagen – wieder im Sinne *Nietzsches* gesprochen – der »monumentalische« Aspekt der Artistik.

Die *zweite* Gleichnishandlung der Artistik liegt darin, daß sie den Zwiespalt zwischen Sein und Sollen zu überwinden scheint und daß sie mit der darin liegenden Vollendung auf die Grenze unserer Welt weist, die dem Zwiespalt verhaftet ist. Denn die äußerste Möglichkeit des menschlichen Sein-könnens wird ja nicht unter Schnaufen und Stöhnen realisiert (wobei Schnaufen und Stöhnen ein Zeichen wären, daß wir an sich tief unterhalb dieser Möglichkeit leben und eine Art Über-Soll erfüllen müßten, um es zu erreichen), sondern jene äußerste Möglichkeit des Seinkönnens wird spielerisch, sie wird mit lächelnder Grazie genommen. Das Routine-Lächeln des Artisten hat darum eine starke Symbolkraft. Es verzichtet auf den Effekt, obwohl es seinerseits nur eine sehr sublime Effekthascherei ist, durch die Demonstration der Anstrengung, der Selbstüberbietung, zu erschüttern. Es führt an den Punkt, wo Arbeit und Spiel, Anstrengung und Erfüllung identisch geworden sind und wo nicht mehr »errungen« wird, sondern »in Besitz genommen« ist; genauer: wo schon besessen *wird*. Es ist darum nicht zu hoch gegriffen, wenn wir sagen: hier wird im Schauspiel die Weltüberwindung gespielt. Das stimmt jedenfalls dann, wenn wir das tertium comparationis im Auge behalten: daß nämlich die Welt nicht im Besitze ihrer äußersten Möglichkeit ist, daß sie diese Möglichkeit verspielt hat und daß deshalb die Identität von Arbeit und Spiel, von Sollen und Sein in den Zwiespalt hinein zerbrochen ist. An *einer* Stelle, ganz gewiß nicht im erschütternden Zentrum, aber in der Harmlosigkeit des Randes, spielt die Artistik diese Einheit, spielt sie die Identität von Sein und Sollen. Wir legen freilich Wert darauf, zu betonen, daß sie »nur« spielt. Aber in der Illusion des Spiels wird sie nun wirklich demonstriert – verkündet. Die hier geleistete Arbeit, die sich selbst aufzuheben scheint, ist also nicht ohne Bezug auf das, was wir die Sicherung der (auch über das Physische hinausgehenden) Existenz nannten: der Mensch erfährt hier gleichnishaft sein Woher und sein Woraufhin, nämlich seine verlorene und ihm zur Wiedergewinnung aufgetragene Einheit.

## 16. Oktober

Die *dritte* Gleichnishandlung der artistischen Arbeit besteht darin, daß sie dem Menschen dient, indem sie seiner Erholung dient und indem sie darüber hinaus – wenn er Ohren hat zu hören – ihm das Spiel ihrer Verkündigung zueignet. Damit genügt sie dem letzten Kriterium, an dem »Arbeit« festzustellen ist. Sie ist in der göttlichen Lebensordnung dem Feiertage zugesellt, der wiederum durch seinen abusus ebensowenig annulliert wird, wie der Auftrag der Artistik, Entspannung zu schenken, durch den tingeltangelsüchtigen ochlos erlischt. Der Christ, der so im artistischen Beruf dient, wird also auf seine Weise ebenfalls in das Gefälle hineingestellt sein, das von der göttlichen Gabe körperlicher Virtuosität zum Weitergeben an den Nächsten reicht. Auch er wird in seinem Stand und auf seine Weise »durch das Werk« seiner Hände und Beine Gott dienen, der ihn zur Pflicht und zur »Diakonie« aufruft und der ihm Gelegenheit gibt, in seiner Ecke die Bedingungen menschlicher Existenz erfüllen zu helfen. Das etwa wäre die theologische Meditation, die durchschritten sein muß, wenn jemand vor Zirkusleuten predigen und ihren Stand als den Ort eines möglichen Gottesdienstes aufweisen will. Sollte er das nicht können, müßte er sie aus ihrem Stande vertreiben oder sie zum Gegenstande eines Anathema machen. Aber dann würde er wohl als einziger nicht mehr von der Sonne Gottes beschienen sein, die über den Bösen und über den Guten, über den Bürgern und über den fahrenden Leuten leuchtet – und lächelt.

## 17. Oktober

Die Macht als solche ist weder böse noch gut; sie ist es ebensowenig, wie der Geschlechtstrieb (libido) und die Technik böse oder gut, dämonisch oder göttlich sind. Es ist der Irrtum des Menschen, der den Horizont seiner selbst – diesen durch Gericht und Gnade, Sündenfall und Erlösung bestimmten Horizont – nicht mehr sieht, daß er gut und böse zu Eigenschaften von Dingen, Lebensräumen und Sachgesetzlichkeiten, also von Bereichen extra hominem macht und daß er von tragischen

Prozessen statt von schuldhaften Entscheidungen spricht. Mit alledem soll nicht geleugnet sein, daß es auch jene tragischen Prozesse gibt. Nur sind sie auf eine bestimmte Art zustande gekommen. Es ist nämlich nicht so, daß die Prozesse »von Anfang an« tragisch *gewesen* wären, sondern es ist so, daß der Mensch diese Zwangsläufigkeit provoziert hat: Der Sündenfall hat als Initialzündung eigengesetzliche Prozesse zum Abrollen gebracht. Es liegt eine schauerliche Notwendigkeit über den Geschicken, die beim Griff nach der verbotenen Frucht einsetzen, dann zu dem Brudermord, zur offenen Abkehr von Gott, zum Turmbau von Babel und zum Untergange Sodoms führen. Nun ist kein Halten mehr. Die Sündenfallgeschichte als Darstellung dieser Initialzündung ist das Urmuster eines Geschehens, das sich immer wiederholt. Sie enthält eine »Figuraldeutung« der Geschichte, ähnlich wie *Goethe* sie in seinem »Zauberlehrling« bietet, der Kräfte entfesselt, die er nicht mehr zu bändigen vermag, und der nun unter die Herrschaft der »Geister« gerät, die er beschwor. Wir können gleichsam eine Tür öffnen – das ist das initium –, die an der Rückseite keine Klinke hat und die uns darum zum Weitergehen nötigt. Das Vergangene ist nicht revidierbar und wirkt sich darum als Weichenstellung aus, die den weiten Weg bestimmt, die ihn also einer gewissen Zwangsläufigkeit überantwortet. Der Begriff Erbsünde besagt in diesem Sinne, daß wir immer von solchen Weichenstellungen, Türöffnungen, Initialzündungen herkommen, daß wir sie also im Rücken haben – ganz gleich, ob sich dieses Determinierende »vor« uns ereignete und wir »Enkel« sind, ob wir uns also in einem schon präformierten geschichtlichen Milieu vorfinden, oder ob diese Initialzündungen von uns selbst hervorgerufen wurden. In diesem Prozeß von der Freiheit des Beginns bis zur Zwangsläufigkeit des Prozesses meldet sich die christlich verstandene Zeit, deren Ablauf die Gestalt einer unumkehrbaren, zwischen Sündenfall und Gericht verlaufenden Zeitlinie besitzt. Jedenfalls: Wer den Sündenfall nicht mehr sieht, erkennt nur noch die Prozesse, aber nicht mehr deren Inaugurator.

## 18. Oktober

Wenn man Wahrheit und Wirklichkeit zu verkündigen hat, werden Lüge und Traum ganz von selbst in nichts zerrinnen. Ich habe den Eindruck, daß man heute immer wieder gegen Lüge und Traum wettert und die schmerzlich Erwachten dann alleine stehen läßt. Jesus Christus hat in der Bergpredigt *zuerst* das vielfache *»Selig«* gesprochen und die Menschen ihrer Gotteskindschaft versichert, ehe er die schmerzliche Operation vornahm und ihnen die Abgründe ihres Herzens offenbarte. Jedenfalls gilt auf alle Fälle dies: Wer keine erneuernde, Freude schenkende und positive Wahrheit zu verschenken hat, ist nicht berufen, Lügen und Illusionen zu zerstören; sonst macht er den Träumer nur zum Nihilisten.

## 19. Oktober

Die Konfirmation hat sich als eine Art sachlicher Ergänzung aus der *Kindertaufe* ergeben. Daß und inwiefern diese selbst wieder ein Problem und entsprechend umstritten ist, mag hier auf sich beruhen. Wenn man sie theologisch rechtfertigt, kann man das jedenfalls nur so, daß man durch sie den zuvorkommenden Charakter der göttlichen Gnade zum Ausdruck bringt und daß man Eltern und Paten als Gemeinde versteht, die das Kind und seinen Weg zum Glauben in ihre Verantwortung übernehmen. Ich verzichte auf Hinweise, was etwa aus unserm Patenamt geworden ist und wie die Degeneration dieses Amtes die Kindertaufe zu einer bizarren Karikatur zu machen droht. Jedenfalls: Wenn das Kind durch die Taufe zunächst in die Verantwortung der Gemeinde und ihrer Repräsentanten (Eltern und Paten) überstellt wird, so kann diese Verantwortung nicht exklusiv, sondern nur inklusiv verstanden werden. Das heißt: die Gemeinde übernimmt die Verantwortung nicht einfach stellvertretend und also »an Stelle« des Getauften, sondern sie übernimmt die Aufgabe, ihn in eine eigene und mündige Verantwortung hineinwachsen zu lassen. Das Ziel kann nur sein, daß er die in seiner Unmündigkeit vollzogene Taufe mündig und willentlich übernimmt, daß er gleichsam den Tauf-»Vertrag« seinerseits ratifiziert. Der Akt dieser Ratifizierung erfolgt in der Konfirmation. Insofern korrespondiert sie der Kindertaufe. Beide zusammen bilden einen unteilbaren Sinnzusammenhang.

## 20. Oktober

Je mehr die Kirche zum Ort der »Wort«-Verkündigung wird, je bibelnäher sie folglich wird, um so mehr könnte sie doch zu einem Vaterhause werden, in dem es nur noch Kinder und keine Knechte, in dem es nur noch freie Söhne und keine Abhängigen mehr gibt. Und ich sehe, wie selbst in der orthodoxen Kirche Rußlands dieser Durchbruch zum Wort Ereignis wird und wie sich die Funktionäre der ideologischen Tyrannis darüber beklagen, daß die »Kultdiener ihre Predigttätigkeit verstärken. Es gibt heute keinen Gottesdienst ohne eine Predigt, die das Ziel verfolgt, das Interesse für die Religion zu beleben. Die Geistlichkeit ergreift sämtliche Maßnahmen, um sicherzustellen, daß die . . . Zeremonien in ihrem göttlichen Sinn *erklärt* werden« – so jammern die Funktionäre. Und ich frage mich, ob sie hierbei nicht den Scharfblick jener Dämonen besitzen, die nach den Berichten des Neuen Testaments ein sensibleres Gespür für den anwesenden Gottessohn besitzen als die Pharisäer und Schriftgelehrten. Nicht daß die orthodoxe Kirche ihre Liturgien *aufgäbe!* Aber sie läßt sie zum verstehbaren Wort werden, das Freunde und Feinde in Beschlag nimmt. Was vorher vorüberrauschte und nur numinose Randempfindlichkeiten treffen mochte, das attackiert nun den Personkern: Denn nicht wahr: wer »spricht«, muß ja Farbe bekennen! Er muß ein Porträt des Menschen und der Welt, ein Porträt des Regimes und seiner Ideologie malen, in dem sich die Angesprochenen wiedererkennen. Indem sie sich aber erkennen, sind sie zur Entscheidung gerufen. Sie müssen »Ja« sagen oder »Au« schreien. Und in dem zitierten Artikel brüllen die Funktionäre in der Tat auf. Sie waren nach den hochvirulenten Stadien der Gottlosenbewegung vielleicht bereit, keinen Mucks mehr von sich zu geben und den Naturschutzpark, der von goldenen Ikonen umstellt war, gelassen zu respektieren. Mochte die Bewegung des Zeremoniells, dessen Motor längst abgestellt war, geruhsam zu Ende rollen;

wir haben Zeit! Aber siehe: nun dringt aus der Bilderwand das *Wort* hervor; nun wird – um Bonhoeffers Wort abzuwandeln – nicht nur gregorianisch gesungen, sondern auch für die Juden gebetet, nun geht es unter die Haut und wird Engagement. Die große Stille um die Altäre ist unterbrochen, und ein weissagendes Wort August Winnigs beginnt seine Erfüllung zu finden: einmal werde die Stunde kommen, in der Rußlands Kirche das stumme Zelebrieren unterbricht und »das Wort findet«.

## 21. Oktober

Eine Aufgabe der Liturgie besteht darin, daß sie ein aus der Tradition genährtes statuarisches Element bildet und damit ergänzende Bedeutung für die Predigt gewinnt. Die Predigt muß ja aktuell sein und ihrer Zeit korrespondieren; sie ist an das Wagnis des Zeugen gebunden, der jenem Geist vertraut, der weht, wo er will. Ihr ist wohl ein Bibeltext vorgegeben; aber ihn zu interpretieren und zu adressieren und zu aktualisieren, das ist Sache des Zeugen –, jedenfalls in dem Sinne seine Sache, daß er sich in den Dienst der Sache Gottes stellt. Eine Predigt kann, eben weil sie Wagnisse enthält und darum auch Gewagtheiten enthalten kann (weil sie zum Beispiel mit der Verfremdung arbeiten muß), auch irren oder sich im Ton vergreifen. Auch das Niveau ist verschieden. Ebenso hängt sie in etwa von der Situation des Predigers ab: von seinen Erlebnissen, seiner Frische oder Müdigkeit, seiner geistlichen und menschlichen Disponiertheit. Auch der Grad theologischer Einsicht und menschlicher Reife spielt eine Rolle. Und endlich ist die Mitwirkung des theologischen und sonstigen Zeitgeistes nicht zu unterschätzen. An seinem Einfluß vor allem liegt es ja, daß es überhaupt so etwas wie eine »Geschichte der Predigt« gibt. Jeder, der ältere Predigtsammlungen liest, merkt sofort, daß man nichts davon heute unverändert auf die Kanzel bringen könnte, auch wenn es um das Werk großer Prediger geht. Der Prediger ist nur seiner Zeit das Letzte schuldig. Und wenn er seine Wegstrecke gelaufen ist, gibt er den Stafettenstab weiter. Weil aber die Predigt so ein Wagnis und sogar ein Abenteuer ist, darum bedarf sie der Korrektive durch die Liturgie und das ihr innewohnende statuarische Element. Hier wird die Heilige Schrift unmittelbar verlesen und die alten Gebete der Kirche werden gesprochen. Hier gibt es Responsorien, die zum Gemeingut der Kirche geworden sind, jedenfalls wenn man sie nicht künstlich einführt oder in Gestalt eines liturgischen Kunstgewerbes produziert. Hier tritt neben die Stimme des wagenden Zeugen die überpersönliche Stimme und das »Wir« der Gemeinde, die durch die Jahrhunderte geht. Der cantus firmus ist die Liturgie, und der Kontrapunkt ist die Predigt: Er kann weit ausschwingen, er darf gewagt sein. So ist der Gottesdienst ganzheitlich und unteilbar.

## 22. Oktober

Die erste und vornehmliche Bestimmung der Liturgie scheint mir die zu sein, daß sie die versammelte Gemeinde das *Subjekt* des Gottesdienstes sein und entsprechend in ihm mitwirken läßt. *Sie* ist es ja, die betet, Gott lobt, ihm dankt, das ewige Wort in die Mitte stellt und ihm antwortet. Das Amt des Predigers steht der Gemeinde nicht gegenüber, sondern es ist in ihrer Mitte errichtet und es ist dem Pastor von ihr übertragen oder besser: an ihn delegiert. Auf keinen Fall ist die Gemeinde ein Publikum, das in Passivität verharrt, während es angepredigt wird. Die Liturgie hat den Sinn, die Gemeinde in ihrem Handeln zum Ausdruck zu bringen. Alle liturgischen Formen sind an dem Kriterium zu messen, ob und inwieweit sie dazu imstande und überdies sachgerecht sind. Das bloße Aktiv-werden der Gemeinde durch Sprechen und Singen allein macht es allerdings nicht. Es müssen schon Worte und Töne sein, die sie sich aneignen kann und die ihr nicht als Fremdkörper oktroyiert werden. Sonst kommt es nur zu verschleierten Formen der Passivität und zu einer Variante dessen, was in der katholischen Theologie »eingewickelter Glaube« heißt. Die zweite Aufgabe der Liturgie besteht darin, daß sie ein aus der Tradition genährtes statuarisches Element bildet und damit ergänzende Bedeutung für die Predigt gewinnt.

Warum wirken die Kundgebungen des Ökumenischen Rates und warum wirken viele synodale Kundgebungen so blaß? Warum kommen sie nicht an? Weil sie *zuviel* bringen wollen, weil sie allzu *abgesichert* zu reden wünschen und darum den Mut zu Schwerpunkten nicht aufbringen. Je mehr Redaktionsköche in einem solchen Brei rühren, um so mehr geht jede Beziehung der Wahrheit zu einer konkreten Existenz verloren und um so größer ist dann der Verlust an Perspektive und also an Plastik. Man muß aber, um plastisch zu sein, den Mut zur Schwerpunktbildung und also zur Unvollständigkeit haben. Man muß die Hasen heute laufen lassen – nicht weil sie weniger wichtig wären als die Hirsche, aber weil wir *heute* eben nach Hirschen jagen. Wie gesagt: Es kann Unglaube sein, wenn wir uns damit rechtfertigen möchten, alles gesagt zu haben, und wenn wir darauf vertrauen, durch diese knechtisch-gesetzliche Treue unsere Schuldigkeit gegenüber der Wahrheit abgeleistet zu haben. So überladen wir die Predigt mit Menschenwerk. Denn auch Vollständigkeit ist Menschenwerk. Ganz abgesehen aber von dieser falschen Rechtfertigungslehre samt ihren verheerenden Lähmungserscheinungen bei den Hörern, gilt es auch dies zu bedenken: Der Prediger darf doch darauf vertrauen, daß er nicht nur *heute* auf der Kanzel steht, sondern daß er weiterpredigen wird und daß also die Schwerpunkte sich mehr und mehr vervollständigen. Außerdem ist er ja nur eine Stimme in der Symphonie der kirchlichen Verkündigung. Und er soll sich nicht einbilden, mit seiner armen Stimme das ganze Konzert zu sein – und es gar noch heute und in dieser Stunde zu sein. Die Kirche Jesu Christi wird bis zum Jüngsten Tage weiterpredigen und die Pforten der Hölle sollen sie nicht überwältigen. Darum sollen wir nicht die ganze Ewigkeit in eine einzige Predigt drängen wollen. Nur der Teufel hat keine Zeit; und nur der Glaubenslose ist davon bedrückt, daß sie in seinen Händen und nicht in den Händen Gottes liege. Wer in jeder Predigt alles sagen will, wird auch sonst ein Betriebmacher sein, der die kirchliche Veranstaltungsreihe zu hektischen Tourenzahlen emportreibt. Auch hier meint er, die Ewigkeit hinge davon ab, wie er die Zeit ausfüllt. Da lobe ich mir Luther, der in kindlichem Gottvertrauen zu pausieren wußte und sagen konnte: Während ich mein Töpflein Wittenbergisch Bier trinke, läuft das Evangelium. (Es läuft von alleine, auch wenn ich nicht auf der Kanzel stehe. Es ist nämlich noch ein anderer auf dem Plan.)

## 24. Oktober

Gerade die jungen und lebendigen Gemeinden geben deutlich ihr Bedürfnis nach Provokation kund. Wir sollten die Unruhe der Ehrlichen und das feinnervige Gewissen ehren, die sich darin melden. Aber wir sollten uns auch darüber klar sein, daß jeder Gottesdienst verflucht ist, der das Heil nur in neuen Mitteln des Sagens und Tönens sieht. Denn er könnte ein Ausdruck für den Glauben an gewisse *Methoden* des Heils sein, mit deren Hilfe man sich Gottes meint bemächtigen und das Wunder des Heiligen Geistes überflüssig machen zu können. Das wäre dann eine neue Variante des Gesetzesdienstes und ein Attentat wider das, was uns die Reformation über die Rechtfertigung allein aus dem Glauben gelehrt hat. Denn hier würden Werke und Methoden zu Mitteln der Seligkeit. Darum kommt alles darauf an, die Geister zu scheiden. Es gibt einen ehrlich beunruhigten Geist, der die schockierende Erkenntnis gewonnen hat, daß im Evangelium letzte und befreiende Wahrheit ist, daß aber die konventionellen Mittel des Sagens und Tönens diese Wahrheit nicht mehr entbinden, sondern sie in der Dunkelhaft hermetisch verschlossener Wort-Zellen festhalten. Und dieser so von der Wahrheit getroffene, von ihrer scharfen Lanze verletzte Geist sucht nun nach neuen Mitteln der Aussage. Diese Art Geist müßten wir willkommen heißen. Es gibt aber auch eine andere Sorte von Geist. Es gibt den auf Werbung erpichten, den expansionslüsternen Geist, der darunter leidet, daß der Apparat der Kirche im Leerlauf rollt, daß er nicht mehr »greift«. Er ist der homo-faber-Geist, der neue Mechanismen ersinnen möchte, die den Vorgang der Aussaat rationalisieren und wirkungsvoll gestalten. Auch er kann bei seinen sehr pragmatischen Überlegungen auf die Idee des Verfremdungseffektes kommen. Auch der Psycho-Stratege weiß, daß man mit seiner Hilfe Widerhaken in die Seele treiben und dafür sorgen kann, daß das Übliche nicht einfach wirkungslos an der Haut herunterfließt. So sinnt er auf neue Effekte und auf Methoden, die solche Effekte erzeugen. Vor diesen Geistern muß man warnen. Sie sind Betriebmacher, die nur auf attraktive Neuigkeiten aus sind und den Leerlauf nicht beenden, sondern ihn nur auf eine höhere Tourenzahl bringen. Es gibt genug von ihnen. Meist fallen ihnen nur flüchtige Laufkunden zu, die von der neuen Schaufensterdekoration angezogen werden, sich aber bald wieder abwenden, wenn sie dahinter gekommen sind, daß der Mann keine Reserven mehr unter dem Ladentisch hat, sondern sich mit seinen Schaufenstern verausgabte. Vornehmlich die Jugend hat ein fein entwickeltes Sensorium dafür, ob man nur »beeinflußt« werden soll oder ob hier jemand etwas gesehen hat, das ihn traf und überwältigte und von dem er nun ohne Rücksicht auf Verluste zeugen muß. Sie spürt, ob hier synthetische Fabrikate von Neuem vorliegen oder ob jemand mit eigenem Ton von etwas spricht, das ihm neu und original aufgegangen ist. Darum ist es albern (und in geistiger Hinsicht eine barbarische Vergröberung), wenn man in der Kirche summarisch fragt: Sollen wir uns einer unkonventionellen Sprache befleißigen, dürfen wir den Ton der Straße oder der säkularen Bildung auf die Kanzel lassen, dürfen wir Neutönern die Orgelbank einräumen und Jazzorchestern unsere Gottesdienste freigeben? Es gilt, die Geister zu prüfen und festzustellen, wes Geistes Kind diese Vertreter des Neuen sind, ob sie Getroffene sind, die mit neuen Mitteln das bezeugen, von *dem* sie getroffen wurden, oder ob es sich nur um clevere Knaben handelt, die unter ihren Einfällen leiden, um liturgische Playboys, die mal einen neuen Dreh versuchen wollen. Die Unterscheidung zwischen neu und alt ist viel zu grob. Es geht um den Geist, der aus beidem spricht.

Autorität ist ein Phänomen, das sich innerhalb der Erfahrung, also im Horizont der Zeitlichkeit auftut. Darum ist es nur durch den temporalen Begriff des »Zunächst« zu umschreiben. Das »Zunächst« bedeutet: Ich vertraue ihr bis zum Erweis des Gegenteils, das heißt bis *mein* mündig-autonomes Verhältnis zu dem autorisierenden tertium mich möglicherweise zu einer Kritik der Autorität zwingt. Die Überlegenheit der Autorität beruht somit nicht auf einer Entmündigung des ihr Nachgeordneten, auf einem Raub seiner Autonomie; sondern sie beruht auf einem *Vorschuß-Kredit,* den der Mündige der Autorität einräumt, weil sie sich im Umkreis seiner Erfahrung bewährt hat. Darum wäre es grundsätzlich falsch, im Hinblick auf ganz kleine Kinder oder auch auf Tiere von einer Autorität der Eltern oder auch des »Herrchens« und des »Frauchens« zu sprechen. Denn hier liegt keine Erfahrung vor, die überhaupt Kredit einräumen könnte, und ebenso gibt es keine Mündigkeit, die imstande wäre, Autorität zuzuerkennen. Hier geht es vielmehr nur um Überlegenheit des Einflusses, um die ausstrahlende Kraft der Liebe, um elterliche Gewalt oder auch die Befähigung des Überlegenen zur Dressur. Der Vorschuß-Kredit der Erfahrung wird in ähnlicher Weise, wie man ihn der Autorität einräumt, auch der *Tradition* gewährt. Beide Begriffe sind verwandt: Denn in der Tradition ist der Erfahrungsschatz der Generationen enthalten. Darum wird jener Vorschuß-Kredit, den die *eigene* Erfahrung der ihr überlegenen *Kollektiv*-Erfahrung einräumt, so lange zur Verfügung gestellt, bis der Erfahrungsschatz der Tradition möglicherweise in der eigenen Erfahrung ein ausreichendes Äquivalent gewonnen hat oder durch die eigene Begegnung mit dem Leben widerlegt oder eingeschränkt wird – es sei denn, daß ihr ein prinzipiell unüberholbares Moment innewohnt, wie das etwa bei der dogmatischen Tradition der Kirche der Fall ist. Darum steckt in jeder geschichtlichen Existenz ein konservatives Element, so gewiß Geschichte immer in überlieferte Erfahrungen hineinstellt. Der Konservativismus dagegen als Verabsolutierung der Tradition lebt aus der eigenen Entmündigung und entspricht damit genau derselben Position, die sich ergibt, wenn Autorität verabsolutiert, wenn sie also zur Gewalt herabgewürdigt wird und wenn der Mensch zur bloßen Funktion der Gewalt herabsinkt. Nur unter diesem Doppelgesichtspunkt, daß Autorität grundsätzlich gleichgeordnet und zugleich empirisch übergeordnet ist, ist es sinnvoll, Autorität mit Macht auszustatten. Es geht dann um eine bewährte und durch das, worin sie bewährt ist, gebundene Macht. Man kann der Autorität Macht »anvertrauen«. Und man *tut* das auch, um ihr auf Grund von Bewährung und auf Kredit hin freie Entfaltungsmöglichkeit zu bieten.

## 26. Oktober

Man wird sagen dürfen, daß sich in den Versuchen, die Macht zu teilen und diese Teilung zu sichern, ein – wenn auch noch verschüttetes – Wissen um das Wesen des Menschen ausdrückt. Selbst unter der Chiffre eines mythisierten Machtwesens oder der Redeweise von der Dämonie der Macht meldet sich das Wissen, daß der Mensch einem bestimmten Grade des Machtbesitzes nicht gewachsen ist und daß er vor allem vor jeder Monopolisierung seiner Macht bewahrt werden muß. Der Satz: «Macht muß geteilt werden« lautet deshalb, wenn man ihn anthropologisch ausdrückt: »Der Mensch muß vor sich selbst geschützt werden.« Die sogenannten Grund- und Menschenrechte sind aus diesem Wissen heraus formuliert worden. Denn sie enthalten vom Anfang ihrer Bewußtwerdung an den Protest gegen den staatlichen trend zur Omnipotenz in sich. Sie beruhen auf der Spannung »zwischen individuellem Freiheitsbedürfnis und staatlichem Herrschaftsanspruch«. In diesem Sinne sieht John *Locke* eine enge Verbindung zwischen dem Recht des Individuums, das aus der Freiheit des Naturzustandes stammt, und der Notwendigkeit, die staatliche Gewalt zu teilen, um ihr Übergriffe gegenüber den individuellen Freiheitsrechten unmöglich zu machen. Die Erklärung der Menschen- und Grundrechte hat also immer die Bedeutung, den Menschen vor sich selbst in Schutz zu nehmen. Genauer ausgedrückt: Sie hat die Bedeutung, den Menschen, insofern er Individuum ist, vor sich selbst in Schutz zu nehmen, insofern er Träger von Machtapparaturen ist. Doch würde man der Bedeutung der Menschenrechte nicht gerecht werden, wenn man nur dieses Wissen um den Menschen und seine Selbstgefährdung in ihnen ausgesprochen sähe. In ihnen erklärt der Mensch nicht nur sein *Wissen* um diese Bedrohung, sondern er setzt die Menschenrechte auch als *effektive Mittel* ein, um jenen Schutz vor der Macht geschichtlich zu gewinnen. Die Erklärung der Menschenrechte hat darum nicht – oder jedenfalls nicht allein! – den Sinn einer philosophischen Proklamation, sondern den einer politischen Aktion. Sie *verkünden* nicht nur die Notwendigkeit einer Machtbegrenzung, sondern sie *vollziehen* diese Machtbegrenzung.

## 27. Oktober

Wir drohen eine Pastorenkirche zu werden, das heißt, eine Kirche ohne Laien (auch wenn sie hie und da die Gotteshäuser noch so reichlich füllen mögen). Und wir drohen eine Theologie ohne Kirche, eine Kirche ohne Theologie zu werden, weil beide aneinander vorbeireden: Die Theologen denken vielfach nicht daran, daß sie Predigern und zwar solchen, die *Laien* zu predigen haben, ihr Rüstzeug geben müssen. Die Laien ihrerseits stehen der theologischen Logistik fassungslos gegenüber und verfolgen sie mit Mißtrauen. Die Kirchenleitungen fühlen sich von der Theologie im Stich gelassen und wursteln in rebus theologicis auf eigene Weise. Darüber rümpfen dann die Fachleute wieder die Nase und erregen sich über diesen pragmatischen Dilettantismus kirchlicher Bürokraten, die *terribles simplificateurs* seien und unbequemen Fragestellungen wie etwa der existentialen Bibelinterpretation aus dem Wege gingen, um ja keinen Sand in den Routinelauf des Apparates kommen zu lassen. So spinnt jeder an seinem eigenen Faden und es entsteht eine innerkirchliche Variante der pluralistischen Gesellschaft. Aber während diese Struktur des Sozialen in der »Welt« einigermaßen klappt – dort ist man ja tolerant, und die Probleme gehen nicht so an die Nieren –, führt sie in der Kirche zu einem sterilen Nebeneinander der Gruppen oder zum Widereinander mißtrauischer Überzeugungsträger. Derweil wird der Leib Christi weiter und weiter zerrissen. Man jammert darüber, und nicht ganz ohne Recht, daß die *Konfessionen* eine solche Zerreißung des Leibes Christi bedeuteten. Aber viel schlimmer ist doch der ausweglose Dualismus zwischen Kanzel und Katheder. Bei den Konfessionen beginnt man immerhin herüber- und hinüberzurufen, und zunehmend beginnen sich Brüder zu erkennen und manchmal zu umarmen. Über die Kluft zwischen Kanzel und Katheder aber scheint kaum eine Brücke zu führen. Und auch über den Abgrund zwischen Klerus und Laien führen trotz aller Laienbewegungen, Kirchentage und Evangelischen Akademien nur erbärmlich kleine Stege. Hier fließt das meiste Blut aus jenem geschundenen Leib. Ich denke in meiner Hamburger Fakultät dankbar daran, wie hier jeder Inhaber eines Katheders auch auf die Kanzel tritt. Wir haben es uns geschworen, diese Zeichen aufzurichten, um in unserer kleinen Ecke jenen Abgrund überwinden zu helfen. Nicht jedem von uns liegt das Predigen, und gelegentlich wird es etwas professoral. Aber das macht nichts. Wir klettern auf die Mauern Jerusalems und rufen es in die Lande, wo wir die Wunden bluten und die Abgründe gähnen sehen und wo wir die Hilfe erwarten.

## 28. Oktober

Im Schöpfungsbefehl klingt die Verleihung von Macht an: »Machet euch die Erde untertan!« (Gen. 1, 28). Aber die Macht ist hier noch geordnet; sie ist eingefügt in die Schöpfungshierarchie. Sie ist eine »unter Gott« in seinem Namen gebrauchte Macht. Sie ist das Mittel, mit dessen Hilfe Macht von oben nach unten ausgeübt wird: von Gott über den Menschen, vom Menschen über Pflanzen und Tiere. Im Sündenfall bricht der Mensch aus dieser Hierarchie aus und läßt damit seine Macht ungeordnet werden. Sie wird zwar noch für Ziele eingesetzt; aber diese Ziele sind selbst gewählt und darum ihrerseits nicht mehr in jener übergreifenden Urordnung. Der noachitische Bund mit der neu verliehenen Notordnung über die gefallene Welt kennt darum die Macht nicht mehr einfach als Symbol und Restitution der Schöpfungshierarchie, sondern als gewaltsames arcere malum, als Macht der Gewalt, die der gefallenen Welt mit Hilfe ihrer eigenen Strukturgesetze Ordnung aufzwingt. Man könnte die im noachitischen

Bunde angesprochene Form der Macht auch so beschreiben, daß die hier von Gott verliehene, die Schöpfung bewahrende Ordnungsmacht (die »potestas«) zur Bändigung der aufständischen Macht (der »potentia inordinata«) eingesetzt wird. So wird die Amtsgewalt des Richters (potestas) etwa gegen die »unordentliche« Gewalt des Mörders eingesetzt. Im Bereiche der noachitischen Welt kann sich der Sündenfall jedoch *noch* einmal potenzieren, und zwar gerade im Zusammenhang mit dem Institut der legalen Macht (potestas). Diese Potenzierung sieht so aus, daß auch die potestas ordinans, wie sie den Königen, den Staaten und ihren Ämtern anvertraut ist, zur potentia inordinata wird, daß sie zum Mittel des Machttriebes, also des Aufstandes und der Hybris wird. Jedenfalls: Die Macht der gefallenen Welt spiegelt selbst dann, wenn sie potestas ordinata und nicht potentia inordinata ist, die *ursprüngliche* Bedeutung der Macht, nämlich die Schöpfungshierarchie zu tragen, nur gebrochen wider.

## 29. Oktober

Wenn die Christenheit um eine ihr angemessene Erziehungsarbeit kämpft, hat sie das jedenfalls ganz anders zu tun als vermittels bloßer Proteste gegen Anzeichen einer drohenden Omnipotenz des Staates, und auch ganz anders als so, daß sie diesem Staat eine Art christlicher Färbung und möglichst viele christliche Sicherungen abzuringen versucht (etwa in der Weise, daß sie auf Grund äußerer Konfessionsstatistiken eine proportional entsprechende Menge an christlichen Konfessionsschulen beansprucht. Diese Konfessionsschulen könnten ja ebenso eine institutionelle Lüge sein, wie auch die Konfessionsstatistiken bei aller formalen Richtigkeit in einem tieferen Sinne unwahr sind.). Die *eigentliche* Aufgabe besteht vielmehr darin, daß die Gemeinde sich mit ihrer vom *Wort* her gewirkten Lebendigkeit als Realität im Gefüge des Staates meldet, daß sie zum Beispiel – um gleich die Linie zum Erziehungsproblem anzudeuten – als *lebendige Elterngemeinde* auf dem Plane ist. Nur dadurch wäre sie eine legitime Größe, die als mündiges Subjekt im Gefüge des demokratischen Staates auftauchte. Nur dadurch wäre sie auch ein wirklicher Wall gegenüber dem trend zur staatlichen Omnipotenz und dem in ihr drohenden Erziehungsmonopol. Denn selbst der zu wirklicher, zu virulent gewordener Omnipotenz entartete Staat hat es eben an sich, daß er auch seinerseits nur von *Potenz* beeindruckt wird und nur mit *Potenzen* rechnet. Wir dürften selbst im Dritten Reich als der extremen Ausprägung eines omnipotenten Staates darüber einige Erfahrungen gesammelt haben. Eine solche Art, den Staat von seiten der Kirche anzugehen und ihn also mit der lebendigen Potenz der Gemeinde, in unserem Falle: mit der *Eltern*gemeinde zu konfrontieren, ist sowohl der Gemeinde wie dem demokratischen Staate angemessen: der *Gemeinde,* weil sie dann selbst in ihrer Lebendig- und nicht als bloß juristische Person, als »Körperschaft des öffentlichen Rechts«, auf dem Plane ist; dem *Staate,* weil er als Demokratie sowohl auf mündige Partner wie auf ein Kräftespiel – auf ein Spiel von »Kräften!« – der von ihm umschlossenen Größen angewiesen ist. Diese Methode, als Kirche beziehungsweise als christliche Elternschaft mit dem Staat umzugehen, ist jedenfalls unvergleichlich sachgemäßer und auf lange Sicht auch wirkungsvoller, als durch kirchenbehördliche Interventionen auf dem Verhandlungswege gewisse Privilegien (sie mögen nun christliche Gemeinschaftsschule oder wie immer heißen) zu ergattern.

## 30. Oktober

Gegenstand der Liebe und des Vertrauens kann immer nur eine *Person* beziehungsweise eine persönlich bestimmte und »getönte« Größe sein. Darum ist der väterliche Grund aller Ordnung, darum ist die Tatsache, daß ihre Repräsentanten nur eine stellvertretende Funktion gegenüber dem Vateramt ausüben, so unerhört wichtig. Aus dem gleichen Grund kommt gerade in den Großordnungen der modernen Massengesellschaft alles darauf an, Möglichkeiten zu schaffen, *menschliche* Motive erkennen zu lassen, um menschliche Qualitäten zu erhalten oder zu wecken (Liebe, Vertrauen, Opferbereitschaft und so weiter) und die sozialen und wirtschaftlichen Gefüge nicht zu einer inhumanen, rein pragmatisch bestimmten Apparatur werden zu lassen. (Dieses Wissen ist jedenfalls das *positive* Moment, das in der Idee der human relations steckt, sofern sie nicht selbst nur als ein psychologischer Trick verstanden wird, der das humanum gerade zynisch mißbraucht). In der lutherischen Sozialethik ist folglich eine entscheidende Sicherung gegenüber der abstrakten Herrschaft des Institutionellen, vor allem gegenüber allem Etatismus angebracht. Man könnte auch sagen: Sie ist auf das institutionelle Minimum hin angelegt. Der ihr innewohnende und von uns aufgezeigte Appell an »Lust und Freude«, an promptitudo und Spontaneität, an Freiwilligkeit und Initiative fordert logischerweise ein Mindestmaß an Gesetz und Reglementierung. Darin schattet sich die reformatorische Rechtfertigungslehre ab: Denn es gehört zu den Axiomen dieser Rechtfertigungslehre, daß überall dort, wo das Evangelium zur Herrschaft kommt und wo es die Liebe zu dem entbindet, der uns zuerst geliebt hat, das Gesetz zurücktritt. Dort, wo Spontaneität entstanden ist, braucht nicht mehr geboten zu werden.

## 31. Oktober

Das Lied Luthers »Ein feste Burg ist unser Gott« ist ein Lied des Haltes. In ihm wird von der Burg gesungen, die wir mitten in den Anfechtungen des Lebens unser eigen nennen dürfen, in der wir geborgen sind und einen Halt haben. An die Stelle dieses Liedes ist – man verzeihe die Drastik des Vergleichs – heute ein anderes Lied getreten, ein Lied, gegen das ich an sich nichts einwenden möchte, das manchem gute Dienste getan haben mag, aber das doch auf letzte weltanschauliche Abgründe deutet. Ich meine das Lied »Das kann doch einen Seemann nicht erschüttern«. Warum kann den Seemann das nicht erschüttern? Das weiß er selbst nicht. Es macht ihm einfach Freude, sich nicht erschüttern zu lassen und den wildesten Wogen die Zähne zu zeigen. Es ist das typische Lied der Haltung, die weiter nicht nach ihren Gründen fragt, sondern »einfach« steht. Dasselbe Phänomen läßt sich an der Freude aufweisen. Der Engel der Weihnacht verkündet »Siehe, ich verkündige euch große Freude: denn euch ist heute der Heiland geboren«. Der Engel begründet ausführlich, warum man sich freuen darf. Das Evangelium der Weihnacht besteht geradezu darin, daß uns dieser Grund zur Freude mitgeteilt wird: der Heiland ist geboren. Hätte Gott in seiner Güte diesen »Grund« (daß nämlich der Heiland geboren ist) nicht in die Welt eintreten und Geschichte werden lassen oder hätte er ihn vor der Welt geheimgehalten, so wäre eben ganz und gar kein Grund zum Freuen da. Die Finsternis würde weiter über den Völkern lasten und das Dunkel über der Welt brüten. Alles wäre aussichtslos, und das einzige, was man hören müßte, wäre kein Lobgesang, sondern ein Schrei nach Erlösung. Die Menschen hätten keinen Grund sich zu freuen, wenn nicht trotz allen Dunkels nun eben doch der Heiland geboren wäre. Nun hat die Freude einen Grund, an den sie sich hält, sie hat einen Halt.

## 1. November

Wenn jemand sagt, er sei begeistert von einer Predigt, dann ist das meist verdächtig. Denn wo das Wort Gottes wirklich eingeschlagen hat, da muß man sterben, da muß man ganz tief hinunter, da muß man wiedergeboren werden. Und wenn schon eine Geburt schmerzhaft ist, dann ist es die Wiedergeburt mindestens ebenso. Da gibt es viele Wehen, bis sich das neue Leben losgerungen hat. Da müssen viele Schnüre und nicht nur *eine* Schnur durchschnitten werden. Wenn man nur »begeistert« ist, dann ist es meist die Rhetorik oder der eigene Seelenschaum gewesen. Das Wort Gottes aber ist kein Ohrenschmaus, sondern ein Hammer. Wer keine blauen Flecken davonträgt, soll nicht meinen, es hätte bei ihm eingeschlagen. Begeisterung ist meist ein Strohfeuer. Der Felsen nimmt den Samen nicht in sich hinein. Auch wir Menschen können den Samen am Wurzelschlagen hindern. Das geschieht etwa dann, wenn es uns nicht um Christus selbst geht, sondern wenn es uns um einen bestimmten Prediger geht, oder wenn uns an den sakralen Schauern einer orgeltondurchbrausten Liturgie oder an dem beruhigenden Gefühl liegt, daß unser Leben – allem Augenschein zum Trotz! – eben *keine* Fahrt ins Blaue sei, sondern daß eine sinnvoll gestaltende Vorsehungsmacht über uns regiere, oder auch wenn es uns aus politischen Gründen um das christliche Abendland, wenn es uns um religiöse Traditionen und vielleicht um Antitoxine gegenüber den östlichen Ideologien geht. Das ist alles ganz schön und gut, aber es ist nicht Christus selber. Bei alledem braucht man nicht zu sterben, braucht man keine Buße zu tun. Man braucht nur ein paar sogenannte christliche Grundsätze zu praktizieren – ja vielleicht nicht einmal zu »praktizieren«; man braucht sie nur in Form eines Standpunktes zu »haben«. Das kostet wenig und krempelt einen nicht um. Das alles schlägt einem keine Wunden. Und weil wir keine Wunden haben, schreien wir auch nicht nach dem göttlichen Arzt; und weil wir nicht in der Tiefe sind, rufen wir nicht nach dem Retter. Weil wir aber nicht mehr nach ihm rufen, darum ist er auch nicht da; und weil er nicht da ist, wird auch unser Verhältnis zum Nächsten, wird unsere Ehe, wird unsere Lebensangst und wird unsere Gier nicht anders.

Ich kann zum Dogma der Jungfrauengeburt auch ein gottloses Ja sprechen – natürlich ebenso ein gottloses Nein. Ich spreche zum Beispiel dann ein gottloses Ja (und das haben die Väter der frühen Jahrhunderte oft sehr genau herausgehört und sind darum so massiv in ihrer Polemik geworden), wenn ich mit Hilfe des Dogmas der Jungfrauengeburt der Häresie des Doketismus fröne. Verzeihen Sie den terminus technicus aus dem theologischen Labor. Aber es ist leicht zu verstehen, was damit gemeint ist: Man versteht unter Doketismus die meist von den alten Gnostikern vertretene Lehre, daß Christus nur einen Scheinleib besessen habe; er sei ein Himmelswesen, das sich nur in einen menschlichen Leib verkleidet habe; er habe nur eine »Als-ob«-Menschlichkeit angenommen. Für diese Art der Christologie konnte dann die Jungfrauengeburt als scheinbare Begründung herangezogen werden. Denn durch diese Art von Erzeugung und Geburt schien der Christus gegen den Zusammenhang der Generationen abgeschirmt und aus dem Bereich des Menschlichen ausgegrenzt zu werden. Ich glaube, ich brauche jetzt nicht mehr lange zu begründen, warum man hier alle Pointen des göttlichen Heilshandelns pünktlich und genau verfehlt. Hier wird ja gerade das Entscheidende geleugnet: daß Christus aus Liebe das Geschick unserer Menschlichkeit auf sich nimmt und unser Bruder wird. Hier ist das Wort gerade *nicht* im Fleisch. Hier bleibe ich mit meinem Leiden und Sterben ohne Gefährten, und hier werde ich nicht mehr auf meinen Gassen und an meinen Zäunen und in meinen Fremden abgeholt. Darum kann es hier auch nur *so* eine Erlösung (eine Scheinerlösung) geben, daß ich mich durch Askese und Ekstase in jenes überweltliche Sein hinaufläutere, in dem das Gottwesen Christus im Grunde immer geblieben ist. Ich würde angesichts dessen zu sagen wagen: Wenn es schon um die Alternative eines Ja oder Nein zum Dogma der Jungfrauengeburt ginge, dann wäre hier das Nein besser als das Ja. Denn mit einem Nein zu ihr an die gnädige Herablassung Gottes zu glauben, ist besser, als sie zu bejahen und sich um die entscheidende Tat Gottes zu betrügen.

## 3. November

Im theologischen Streitgespräch suche ich den, von dessen Position ich mich distanziere. Konkret heißt dies: Ich gehe davon aus, daß »er nicht weiß, was er tut«. Er ist sich wahrscheinlich nicht klar darüber, daß er durch die Art seines Schöpfungsverständnisses oder durch seine Eschatologie der Alleinwirksamkeit der Gnade Gottes widerspricht, die er in seinen direkten Aussagen womöglich zu vertreten wünscht. Das theologische Streitgespräch hat hierbei das Ziel, wissen zu lehren und auch wissen zu lernen, »was man tut« – was man für das Grundthema aller Theologie denkend »tut«, wenn man diese oder jene Lehre vertritt. Diese Intention aber kann ich nur haben, wenn ich den andern *suche* – so wie der Gekreuzigte selbst noch die Henkersknechte gesucht hat. Und ich kann ihn nur suchen, wenn ich um die Unverfügbarkeit der Gnade weiß, die ich in Demut entgegennehme und die mich daran hindert, den andern hochmütig zu richten.

## 4. November

Zur Theologie gehört das Gespräch der Zeitgenossen und der aufeinanderfolgenden Generationen, damit wir uns auf die dunklen Flecke in unserem Auge gegenseitig aufmerksam machen. Wenn wir auch selbst einen Balken im eigenen Auge haben, dann kann es doch gut sein, daß wir den Bruder auf den Splitter in *seinem* Auge hin anreden. Denn was man an sich selbst nicht sieht, das erkennt man am anderen. Und das zu sehen und darauf aufmerksam zu machen, hat der Herr uns auch gar nicht verbieten wollen. Er verneint nur den Richtgeist, aus dem es in der Regel geschieht.

## 5. November

Der eigenständige Wert des Menschen, wie ihn der säkulare Neuhumanismus proklamiert, wird vom Evangelium aufgenommen und nicht schlechthin destruiert. Denn auch das Evangelium verkündet die Privilegierung der humanitas gegenüber Dingen, Kreaturen und Institutionen. Das »Aufnehmen« der säkular-humanistischen These vollzieht sich freilich in Verbindung mit dem radikalisierenden und in Frage stellenden »Ich-aber-sage-euch«. Das, was dieses »Ich-aber-sage-euch« meint, greift an die radix jener These: Es befragt sie im Lichte der vom Evangelium vertretenen »fremden Würde« des Menschen, ob sich die immanente Begründung des humanen Würdeprädikates durchhalten lasse und ob es im negativen Fall überhaupt ein Würdeprädikat gewesen sei. Die humanistische These, daß der Mensch ernstzunehmen sei, wird also im Lichte des *letzten* Ernstnehmens, nämlich des Ernstnehmens Gottes, mit der Gegenfrage bedacht, ob sie den Ernst menschlichen Seins überhaupt ausgedrückt habe. Dies aber bedeutet, daß die säkular-humanistische These von der Eigenständigkeit des Menschen in der Tat aufgenommen, eben darin allerdings dann radikalisiert und revidiert wird. Auch hier will das Evangelium nicht in die Leere der Indifferenz, sondern es will auf Positionen stoßen, die es mit dem »Ich-aber-sage-euch« aufnehmen und radikalisieren kann. Das Gesetz Mosis *ist* eine solche Position; aber auch der Humanismus ist eine: und andere Ismen vertreten wieder andere. So bahnt sich das Evangelium einen Zugang zu der neuzeitlich entdeckten Eigenständigkeit der Werte und weiß den Menschen auch in diesem Gehäuse zu finden, weiß ihn *so* zu finden, daß der säkulare Mensch seinerseits ebenfalls seine Fragen und Werte in ihm wiedererkennt. Was ihm zugemutet wird, ist nicht die Deklassierung oder die Eliminierung seiner Werte, sondern die Bereitschaft, diese Werte »taufen« zu lassen und sie dem Sterben und Auferstehen zu überantworten. Was er gewollt hat – die humanitas –, tritt ihm im Evangelium als neue Schöpfung entgegen, die die Erinnerung an die alte nicht verleugnet, sie vielmehr durch das »Ich-aber-sage-euch« ständig in Erinnerung ruft.

## 6. November

Es gibt asphaltierte Wege, und es gibt auch asphaltierte Herzen. Die sind glatt und sehen oft ganz repräsentativ aus. Im Verkehr mit den Menschen spielen sie eine große Rolle. Wege und Straßen pflegen außerdem Namen zu haben; man muß sie kennen, wenn man irgendwohin will. Es gibt sehr viele Leute, die muß man in der Tat – genau wie jene Straßen – kennen, wenn man irgendwohin will; sie haben Schlüsselstellungen inne, sie sind einflußreich, und man kommt nur über sie zu seinem Ziel. Das ist gut so und in Ordnung. Niemand wird einem Menschen einen Vorwurf machen, daß er einflußreich ist. Und niemand wird einem Wege den Vorwurf machen, daß er kein Acker, sondern daß er hart ist. Im Gegenteil! Aber das, was auf der einen Seite ein Vorzug ist, kann auf der anderen Seite eine Belastung sein. Samen kann eben auf einem vielbegangenen und glattgetretenen Wege nicht gut aufgehen. Wer nur ein Weg ist, über den der tägliche Betrieb des Verkehrs hinweggeht, wer eine vielbeschäftigte Straße ist, über die stündlich die Menschen hinweghasten und auf der keinen Augenblick Ruhe herrscht, der wird schwerlich den ewigen Samen auf sich wachsen lassen können. Die Nur-Betrieb-Menschen sind die am meisten Gefährdeten. Wer nicht mehr täglich wenigstens eine Viertelstunde »Acker« sein kann, wer sich nicht mehr aufpflügen läßt und darauf wartet, was Gott in seine Furchen legt, der hat eigentlich das Spiel im Entscheidenden schon verloren. Die Reichen und die Großen dieser Welt, deren Namen jeder kennt, weil sie »Wege-Menschen« sind, sind oft arme Leute. Sie meinen gefährlich leicht, sie seien etwas Großes, wenn der hastende und dichte Verkehr so ohne Unterbrechung über sie hinweggeht. Und dennoch sind sie so unendlich viel ärmer als eine arme, namenlose Ackerfurche, auf der es Frucht gibt. Verkehr und Umtrieb sind ja keine Frucht, sondern Leerlauf. Arme Wege-Menschen! Wie werden sie dastehen, wenn der große Schnitter, wenn der König mit Sichel und Krone kommt und die Früchte in seine Scheune sammelt. Die große Asphaltstraße aber, der »Jungfernstieg« ihrer Herzen, liegt leer und verlassen; nur aus einigen Kanalritzen wuchern Unkrautbüschel. Das ist dann alles, was die hereinbrechende Ewigkeit vorfindet, wenn der Verkehr der Menschen endgültig stillgelegt ist. Wer von uns erkennt sein eigenes Herz in diesem Bilde der leeren Asphaltstraße wieder?

Das Problem der »Anknüpfung«, die Frage des positiven und negativen Kontaktes! – alle Gespräche dieser Tage haben diese geheime thematische Mitte. Uns bewegt dabei auch die Frage, daß die Japaner so schwer einen Zugang zu den christlichen Sakramenten finden, weil die Elemente Brot und Wein im japanischen Leben keine elementare Bedeutung haben und deshalb offenbar verhindert sind, auch elementar, das heißt hier: symbolkräftig und gemeinschaftsstiftend wirken zu können. »Das Sakrament ist ihnen so fremd«, hat Ernst Benz festgestellt, »wie es uns wäre, wenn wir durch irgendeine exotische Mission in Deutschland gezwungen würden, ein Sakrament zu feiern, bei dem Lotoswurzeln und Bambussprossen genossen werden«. Zeigt das nicht in geradezu schockierender Weise, wie wenig wir darauf vertrauen, daß das Wort immer neu Fleisch und *anderes* Fleisch werden will, daß Christus sich auch in *fremde* Kulturen und Traditionen hineinopfern möchte, daß wir ihn aber daran hindern und immer nur hindern? Denn wir bringen den Völkern Asiens das Christentum in unserer westlichen Gestalt, wir vermengen es also mit Fremdstoffen – die freilich für uns keine Fremdstoffe, sondern nur unsre Aneignungsformen bilden, die aber für den fremden Organismus nicht resorbierbar sind. Wir missionieren oft nicht, sondern wir importieren manchmal nur fremde Religion. Das ist sehr hart gesagt. Aber wo Unglaube ist, muß hart gescholten werden. Oder ist es nicht Unglaube, wenn wir auf unsere Konfessions- und Symbolgestaltungen pochen, statt Christus »ganz allein« – wirklich in einem gefüllten Sinne gemeint: ganz allein – zu verkündigen und darauf zu vertrauen wagen, daß er sich neue Symbol- und Lehrgehäuse zimmert und unserer dogmatischen Schutzbunker nicht bedarf? Ist es nicht Anmaßung, Gott absichern und abschirmen zu wollen, indem wir ihn in westlichen Schutz- und Tropenpackungen liefern?

## 8. November

Geht das Zeitalter der »Religionen« wirklich dem Ende zu? Und hat die bolschewistische Doktrin in Rußland und China vielleicht recht, wenn sie diese Tradition als überfällig bezeichnet und auf den Aussterbeetat gesetzt hat? Gerade die östlichen Ideologien haben ja einen hochentwickelten Instinkt für jede Art von Rissen in jeder Art von Gebälk. Sie pflegen keine Frontalangriffe gegen gesunde und unauffällige Organismen zu machen, sondern sie bauen nur die Nährböden für schon vorhandene Keime aus; sie sind wie Aasgeier für die Kadaver der Vergangenheit. So werden sie auch hier, ganz abgesehen von ihrer theoretischen Religionslehre, die Keime der Selbstzersetzung entdeckt haben und ihre Prognose »Das Zeitalter der Religion ist zu Ende« nicht nur auf ihre ideologischen Postulate, sondern auch auf empirische Beobachtungen gründen. Mir wird erst bei solchen Überlegungen klar, welches Gewicht die seit Jahrzehnten bei uns gepflogene Besinnung darüber hat, daß das Evangelium nicht einfach »Religion« sein will, und wie bedeutsam die Abneigung dagegen ist, die christliche Unterweisung mit dem Ausdruck »Religionsunterricht« zu bezeichnen. In der Tat: das Evangelium sucht den Menschen in allen Stadien seiner geschichtlichen Möglichkeiten; es sucht ihn im Gehäuse seiner Religion und auf den eisigen Ebenen seiner Nihilismen, es sucht ihn in seinem Glauben, seinem Aberglauben und seinem Unglauben. Und doch fürchte ich mich vor der falschen Sicherheit, die in diesem Gedanken schlummern könnte! Ich glaube, daß er für nicht wenige unter uns christlichen Theologen zu einem dialektischen Trick mißbraucht werden kann. Man sieht den Untergang einer religiösen Welt und sucht noch schnell ein Alibi zu erbringen: Ich gehöre nicht dazu – in der trügerischen Hoffnung, dadurch ein Schibboleth gegen das eigene Ende in die Hand zu bekommen. Hier bedarf es der wachsten Selbstkritik. Und eine Arche, die über den Fluten der vergehenden Welt schwimmt, ist nicht aus den brüchigen Balken einiger Trickgedanken zu zimmern. Der Noah, der die Sintflut übersteht, muß glauben können. Er kann das Instrument der Errettung nicht erdenken und konstruieren, sondern er muß es sich schenken lassen.

Laufen wir nicht mit vollen Touren auf den Versuch zu, aus dem Evangelium eine Religion zu machen? Tun wir das nicht allem zum Trotz, was wir theologisch und theoretisch behaupten? Fliehen wir nicht, dieses Bild drängt sich mir auf, von der aktualisierenden Botschaft in eine liturgische Veroperung des Gottesdienstes, also in eine formalistische Altertümelei, die nicht zu unmittelbaren Begegnungen mit der Wirklichkeit Gottes, zu einer Aufnahme des Wortes in unser Leben führen, sondern die allenfalls Anempfundenheiten und Bildungserlebnisse zeitigt? In dem Zwang, diesen Überlegungen weiter nachzugehen, trieb mich in den letzten Tagen irgendein Instinkt, zum Tagesschluß die geistlichen Lieder zu lesen, die unsere eigene Zeit hervorgebracht hat und die zum Teil auch in das kirchliche Gesangbuch eingegangen sind. Ich muß zugeben, daß in vielen von ihnen die Substanz des Glaubens spürbar ist, und daß die biblischen Trostgedanken über Schuld und Vergebung, Leid und erlösende Ewigkeit nicht selten einen Ausdruck gefunden haben, der das Prädikat der Glaubwürdigkeit verdient. Sie bemühen sich durchweg um einen Choralstil der Aussage, der durch seine Objektivität anderes und mehr ist als nur lyrisch fromme Aussage. Zum ersten Mal aber fiel mir auf – sicher vor dem Hintergrund der eben gemachten Erfahrungen –, daß nur die klassischen Themen des reformatorischen Liedgutes verhandelt werden und daß auch das in Reimgestalten geschieht, die nicht selten bewußt antikisierend zu sein scheinen. Sie tragen eine Patina, die vielleicht nicht auf einer natürlichen, sondern auf einer mit künstlichen Mitteln beförderten Oxydation beruht und aus dem Labor einer dichterischen Chemiekunst stammt. Vielleicht tue ich diesen Liedern damit Unrecht. Aber ich kann mich nur schwer gegen diesen Verdacht sträuben, weil ich gewisse Themen unserer Zeit vermisse. Müßten sie aber nicht anklingen, wenn es um echte dichterische Objektivation der heutigen christlichen Existenz ginge? Wo tritt etwa die Angst zutage, im »Man« und in den anonymen Kollektiven zu vergehen, wo ist überhaupt das Thema der Lebensangst (statt der bloßen Schuldangst)? Wo das Erlebnis der Natur in *unserem* Sinne? Und wo ist in unseren Liedern von der Technik und von der heutigen Arbeitswelt die Rede? Wo ist überhaupt das gebrochene Verhältnis zur Arbeit angesprochen, die uns in vielen Bereichen der Sinnlosigkeit überantwortet und die aus Berufung *und* Fluch in nicht wenigen Lebensbereichen zu einer seelenlosen und indifferenten Verrichtung geworden ist? Wo kommt das Thema der Freiheit zur Sprache? Ihr Mißverständnis als Ungebundenheit und ihre Läuterung in mündiger Kindschaft? Wo ist vom Fluch der Apparatur, vom Leerlauf einer liebelosen, weil versachlichten Wohlfahrt die Rede, wo vom Schrecken der Sinnlosigkeit?

## 10. November

Es ist offenbar nicht primär das *gesprochene,* sondern es ist das in der Lebensform *gestaltete* Wort, das anrührt, wenigstens in der ersten Begegnung. Wie kommt es, frage ich mich, daß die Vertreter der Sekten im allgemeinen die stabilsten Bekenner stellen, daß sie ihre Leute am festesten »bei der Stange halten«? Es wäre doch unfaßlich, wenn sie das mit Hilfe ihrer oft ausgefallenen dogmatischen Sonderfündlein zustande brächten und wenn also das Exzentrische im Lehrhaften solche Bindungen zu schaffen vermöchte. Sicher ist das auch gar nicht so. Sondern das Bindende und Prägende geht zweifellos davon aus, daß sie als relativ kleine Kreise einen integrierenden Lebensstil, eine bestimmte, sehr dichte Atmosphäre des Miteinander zu bilden vermögen, und daß ihre gemeinschaft- und gestaltgewordene Verkündigung die Menschen trägt. Insofern sind die Sekten ein sehr vielsagendes Krankheitssymptom der Christenheit, sie sind ein Skorbut am Leibe der Kirche, der einen bestimmten Vitaminmangel anzeigt. Die Sekten zeigen oft genug in der Perversion an, daß das Wort sich immer neu inkarnieren, daß es aufs neue Leib, Gemeinschaft und Lebensstil werden und daß es sich nicht nur *hinter* diesen Gestalten, hinter diesen *seinen* Gestalten, finden lassen will.

## 11. November

Wer heute in eigener Sprache den Begriff der Sünde reproduzieren will, kann sich nicht damit begnügen, neue und eingängige Umschreibungen des Begriffs zu finden, sondern er muß auch bedenken, daß die Wirklichkeit »Sünde« heute von anderen existentiellen Ecken aus in Sicht kommt als beim Menschen des Mittelalters. Sie äußert sich heute nicht in der Angst vor dem zornigen, rächenden Gott und gewinnt auch keinen Ausdruck in der entsprechenden Frage nach dem »gnädigen Gott«. Sondern das Wissen um sie besitzt eine äußerst chiffrierte Anwesenheit in der Bildung von Weltanschauungen, die den Menschen rechtfertigen, ferner in seiner Lebensangst und dem Leiden am verlorenen Sinn. Wer nicht von diesen neuen Konstellationen der Existenz aus (die ja seine eigenen Zustände sind) einen Zugang zu der Wirklichkeit dessen findet, was Sünde meint, kann sich nicht in seiner eigenen Sprache aussprechen und kann sie sich darum auch nicht selber – geschweige denn andern – sagen. Er mag theologisch exakt einen historischen Text, der jene Thematik enthält, interpretieren können, aber er kann ihn nicht auf sich selbst hin re-interpretieren. Er kann die gemeinte Wirklichkeit selbst nicht zum Leuchten bringen. Darum ist die Suche nach der modernen Sprache zunächst gar kein volksmissionarisches, sondern ein hermeneutisches Problem: nämlich die Intention auf eigenes Verstehen hin. Genauso wie derjenige die Begegnung mit dem biblischen Wort versäumt, der es nur homiletisch »abgrast« und lediglich in der Absicht in sich aufnimmt, wie er es »an den Mann bringen könne«, so verfehlt auch derjenige die eigene Sprache, der sie nur als Verständigungsmittel für seine modernen Hörer sucht und sie nicht primär als Mittel eigenen Verstehens in Anspruch nimmt.

## 12. November

Der Satz Luthers vom simul iustus et peccator kann innerhalb der Dogmatik, pauschal formuliert, relativ harmlos klingen. Er wird aber sofort aufregend und problematisch, wenn nun in concreto dargetan und gelebt werden soll, was es heißt, daß wir in re peccatores sind und zwar ganz und total und mit unserm gesamten Eingefügtsein in die Strukturgesetze dieses Äons. Wird man nicht immer wieder vor dieser Konsequenz erschrecken und in der Distanzierung von jener Struktur, in der asketischen Ausflucht, sein Heil suchen? Wird man es also, aufs härteste mit den konkreten Tatsachen konfrontiert – mit der Tatsache zum Beispiel, daß kein Mensch im totalen Staat ohne Mitschuld leben, daß keiner in einer zur Ordnung gewordenen wirtschaftlichen Korruptheit »gerecht« zu existieren vermag –, wird man es angesichts dieser Tatsachen nicht doch mit einer asketischen Heiligung statt mit der Rechtfertigung versuchen wollen? Die eigentliche Problematik der dogmatischen Dinge ergibt sich stets in concreto; und es erscheint uns immer wieder als tiefe Krankheitserscheinung, wenn nicht wenige Praktiker der Kirche in Pfarr- und Leitungsämtern an einer gewissen Problemblindheit leiden, wenn sie zum Zwecke leichteren Handelns einer gewissen Simplifizierung frönen, während die akademischen Theoretiker als Leute gelten, die berufsmäßig mit mehr oder weniger künstlich erzeugten und aufgeblähten Problemen umgehen. In Wirklichkeit ist es so, daß alle theologischen Probleme angesichts der Unmittelbarkeit der Praxis ihre eigentliche Tiefe gewinnen und sich aufregend entfalten, während sie im Raume der bloßen Abstraktion langweilig und verschwommen bleiben und sich mühsam durch Zellspaltung fortzupflanzen streben.

## 13. November

Daß eine theologische Ethik kein Rezeptbuch des Handelns sein und daß sie einem keine Entscheidungen abnehmen, vielmehr nur zu ihnen anleiten kann, das liegt an der grundsätzlichen Struktur einer lutherischen Ethik: Diese Struktur ist wesentlich dadurch bestimmt, daß sie im Grunde nichts anderes zu tun hat, als den Satz *Luthers* von der »Freiheit eines Christenmenschen« durchzubuchstabieren und auszulegen. Diese Freiheit besagt, daß wir vom Gesetze und von der Bevormundung frei, daß wir Kinder Gottes und somit mündig seien. Das bedeutet vor allem, daß wir immer Subjekte unseres Handelns sind. Wer unter dem Gesetze steht, ist aber nicht Subjekt seines Tuns, sondern Objekt eines fremden Willens; er ist »Funktionär«. Wer heutzutage als evangelischer Christ voller Neid auf die Kasuistik der katholischen Moraltheologie blickt und resigniert feststellt, daß ihm der reformatorische Raum eine solche befestigte Basis versage, der sollte sich wohl prüfen, ob diese Sehnsüchte nicht den dunkelsten Kellern der modernen Welt entstammen und daß sie nichts, aber auch gar nichts mit der Bereitschaft zur letzten Hingabe zu tun haben. Es gibt nicht nur die Flucht in die libertinistische Fremde, es gibt auch die Flucht in den Gehorsam, in die Autoritätssucht und in die Geborgenheit des Funktionärs. Der Sohn Gottes, der »uns recht frei macht«, ist aber nicht gestorben, um uns einer Hingabe zuzuführen, die aus der Angst vor der Freiheit lebt.

## 14. November

Die Theologiegeschichte ist nicht nur eine Geschichte der Klärungen, sondern auch der Verdunkelungen, der beabsichtigten Unterschlagungen oder auch der unbeabsichtigten Verdrängungen. Darum ist sie zugleich eine Geschichte des permanenten Nachholens und der Wiederentdeckung der Verlorenen. Die Entdeckung oder Wieder-Entdeckung geschieht aber selbst wieder um den Preis eines neuen Vergessens. Man muß sich das klarmachen, um gegen den Irrtum gefeit zu sein, als sei die Theologiegeschichte ein Prozeß, der zunehmend Wahrheit erschlösse. Sie ist fast im gleichen Maße eine Geschichte der Wahrheitsvergessenheit. Die Theologie ist ein Unternehmen von Sündern und steht darum unter der gleichen Vergebungsbedürftigkeit wie diese selbst. »Es ist doch unser Tun umsonst auch in dem besten Leben.« Auch das Denken, auch das theologische Denken ist eine Weise dieses Tuns. Aber als gerechtfertigtes darf es – wie jedes Tun – weitergehen. Die Überlegung, daß die Frage nach der alten Wahrheit nicht nur vergegenwärtigend, sondern auch entfernend ist, daß sie zu perspektivischen Verzerrungen (zur Übergröße in dem durch die Frage geschaffenen Vordergrund und zum Verschwinden des Ferneren) führt, hat von jeher die Überlegung herbeigeführt, daß das eigentliche Subjekt des Glaubens nicht der einzelne, sondern die Kirche insgesamt, die in Raum und Zeit ganze Kirche sei. Denn je individueller die hermeneutische Frage (individuell nicht nur im Hinblick auf die fragende Persönlichkeit, sondern auch auf den begrenzten, punktuellen Augenblick der jeweiligen Gegenwart), um so krasser die perspektivische Verzerrung. Deshalb legen die Bekenntnisschriften von jeher Wert darauf, daß sie den consensus der Gesamtkirche im Rücken haben.

## 15. November

Der Mythos ist als Redeweise insofern legitim, als er durch die symbolische Indirektheit seiner Aussage zum Ausdruck bringt, daß das unsere Wirklichkeit Tragende mit dem Begriffsinventar dieser Wirklichkeit nicht adäquat ausgedrückt werden kann. Von da aus ergibt sich die Frage, ob die Menschwerdung Gottes (Deus vere homo) entsprechend als mythische Chiffre und insofern – wie bei D. F. Strauss – als Einkleidung einer Idee zu verstehen sei. Die Verneinung dieser Frage kann durch keine Analyse des Mythos selbst begründet werden. Es gibt keinen Punkt der christlichen Wahrheit, der sie vor der Verwechselbarkeit mit bloß mythischer Rede zu schützen vermöchte – genau so wenig, wie Christus vor der Verwechselbarkeit mit einem Rabbi, einem Religionsstifter oder einem Enthusiasten geschützt ist. Diese Verwechselbarkeit ist nur »sekundär« veranlaßt durch unsere Denkstruktur, die auf die Erfassung von »Welt« angelegt ist und die darum das, was nicht »von dieser Welt ist«, nur in symbolischer Gebrochenheit zur Verfügung hat. »Primär« aber ist diese Verwechselbarkeit begründet in einer ontischen Gegebenheit: nämlich im Vollzug der gnädigen Solidarität Gottes mit dem Menschen. Es ist seine Liebe, die ihn in »menschlicher Gestalt« auftauchen und eben dadurch verwechselbar und »wehrlos« sein läßt. Zu dieser Nichtausweisbarkeit Gottes, zu dieser seiner gewollten Wehrlosigkeit der Liebe gehört es unter anderem, daß seine Ankunft in der Geschichte als mythische Alloiosis verstanden werden kann. Wenn der Glaube demgegenüber die reale Gegenwart Gottes in der Geschichte bekennt, so ist er dazu nicht deshalb imstande, weil er doch einen Ausweis in Händen hielte, daß es hier um mehr gehe als um mythische Alloiosis. Was ihn zu der Anerkennung der Gegenwart Gottes nötigt, ist vielmehr das Zeugnis des Heiligen Geistes, das ihn von jenem Worte her triff, das seine Zelte unter uns aufgeschlagen hat (Joh 1, 14). Auch dieses spezifisch Über-Mythische läßt sich wieder nur mit mythischen Chiffren, hier der Chiffre des »Zeltens«, ausdrücken!

## 16. November

Das Gericht über die Kirche, wie es sich in den Verfolgungen äußert, kommt niemals nur auf das Schuldkonto der Welt, sondern ist zugleich die andere Seite eines *geistlichen* Frevels; nämlich der vorangegangenen Untreue der Kirche, die Honig und kein Salz sein wollte und in alledem ihre eigene Ruhe suchte – um damit zugleich der Welt eine Ruhe zu schenken, aus der sie nicht mehr aufgeschreckt sein will. Der Entschluß der Kirche zum Frevel – nämlich zur Assimilation – ist damit zugleich der Entschluß, sich dem Gericht der Verfolgungen auszusetzen. Denn da das Wort der Kirche nicht vergehen wird (Mk 13, 31), muß mit tödlicher und lebendiger Sicherheit der Augenblick kommen, wo es zum Aufbruch drängt und damit *jene* Schockwirkung bei der Welt auslöst, in deren Gefolge alle Selbstschutzkräfte der emanzipierten Welt gegen sie mobilisiert werden. Damit hängt es zusammen, daß alle großen Erneuerungsbewegungen der Kirche mit einer *Bußpredigt* beginnen. Und zwar mit einer Bußpredigt, die sich charakteristischerweise *nicht* nur gegen die Welt, sondern vor allem gegen die Kirche selbst richtet.

## 17. November

Die Antwort auf die Frage: »Wie kann Gott das zulassen?« liegt nicht in einer Patentlösung, so daß man sagen könnte: Ich weiß es ganz genau, *»darum«* und *»darum«* läßt Gott diese ganzen Wirrsale zu, sondern die Antwort auf die Frage: »Wie kann Gott das zulassen?« besteht in der *Buße*. Darf ich

Ihnen allen deshalb ein seelsorgerliches Geheimnis verraten, das mir selbst beim Nachdenken über die Gebote Gottes in den letzten Wochen klargeworden ist? Alle Anklagen gegen Gott hören in dem Augenblick auf, wo ich mich selbst zu verklagen lerne, wo ich es also lerne, daß ich es selber bin, der Gott daran hindert, einen Stützpunkt und einen Brückenkopf seines Reiches in unserer Welt zu bauen. Und die Faust, die ich anklagend gegen Gott emporrecke, sinkt ohnmächtig herab in dem Augenblick, wo ich gelernt habe, sie an meine eigene Brust zu schlagen. »Sage mir, wie sehr du mit Gott haderst, und ich will dir sagen, wie wenig du dich in Frage stellt. Sage mir, wie sehr du an Gott irre bist, und ich will dir sagen, wie sehr du von dir selbst überzeugt bist.« *Unsere Welt kann innerlich nicht genesen, solange sie immer nur nach Vergeltung der uns zugefügten Nöte und Verzweiflungen ruft, solange sie nicht von der Sühne spricht.*

## 18. November

Vielleicht machen wir Christen an *dem* Punkte immer Entscheidendes falsch: Wenn uns einmal jemand in der Arbeitspause oder beim abendlichen Gespräch fragt (und sich sozusagen ein Herz zu dieser Frage faßt): »Du, wie macht man das eigentlich, daß man den inneren Halt bekommt wie du, daß man so etwas wie Frieden hat und daß man auch in der Drecklinie des Lebens munter und getröstet durchhält?«, dann antworten wir sehr oft falsch. Wir pflegen dann nämlich nicht selten zu sagen: »Nun, erst mußt du mal dies tun und das lassen. Und mit dem Tanzen und dem Sich-Amüsieren ist es schon gar nichts mehr. Da sind außerdem so verschiedene dunkle Punkte in deinem Leben; die muß du erst in Ordnung bringen. Außerdem mußt du richtig wollen und eine radikale Kehrtwendung machen!« Uns allen, die wir schon so geantwortet haben oder die wir besorgt sind, von jemandem solch beelendende Antwort zu bekommen, hilft dieses Appellieren und Moralisieren ja keinen Deut weiter. Das macht einen nur kaputt und nimmt einem den letzten Funken von Mut. Gerade angesichts der fragwürdigsten Dinge und der dunkelsten Bindungen, mit denen wir uns herumschlagen, liegt das eigentlich Bedrohliche ja gar nicht nur darin, daß unser Wille zu schwach ist, um ein Ziel zu erreichen, sondern daß wir gar nicht von ganzem Herzen *wollen* können. So hat es wohl Luther gemeint, wenn er sagen konnte, das Gesetz, der Gestellungsbefehl, sei wohl ein Wegzeiger, aber es sei noch längst nicht die Kraft in den Beinen. Darum mache uns dieses Gesetz nur noch elender. Gott macht es jedenfalls anders. Gewiß, er fordert von uns Gehorsam. Wir müssen sogar unser ganzes Leben umstellen, und wir haben unseren Christenstand mit allem, was wir sind, zu bezahlen. Aber zuerst *schenkt* er uns etwas, zuerst lädt er uns ganz einfach ein. So sollten wir uns durch die Botschaft der Herolde ganz schlicht belehren lassen, daß ein Jünger Jesu zu reizen und zu locken und anzubieten hat, daß er nicht schön und lebendig genug von der Freude des königlichen Mahls und vom Frieden und der Geborgenheit des Vaterhauses erzählen kann, dessen Glück er selber hat schmecken dürfen. Es ist dann schon dafür gesorgt, daß der Gast späterhin, wenn er in den erleuchteten Sälen dieses Hauses, wenn er im wahrhaft festlichen und fröhlichen Christenstande darinnen ist, die Dunkelheit und Finsternis der Fremde bemerkt, aus der er so gnädig herausgerissen ist, und daß er darüber trauert und Buße tut.

## 19. November

Je mehr es gelingt, die Ordnungen personhaft zu durchsetzen und also Motive, Absichten, Fürsorge, Dienstwillen und ähnliche »humane« Hintergründe erkennen zu lassen, um so mehr verlieren diese die Eigenschaft (und sollen und dürfen sie auch verlieren!), *reglementierende* Ordnungen zu sein. Um so mehr ist der Weg zur Verringerung des Nur-Institutionellen gebahnt. Das gilt selbst für den Fall, daß im Miteinander von Christen und Nichtchristen der väterliche Hintergrund der Welt und damit die letzte Legitimation solcher Vorgänge für Unzählige unerkennbar geworden ist. Die in der Rechtfertigungslehre angesprochene promptitudo gegenüber dem väterlichen Gott hat eben auch gewisse Strukturen des Persongeheimnisses *überhaupt* bloßgelegt und sich dienstbar gemacht – Strukturen, die selbst dann ihre Bedeutung haben und in der

Weltordnung eine Rolle spielen, wenn die alle Personhaftigkeit begründende Person Gottes dem Bewußtsein entschwunden ist. Es gibt dann gleichsam immer noch ethische Nachklänge eines christlichen Wissens.

## 20. November

Jede Erziehung kann nur vom Modell eines Zielbildes, also von einem »Erziehungsziel« ausgehen. Das, was der Mensch zu sein habe, ist aber auf *sachlichem* Wege, in diesem Falle durch eine bloß pädagogische Gesinnung, nicht zu bestimmen, so gewiß der Mensch nur von *Gott* her zu bestimmen und so gewiß er also selber Gegenstand des *Glaubens* ist. Alle Anthropologie beruht auf Glauben, auf einem richtigen oder falschen Glauben. Aber jedenfalls auf *Glauben*. Und Pädagogik ist immer nur im Rahmen einer wie immer beschaffenen Anthropologie möglich. Deshalb hat sich die Pädagogik wohl über die erzieherischen *Mittel* und *Wege* zu besinnen. Sie verfügt aber nicht über das *Ziel* dieser Mittel und Wege. Sie kann sich das Ziel nur sagen lassen. Also beruht die vermeintliche Autonomie der Pädagogik auf der Illusion ihrer Autarkie. Damit stoßen wir auch aus dieser ganz anderen Richtung auf den Kernsatz der lutherischen Ethik, daß die Lehrer und Pädagogen nur Stellvertreter der Eltern, das heißt Vollstrecker ihres Willens sind: Denn sie, die Eltern, haben die Verantwortung für das Erziehungsziel, bis die Mündigkeit ihrer Kinder die Übernahme eigener Verantwortungen erlaubt. Das Taufgelübde der Eltern, wie es innerhalb der Kindertaufe üblich ist, legt ihnen diese Veranwortung ausdrücklich auf. Und daß sich diese Verantwortung nicht nur auf Glaubensunterweisung im engeren Sinne bezieht, sondern daß es sich auf das Christsein »in der Welt« (und damit *auch* auf ein entsprechendes Verständnis aller in den Schulfächern sich aussprechenden Weltbereiche) bezieht, steht für ein reformatorisches Verständnis des Glaubens außer Frage. Es gehört zu den Grunderfordernissen jeder geordneten Erziehung, daß die Erziehungsträger, also Schule und Elternhaus, in ihrer letzten Orientierung, in der Stellung zum Erziehungs*ziel* also, aufeinander abgestimmt sein müssen – oder etwas zurückhaltender und vorsichtiger formuliert: daß sie in puncto Erziehungsziel nicht in einem offenen dissensus zueinander stehen und also gegeneinander arbeiten. Sonst entsteht diejenige pathologische Erscheinung des modernen Lebens und besonders des Lebens der Jugend, die wir als *Schizophrenie des Bewußtseins* bezeichnet haben. Diese Krankheitserscheinung muß überall dort entstehen, wo in den einzelnen Stunden und durch die einzelnen Lehrer mit verschiedener weltanschaulicher Sinngebung unterrichtet wird, etwa in dem Sinne, daß der *Geschichtsunterricht* pragmatisch oder im Namen des historischen Relativismus, daß der *Deutschunterricht* im Namen eines Humanitätsideals und daß die *Biologie* im Namen eines vitalistischen Welt- und Menschenverständnisses vorgetragen wird. Je jünger der Mensch ist, um so wehrloser steht er autoritären Positionen gegenüber; um so mehr wird ihm *das* zum Verhängnis und zur Ursache von Zerrissenheit und Vielgleisigkeit, was dem Reiferen zur sokratischen Provokation wird, die ihn zur Gestaltwerdung eines Eigenen nötigt.

## 21. November

Menschen, die Angst vor der Atombombe äußerten, habe ich gelegentlich gesagt, diese Angst beruhe auf einer Selbsttäuschung. Nicht vor der Atombombe habe man Angst, sondern davor, daß dem Menschen die Atomkraft in die Hand gefallen sei. Weil man um die Fragwürdigkeit des Menschen, um die Versehrtheit seiner Existenz wisse, darum fürchte man diesen seinen Zuwachs an atomarer Macht. Denn mit einem solchen Zuwachs potenziere sich ja nicht nur das schöpferisch konstruktive Vermögen, sondern auch die Tendenz zu zerstörerischem Titanismus. Unter der Chiffre der Atomangst äußere sich in Wahrheit das, was man in Klartext nennen könnte: die Angst vor den abgründigen Möglichkeiten des Menschen. Und im Spaß habe ich gelegentlich hinzugefügt: Gäbe man die Atombombe zur Aufbewahrung in ein Nonnenkloster oder in ein Diakonissenhaus, so sei sie harmlos wie ein blühender Kaktus auf dem Fensterbrett. Diese kleine Vortragsbemerkung, die ich einmal einflocht, hatte übrigens ein skurriles

Nachspiel: Gleich nach Ende meines Referates schoß eine dunkle, als Kleriker erkennbare Gestalt auf mich zu, und ich hegte gleich den Verdacht, sie wolle gewiß wegen des Nonnenklosters bei mir intervenieren. Doch konnte ich ja beruhigt sein, weil ich konfessionell neutral gewesen war und auch das Diakonissenhaus erwähnt hatte. Er sagte mir dann nur: »Sie haben soeben von der im Nonnenkloster oder im Diakonissenhaus zur Harmlosigkeit entschärften Atombombe gesprochen. Man merkt, daß Sie nie in einem solchen Hause gelebt haben!« – Dies kleine Nachspiel setzte eigentlich in satyrhafter Weise den Gedanken fort, den auszusprechen ich mich bemüht hatte: daß der Mensch hier vor seinem eigenen Bilde erschrecke und daß es im Grunde nur eine Schutzbehauptung sei, wenn er statt seiner selbst die Weltstruktur, die Dämonie der Technik, die Ambivalenz des Fortschritts und den Teufelskreis des medizinischen Vermögens anklage.

## 22. November

Alles, was wir an Grundsätzen der lutherischen Erziehungslehre entfalten, ist so lange eine leere Deklamation, wie die Eltern nicht *das* sind, als was sie jener lutherischen Ethik gelten: solange sie keine Christen sind beziehungsweise solange sie nicht über die Beziehung ihres christlichen Glaubens zum Schul- und Erziehungsproblem unterrichtet werden: Der Staat kann es sich ja nur deshalb leisten (ja, er wird geradezu verführt), das Elternrecht zu ignorieren oder es jedenfalls nicht genügend ernst zu nehmen, weil für ihn die Eltern nicht eigentlich als Träger eines Glaubens und also eines Erziehungswillens in Erscheinung treten, sondern weil sie ihm als das erscheinen müssen, was sie ja de facto auch weithin sind: als ein nicht zu eigener Willensbildung befähigter, steuerloser, allenfalls klerikalen und sonstigen Einflüsterungen offener Bestandteil des Gesamtvolkes – als eine Summe von Einzelnen also, deren Eigenschaft als Eltern sie ebensowenig als willenstragendes corpus konstituiert, wie die Eigenschaft, Halbwüchsiger, Briefmarkensammler, blond oder dunkel, Mann oder Weib zu sein, die Geschlossenheit eines gesellschaftlichen Körpers zustande kommen läßt. Diese ungreifbare Konturenlosigkeit der

Elternschaft (der gegenüber es im allgemeinen nur Ausnahmen wirklich »wollender« Elterngemeinschaften gibt) gilt natürlich genauso von der nichtchristlichen Elternschaft, die doch ebenso – wenigstens sofern sie überhaupt gewisse Grundsätze und Positionen vertritt – ein Interesse haben müßte, ihrem erzieherischen Willen Geltung zu verschaffen. Wir durchdenken hier das Problem für die Aufgaben *christlicher* Elternschaft: es bleibt aber dem Leser unbenommen, die ethischen Folgerungen sinngemäß auch auf die Verantwortung nichtchristlicher Eltern anzuwenden. *Wer sind also die sogenannten »christlichen Eltern«?* Sie sind weithin die Leute, die *nicht* in der Gemeinde stehen. Es ist deshalb sehr schwer, angesichts der volkskirchlichen Elternmasse und angesichts der verheerenden volkskirchlichen Taufpraxis vom Rechte christlicher Eltern zu sprechen und dabei die Vorstellung eines vorliegenden Elternwillens zu erwecken. Bei solchen Erklärungen könnte ein spöttisch wissendes Lächeln durch die Parlamente gehen. Im gleichen Sinne würde sich die Kirche *dann* einer Lüge schuldig machen, wenn sie auf Grund von statistischem Material aus der Volkskirche irgendwelche Rechte, etwa die Einrichtung von Konfessionsschulen, erreichen wollte. »Heute – im Zeitalter fortgeschrittener Säkularisation – wirkt die elternrechtliche Forderung nach christlichen und konfessionellen Schulen machtpolitisch. Es ist unterhalb von Würde und Wahrhaftigkeit, solche elternrechtlichen Forderungen auf eine statistische Zugehörigkeit zur Volkskirche stützen zu wollen ... Die höchste Freiheit, die es gibt, nämlich die des Glaubens an Christus, darf niemandem zum Zwange werden« – wie es doch sein würde, wenn die Kinder aller Leute, die es auf Grund des Trägheitsgesetzes und aus anderen unangemessenen oder nur halbwegs sachgemäßen Gründen versäumt haben, aus der Kirche auszutreten, in christliche Schulen gesteckt werden. Wir möchten sogar den sehr zugespitzten Satz auszusprechen wagen, daß die Kirche sich entgegen allen derartig klerikal-theokratischen Bestrebungen schützend vor das Gewissen der Ungläubigen zu stellen hat. Sie würde damit gleichzeitig den ihr anvertrauten Glauben davor schützen, zur christlichen Ideologie zu degenerieren und zum Schibboleth der Heuchelei zu werden. Das Elternrecht ist also *erstens* so lange illusorisch, wie die Eltern nicht wissen, *wozu* sie das Recht haben, wie sie also selber und in ihrer eigenen Existenz jenem Erziehungsziele *nicht* zugeordnet sind, auf das hin sie doch ihre Kinder erziehen sollen. Das Elternrecht ist *zweitens* so lange illusorisch, wie es nur ein *Verpachtungsrecht* ist, wie es also nur darin bestehen soll, daß die Eltern ihr Recht an die Kirche oder an die Schule abgeben, eben »verpachten« und es ganz einfach *deshalb* nicht selber wahrnehmen, weil sie es mangels eines eigenen Verhältnisses zu diesem Recht überhaupt nicht wahrnehmen *können*.

## 23. November

Jesus Christus ist immer da, wo *wir* sind, wo die Stürme heulen und die Brecher auf uns niederprasseln. Als Heimatloser kam er auf die Welt und hatte keine Stätte, da er sein Haupt hinlegte. Wer heimatlos ist und verlassen, darf wissen: Dieser ist bei mir; er geht an meiner Seite in den Flüchtlingstrecks und in der Verlassenheit der Großstädte. Wer sterben muß, darf wissen: Auch dieser hat die Wehen des Todes geschmeckt und wollte in den letzten Tiefen mein Bruder sein. Und wer Schiffbruch erleidet, wer hilflos auf dem Wassermeer oder auf dem symbolischen Meer des Lebens treibt (wie die Schiffbrüchigen in Whittakers herrlichem Bericht »Es war, als sängen die Engel«), der darf wissen: er schläft auch in meinem Boot, das wie eine Nußschale dem Spiel der Elemente preisgegeben zu sein scheint. Er schenkt mir Geborgenheit und hüllt mich in seinen Frieden – sei es, daß er den Elementen gebietet, oder sei es, daß er mich in den Wellengräbern empfängt und zu ewiger Freude geleitet. So schrieb es ja Gorch Fock, der Seemann des Ersten Weltkrieges, in einem seiner letzten Briefe: Wenn ihr hören solltet, ich sei gefallen, so weinet nicht! Denkt daran, daß auch der tiefste Ozean, in dem mein Leib sterbend versinkt, nur eine Lache ist in der Hand meines Heilandes.

## 24. November

Unsere größten Bangigkeiten stammen nicht aus der Schwere unserer Schmerzen, sondern sie kommen dann zustande, wenn wir kein Ziel und keinen Sinn mehr sehen. Hiob hätte wahrscheinlich noch sehr viel schwerere körperliche und seelische Attacken ertragen, als sie dann über ihn kamen. Das, was ihn schließlich umwarf, waren nicht die Schmerzen selbst, sondern der Abgrund der Leere, die sich vor ihm auftat. War die Brandkatastrophe, war der Tod seiner Kinder und waren die tödlichen Geschwüre, die seinen Leib verfaulen ließen, nicht ein ungeheures Dementi alles dessen, was er bisher geglaubt und woran er sich gehalten hatte? War diese völlig widersinnige Bestrafung eines Gerechten nicht eine Widerlegung jeder göttlichen Weltregie, aller angeblich »höheren Gedanken«? War nicht alles entsetzlich *sinnlos,* so daß es sich nicht mehr lohnte zu leben? Und waren nicht alle heiligen Schriften und Glaubenswahrheiten zur Makulatur geworden? Rückte nun nicht an die Stelle des heiligen Satzes: »Ich bin der Herr, dein Gott« die zynische Feststellung »Ohne Wahl zuckt der Strahl«? *Das* war doch Hiobs Leiden! Es waren keineswegs nur die physischen Schmerzen. Und wenn wir daran denken, daß alles, was die Volkslieder und Schlager von Liebe und Tod, von Abschied, Heimweh und Erfüllung singen, einmal schlechthin ausgelöscht sein und ohne Spuren bleiben sollte, daß sich das Schweigen eines absoluten Endes und einer götterlosen Wüste über eine Erde breiten sollte, die einmal die Wohnstatt von Plato und Laotse, von Albrecht Dürer und Beethoven war, dann blickt der Abgrund der völligen Sinnlosigkeit auch in uns hinein.

## 25. November

Daß wir sterben, daß wir davonmüssen und daß unser Leben ein Ziel hat, ist eine Erinnerung daran, daß wir *nur* Menschen und daß wir nicht Gott sind. Daß wir sterben und alles verlassen und preisgeben müssen, was wir geschaffen und geliebt und vielleicht auch vergöttert haben, ist ein Stück Gericht. In diesem Gericht flammt der Widerschein eines göttlichen Blitzstrahles, der besagt: »Bis hierher sollst du kommen und nicht weiter. Hier sollen sich legen deine stolzen Wellen!« In Japan kann man über weiteste Gebiete hin immer die majestätische, schneebedeckte Pyramide des Fujiyama sehen. So ist es auch mit uns: Der Tod, auf den wir zugehen, steht wie das Wahrzeichen des Fujiyama über unserer Lebenslandschaft und läßt das Leben ein Sein zum Tode sein. Dieses Sein zum Tode ist sehr viel mehr und auch anderes als das sogenannte letzte Stündlein, von dem wir Christen vielleicht viel zuviel reden. Denn der Tod ist ja nicht erst in der Endphase unseres Lebens, sondern er ist auch vorher schon, in jedem Augenblick, gegenwärtig: Warum eilen wir uns denn mit unserer Arbeit? Warum sagen wir: Ich muß meine Jugend ausnützen? Warum meinen wir, wir sind jetzt in den besten Jahren, jetzt muß es geschafft werden? Warum benutzen wir Terminkalender und Uhr? Hinter solchen sehr alltäglichen Redewendungen und Fakten steckt doch die Ungeheuerlichkeit, daß wir uns stündlich darüber klar sind: Wir müssen sterben, wir haben nur eine begrenzte Frist. Das Heute kommt nie wieder. »Es geht alles vorüber, es geht alles vorbei«, sagt der Schlager und hat ausnahmsweise recht. Und »Frist und Zeitgewinn ist unser Leben«, sagte Shakespeare. Selbst der Arzt, der um die Erhaltung des Lebens kämpft, führt diesen Kampf doch im Schatten des Todes. Er kann dem Tod hinhaltenden Widerstand leisten, aber er kann ihn nicht besiegen; und schließlich wird er selbst von ihm geraubt. So ist es allerdings: Wir sehen den Fujiyama unseres Todes, wo immer wir stehen. Diese eine feurige Schranke, an der der Cherub mit dem zuckenden Schwert steht, ist unübersehbar. *Der notorisch Grenzenlose, der die Ewigkeit erraffen wollte, wird hinter die Schranke der Zeitlichkeit zurückgeworfen.*

## 26. November

Es grassiert unter uns Christen eine Redeweise, die bei allem, was uns an Schrecken widerfährt, etwa folgendes zum Ausdruck bringt (in vielen Todesanzeigen ist das zum Beispiel der Fall): Gott, der Allmächtige, hat uns den Sohn entrissen; Gott hat mir den Krebs geschickt; Gott hat mich in die

Einsamkeit verstoßen. Die Meinung dabei ist die, daß *Gott* uns alle diese Schrecknisse schickt: er schafft nicht nur die Blüte, sondern auch den Frost, der die Blüte knickt. Er läßt uns nicht nur die kleinen Kindlein geboren werden, sondern er schickt auch die Kinderlähmung. Das ist ein ganz und gar unbiblischer Gedanke. Wir hören statt dessen immer wieder, daß die Mächte der Schuld und des Leides und des Todes in der Heiligen Schrift aufgefaßt werden als *Feind*mächte. Gott hat sie nicht so gewollt, sie sind als *Un*ordnung und *Un*natur in den Schöpfungsplan Gottes eingebrochen. Sie sind die dunkle Gefolgschaft der Urschuld, unserer eigenen Schuld. Es gibt, biblisch gesehen, geradezu ein Urgesetz der Menschengeschichte, daß die Schöpfung verdirbt, wenn sie von Gott gelöst ist: Wo Gott verleugnet und vergessen wird, hören die Menschen auf, einander zu verstehen.

## 27. November

Das Vaterunser ist wirklich ein totales Gebet. Und seine sieben Bitten gleichen den Regenbogenfarben des Spektrums, in die sich das Licht zerlegt, wenn es im Prisma gebrochen wird. *Das ganze Licht des Lebens ist in diesem Regenbogen der sieben Bitten eingefangen.* Keiner wird sagen dürfen: Mich läßt es leer ausgehen oder: An meine Lebensnot hat es nicht gedacht. Es kann an den Wiegen und an den Särgen gesprochen werden, es kann von den Altären der großen Dome aufsteigen und aus den nächtlichen Kammern derer, die »ihr Brot mit Tränen essen«, es kann an der Hochzeit gebetet werden und am Schafott, und es *ist* ja auch überall dort gebetet worden. Alle sieben Farben unseres Lebens sind darin; und so sind wir denn nie allein gelassen.

## 28. November

Ganz gewiß ist Jesus Christus der Freund der Kinder, und sein Wort ist von einer Einfalt, die durch das Lob der Unmündigen manchen Weisen und erst recht manchen Intellektuellen beschämen kann. Gleichwohl ist es *auch* ein Wort, das immer *über* uns steht und in das wir erst schrittweise hineinwachsen. Wir Älteren sind mit den Kindern durch eine geheimnisvolle Solidarität verbunden: Auch wir bleiben Wachsende und bis zuletzt keine Erwachsenen, auch wir bleiben im stückweisen Verstehen und warten allererst der Stunde, wo wir von Angesicht zu Angesicht erkennen werden und schauen dürfen, was wir geglaubt haben. Darum sollen wir nicht lächeln, wenn ein Büblein oder ein kleines Mädchen die Sprüche des Katechismus aufsagt und wenn der kleine Mann einen Panzer schleppt, in dem die geistliche Erfahrung der Jahrhunderte und die Last eines reifen Wissens verdichtet ist. Der Panzer ist dazu da, daß wir in ihn hineinwachsen. Die ewigen Worte sind ja immer größer als wir selbst. Darum werden sie uns auch nie zu klein, so wie die Verslein des »Struwwelpeters« uns tatsächlich zu klein werden. Sie werden uns selbst dann nicht zu klein, wenn unser Weg auf die Gipfel menschlichen Wissens führen sollte und wir Doktoren der Weltweisheit werden. Wir können nie über diese ewigen Worte hinaus-, sondern immer nur tiefer in sie hineinwachsen. Warum rührt es uns denn, wenn die klaren Stimmen der Michaelis-Knaben in der Kirche die letzten Geheimnisse aller Gerichte und aller Gnaden singend verkünden? Wer lächelt denn da, weil die Jungen noch nicht wissen, *was* sie singen? Sie sind gleichsam noch im Advent und entrichten als Unmündige ein Lob, auf das sie alle erst zugehen. Aber erst später einmal, wenn Gott Gnade gibt, werden sie dieses Lob dann mit allen Registern wiederholen und vollenden, mit dem Register des Herzens und der Lebenserfahrung und auch mit dem Register der lobenden Vernunft.

## 29. November

Das Unerhörte von Gottes Gnadentat über unserem Leben geht uns nur dann auf, wenn wir ihm täglich den Dienst unseres Dankes abstatten. Nur wer dankt, behält das Wunder der Vaterliebe Gottes auch in seinen Gedanken. Wer dieses Wunder aber in seinen Gedanken hat, dem bleibt die Quellfrische seines Christenstandes und dem bleibt die lebendige Freude an seinem Herrn und Heilande täglich und nächtlich erhalten. Der merkt, daß das alles keine Gedanken und Gewohnheiten sind, sondern Leben und Fülle und Glück. Wie kann man es anders verstehen, wenn Paulus immer wieder zur Freude auffordert – sogar mitten in der peinlichen und schmerzvollen Lage der Gefangenschaft –, und wenn durch alle seine Briefe eine so stürmische und bebende Lebendigkeit geht? Das liegt daran, daß ihm das Christentum nicht eine allgemeine »Weltanschauung« war, sondern daß er sein Leben im Namen eines Wunders, eines extrem Unselbstverständlichen lebte, und daß er dieses Wunder auch später niemals zu einer selbstverständlichen »zweiten Natur« werden ließ. Er hatte diesen Christus verfolgt und gehaßt, er hatte sich mit heißer Leidenschaft und jagenden Pulsen wider ihn empört. Aber dann war er jäh aus diesem Teufelszirkel des Hasses herausgerissen worden, als der verfolgte Christus ihn nicht wiederschlug, sondern ihm als Heimholender, als barmherzig Berufender in den Weg trat.

## 30. November

Wenn ich recht danken lernen will, muß ich darüber »nachdenken«, welches Wunder mir damit widerfährt. Denn Danken und Denken gehören zusammen. Beides ist ein Dienst und kann nicht voneinander gelöst werden. Beides ist gleichsam ein Exerzitium, das wir jeden Tag zu vollziehen haben. Und wenn wir ein übriges tun wollen, sollten wir über unsere Mitmenschen nachdenken, die nichts von Jesus wissen. Wir sollten uns einmal klarmachen, was viele von ihnen aufwenden müssen, um sich die Sinnlosigkeit und den Leerlauf ihres Lebens aus den Augen zu wischen, und wie sie sich mit dem vielen Tingeltangel zu trösten versuchen, den die Welt dafür parat hält. Wir sollten den heimlichen, kaum jemals eingestandenen Ruf heraushören: »Laßt uns essen und trinken, denn morgen sind wir tot!« Wir täten gut daran, wenn wir nicht mit dem Gefühl pharisäischer Überlegenheit auf das Treiben der sogenannten »bösen Weltkinder« blickten, sondern wenn wir das mit jenem von Mitleid zusammengekrampften Herzen täten, mit dem der Vater seinem verlorenen Sohn nachblickt, und wenn wir uns dankbar dessen bewußt würden, was es heißt, daß wir aus unverdienter Barmherzigkeit diesem Leerlauf, dieser Lebensangst und den Qualen unvergebener Schuld entrissen sind und daß Gott seine großen Wunder über unserem armen Leben hat aufgehen lassen. Halten wir das doch ja fest: Das Schlimmste, was unserem Christenstande passieren kann, ist, wenn er uns zu einer selbstverständlichen Sache wird, die wir täglich verschleißen. Das Unerhörte von Gottes Gnadentat über unserem Leben geht uns nur dann auf, wenn wir ihm täglich den Dienst unseres Dankes abstatten. Nur wer dankt, behält das Wunder der Vaterliebe Gottes auch in seinen Gedanken. Wer dieses Wunder aber in seinen Gedanken hat, dem bleibt die Quellfrische seines Christenstandes und dem bleibt die lebendige Freude an seinem Herrn und Heilande täglich und nächtlich erhalten. Der merkt, daß das alles keine Gedanken und Gewohnheiten sind, sondern Leben und Fülle und Glück.

Jetzt, wenn Gott seinen Advent hält, ist das Horn des *Heils* aufgerichtet, jetzt ist die Gegenmacht auf dem Plan, die dem Unheimlichen gewachsen ist. Und selbst die Großen dieser Welt von Nebukadnezar bis Mao Tse-tung, die sich in der Illusion wiegen, Männer machten die Geschichte und ihr Horn sei der Rammbock, mit dem sie das Weltgefüge erschüttern könnten, selbst diese gehörnten »Wundermänner« können Gott sein Konzept nicht verderben, sondern stehen unwissend *auf* diesem Konzept und müssen seinen Zielen ahnungslos und widerwillig dienen. Die herzliche Barmherzigkeit Gottes schwingt wie eine Glocke über unserer dunklen Welt. Und dieses Thema setzt sich durch wider die Rätsel unserer Geschicke und auch wider alles menschliche Gemächte, das sich gegen ihn auflehnt und sich als Herr des Diesseits gebärdet. Unter der Herrschaft dieses »Horns« gibt es deshalb Erlösung von der Furcht. Auch wenn uns Kerkerzellen umgeben, wenn der Krebs uns bedroht oder ein Mensch uns tödlich enttäuscht. Ich habe es manchmal erlebt, daß jemand für seine Person zwar keinen Glauben praktizierte, dennoch aber die nicht missen mochte, die von diesem Glauben leben. Es war fast wie ein Huckepack-Unternehmen: Man fuhr geistlich nicht mit eigenem Dampf, man ließ sich sozusagen von anderen mitnehmen und lebte mit von dem, was diesen zuteil wurde. Es war wie ein Schmarotzertum höherer Ordnung. Das ist sicher ein sehr unmündiger, fast ein infantiler Glaube, der kaum noch den Namen verdient. Und doch gibt es Augenblicke, wo wir alle, auch die sogenannten gestandenen Christen, leer und ausgebrannt sind, wo wir »nichts fühlen von seiner Macht« und wo die Finsternis des Nichts uns wie ein Strudel in sich hineinziehen will. Dann fällt uns nichts Erbauliches mehr ein, und selbst unser Gebet sinkt mit müden Schwingen wieder von der Zimmerdecke herunter. Dann kann der Moment gekommen sein, wo es uns wichtig wird, daß *andere* glauben und daß wir in ein Gebet hineinkriechen, das *andere* formuliert haben und das wir irgendwo gedruckt finden. Dann kommt die Stunde des »Huckepack-Glaubens«. Sprechen wir nicht deshalb auch das Gebet des Herrn nach, weil es von jemandem stammt, der aus jener Nähe Gottes kommt, die uns versagt ist? Oder wir lesen einen Choral, vielleicht Paul Gerhardts »Befiehl du deine Wege«. Wir lesen ihn in tiefster Betrübnis und Ausweglosigkeit, ohne die Spur einer eigenen Kraft, und lassen uns eben dann von Paul Gerhardts Glauben huckepack nehmen. Vielleicht ist dies das letzte, was uns bleibt, wenn die dunklen Wogen übermächtig werden wollen: daß es eine Gemeinde gibt, die lobt und dankt und die stellvertretend für mich ihre Hände erhebt, während ich selbst keinen Ton mehr herausbringe oder auf einem Krankenlager oder als Sterbender meiner Gedanken und Worte nicht mehr mächtig bin. Um mich herum lebt Jesus Christus in seinen Zeugen. Ihr Lobpreis darf nie verstummen, auch wenn das eigene Herz tot und der Mund versiegelt ist.

## 2. Dezember

Während meiner Tübinger Rektorzeit kamen die Studentenvertreter einmal zu mir, um mir ihre Absicht zu eröffnen, einen Fackelzug zu veranstalten. Auf meine Frage, wer denn den Fackelzug bekommen solle, gaben sie die verblüffende Antwort: »Das wissen wir nicht, aber wir dachten, Sie hätten vielleicht eine Idee, wer dafür in Betracht käme.« Dieses Erlebnis, nicht wahr, spricht Bände: Man möchte einen Akt der Verehrung vollziehen und weiß nicht, für wen. Es ist die genaue Umkehrung der Kausalrichtung, die *früher* einen Fackelzug zustande brachte: Da war es etwa die Gestalt eines Lehrers, einer »Autorität«, die das Verehrungsbedürfnis entflammte. Können wir ähnliches nicht auch bei unseren »Starklubs« beobachten, die ja in sagenhafter Zahl und von uns ernsthaften Leuten viel zu wenig ernstgenommen unter uns blühen? Der Trieb nach Verehrung hakt sich an denen fest, die sich am unmittelbarsten in die seelische Bildschicht oder die Klangwelt der Psyche eingraben: an Zelluloidhelden, Schlagerstars und sportlichen Matadoren, und es spielt keine Rolle, was an realer Substanz jeweils dahinter steht. Selbst Albert Schweitzer, dessen Substanz ja unzweifelhaft ist, wurde so zum verklärten Traumbild erhoben. Man möchte ein übermenschliches Symbol, an dem man seinen Trieb nach Verehrung abreagieren kann. Dieses Moment des Übermenschlichen – eine Art projizierter Hybris – manifestiert sich, wenn ich recht sehe, vor allem in zwei Momenten: *Einmal* darin, daß man seine Stars mit über- oder besser unmenschlichen Maßstäben mißt *(Übermensch* und *Unmensch* sind ja nahe verwandt!): Ein kleiner unbeherrschter Zorn, ein momentanes Sich-vergessen, das dem Gebot der Fairness auch nur in Spurenelementen widerspricht, ein kleiner technischer Fehler wird dem Star, wird diesem hinaufgeschraubten Bild der Übermenschlichkeit nicht verziehen, während man es bei sich selbst und beim Normalmenschen nur als »menschlich-allzumenschlich« bagatellisieren würde. Die Frage der Indisposition ist hier nicht nur uninteressant, sondern sie wird als nicht-existent behandelt. Der Olymp, auf den man seine Helden erhebt, darf keine Zugluft kennen. *Ferner* zeigt sich diese mythische Erhebung des Stars ins Übermenschliche darin, daß man eine bedenkliche (und von unseren Illustrierten wonnig kultivierte!) Neigung verrät, das Privat- und Intimleben seiner Helden zu erforschen. Ich hege die etwas ketzerische Meinung, daß Reportagen und Interviews dieser Art nicht von einer gegenüber früher erhöhten »Neugierde« zeugen – wie sollte man sich diesen Wandel auch erklären können? –, sondern davon, daß sich hier eine Art Selbstkorrektur der vorangegangenen Vergötzungsbewegung vollzieht: Der Übermensch, der Supermann hat ja insofern auch etwas *Beelendendes,* als er mich selbst in Frage stellt und sozusagen zum »armen Würstchen«, zum bloßen DIN-Format des *homo sapiens* herunterrelativiert. *Deshalb* gieren wir nach Manifestationen des Menschlich-Allzumenschlichen: Seht nur, er amüsiert sich in seiner Freizeit genauso wie unsereins, er hat Krach mit seiner Frau, oder sie sagt Schnucki zu ihm, er hat auch Triebe genau wie wir; er ist bescheiden und begnügt sich mit Nürnberger Bratwürsten, oder er hat Großmannssüchte und nährt sich von Kaviar und Austern. Mit der Neugier aufs Intimleben holt man den *superman*-Luftballon wieder aus der Stratosphäre auf die Erde und ins eigene Kleinbürgerheim zurück. Immer wenn man in der Geschichte den Übermenschen kultiviert hat, ist man beim Unmenschen angekommen. Es bedarf nicht der Hitlerzeit, um dafür Illustrationen zu gewinnen.

## 3. Dezember

Unsere Adventskränze und Lichter sollen ein vorauslaufender Glanz jener Herrlichkeit sein, die sich aufmacht, über der Finsternis des Erdreiches aufzugehen. Sie sollen ein Zeichen dessen sein, daß wir unterwegs sind, unterwegs als getröstete und fröhliche Wanderer, deren Herz nicht mehr erschrecken kann und vor deren Lichtern die andrängende Nacht zu weichen hat. Wer von uns darum in der Adventszeit eine Kerze entzündet, der soll das nicht mechanisch tun, weil es sich so gehört und weil es so stimmungsvoll ist. Sondern der soll es – ich bitte ihn sehr darum – mit einem Gedenken, mit einem kleinen Opfer seines Geistes tun. Der Gedanke, den ich meine und den ich empfehle, sieht so aus: Diese kleine Kerze ist nur ein Zeichen. Sie deutet das Licht des Hafens an, auf den ich mich im Dunkeln zubewege. Und diese kleine Kerze ist zugleich eine Frage: Ist die Lampe meines Lebens erloschen? Lasse ich mich treiben? Fahre ich abgeblendet in der Nacht – oder gibt es etwas, das in mir brennt? Gebe ich Blinkzeichen, daß ich gefunden werden kann? Ob ich also das Thema meines Lebens erfaßt habe? Ob ich dabei bin, es zu verfehlen, obwohl ich Zeile auf Zeile, Tag um Tag meinen Lebensroman herunterschreibe? Ob ich das *Thema* bedenke?

## 4. Dezember

Bei der Lebensbilanz, die man in seinen geburtstäglichen Meditationen zieht, sind mir eigentlich nur Ereignisse eingefallen, die besonders tiefgreifend die eigene Existenz geprägt haben: Einmal waren es lange und – menschlich gesehen – hoffnungslose Krankheitszeiten, die mich während der Studentenjahre in völliger Einsamkeit und angesichts des Todes leben ließen. Die Bewährungsprobe, von niemandem mehr – außer von meiner Mutter – verstehend begleitet zu werden und trotz allen freundlichen Zuwinkens den Menschen entrückt zu sein, hat mich eine letzte Relativität aller menschlichen Verbundenheit nie mehr vergessen lassen und meinem Leben wohl einen Hauch von Skepsis mitgeteilt. Daß dann ein Wunder geschah – ich sage das bewußt – und mich aus völliger

Ausweglosigkeit rettete, hat mir geholfen, inmitten aller Skepsis die bewahrende Hand einer ewigen Güte und die Gegenwart der Boten Gottes inmitten aller Skepsis nie mehr zu übersehen. Das zweite Ereignis, das mein Leben bestimmt hat, war der Hereinbruch des Dritten Reiches. Die Erfahrung, die das Leben in einer Tyrannis vermittelte – eine Erfahrung übrigens, die durch keine demokratische Phantasie und erst recht nicht durch rationale Rekonstruktionen ersetzt werden kann – diese Erfahrung hat einen für den Rest des Lebens mit einiger kritischer Wachheit und vielleicht sogar mit ein bißchen Weisheit gegenüber geschichtlichen Vorgängen beschenkt. Obwohl ich zu den wenigen Leuten gehörte, die Hitlers Programm-Buch »Mein Kampf« schon vor der Machtübernahme gelesen hatten und mit verständlichem Schrecken darauf reagierten, hat doch mehr noch als dieses Elaborat der Menschentypus der damaligen Machthaber dafür gesorgt, daß ich gegen das Regime immunisiert wurde. So ist es eigentlich immer bei mir gewesen: Meine Offenheit oder Verschlossenheit gegen bestimmte Kreise hat sich jeweils sehr viel weniger durch Parteiprogramme, Satzungen oder andere Selbstkundgaben ergeben, als dadurch daß die beteiligten Menschen einen entsprechenden Eindruck auf mich machten. Der Typus des selbstsicheren, auftrumpfenden und schlagwortrasselnden Nazi einschließlich der braunen Farbe ihrer Gewandung war für mich abstoßend. Auch heute mag ich bestimmte »Typen« nicht. Ich glaube, daß diese anthropologischen Kriterien nicht die schlechtesten Maßstäbe für eine Entscheidung sind. Das dritte Ereignis, das mich geformt hat, war der Fliegerkrieg, waren Todesangst und Verzweiflung einer ganzen Stadt. Die wichtigste Erfahrung, die mir dabei zuteil wurde, ist diese: Ich habe beobachtet, daß schwere und erschütternde Erlebnisse von sich aus noch keineswegs eine glaubenstärkende Bedeutung haben. Sie helfen oft nicht einmal zu vertieftem Nachdenken. Die elementare Bemühung ums Überleben füllt einen viel zu sehr aus, als daß man vertiefenden Reflexionen aufgeschlossen wäre. Die Verzweiflung lehrt ja nicht nur beten, sondern auch fluchen. Als viele Pfarrer nach 1945 aus dem Inferno des Krieges zurückkehrten, dachten wir alle, der hinter ihnen liegende Weg durch die Abgründe würde ihren Predigten neue Tiefe, vielleicht auch eine neue Lebendigkeit verleihen. Die Enttäuschung war dann nicht selten groß, wenn sich an der konventionellen Blässe ihrer Verkündigung nichts geändert hatte. Sie waren unter der Übermacht ihrer Strapazen und im Bannkreis der durchlebten Schrecken eben nicht zur Besinnung und deshalb auch nicht zu einer spirituellen Reifung gekommen. Es war völlig unverdient – und das läßt sich nur in Demut und Beschämung sagen –, daß mir ein anderer Weg verordnet wurde. Ich hatte jeden Donnerstag in der Stiftskirche in Stuttgart zu einer großen Versammlung zu sprechen. Als das Gotteshaus im Feuer zusammenbrach, gingen wir in andere Kirchen und Säle. Als dann auch diese unter den Bomben nacheinander zerbrachen oder in Flammen aufgingen, suchten wir immer entferntere Räume auf, bis schließlich in Ludwigsburg noch *eine* Kirche übrig war, zu der der verbliebene Rest der Hörer in stundenlangen Fußmärschen durch Ruinenfelder (und immer neuer Angriffe gewärtig!) pilgerte. Mehrere Hörer wurden auf dem Heimweg von Bomben erschlagen. Aber *eines* war eben in diesen finsteren Tälern möglich: Das Wort Gottes wurde immer wieder herabgerufen in diese Täler und auf diesen Weg durch die Finsternis. Wort und Schicksal wurden nicht getrennt voneinander erfahren, sondern begegneten einander, so daß das Wort das erlebte Schicksal ständig kommentierte und es dann selber zu einer Botschaft werden ließ. Als einer, der schließlich selbst unbehaust war und bei kaum noch zu verkraftenden Massenbeerdigungen mitzuwirken hatte, konnte und durfte ich nie sagen: Ich bin so am Ende, ich bin so deprimiert und ausgelaugt, daß ich einfach nicht mehr auf die Kanzel kann (jetzt nicht!), ich möchte mich totstellen wie ein Tier. Ich wußte, daß die Verzweifelten auf ein tröstendes und aufrichtendes Wort warteten, und ich mußte, – ob ich wollte, konnte oder nicht – dem Wort vertrauen, daß es der Übermacht des Erlebten gewachsen sein und daß es sich einstellen würde.

Auf meiner Reise nach Amerika und zurück hatten wir beide Male einen Hund auf unserem Schiff. Und auf der langen Überfahrt habe ich beide gründlich beobachtet und über sie nachgedacht. Auf der Hinfahrt war es ein großer Schäferhund, den sein Herrchen der Schiffsbesatzung mitgegeben hatte, während er selbst das Flugzeug benutzte. Das Tier war vom Jammer der Kreatur geschüttelt. Ich habe es oft gestreichelt und ihm gut zugeredet, aber es half nichts. Es lebte in einer fremden Welt und wußte nicht, wie sein Abenteuer ausging und ob es mit der vertrauten Hundewelt nicht endgültig aus war. Hier gab es keine Bäume, und wie schrecklich ist allein das schon für einen Hund! Alles roch fremd und unheimlich, und überall war die Welt an einem Geländer zu Ende. Draußen aber war das Feindliche. Da war für einen Hund das schlechthinnige Nichts. Er ahnte auch nicht, ob dieses Fremde je einmal aufhören würde und ob es noch einmal irgendwo Bäume und andere Hunde oder gar den vertrauten Geruch seines Herrchens geben würde. Man konnte ihm ja auch gar nicht klarmachen, daß diese fremde Schiffswelt unter dem Gesetz der Navigation stand und daß dieses blaugekleidete, zweibeinige Wesen, das ihm manchmal zusprach und vier goldene Armstreifen hatte, den Kurs kannte und den Termin wußte, an dem das alles zu Ende sein würde. Der arme Hund war zu einer kreatürlichen Form des Nihilismus verurteilt. Er trieb im Leeren und in einer endlosen Qual. Auch auf der Rückfahrt hatten wir einen Hund, und obwohl er nur ein Schoßhund war und eine »halbe Portion«, obwohl er ein bißchen degeneriert war und seine verkümmerten Beinchen zitterten, so war er doch unvergleichlich getrösteter. Denn er hatte sein Frauchen bei sich. Auch er vermißte die Bäume und wußte nicht, was mit dieser fremden Welt los war. Aber wenn sein kleines Hundeherz allzu bänglich bibberte, dann sah er mit einem rührenden Blick, ich möchte sagen mit einem kreatürlichen Vertrauen, sein Frauchen an, als wenn er sagen wollte: »Wo du bist, kann es ja nicht ganz so schlimm und ausweglos sein. Denn du bist doch ein höheres Wesen. Du hättest dich doch nicht in diese abstruse Welt, an der meine ganze Hundeweltanschauung zerbricht, hineinbegeben, wenn es nicht eines Tages damit zu Ende wäre und wir wieder in einer vernünftigen Welt mit Gerüchen, wie sie sich gehören, landen würden.« Nicht nur aus dem Munde der Säuglinge, sondern auch aus dem Blick von Hunden kann Gott sich ein Lob zurichten. Auch wir wissen nicht, welche Gesetze der Navigation dazu führen, daß ich dies und das erleben und erleiden muß. Aber ich kenne den, der auf der Brücke steht; ich kenne den, der im Hafen auf mich wartet.

## 6. Dezember

Wer am Geschenkrummel zu Weihnachten verdient, wird sicher alles dafür tun, daß das sogenannte »Fest der Liebe« in Schwung bleibt. Aber auch die Leute mit Gemüt werden sagen: Einmal im Jahr sollte man andern eine Freude machen. Und außerdem: Die strahlenden Weihnachtsbäume und glitzernden Lichterketten über unsern Straßen helfen uns über die Melancholie des Dezemberdunkels hinweg. – Doch das alles zieht nicht mehr recht. Der Karneval macht keinen Spaß mehr, wenn er zu einem merkantilen Unternehmen wird. Und das Weihnachtsfest verliert seinen tröstlichen Sin, wenn es nur noch ein Aktivposten im Vollzug unseres Wohlstandes ist. Ein Witz ohne Pointe ist fad. Auch ein Fest ohne Pointe wird sauer. Kein Wunder, daß viele Menschen sich fragen: Ist Weihnachten nicht bloß Rummel im Leerlauf? Ist der Motor nicht schon lange abgestellt? Ich liebe unsere Zeit – und besonders die jungen Menschen unserer Zeit –, weil sie sich offenkundige Sinnlosigkeiten und Leerläufe nicht mehr gefallen lassen und die scheinbar respektlose Frage stellen: Was soll das alles noch? Ja, was soll es? Ich selbst habe mir folgende Lösung zurechtgelegt: Entweder sollte man den ganzen Flittertand mit seiner verlogenen Sentimentalität tatsächlich fahren lassen, oder man sollte sich aufmachen, um sich im Stall von Bethlehem zu erkundigen, was eigentlich los ist. Es ist immer gut, wenn man sich bei einer fragwürdig gewordenen Sache an den Ort begibt, wo sich die Initialzündung zu dieser Sache ereignet hat. Ich meine also: Wer nicht bereit ist, die Weihnachtsgeschichte im zweiten Kapitel des Lukas-Evangeliums zu lesen, der sollte den ganzen Schwindel an den Nagel hängen. Ich bitte allerdings, jene Geschichte nicht so zu lesen, daß man es bloß rührend findet, wie das himmlische Kind da bei Öchslein und Eselein in der Krippe liegt, während weiß gekleidete Engel ein Konzert geben. Dann bleibt man immer noch im lyrischen Schaum stecken. Nein: Wir müssen darüber nachdenken, was es bedeutet. Wir müssen die tragenden Gedanken finden. Eine Kerze kann ruhig dabei brennen. Doch der Fernsehschirm sollte einen Augenblick ausgeschaltet bleiben. Ich gebe noch einen Tip, um welche Achse sich dieses Nachdenken drehen sollte. Wenn mir jemand sagt: Ich finde Gott in der Natur und unterm Sternenzelt; dort ist er erhabener, als wenn christliche Leute mir versichern, dieser Gott habe etwas Schriftliches von sich gegeben und sei als ein merkwürdiger Heiliger auf der Erde erschienen –; wenn einer so zu mir spricht, dann antworte ich ihm: Sage mir, wie erhaben du dir Gott vorstellst, und ich will dir sagen, wie egal er dir ist. Hat dieser Gott der Erhabenheit schon je ein Leben aus den Fugen geworfen? Hat er je einen Verzweifelten getröstet? Dieser »Vater überm Sternenzelt« sitzt doch in einer himmlischen Etappe, und ich armes »Frontschwein« hocke allein in meinem Dreck. – Wenn mir aber jemand sagt: Es gibt einen, der weiß um dich, dem geht es nahe, wenn du Luftgespinste spinnst und weiter von dem Ziel kommst, der hat die »ruhige Kugel« des himmlischen Jenseits verlassen, um Menschengeschick und Menschenschuld mit dir zu teilen, dann horche ich auf. Ein Gott, der mir so nahe kommt, könnte mich angehen. Der könnte etwas zu tun haben mit dem Klima auf meinem Büro, mit der Erziehung meiner Kinder und mit der Angst, die ich vor einer Operation habe. Er könnte alles andere sein als als eine weihnachtliche Sentimentalität und mich durch alle Stunden begleiten, die des Dienstes ewig gleichgestellte Uhr mir in der Mühle des täglichen Abrackerns anzeigt. Die Nähe Gottes im Stall von Bethlehem zu entdecken: das könnte das Weihnachtsfest wieder sinnvoll, das könnte es lohnend machen.

## 7. Dezember

Seitdem das Prophetenwort uns erreichte: »Ich habe dich bei deinem Namen gerufen, du bist mein«, ist uns eine Hand auf die Schulter gelegt. Wer uns verachtet, mißbraucht und schändet, der verachtet, mißbraucht und schändet zugleich diese Hand. Wer es mit dem Menschen zu tun hat, hat es so mit Gott selbst zu tun. Dadurch wird alles, was Menschenantlitz trägt, unantastbar. Darum und seitdem ist dieser Mensch mehr als jener nur nützliche Träger von Funktionen, den man auslöschen dürfte, wenn er nicht mehr funktionstüchtig und also »lebensunwert« ist. Unsere Humanität hat ihre tiefste Wurzel in eben dieser Menschlichkeit Gottes, die uns die Weihnachtsbotschaft kündet. Hat man sie einmal entdeckt, ist die Welt nicht mehr so kalt. Die, die in Finsternis und Schatten des Todes sitzen, werden eines Besuches gewürdigt. Das Licht, das so in die Finsternis scheint, ist nicht von ungefähr das weihnachtliche Zeichen. Es leuchtet nicht nur, sondern es wärmt auch.

## 8. Dezember

Wenn uns Gott in unserer Tiefe besucht, wenn er neben uns am Schreibtisch, an der Werkbank und am Steuerrad unseres Wagens ist, dann muß man sich so oder so zu ihm stellen, dann muß man auf ihn eingehen oder ihn von sich weisen. Dann wird auf einmal alles verbindlich. So kommt es, daß Christus von seinem weihnachtlichen Geburtstag bis zu seinem letzten Gang nach Golgatha verworfen und abgelehnt wird und daß die Menschen um das Kreuz herum rufen werden: Sein Blut komme über uns und unsere Kinder. Der Besuch wird verweigert. Dabei geht es doch um den Besuch unseres Retters. Der religiöse Gott hätte es also bequemer, wenn er in seinem Himmel bliebe und sich mit der Augenrichtung von fünfundvierzig Grad anbeten ließe. Wer liebt und in Liebe das Schicksal anderer teilt, hat es stets unbequemer; hier aber wird unbedingt, hier wird grenzenlos geliebt. Darum erstreckt sich der Besuch Gottes von der Obdachlosigkeit in Bethlehems Stall bis zum Ausschluß aus der Welt durch die Kreuzigung.

Daß Gott trotzdem nicht an uns irre wird, daß er jedes Jahr neu das weihnachtliche Zeichen aufrichtet und uns sagt: Hier bin ich, laßt mich doch ein: das ist die eigentliche Unbegreiflichkeit dieses Wunders der Christnacht. Daß Gott in dieser Weise »menschlich« ist und uns nicht preisgibt, bestimmt auch den Hintergrund dessen, was wir Humanität nennen. Wenn wir im Menschen mehr sehen als ein bloß nützliches Glied der Gesellschaft und den Träger bestimmter Funktionen, wenn wir ihm unbedingte Würde und Unantastbarkeit beimessen, dann liegt das daran, daß eben dieser Gottes- und Menschensohn über die Erde gegangen ist.

## 9. Dezember

Wir haben weithin alles zum Konsumieren, was wir brauchen. Die Weihnachtsgeschäfte sind übervoll, auch von Käufern, und die Touristikfirmen bieten selbst dem Durchschnittsbürger Reisen an, von denen unsere Großeltern allenfalls träumten. Aber indem wir weithin alles haben, was wir brauchen, stehen wir in einer eigentümlichen Leere ohne Ziel. Wir haben die Weltwege wohl planiert, und bald leben wir im perfekten Wohlfahrtsstaat. Aber wohin führen diese so wohlplanierten Wege? Welchen Sinn hat dieser wohlgeölte Apparat? Diese Frage hatte wohl Albert Einstein im Auge, als er einmal sagte: »Wir leben in einer Zeit vollkommener Mittel und verworrener Ziele.« Solange man – wie wir das im Kriege und nach 1945 taten – um die primitivsten Lebensbedingungen und um das Leben überhaupt kämpft, kann man ja im Ringen um die Lebensmittel *aufgehen* und die Frage nach dem letzten Ziel vergessen. Hat man sich aber diese Mittel verschafft und lebt nun einigermaßen wohlversorgt dahin, so wird plötzlich die Frage nach Sinn und Zweck dieses Lebens brennend. Und ich glaube, es kann die Größe, es kann das Verheißungsvolle einer geschichtlichen Stunde sein, wenn diese Frage mit Vehemenz aufbricht, auch wenn die Formen, in denen das geschieht, vielfach unerfreulich und eben von jenem melancholischen Unbehagen bestimmt sind. Jedenfalls ist das *wieder* so ein Zwiespalt unseres Herzens, in dem wir uns entdecken: der Widerspruch zwischen dem, was wir erreicht haben, und der Ziellosigkeit unseres Lebens, die uns verwirrt und so erschreckend hoffnungslos macht. Aus diesem Unbehagen heraus schlagen wir um uns. Der Mensch *muß* ja um sich schlagen und aggressiv werden, wenn er kein Vertrauen mehr hat. Und inmitten dieser Unruhe will uns nun das Evangelium treffen – jene Botschaft Jesu, die dem Zwiespalt unseres Herzens die Mächte der Liebe und des Vertrauens entgegensetzt. Das Vertrauen, das wir Christen als unseren Glauben bezeugen und aus dem wir leben und sterben möchten, meint nun keineswegs nur, daß wir in allen noch so verzweifelten Situationen einfach stillehalten und uns blindlings dem »höheren Ratschluß Gottes« fügen sollten, auch wenn wir nichts mehr verstehen. Sondern es ist doch so: *Indem* wir stillehalten und zu sagen wagen: »Dein Wille geschehe!« greift unser Vertrauen sehr viel *weiter* aus. Wir wissen, daß der, dem wir unser Schicksal getrost anvertrauen, zugleich über die Macht verfügt, es zu wenden. Er ist nicht nur bei uns im Schiff, sondern er ist auch Herr über die Mächte und Elemente, denen das Schifflein preisgegeben ist. Wind und Wellen unterstehen seinem Gebot. Auch die Gedanken und Emotionen der menschlichen Seele, ja der Völker (Psalm 33, 10) sind eines Winks gewärtig, und auf sein Geheiß müssen sich legen »die stolzesten Wellen« (Hiob 38, II). Darum dürfen wir getrost auch in eine dunkle Zukunft aufbrechen – einfach deshalb, weil ja die Verheißung kein Ende hat.

## 10. Dezember

Wenn im Film oder auf der Bühne ein betender Mensch dargestellt wird, dann pflegt es dafür eine feststehende Geste zu geben. Er oder sie blickt in einem Winkel von etwa fünfundvierzig Grad konzentriert nach oben. Man sucht Gott sozusagen in höheren Räumen. Um ihn zu finden, muß der Beter den Bannkreis der Erdgebundenheit durchbrechen. Wo anders sollte Gott sein als eben »oben«? Die Weihnachtsbotschaft zeigt uns, daß diese Geste ein irreführendes Zeichen ist. Wir finden Gott nicht, indem wir unsern normalen Zustand überwinden und uns religiös oder gar ekstatisch in die Höhe schrauben. Vielmehr ist es umgekehrt: »Der Aufgang aus der

Höhe«, wie es in den Adventsgeschichten heißt, hat uns besucht. Wir empfangen den Besuch Gottes in unserer Tiefe. Der Christ ist also kein Senkrechtstarter, der in höhere Sphären aufbräche, sondern genau dort, wo er hier und jetzt ist, empfängt er den Besuch Gottes: In seinem Büro und in seiner Wohnstube, in der Gefangenenzelle oder im Altersheim, in seinem Auto oder auf der Flucht. Gott kommt zu mir, weil ich es gar nicht fertigkriege, zu ihm zu kommen – das ist die Weihnachtsbotschaft. So erscheint Gott in seiner Leiblichkeit, so erscheint das Christkind im Elend der Obdachlosigkeit, in einem richtigen Stall (und der ist nicht so idyllisch, wie er sich in der Poesie unserer Weihnachtskrippen ausnimmt!). Das Notbett des göttlichen Kindes ist aus dem gleichen Holz gemacht wie später sein Kreuz. Anschließend muß dieses Kind, in dem Gott selbst uns besucht, auf die Flucht nach Ägypten. Damit ist der Schicksalsstil vorgezeichnet, der das Leben des Gottes- und Menschensohnes in alle Zukunft bestimmen wird, wenn er so zu uns kommt und unser Leben teilt: Er sucht die Verlorenen, Einsamen, Schuldigen, Ausgestoßenen. Er ist randvoll erfüllt von einer Liebe, die solidarisch das Schicksal derer auf sich nimmt, die er von dunklen Bindungen befreien, in ihren Verzweiflungen trösten und in ihrer Lebensangst mit seinem Frieden beschenken möchte. Er winkt ihnen nicht freundlich aus der Etappe des Himmels zu, sondern er kommt selbst in den vordersten Graben des Erdengeschicks.

## 11. Dezember

Es gibt nichts Wohltuenderes, als wenn man Menschen hat, die einen verstehen. Wer von Schrecklichem umgetrieben ist, dem wird die Heimat, wird die Erfüllung und werden die Glücklichen und Habenden auf einmal fremd. Damit hängt es auch zusammen, daß gerade die Dichter so etwas wie die Seelsorger unserer Zeit sind, die nicht irgend eine Idylle, eine Erfüllung und eine Lösung von Fragen zu vergeben haben, sondern die ihre Angst, ihre Nichtigkeit und ihre Verzweiflung in die Welt hineinrufen. Kann man es anders erklären, wenn die Menschen nach den Gedichten von Gottfried Benn greifen? Das Passionslied sagt: Wunden müssen Wunden heilen. Verwundete suchen Zuflucht bei Verwundeten. Hier werden sie verstanden, und das ist schon viel. Jedes Jahr um Weihnachten herum kommen mir solche Gedanken. Die Menschen strengen sich schrecklich an, um sich selbst und anderen einige Stunden der Erfüllung zu schenken: Wünsche werden erfüllt; wir treten aus dem Augenblick heraus, in dem wir sonst aufgehen, und stellen die Verbindung zur eigenen Kinderzeit her; wir erinnern uns an die Mutter, in deren Geborgenheit wir einmal lebten und die mit dem Christkindchen und dem Weihnachtsmann sprach; die härtesten Männer singen rührende Lieder, und unter dem milden Glanz der Kerzen geht das Herz auf. Wenn die Kerzen dann brennen, wenn sie nur noch Stümpfchen oder sogar abgebrannt sind, dann kommt ein geheimes Unbehagen: Wir müssen ja wieder zurück hinter den Ladentisch in dem großen Kaufhaus, in unser Examen, in den Wirbel unseres Büros oder an unsere ratternde Maschine. Diese stille Welt um die Kerzen ist so anders als unser sonstiges Leben, daß wir das nicht zusammenbringen und daß nach kurzer Zeit der helle Schein hinter uns verschwindet – wie die Lichter eines Bahnhofs, wenn die Kurve kommt.

## 12. Dezember

Jesus Christus trägt nicht das unbeteiligte Antlitz jener Leute, die in dem Dorfe »Religion« weit hinter den Bergen der bösen Welt wohnen, sondern er hat die Augen eines Menschen, der in den Ruinen unseres Lebens Bescheid weiß. »Wunden müssen Wunden heilen.« Er ist ein Verwundeter geworden, weil er einer von uns sein wollte. Darum erlischt dieses Antlitz nicht, wenn die Kerzen verlöschen. Denn diese Gestalt weiß um alles: um meine Einsamkeit, wenn ich allein oder mitten unter meinen Kameraden bin, um die Dinge in meinem Leben, mit denen ich nicht fertig werde, um den Bösewicht, der mich schikaniert, um meine Angst. Dieser Kamerad ist ja bei mir im vordersten Graben. Aus seiner Hand kann ich alles nehmen, denn sie ist aller Dinge mächtig. Und er läßt die Zugbrücke herunter, über die ich in eine Burg gehen kann, die ich längst vergessen habe und in der ich geborgen bin. Hier ist einer, der mich erwartet.

## 13. Dezember

Das Neue Testament gibt uns keine allgemeine Weltanschauung, keine Lehre von der Welt und ihren Menschen, sondern alles, was über die Welt gesagt ist (und es ist wahrhaftig über jedes Lebensgebiet etwas gesagt, von der Kunst bis zur Wirtschaft), spricht die Schrift immer direkt auf den Menschen zu, gleichsam so, daß sie ihm die Pistole vorhält und fragt: Wo ist denn Gott bei *dir,* bist du bereit, dich Gott zu erschließen und zur Verfügung zu stellen? So fragt also das Neue Testament nicht im Sinne einer allgemeinen Ideologie oder Welttheorie, sondern im Anspruch. Du bist der Mann, bei dem der Stützpunkt des Reiches Gottes einsetzen soll. Und deshalb müssen wir diese Frage: »Wie kann Gott das zulassen?« umformulieren: Besteht das Geheimnis der Weltordnung, in der wir heute leben, wirklich in einem »Versagen« Gottes? Oder besteht es nicht vielmehr in einem »Sichversagen« des Menschen –? Liegt es nicht daran, daß in dieser Welt eben jene Störung mächtig geworden ist, die uns das 3. Kapitel des ersten biblischen Buches berichtet? Darum liegt die Antwort auf die Frage: »Wie kann Gott das zulassen?« nicht in einer Patentlösung, so daß man sagen könnte: Ich weiß es ganz genau, »darum« und »darum« läßt Gott diese ganzen Wirrsale zu, sondern die Antwort auf die Frage: »Wie kann Gott das zulassen?« besteht in der *Buße.*

## 14. Dezember

Wir haben heute entdeckt, daß grundlegende Hilfen in unserer Welt nur möglich werden, wenn man die gesellschaftlichen Strukturen ändert und wenn es zu gerechten Partnerschaften kommt. Liebe will nicht nur spontan und zufällig, sondern auch systematisch und planend geübt werden. Hier eröffnen sich neue Horizonte für die Humanität und ihre Aufgaben, auch für die Nächstenliebe. Wehe aber einer Welt, die der Illusion frönen würde, sie sei intakt und in Ordnung, wenn sie nur perfekte Strukturen der Gesellschaft erzeugt. Statt sinnerfüllten menschlichen Lebens könnte sich dann ein Zustand ergeben, in dem gesättigte Tiere, von Computern gesteuert, verplant und gegängelt, dumpf dahinvegetieren. Eine nur strukturell vervollkommnete Welt könnte entsetzlich kalt und unmenschlich sein. Aber selbst dann, wenn diese Finsternis auf uns warten sollte – Gott bewahre uns davor, aber er lasse dieses »Gottbewahre!« nicht zum Stichwort der Fortschrittsfeindlichkeit und des Reaktionären werden! –, dann wird uns auch darin das weihnachtliche Licht angeboten sein, jenes Licht, das uns sagt: Gott hat uns seines Besuches für wert gehalten. Er kommt nicht nur zu Pharisäern, Zöllnern, Dirnen, Blinden und Lahmen, sondern er taucht auch bei den Menschen einer versachlichten und verwalteten Welt auf. Er ist auch in ihren Tälern und Dunkelheiten. Er sagt auch zu ihnen: Ich bin bei euch alle Tage, bis an der Welt Ende.

## 15. Dezember

Ich habe es immer als eine besonders tiefsinnige Auslegung der Menschenschöpfung empfunden, wenn Michelangelo in dem berühmten Deckenbild der Sixtinischen Kapelle darstellt, wie sich die Menschwerdung des Menschen vollzieht: Adam, der Mensch, ist schon da. Aber sozusagen noch nicht als Mensch im eigentlichen Sinne. Er ist noch ein Kandidat, ein bloßer Anwärter auf das Menschsein. Er liegt halb aufgerichtet in einer noch träumerischen Dumpfheit, auch wenn sein Angesicht in fragender Erwartung auf Gott-Vater gerichtet ist. Es ist alles vorbereitet, daß er sich im nächsten Augenblick aufrichten und Gott gegenübertreten kann. Aber zwischen diesen beiden Augenblicken muß das Wunder geschehen, daß von dem ausgereckten Finger des Schöpfers der Funken des Geistes auf den Menschen überspringt. Ohne das bliebe er eben die Kreatur am Boden, blieb er Erde und wäre er nicht der Wanderer zwischen beiden Welten, zu dem er entworfen ist.

## 16. Dezember

Wenn mir jemand sagt: Es gibt einen, der weiß um dich, dem geht es nahe, wenn du deine eigenen Wege gehst, und er hat sich's etwas kosten lassen (nämlich den ganzen Aufwand zwischen Krippe und Kreuz!), um der Stern zu sein, auf den du schauen darfst, um der Stab zu sein, an dem du gehen, und der Quell, an dem du ruhen kannst – wenn mir das einer sagt, dann horche ich auf. Denn wenn es stimmt (wenn es wirklich stimmt!) daß einer da ist, der sich für mich interessiert und mein Schicksal teilt, dann kann das mit einem Schlage alles verwandeln, was ich bisher hoffte und fürchtete. Dann könnte das eine Revolution in meinem Leben bedeuten: übrigens auch eine Revolution in meiner Erkenntnis.

## 17. Dezember

Wenn unser Nachdenken über die Liebe Jesu, über sein unermeßliches Erbarmen in die letzte Gedankennot und in die Hilflosigkeit unseres Geistes entführt wird, dann soll uns dies geheimste aller Worte zugerufen sein: Für euch, denen das Wort vom Heil gesagt ist, bildet der Tod zwar jene letzte Grenze eurer Entscheidung, und ich will noch den letzten Seufzer der Sterbenden auf mein Herz nehmen, wenn er sagt: »Gott, sei mir Sünder gnädig!« Für *mich* aber, für den Herrn über Lebende und Tote, bestehen keine Grenzen, um mein Erbarmen mächtig werden zu lassen, und ich weiß auch die Toten noch zu finden, die nach mir rufen: alle jene, die falsche Götter angebetet haben, weil sie mich nicht kannten, und die nun von ihren Fetischen und Götzen verlassen sind; alle jene, die in ihrer Jugend hinweggerafft wurden und die als Unvollendete starben; aber auch die Atheisten, die meinem Wort entrückt waren oder es nur als entstellte Karikatur vernahmen. Mein Erbarmen hat kein Ende; auch der Tod kann es nicht begrenzen. Ich kann nicht von den verlorenen Seelen lassen. Mein Leiden war groß und furchtbar genug, um auch sie damit aufzuwiegen. Es ist wohl nur ein andeutendes, gleichnishaftes Sagen, durch das die Botschaft des Neuen Testaments auf ein Geheimnis hinweist, das sozusagen an der Grenze dessen steht, was man überhaupt zu sagen wagen kann. Es spricht nämlich davon, daß auch den Bewohnern des Totenreichs noch das Evangelium gesagt werde und daß Jesus mit seinem befreienden Wort selbst noch *hierhin* dringe. Das darf als Grenze aller unserer Aussagemöglichkeiten markiert werden. Es liegt an der Grenze dessen, was uns als Auftrag gesagt ist: daß heute noch die Stunde ist, in der wir seine Stimme hören können, in der »Mose und die Propheten« zu uns sprechen. Diese Grenze läßt sich nur mit der Bitte überwinden und nicht mit Thesen. Wir dürfen unsere Sorgen hinüberwerfen, und sie sollen bei Gott ankommen.

## 18. Dezember

Der Stil der göttlichen Heilsgeschichte – wenn man so sprechen kann – hat niemals das Moment des Automatischen und des eigengesetzlichen Prozesses in sich: Schon bei der Schöpfung »wagt« Gott den Menschen und gibt ihm im Gegensatz zum mechanischen berechenbaren Ablauf einer Marionette die Freiheit der Entscheidung. Entsprechend ist *jeder* heilsgeschichtliche Akt (auch die durch krisis und soteria bestimmte Katastrophe) ein Wagnis Gottes, das Heimsuchung und Todesurteil, Annahme und Verwerfung zugleich nach sich ziehen kann. Es geht um ein Aufpflügen des Herzensackers – und *dann* erst geht es um die entscheidende Frage: ob der zur Empfängnisbereitschaft geförderte Acker sich dem göttlichen Sämann oder ob er sich der Giftsaat der Dämonen bereithält (was das Bild des passiven Ackers zugleich sprengt). Die Katastrophenstunde ist immer *Anfrage* Gottes – nicht mehr, aber wahrlich auch nicht weniger.

## 19. Dezember

Wenn ich gefragt werde, warum ich als Christ Weihnachten feiere, antworte ich zunächst und vor allem: Weil hier etwas an mir geschehen ist und weil darum auch nun etwas in mir geschehen kann. Ich lebe im Namen des Wunders, daß Gott kein schweigender Weltgrund ist, sondern daß er zu mir in die Tiefe kommt. Ich sehe das an dem einen, der da als Kind in der Krippe liegt und anders ist als wir alle. Ich sehe, wie der, den »aller Weltkreis nicht beschloß«, in die Welt der kleinen Dinge, meiner kleinen Dinge eingeht: dorthin, wo es Heimatlosigkeit und Flüchtlingstrecks gibt; dorthin, wo Aussätzige und Geängstigte und verlorene Söhne und arme alte Weiblein sind; dorthin, wo schikaniert, gestorben und umgebracht wird. Es hat ein einziges Mal in der Weltgeschichte den Fall gegeben, daß jemand mit dem Anspruch eines Gottessohnes und mit der Behauptung »Ich und der Vater sind eins« aufgetreten ist und daß er die Legitimation für diesen Anspruch nicht so erbrachte, daß er sich überirdisch gebärdete oder die Menschen vor seiner Weisheit erstarren ließ oder Erkenntnis höherer Welten vermittelte, sondern daß er seine Bestätigung durch die Tiefe suchte, in die er sich hinabließ. Ein Gottessohn, der seinen Titel mit dem Argument verteidigt, daß er auch dem Ärmsten und dem Schuldbeladenen noch Bruder ist und dessen Last auf sich nimmt: Von diesem Faktum kann man nur kopfschüttelnd Kenntnis nehmen – oder – man muß anbeten. Etwas Drittes gibt es nicht. Der »Vater überm Sternenzelt« sitzt in einer monumentalen »Etappe«, aber ich mit meinem Lob, meiner Anbetung irgendwo in dieser abgeschnittenen »Front« (ohne rückwärtige Verbindung), irgendwo, als Untermieter oder in einer Villa ... Was habe ich davon, wenn mir jemand sagt: Es gibt eine höchste Intelligenz, die die Weltschöpfung konzipiert, die das Kausalgesetz erfunden, die Planeten in ihre Bahn hineinmanövriert hat? Da kann ich doch wohl nur antworten: »Ach, was du nicht sagst! Eine abenteuerliche Idee, fast zu schön, um wahr zu sein« – und dann lese ich meine Zeitung weiter. Denn das wäre keine Botschaft, von der ich leben könnte. Aber wenn jemand mir sagt: Es gibt einen, der kennt dich, dem geht es nahe, wenn du deine eigenen Wege gehst, und er hat sich's etwas kosten lassen (nämlich den ganzen Aufwand zwischen Krippe und Kreuz!), um der Stern zu sein, auf den du schauen darfst, um der Stab zu sein, an dem du gehen, und der Quell, an dem du ruhen kannst – wenn mir das einer sagt, dann horche ich auf. Denn wenn es stimmt – wenn es wirklich stimmt –, daß einer da ist, der sich für mich interessiert und mein Schicksal teilt, dann kann so etwas mit einem Schlage alles verwandeln, was ich bisher hoffte und fürchtete. Dann könnte das eine Revolution in meinem Leben bedeuten: übrigens auch eine Revolution in meiner Erkenntnis.

## 20. Dezember

Ich meine, alle Atheisten, Nihilisten und Agnostiker hätten in einem Punkte recht: wenn sie sagen, der Blick auf den Ablauf der Geschichte gebe uns keine Anhaltspunkte für die Erkenntnis Gottes und für »höhere Gedanken«, nach denen sich die Regie unserer Welt vollzöge. Weihnachten aber lehrt uns, als Erkennende unser Verhältnis zur Welt an einem ganz andern Ende aufzuhängen; daß wir nicht mehr von der Weltstruktur her auf Gott, sondern daß wir vom Kind in der Krippe her auf das Geheimnis der Welt schließen, auf das Geheimnis der Welt, die nunmehr die Krippe trägt. Denn wenn es dieses Kind gibt, dann ist es der Herzpunkt der Welt. Ich möchte es in einem Bilde sagen: Wenn ich ein schönes Gewebe durch eine Lupe betrachte, dann ist es um den Mittelpunkt des Glases herum ganz klar, an den Rändern jedoch beginnt die Verzerrung. Dadurch lasse ich mich aber nicht zu dem Irrtum verleiten, daß das Gewebe selbst sich hier verwirre. Ganz ähnlich ist es mit dem Erkenntniswunder, das mir das Weihnachtsfest schenkt: Sehe ich die Welt durch das Medium der Frohen Botschaft, dann ist in der Mitte Klarheit. Hier sehe ich das Wunder der Liebe, die sich in die Tiefe hineinschenkt. An den Rändern aber – jenseits des Weihnachtslichtes – herrscht Wirrnis und Verzerrung. Darum muß sich der Blick, der sich im Schweifen verirrt, immer wieder erholen und ausrichten in der Mitte des Lebens, im Geheimnis des Lebens, dem nur zu glaubenden und eben kaum zu glaubenden: daß Gott Mensch geworden ist und daß ich im Dunkeln nicht mehr alleine bin.

## 21. Dezember

Alles, auch das Schlimmste in unserem Leben, können wir einigermaßen und mit einer gewissen Tapferkeit ertragen, wenn wir es »annehmen« können und einen Weg entdecken, um uns damit abzufinden. Aber es wird unerträglich und kann uns an den Rand des Wahnsinns bringen, wenn wir *keinen* Sinn mehr in dem finden, was wir leiden müssen, wenn wir damit hadern und uns die Frage überfällt: Warum geschieht das gerade *mir,* warum werde *ich* von Pechsträhnen verfolgt, während andere, die keine Spur besser sind, immer wieder auf die Füße fallen und alles für sie genau richtig arrangiert ist? Krebs allein ist schon schlimm. Aber wer darüber hinaus noch mit der Frage fertig werden muß, warum Gott ihn zuläßt, hat noch Schwereres zu tragen. In solchen Lebenslagen setzen wir uns im Grund mit Gott auseinander. Wer Gott einmal begegnet ist, kann gar nicht mehr anders, als sich ständig und in allen Situationen so mit ihm auseinanderzusetzen: ihm einerseits zu danken für viele Erfüllungen in seinem Leben; andererseits aber auch zu protestieren, wenn Gott zu versagen scheint; ihn zu bitten, wenn wir Wünsche haben, aber ihn auch zu warnen, falls er sie nicht erfüllen sollte. Die Bibel, dieses so überaus menschliche Buch, ist ja erfüllt von einem summenden Stimmengewirr, von Lauten der Freude und des Haders, des Dankes und des Protestes, der Verzweiflung und des Lobes. Das kommt daher, daß die biblischen Menschen – Adam und Abraham, Hiob und Jesaja, Petrus und Judas und wie sie alle heißen – gar nicht mehr anders können, als alles, was sie erleben und durchmachen, von Gott anzunehmen oder aber auch die Annahme zu verweigern und also zu streiken. Sie können die Dinge gar nicht mehr einfach so hinnehmen, wie sie sind, um dann mit dickem Fell und »wurschtig« gegenüber dem Zufall und dem Unabwendbaren einfach so weiter zu trotten. Sondern alles, was sie erleben, gerät in das Kraftfeld ihrer Begegnung mit Gott. Es wird leichter durch ihn, aber manchmal auch schwerer. Ist einem Gott erst einmal so zum Thema des Lebens geworden, dann wird dieses Leben sehr aufregend. Es wird sogar abenteuerlich. Man weiß nicht, wie Gott einen führen wird, und was er sich dabei denkt. Und es kann einen sehr umtreiben, ja es kann sehr dramatisch sein, sich zu überlegen, daß Gott einerseits mein Vater sein und mir die Treue halten will und daß andererseits vieles, was ich erlebe, doch so ganz anders aussieht und oft genug mehr als Schicksal und Zufall denn als sinnvolle Führung wirkt. Wem Gott zum Thema geworden ist, dem wird alles, was er erlebt, zu einer Frage und zu einem Appell an das Vertrauen. Darum ist das Leben des Christen so aufregend, und darum kennt er nicht die Langeweile der Nihilisten.

Luthers Frage, »Wie kriege ich einen gnädigen Gott«, kann man sich kaum mit einer jungen Stimme gesprochen und mit einer modernen Schrift geschrieben vorstellen. Es scheint ein wenig die Atmosphäre des Schweinslederbandes und der Klosterzelle dazu zu gehören – eine respektable Atmosphäre gewiß; aber nicht die Luft, in der unser Jahrhundert atmet, die Luft des Stadions nicht und auch nicht der Brodem der Großstadt. Wenn wir eine moderne Entsprechung zu dieser Lutherfrage bilden sollen, dann würde das wohl die Frage sein: »Wo ist Gott?« In dieser Frage fühlen wir uns verstanden. Mit ihr wird uns kein fremdes Wort und vor allem kein totes Wort in dem Mund gelegt. Warum wir uns in dieser Frage »Wo ist Gott« so verstanden fühlen, das ist wohl dieses Offenbleiben, dieses Bedrängtsein. Die ernsthaftesten Atheisten unserer Tage haben in unverkrampften Augenblicken alle eine solche Frage auf den Lippen. Nun ist es eine merkwürdige Beobachtung, daß Luthers Frage, obwohl sie doch auch eine Frage der Bedrängnis ist, einen ganz anderen Charakter besitzt: Sie will nicht als Frage verhallen, in ihr will sich auch der Mensch nicht selbst zum Ausdruck bringen. Nein, so merkwürdig es klingt: Die Frage Luthers ist kein Monolog des Menschen, sondern die Antwort in einem Dialog, nämlich die Gottesgewißheit. Wir meinen gerne, die religiöse Wirklichkeit sei anders geworden. Wie, wenn nur wir anders geworden wären? Nämlich oberflächlicher, flacher, wenn auch manövrierfähiger und wendiger – so flach, daß unser Kiel das Felsenriff nicht mehr spürt, an dem das Lebensschiff der Alten sich wund stieß. Aber deshalb ist das Riff doch noch da. Wir wissen nun, welches Riff hier gemeint sein muß: die Erfahrung nämlich, daß wir nicht mit Gott in Ordnung sind, daß wir keinen Frieden mit ihm haben, und darum auch keinen Frieden im Herzen; daß die Not gar nicht darin liegt, daß er der Unendliche ist und wir die kleinen Staubkörnchen und Atome sind (müßte auch nur ein Mensch wegen dieser verschiedenen Quantitäten zittern?), sondern daß wir Feinde sind. Der Friede Gottes aber, von dem die Alten zugleich etwas wußten, bestand und besteht dann nicht in dem Übertönen dieser Tatsache, sondern darin, daß Gott uns – allem zum Trotze! – sucht und daß wir aus der Kraft der Vergebung leben dürfen. Gewiß kann die Frage nach dem gnädigen Gott heute in einem anderen Gewande auftreten. Sie kann zum Beispiel formuliert werden: »Wie bekomme ich Gemeinschaft mit Gott – trotz allem, was zwischen uns liegt?« Oder auch: »Wie komme ich aus der Unruhe, aus Zweifel und Verzweiflung zum Frieden?« Oder endlich: »Wie komme ich aus der Sicherheit, aus dem katastrophalen Mangel an jedem Zweifel und an jeder Verzweiflung zum wirklichen Frieden?« Die innere Not einer Zeit kann nicht nur im ungestillten, sondern auch im ungespürten Hunger bestehen.

## 23. Dezember

Wir haben im zuende gehenden Jahr vielleicht einen bestimmten Beruf ergriffen, wir haben geheiratet oder uns scheiden lassen, wir haben eine Freundschaft geschlossen oder sind an einem Menschen schuldig geworden: Das alles wurde nun zu unserem Schicksal. Wir würden es vielleicht anders machen, wenn wir noch einmal in dieselbe Situation kämen. Aber »was vergangen, kehrt nicht wieder«. Wir müssen nun das »Gepäck unserer Vergangenheit« weiterschleppen. Die Zeitlinie gleicht einem langen Korridor mit vielen Türen. Jahr für Jahr öffnen wir eine neue. Aber an der Rückseite hat sie keine Klinke. Wir können nicht mehr zurück und neu beginnen, wie das der Uhrzeiger tut. Und eines Tages – wir wissen nicht wann und wo – ist der Korridor zu Ende – unwiderruflich. Die Kreislinie unserer Zifferblätter dagegen hört nie auf. Darum wiegt sie uns eben in der Illusion, als ob es immer so weiterginge. Die alten Sanduhren waren da ehrlicher! In der Neujahrsnacht spüren wir dann, daß es eben nicht immer so weitergeht, sondern, daß jeder Augenblick unseres Lebens einmalig ist und nicht wiederkehrt, daß unsere Zeit weiterläuft und auch einmal ausläuft. Wir spüren, daß wir »endlich« sind. Dies Wissen um das Ende tragen wir übrigens immer mit uns herum, auch wenn wir uns nicht darüber im klaren sind. Ohne es zu ahnen, denken wir dauernd an den Tod. Ich sage etwa, ohne mir viel dabei zu denken: »Ich muß mich beeilen« oder: »Ich habe keine Zeit.« Und doch drücke ich damit aus, daß ich eben nicht endlos lebe und ich deshalb die begrenzte Zeit einteilen muß. Ich kann sie eben nur ausnutzen, aber ich kann sie nicht verlängern. »Frist- und Zeitgewinn ist unser Leben«, sagt Shakespeare. Wer sich über alles dies klar wird, erlebt vielleicht so etwas wie einen Schock. Einige halten mich unter Umständen für einen Beckmesser, wenn ich allen Ernstes die Frage stelle, ob mancher lärmende Silvesterfez und manche alkoholische Bewußtseinsminderung nicht daher rühren könnte, daß wir diese Jahreswende mit der plözlich laut werdenden Zeit überspielen möchten und daß wir diese Signale unserer Endlichkeit aus den Augen zu wischen bemüht sind. Es gibt nämlich eine Form von Spaß, die einen tieferen Kummer oder ein unerledigtes Problem unseres Lebens verdrängen möchte. Jeder von uns hat schon die Erfahrung gemacht, daß er niedergeschlagen oder gar verzweifelt war und sich dann sagte: »Ich muß mich jetzt mal, koste es, was es wolle – gewaltsam zum Lachen bringen lassen.« Dann ging er in einen Film, der ihm als zwerchfellerschütternd angepriesen wurde. Tatsächlich schlug er sich dann auch bei einigen komischen Situationen lachend auf die Schenkel. Aber im Hintergrund lauerten – nie ganz zu vergessen – die Trauer und das Unbewältigte. Und kaum war das Licht wieder angegangen, kehrte beides unverändert zurück. Die wirkliche Freude tritt nur ein, wenn ich von innen heraus mit mir selbst und mit dem Sinn meines Lebens im Einklang bin. Denn nur dann brauche ich ja nichts gewaltsam zu verdrängen.

## 24. Dezember

Der Diamant des Evangeliums schimmert in immer neuen Lichtbrechungen auf: Man kann diese frohe Nachricht in der Vorstellungswelt des Judentums und man kann sie – wie der Prolog des Johannesevangeliums das tut – in den Begriffen der griechischen Philosophie darstellen. Man kann sie in buddhistischen Worten ausdrücken, und ein Missionar im afrikanischen Busch kann sie in den Formen und Vorstellungen primitiver Magie darstellen. Jesus Christus ist unmittelbar zu jedem Ort, an dem sich einer seiner Menschenbrüder befindet. Deshalb gehört es zu den Geheimnissen des Pfingstwunders, daß ihm alle, »Parther und Meder und Elamiter«, Magier und Weise, Marxisten und Existenzphilosophen, Buddhisten und Nihilisten mit ihren Begriffen entgegengehen können und daß sie alle befähigt sind, in *ihrer* Sprache die großen Taten Gottes zu vernehmen und auch auszudrücken. Man braucht nicht erst die Sprache Kanaans zu lernen, um ihn fassen zu können. Man braucht nicht erst eine christlich-abendländische Erziehung zu genießen, um ihn zu verstehen. Denn er umgreift nicht nur den Erdkreis, sondern er umgreift auch die Sprachen und Werte, die Gedanken und die Gefühle aller Völker. Jesus Christus versteht jeden, wenn er in seiner Begriffswelt und in seiner Sprache seine Angst und seinen Hunger nach Frieden ausdrückt. Und er versteht uns selbst dann noch, wenn wir nicht einmal mehr Begriffe haben, sondern nur noch seufzen und unartikuliert stammeln können wie die Sterbenden in ihrer letzten Not.

## 25. Dezember

Wenn ich ein schönes Gewebe durch eine Lupe betrachte, dann ist es um den Mittelpunkt des Glases herum ganz klar, an den Rändern doch beginnt es zu verzerren. Dadurch lasse ich mich aber nicht zu dem Irrtum verleiten, daß das Gewebe selbst sich hier verwirre. Ganz ähnlich ist es mit dem Erkenntniswunder, das mir das Weihnachtsfest schenkt: Sehe ich die Welt durch das Medium der Frohen Botschaft, dann ist in der Mitte Klarheit. Hier sehe ich das Wunder der Liebe, die sich in die Tiefe hineinschenkt. An den Rändern aber – jenseits des Weihnachtslichtes – herrscht Wirrnis und Verzerrung. Darum muß sich der Blick, der sich im Schweifen verirrt, immer wieder erholen und ausrichten in der Mitte des Lebens, im Geheimnis des Lebens, dem nur zu glaubenden und eben kaum zu glaubenden: Daß Gott Mensch geworden ist und daß ich nun im Dunkeln nicht mehr alleine bin.

## 26. Dezember

Daß wir in dieser Mitternachtsstunde die Zeit so ganz anders erleben als sonst, liegt an der runden Form unserer Uhren! Ich muß diese Behauptung natürlich begründen: Dadurch, daß unsere Uhren rund sind, daß der Zeiger auf ihnen kreist und stets wieder an seinen Ausgangspunkt zurückkehrt, entsteht in uns die Illusion, als ob sich im Leben alles wiederholte, und als ob wir wieder neu anfangen könnten. Was ich heute bis 18 Uhr nicht geschafft habe, werde ich dann eben morgen bis 18 Uhr hinter mich bringen. Der Zeiger wird nämlich auch morgen, genauso wie heute, auf meiner Uhr wieder kreisen. In der letzten Nacht des Jahres aber erleben wir die Zeit anders: Da bewegt sie sich auf einmal nicht mehr im Kreise, sondern geradeaus. Es gibt eben keine runden Jahresuhren, die nach 365 Tagen wieder neu bei der Ziffer »zwölf« anfingen. Einen derartigen Jahreszeitmesser müßten wir uns ganz anders vorstellen: als eine gerade Linie nämlich, auf der jedes durchlebte Jahr als ein kleiner Abschnitt zu markieren wäre. Und auf dieser Zeitlinie kriechen wir während unseres Lebens entlang. Wir lassen einen Abschnitt nach dem anderen hinter uns. Der Zeiger kehrt nie wieder dahin zurück. Wir können die Entscheidungen, die wir einmal gefällt haben, nie wieder rückgängig machen.

## 27. Dezember

Ich verstehe Menschen sehr gut, die in der Nacht der Jahreswende einen Gottesdienst besuchen, die ein Wort der Ewigkeit hören möchten und die es drängt zu beten. Es wäre dumm zu meinen, daß diese Leute Pessimisten seien und Trübsal blasen, während die Leute mit den Knallfröschen und Sektpfropfen das Leben bejahten. Auch Menschen, die es zur Besinnung treibt, suchen Freude, nur suchen sie sie in anderer Richtung. Sie wissen, daß unsere Endlichkeit dann nicht mehr angsterregend ist, wenn wir bei dem Herrn der Zeit geborgen, wenn wir mit ihm in Frieden leben. Was hinter mir liegt und was ich falsch gemacht habe, darf mich nicht mehr von ihm scheiden; das bringt er in Ordnung. Was ich vor mir habe – die neuen dreihundertfünfundsechzig Tage – nehme ich aus seiner Hand entgegen. Auch wenn der letzte Schlagbaum kommt, wird er mich erwarten. Aus diesem Einklang mit dem Herrn der Zeit kommt eine Freude, die nicht mehr auf Verdrängung beruht. Die Jahreswende sollte für uns eine rote Ampel sein, die uns einen Augenblick anhalten und innehalten und dann die Frage stellen läßt, wohin wir fahren.

## 28. Dezember

Als ich mit meiner Familie ausgebombt war und am nächsten Abend durch die stillen friedlichen Straßen eines Dörfchens lief, in dem ich ein Notquartier suchte, ging es mir merkwürdig. Wie oft hatte ich mich vom Anblick der Ruinen und von der Beklommenheit, die einen beim Einbruch der Dämmerung überfiel, dadurch erholt, daß ich meine Phantasie auf Wanderschaft schickte. Ich stellte mir ein friedliches Dörfchen vor, durch dessen Straßen die Kühe in ihre Ställe zogen, in dem die Menschen über die Ernte sprachen und abends um die Lampe saßen und das vom Kriegslärm verschont war. Nun waren wir glücklich in so einem Dörfchen angelangt. Die Leute sagten freundlich »Grüß Gott«, durch die Ritzen der Luftschutzvorhänge drang traulicher Lampenschein und alles war so, wie ich es geträumt hatte. Aber der ersehnte Friede wollte nicht in das Herz kommen. Man kam sich wie ausgestoßen vor, und die Idylle quälte einen, statt zu beruhigen. In den nächsten Tagen trieb es mich wieder in die zerstörte Stadt und zu den Leuten, deren Gesichter noch von den Runen des Entsetzens gezeichnet waren. Hier fühlte ich mich daheim. Sie verstanden, was man mitgemacht hatte, weil sie es selber gelitten hatten. Die Leute im Dorf verstanden es nicht. Für sie war man die etwas angsterregende Erscheinung aus einer anderen schrecklichen Welt. Es gibt nichts Wohltuenderes, als wenn man Menschen hat, die einen verstehen. Darum trieb es auch manche Frontsoldaten, die beim Heimaturlaub für wenige Nächte das gute Daunenbett genossen hatten, wieder zu ihren Kameraden in der russischen Steppe. Wer von Schrecklichem umgetrieben ist, dem wird die Heimat, wird die Erfüllung und werden die Glücklichen und Habenden auf einmal fremd.

## 29. Dezember

Das Kind, das in der Krippe liegt, ist keine Idylle. Nur unsere Liebe und manchmal auch unsere Sentimentalität haben es zu dieser Idylle gemacht. Das Kind ist obdachlos. Man hat es in einen Stall abgeschoben. Kurz darauf schließen sich seine Eltern einem Flüchtlingstreck an, um dem Kindermord des Herodes zu entgehen. Dann geht es durch die Feindschaft der Menschen; das Kind bleibt immer, auch als es erwachsen ist, ein Flüchtling. Sein Herz erbebt unter allen Versuchungen und Ängsten, unter denen auch wir erschauern. Und schließlich endet dies Leben, wie es begann: Er wird aus der Welt hinausgedrängt, er stirbt an einem Galgen, der die Form des Kreuzes hatte. Ihn, der unendlich liebte und der darum unendlich litt, als er die Menschen in ihr Verderben rennen sah, ihn konnte man nicht gebrauchen. Krippe und Kreuz: das ist dasselbe Holz. Ich meine, dies alles sei in seinem Schrecken unendlich tröstlicher als die sanfte Stimmung, die wir am Weihnachtsfest suchen und die nur zum Katzenjammer führt, wenn sie das einzige bleibt. Jesus Christus ist nicht in der Etappe des Himmels geblieben, um sich das Erdenleid »nach oben« berichten zu lassen und uns aus sicherer Distanz einige ermunternde Worte zuzurufen. Nein, er hat diese Etappe verlassen und ist zu uns in den vordersten Graben gekommen, dorthin also, wo wir uns mit der Sorge herumschlagen, wie es denn mit den Bolschewiken noch einmal wird, wo wir unsere Lebensangst und das Gefühl unserer Leere erleiden, wo wir schuldig werden und schließlich sterben müssen. Es gibt nichts, was er nicht mit uns ertragen hätte. Er versteht alles.

## 30. Dezember

Das einsame Schiff von Caspar David Friedrich hat lange in meinem Arbeitsraum gehangen. Als ich es zu meinem Gefährten wählte (für je ein paar Jahre wie seine Vorgänger auch), war es ein sehr vordergründiger und durchaus nicht künstlerischer Impuls, der mich den Kontakt mit diesem Bilde aufnehmen ließ: nämlich die pure Freude an einem großen Segler und am Element das Meeres. Caspar David Friedrich stand mir damals noch viel zu fern, als daß mir dieses Bild noch für andere Botschaften hätte transparent werden können. Je mehr das Bild nun unter dem Einfluß des täglichen Umgangs eine Wandlung erfuhr und zum Kristallisationspunkt von allerhand meditativen Gedanken wurde, umso klarer profilierte sich die *eigentliche* Botschaft, die es mir zu übermitteln schien. Ich drücke es absichtlich in so persönlicher Tönung aus, weil mir die Ehrlichkeit verbietet, den Anschein zu erwecken, als sei bei der Wahl dieses guten Bild-Gefährten auch nur im mindesten ein Bildungs- oder kunstgeschichtliches Interesse im Spiel gewesen. Was mich mehr und mehr anrührte, war dies: Hier trat mir die menschenlose Natur entgegen, das Preisgegebensein an ein unfühlendes Element. (Mir ist erst später klar geworden, wie sehr es sich hier um einen cantus firmus im Werk Friedrichs überhaupt handelt). Auch das Schiff war gerade *nicht* das, was ich selbst immer suchte, wenn ich zur See fuhr: es war nicht der umfriedete Raum der Geborgenheit inmitten des elementar Grenzenlosen; es war kein Bezirk des humanum, der den Elementen abgetrotzt und in dem ein Wildes gezähmt und urbar gemacht war. Sondern es war ein Geisterschiff, ein Fliegender Holländer, nicht nur einsam inmitten einer dämmrigen Wasserwüste, sondern selber Einsamkeit ausstrahlend. Wie teilnahmslos kann das grandios Schöne sein! Wie werden hier plötzlich »romantische« Landschaften, die in der ersten Begegnung verklärt und überhöht erscheinen mögen, zu einem hintergründigen Bekenntnis der Verlassenheit – einer Verlassenheit, wie sie der Raumfahrer Titow erleben mochte, als er inmitten der Farbenfaszinationen des Universums von seiner Sehnsucht nach irdischen Steppen (und einsamen Häusern darin!) sprach, und wie sie der »tote Christus« bei Jean Paul zum Ausdruck bringt, wenn er von seiner Schreckensfahrt durch das vater- und seelenlose All spricht, in dem wir alle Waisen seien und das nur den »riesigen Leichnam der Natur« bedeute. Das »Kreuz im Gebirge« unter den rosigen Sonnenuntergangswolken, das ich Kunstbanause immer als ein bißchen kitschig empfunden hatte, ging mir angesichts dieses All-Erlebnisses, angesichts dieses Fliegenden Holländers plötzlich in seinem Sinn auf: Wenn dieses Kreuz verschwindet und der Hohepriester mit seinem Mitleiden sich entfernt, dann werden alle Sonnenuntergänge zur verzehrenden Glut und dann wird das Ästhetische zum Phobos der Seelenlosigkeit. Obwohl sich der Sinn des Bildes so für mich gewandelt hatte, obwohl es aus einem bequemen Alltags-Gefährten, der nur Seefahrererinnerungen auslösen sollte, zu einem beklemmend-expressiven Zeugnis der Verlassenheit geworden war, ließ ich es doch hängen. Es sollte nun – im Sinne Toynbees – die Funktion einer challenge an mir ausüben, es sollte jetzt eine sokratische Provokation vollziehen: nämlich die Frage auslösen, wo es in dieser schönen und schrecklichen Welt, in ihren Aufschwüngen und Verlassenheiten einen Ort der Zuflucht geben könne – da es doch kein *menschliches* Schiff gibt, das uns über die Tiefen führt.

## 31. Dezember

Ich habe viel gelesen im vergangenen Jahr – 1969 – (vor allem Historisches, aber auch heutige Dichter und immer wieder Fontane). Davon haben sich einige Worte festgehakt, die ich hier nennen könnte – Worte, die über Tage mit einem gegangen sind und manchmal zu leben geholfen haben. Doch diesmal soll es ein Wort von anderer Art sein. Oft beschleicht uns Christen das beklemmende Gefühl, daß wir in einer »dürftigen Zeit« leben. Wir meinen zu sehen, daß die Menschen »Luftgespinste spinnen und weiter von dem Ziele kommen«. (Naivität und Präzision des Sagens gehen beim Wandsbeker Boten einen wunderbaren Bund ein!). Wir sehen auch, daß nicht wenige theologische Zunftgenossen utopischen Versponnenheiten nachjagen, daß sie einen abwegigen Kult mit »Hoffnung« und Futurologie treiben und sich oft seltsame Gewährsmänner dafür aussuchen – Leute, über die sich Paulus und Luther, ja selbst der dem Modernen so aufgeschlossene Schleiermacher, gewiß gewundert und sogar den Kopf geschüttelt hätten. Auch wenn wir vielleicht meinen, für unsere Person durchschauten wir diesen Trug und hielten den Kopf oder wenigstens die Nase noch gerade aus diesem Meer des Irrwahns heraus, dann will und will es uns allem Augenschein nach nicht gelingen, den anderen Schiffbrüchigen etwas Weisendes und Rettendes zuzurufen, unsere eigene Planke an sie hinzureichen, damit sie sich mit daran festhalten können.

Wir scheinen in einer Zeit der Verstummung zu leben, wo niemandem das lösende Wort verliehen ist. Dieu se retire –? Manchmal überfällt uns diese Frage. Dann aber ist es ein großer Trost zu wissen, daß wir mit dieser Anfechtungserfahrung nicht alleine stehen, sondern daß sie das Training bildete, dem auch Patriarchen, Propheten und Apostel sich zu unterziehen hatten. Und nun zitiere ich das Wort, das mich immer wieder beschäftigt: »Aller Propheten Gesichte werden euch sein wie die Worte eines versiegelten Buches, welches man gäbe einem, der lesen kann, und spräche: ‚Lies doch das!' und er spräche: Ich kann nicht, denn es ist versiegelt.« (Jesaja 29, 11.) Wer aber hat es versiegelt? Der, der das getan hat, wird zu seiner Stunde auch das Siegel lösen. Dann wird es uns wie Schuppen von den Augen fallen und wir werden es nicht begreifen können, an welchen Wundern wir ahnungslos vorübergingen und welche Quellen wir in der Wüste übersehen haben, während die Fata Morgana uns lockte. Wenn wir nur inzwischen die Geduld nicht verlieren und die Liebe nicht erkalten lassen!

---

Für die beweglichen Festtage des Kirchenjahres sind folgende Daten anzunehmen:

| | |
|---|---|
| Karfreitag | 30. März |
| Ostern | 1./2. April |
| Himmelfahrt | 10. Mai |
| Pfingsten | 20./21. Mai |
| Trinitatis | 27. Mai |
| Bußtag | 20. November |
| Totensonntag | 24. November |
| 1. Advent | 1. Dezember |

## *Quellennachweis*

Dem interessierten Leser, der durch die hier vorgelegten Abschnitte aus dem literarischen Werk von Professor Helmut Thielicke angesprochen ist, werden nachfolgend die Quellen angegeben. Im Zusammenhang weiterzulesen, wird der Wunsch Vieler nach der Lektüre dieses Breviers sein. Allen Verlagen sei für die Abdruckgenehmigung herzlich gedankt.

*Januar*

1. MS
2. WG 38 f
3. WG 42 f
4.–5. MS
6. BG 243 f
7.–9. MS
10. EG 199
11.–12. MS
13. FC 57
14. FC 83
15. MS
16. TA 41
17. MS
18. SG 105
19. MS
20. SH 36 f
21. SH 40 f
22. SG 18
23. SG 19
24. SG 28
25.–26. MS
27. SG 41 f
28. MS
29. FC 7
30. MS
31. SG 95 f

*Februar*

1. MS
2. TA 7
3. MS
4. WB 168 ff
5.–6. MS
7. BG 103 f
8. BG 99 f
9. DG 227
10. EG 230
11. DG 228
12.–13. MS
14. EG 232
15. MS
16. TE II/1 575
17. EG 538
18. TE II/1 582
19. EG 428
20. EG 211
21. DG 229 f
22. TE II/2 241
23. MS
24. DG 230 f
25. MS
26. BG 234 f
27. DG 233
28. DG 208 f
29. DG 209

*März*

1.–7. MS
8. WB 96
9. WB 98
10. MS
11. DG 214 f
12. DG 218 f
13.–16. MS
17. BG 107 ff
18. DG 220 f
19. TE II/2 678 f
20. TE II/2 612
21. TE II/2 552 f
22. MS
23. TE II/1 86
24. HE 17 f
25. WG 95 f
26. TA 115
27. TE II/2 537 f
28. TE II/2 444 f
29. WG 83
30. TE II/2 426
31. TE II/2 424 f

*April*

1. LK 59 f
2. MS
3. TE II/2 383 f
4. TE II/2 376 f
5. MS
6. BG 134 f
7. MS
8. TE II/1 232
9. TE II/2 360
10. TE II/2 347 f
11. GW 98
12. MS
13. TE II/2 69 f
14. TE II/2 64 f
15. TE II/2 62 f
16. DL 131
17. DL 139
18. TE II/2 763 f
19. MS
20. EG 191 f
21. DL 173
22. EG 516 f
23. EG 518

24. MS
25. EG 539 f
26. EG 555 f
27. EG 556 f
28. EG 579
29.–30. MS

*Mai*

1. TE II/2 2576
2. TE II/2 2619
3. TE II/2 3185
4. TE II/2 3200
5. BG 238
6. EG 586
7. GA 7
8. GA 9
9. GA 15
10. MS
11. TE II/1 557
12. MS
13. GA 17
14. GA 20
15. MS
16. BG 48 f
17. BG 160 f
18. BG 128 f
19.–21. MS
22. TE II/2 14
23. TE III 822
24. TE III 494
25. TE III 261
26. TE III 211
27. TE III 205
28. TE III 98
29. TE II/1 201
30. TE II/1 414
31. MS

*Juni*

1. FR 9 f
2. FR 7
3. FR 11 f
4. FR 21 f
5. FR 27 f
6. FR 30
7. TE II/2 299 f
8. TE II/2 290 f
9. TE II/2 282 f
10. TE II/2 229 f
11. TE II/1 600
12.–15. MS
16. KR 79 ff
17. MS
18. TE II/2 2691
19. TE II/2 3344
20. GA 22
21. SX 14 f
22. SX 16
23. SX 18
24. SX 25 f
25. GW 141
26. GA 23
27. WB 37 f
28. WB 52 f
29. GA 25
30. GA 29

*Juli*

1. GA 31
2. MS
3. TE III 83
4. SX 83
5. SX 280 f
6. EG 298
7. TE II/1 128 f
8. SX 30 f
9. SX 78 f
10. GA 34
11. LK 57 f
12. TE II/2 66 f
13. TE II/1 191
14. MS
15. TA 116
16. TA 56
17.–20. MS
21. WG 128
22.–31. MS

*August*

1. LK 29
2.–8. MS
9. TE II/1 322
10. EG 165
11. TE II/2 1962
12. MS
13. FC 53
14. FC 56
15. FC 25
16. TA 31
17. TE II/2 2189
18. TE II/2 2214
19. MS
20. WL 27 f
21.–22. MS
23. WG 162 f
24. WG 164 f
25. WG 186
26. WG 189 f
27.–28. MS
29. LK 24
30.–31. MS

*September*

1. DG 255
2. DG 258 f
3. DG 259
4.–5. MS
6. WB 70 f
7. WB 29 f
8. MS
9. DG 305
10. DG 324 f
11. DG 327
12. DG 346 f
13. DG 379
14. DG 381
15. DG 394 f
16. DG 400
17. BG 64
18. MS
19. DG 426
20. TE III 63

21. SX 281 f
22. EG 300
23. EG 414
24. TE III 132
25. TE III 294
26. TE II/1 249
27. MS
28. TE II/2 1889
29. TE II/2 VII
30. LK 139

*Oktober*

1. LK 163
2. KR 22 f
3. LK 130
4. TA 211
5. WM 16 ff
6. WM 11 f
7. DG 402
8. DG 402 f
9. DG 432
10. DG 446 f
11. MS
12. TE II/2 762 f
13. TE II/2 763 f
14. TE II/1 440 f
15. TE II/1 441 f
16. TE II/1 446 f
17. TE II/2 213 f
18. MS
19. LK 172
20. LK 148
21. LK 141
22. LK 140
23. LK 90
24. LK 73 ff
25. TE II/2 223 f
26. TE II/2 283 f
27. LK 46 ff
28. TE II/2 288 f
29. TE II/2 325 f
30. TE II/2 339 f
31. FC 30

*November*

1. BG 62 f
2.–6. MS
7. VS 183
8. VS 195
9. VS 196
10. VS 122
11. TE III 213
12.–13. MS
14. EG 157
15. EG 93 f
16.–17. MS
18. BG 239 f
19. TE II/2 340
20. TE II/2 344 f
21. WL 19
22. TE II/2 345 f
23.–24. MS
25. WB 139 f
26. GW 18
27.–30. MS

*Dezember*

1. WG 226 f
2. WL 120 f
3. BG 235
4. MS
5. BG 226 f
6.–8. MS
9. WG 177 f
10.–17. MS
18. TE II/1 588
19.–23. MS
24. WG 71 f
25.–31. MS

BG – Das Bilderbuch Gottes. Reden über die Gleichnisse Jesu. 121. bis 150. Tausend. Quell-Verlag Stuttgart 1964
DG – Der Glaube der Christenheit. Unsere Welt vor Jesus Christus. Vandenhoeck & Ruprecht. 5. Auflage Göttingen 1965
DL – Das Leben kann noch einmal beginnen. Ein Gang durch die Bergpredigt. 1.–39. Tausend. Quell-Verlag Stuttgart 1965
EG – Der Evangelische Glaube. Grundzüge der Dogmatik. Band 1. Prolegomena: Die Beziehung der Theologie zu den Denkformen der Neuzeit. J. C. B. Mohr (Paul Siebeck) Tübingen 1968
FC – Fragen des Christentums an die moderne Welt. Untersuchungen zur geistigen und religiösen Krise des Abendlandes. J. C. B. Mohr (Paul Siebeck) Tübingen 1948
FR – Was heißt Freiheit? Hamburger Universitätsreden 27. Im Selbstverlag der Universität Hamburg 1961
GA – Die Angst des heutigen Theologiestudenten vor dem geistlichen Amt. Sammlung gemeinverständlicher Vorträge und Schriften aus dem Gebiet der Theologie und Religionsgeschichte (247). J. C. B. Mohr (Paul Siebeck) Tübingen 1967
GW – Das Gebet, das die Welt umspannt. Reden über das Vaterunser. Quell-Verlag Stuttgart. 11. Auflage 1963
HE – Gespräche über Himmel und Erde. Begegnungen in Amerika. Quell-Verlag Stuttgart 1964
KR – Kulturkritik der studentischen Rebellion. J. C. B. Mohr (Paul Siebeck) Tübingen 1969
LK – Leiden an der Kirche. Ein persönliches Wort. Stundenbuch 52. Furche-Verlag H. Rennebach KG Hamburg 1965
MS – Aus Vorlesungen, Predigten, Vorträgen und Ansprachen, Abschnitte aus Zeitungsartikeln und Manuskript-Entwürfen
SG – Das Schweigen Gottes. Fragen von heute an das Evangelium. Furche-Verlag Hamburg 1952
SH – Sport und Humanität. Rainer Wunderlich Verlag Hermann Leins Tübingen 1967
SX – Sex. Ethik der Geschlechtlichkeit. Sonderteil der Theologischen Ethik, Band 3. J. C. B. Mohr (Paul Siebeck) Tübingen 1966
TA – Theologie der Anfechtung. J. C. B. Mohr (Paul Siebeck) Tübingen 1949
TE – Theologische Ethik. Band I: Prinzipienlehre. 1951. Band II, 1: Entfaltung, 1. Teil ›Mensch und Welt‹. 1955. 2. Teil ›Ethik des Politischen‹. 1958. Band III: Ethik der Gesellschaft, des Rechts, der Sexualität und der Kunst. 1964. J. C. B. Mohr (Paul Siebeck) Tübingen
VS – Vom Schiff aus gesehen. Gütersloher Verlagshaus Gerd Mohn Gütersloh 1959

WB – Wie die Welt begann. Der Mensch in der Urgeschichte der Bibel. 23.–52. Tausend. Quell-Verlag Stuttgart 1963

WG – Und wenn Gott wäre ... Reden über die Frage nach Gott. Quell-Verlag Stuttgart 1970

WM – Wie modern darf die Theologie sein? Vier Modelle heutiger Verkündigung. Quell-Verlag Stuttgart 1967

WL – Wer darf leben? Ethische Probleme der modernen Medizin. Wilhelm Goldmann Verlag München 1970

II 3 / 18,80